高等院校旅游专业系列教材

旅游景区管理学

（第三版）

赵黎明　主编

U0362461

南开大学出版社

天　津

图书在版编目(CIP)数据

旅游景区管理学 / 赵黎明主编. —3 版. —天津：
南开大学出版社，2021.1
高等院校旅游专业系列教材
ISBN 978-7-310-06025-2

Ⅰ.①旅… Ⅱ.①赵… Ⅲ.①旅游区－经营管理－高
等学校－教材 Ⅳ.①F590.6

中国版本图书馆 CIP 数据核字(2021)第 000027 号

旅游景区管理学(第三版)
LÜYOU JINGQU GUANLIXUE (DI-SAN BAN)

南开大学出版社出版发行
出版人：陈 敬
地址：天津市南开区卫津路 94 号   邮政编码：300071
营销部电话：(022)23508339 营销部传真：(022)23508542
http://www.nkup.com.cn

北京明恒达印务有限公司印刷 全国各地新华书店经销
2021 年 1 月第 3 版 2021 年 1 月第 1 次印刷
230×170 毫米 16 开本 29.5 印张 580 千字
定价：80.00 元

如遇图书印装质量问题,请与本社营销部联系调换,电话：(022)23508339

第三版前言

旅游景区是旅游活动的重要吸引物和重要载体,旅游景区是一个复杂的系统,旅游景区管理是一项系统工程,搞好旅游景区管理对于我国旅游业的健康发展至关重要。本书是为了这一需要而再版的。

本书2002年出版时,作为国内第一本旅游景区管理学专著,从管理学的角度探讨了旅游景区管理的理论和方法,初步构建了旅游景区管理学的理论体系。《旅游景区管理学》被百余所旅游院选为教材,获得了使用院校的一致好评。2009年出版第二版,对原有结构进行了调整,对内容做了进一步充实,使全书结构更趋合理,知识内容更加全面,更具可读性,获得好评。

近些年来,随着我国全域旅游、智慧旅游、高质量旅游和旅游产业融合的不断发展,5G技术、互联网、物联网、虚拟技术、大数据和人工智能的发展,旅游景区管理模式、管理技术、管理方法也发生了很大的变化。随着人们对美好生活的追求,国家和社会对旅游景区管理提出了更高的要求。随着国家机构改革,国家文化和旅游的行政管理部门合并,成立了国家文化和旅游部,我国国家公园管理制度的逐步建立,国家对旅游景区管理进行了新的顶层设计,这些都为我国旅游景区的定位、旅游景区的发展和管理提出了新的要求,旅游景区的管理方法、管理技术和管理模式面临着新的形势和需要适应新的要求,因此本教材在这一新的形势下进行了第三次修订出版。

在第三次修订过程中,作者研究了国际和国内旅游景区管理理论和实践的发展,根据管理学的最新研究成果、国家发布的最新政策、景区管理实践中最新的管理技术等,对《旅游景区管理学》(第二版)的内容进行了系统的修改与全面的充实和提升。

2018年1月教育部发布了《普通高等学校本科专业类教学质量国家标准》(教育部高等学校教学指导委员会)《旅游管理类教学质量国家标准》,2018年8月教育部专门印发了《关于狠抓新时代全国高等学校本科教育工作会议精神落实的通知》(教高函〔2018〕8号),提出"各高校要全面梳理各门课程的教学内容,淘汰'水课'、打造'金课',合理提升学业挑战度、增加课程难度、拓展课程深度,切实提高课程教学质量"。因此,按照教育部"金课"建设标准,体现本科教学"两性一度"（即高阶性、创新性和挑战度），本书深化了管理学和旅游学的理论深度，丰富了相关内涵，使全书结构更趋合理，知识内容更加全面，更具可读性。

修订后的《旅游景区管理学》（第三版）具有以下特点：（1）系统性，本书从规划管理、战略管理、环境管理、人力资源管理、安全管理、营销管理、财务管理、质量管理、景区安全管理、解说系统管理、智慧景区建设与管理等多个方面对旅游景区管理进行了系统研究，构建了更为科学的旅游景区管理学科体系。（2）理论性，本书将现代管理理论体系和最新的研究成果与动向成功地引入旅游管理理论中，使旅游景区管理学扎实地建立在现代管理理论基础上，支持其在这一基础上的全面研究，在教材方面体现了教育部提出的本科教学"金课"的高阶性和提高挑战度的要求。（3）创新性，作为我国第一部系统论述旅游景区管理的教材，本书将现代管理理论与旅游管理实践相结合，对旅游景区多个管理子系统进行了开拓性的探讨和构建，为旅游景区管理的研究做了奠基性的工作。（4）实用性，本书根据我国旅游景区发展中的新政策、新趋势，结合我国景区管理的实践，增加了相关实用性的内容，对我国景区管理中存在的问题及解决办法进行了深层次的探讨，提高了教材的实用性。

《旅游景区管理学》由赵黎明策划，第一章由黄安民、刘慧媛编写，第二章由张立明编写，第三章由吴文清编写，第四章由谭庆美编写，第五、八、九章由黄安民编写，第六章由李振华编写，第七章由肖岚编写，第十章由肖亮编写，第十一章由陈喆芝编写，全书由赵黎明最终统稿、审定。

参加本书编写的同志都曾在我的指导下攻读博士研究生，他们在我国旅游学术界及相关领域均有较多科研成果。他们在课题研究中踏实肯干，积极进取，在本书的撰写中做了大量的卓有成效的工作。对于黄安民教授在本书编写中的贡献，在此深表谢意。

在本书第三版出版之际，感谢在管理科学领域辛勤耕耘的各位专家、学者，他们的著作、案例给了我们重要启示。

感谢南开大学出版社为本书出版所付出的辛勤劳动，能够由南开大学出版社出版此书，我们深感荣幸。

由于我们水平有限，书中一定有不少问题，敬请广大读者不吝指正，以便在本书下一版时修订参考。

赵黎明

2020 年 10 月

目　录

第一章　旅游景区管理总论

学习目的：

  通过本章的学习，掌握旅游景区的基本概念、基本理论和研究方法，了解国内外旅游景区管理体制与运营模式，掌握旅游景区管理过程、类别及不同景区的发展与管理现状，了解我国旅游景区管理现状。

主要内容：

- 旅游景区的定义
- 旅游景区管理的定义、特性及理论基础
- 旅游景区管理体制与模式
- 旅游景区管理的过程
- 旅游景区管理现状

第一节　旅游景区管理的基本理论

一、旅游景区的定义

  旅游业通常被认为是包含吃、住、行、游、购、娱等多要素所构成的众多部门组成的综合性经济产业，这个产业体系中旅游景区是最重要的组成部分，是导致游客产生旅游动机并做出购买决策的主要因素，是旅游产品的核心，没有景区的旅游实际上是不存在的。对旅游景区的定义，目前尚无一个公认的说法。2003 年发布的国家标准《旅游景区质量等级的划分与评定》（GB/T17775—2003）中，将"旅游景区"定义为：旅游景区是以旅游及其相关活动为主要功能或主要功能之一的空间或地域。在该国家标准中，旅游景区是指具有参观游览、休闲度假、康乐健身等功能，具备相应旅游服务设施并提供相应旅游服务的独立管理区。该管理区应有统一的经营管理机构和明确的地域范围，包括风景区、文博院馆、寺庙观堂、旅游度假区、自然保护区、主题公园、森林公园、地质公园、游乐园、动物园、植物园及工业、农业、经贸、科教、军事、体育、文化艺术等各类旅游景区。

二、旅游景区管理定义

旅游景区管理是对旅游景区的人、财、物、信息等多种资源进行有效整合，为实现旅游景区经济效益、社会效益和环境效益最大化，并实现旅游景区可持续发展的动态创造性活动。

三、旅游景区管理的特性

旅游景区管理具有如下特性：

1. 综合性

旅游景区管理的综合性是由旅游景区本身的特点和管理的目的所决定的。旅游景区是由旅游吸引物、配套服务设施（含游览辅助设施和各种相关服务设施）和动态的服务过程组成的地域综合体，其内部构成要素复杂多样，要求管理者既要管理好旅游资源及其生存的环境，又要对旅游资源进行合理有效的开发利用，使之成为游客喜爱的旅游产品，还要能为游客提供周到、舒适、安全、快捷的服务。因此，旅游景区管理的内容和过程具有明显的综合性。

2. 动态性

旅游景区运行中的人、财、物、信息等多种资源的配置是在不确定的环境中进行的，管理活动本身应能适应组织的各种动态环境，对变动中的组织资源进行有效配置。由于旅游景区所处的区域环境，市场供求关系处于动态变化之中，根据不同的经营环境应对旅游景区内部的各项资源进行不同的配置。因此，旅游景区管理的内容、方法和模式具有动态性。

3. 科学性

旅游景区的管理活动尽管是动态变化的，但仍然可以总结其规律。对现代旅游景区各构成要素及其相互组合的管理活动有程序性活动和非程序性活动之分，前者是指有章可循，照章运作的管理活动，如旅游景区财务管理；后者是指无章可循，需要边运作、边探讨的管理活动，如旅游景区内与游客活动有关的管理。程序性活动和非程序性活动虽然不同，但可以相互转化，一般而言，旅游景区管理中的程序性活动往往是在对非程序性活动规律进行总结的基础上形成的，旅游景区中新的管理活动也是在过去已有的相关科学结论基础上进行的，这是管理活动的科学性所决定的。

4. 文化性

旅游景区是供人们休闲、娱乐、观光游览的地域单元，人们来到景区旅游是为了获得精神上的放松，为了增长知识，这种消费不同于物质产品的购买和消费，具有典型的文化特性。旅游景区作为旅游产品的重要构成部分，必须注入文化内涵才会有生命力和竞争力，尤其是以人文资源为主体构成的旅游景区，充分挖掘其文化内涵，最大限度地表现其文化价值是提高旅游景区文化品位和旅游吸引力的根本途径。对文化特性明显的旅游景区进行管理，在管理活动过程中必须注入文化理念。在旅游景区的经营中，对旅游主体——游客的服务要求是能使其得到精神上的愉悦和审美享受，因此，对游客的管理及对员工的管理中必须体现人本主义思想，让游客、员工时刻感受到一种强烈的文化气息，获得一种美的享受。

5. 创新性

旅游景区是为游客服务的地域单元，对旅游景区内每一个具体的管理对象和形形色色的游客的管理是很难用某种固定的模式来进行的，要想在动态变化的市场经营环境中把握旅游景区管理活动，就需要有一定的创新性。在旅游吸引物的创意设计与开发建设方面，对游客行为管理与服务中管理的创新性得到了最好的体现。管理的创新性源于管理的动态性，是旅游景区文化特征和综合特征在管理过程中的具体体现。

旅游景区管理特性之间是有机关联的，它共同作用于管理过程之中。旅游景区管理的五种特性的相互关联如图1-1所示。

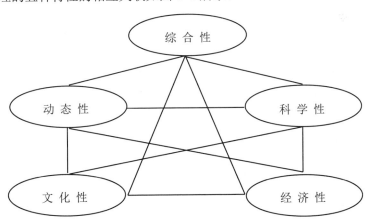

图1-1 旅游景区管理特性网络图

四、旅游景区管理的理论基础

1. 科学管理理论

科学管理理论是 19 世纪末、20 世纪初在美国形成的，其代表人物是美国管理学家弗雷德里克·泰勒（Frederick W Taylor，1856-1915），泰勒在他 1911 年出版的著作《科学管理原理》一书中，全面叙述了他的管理思想与理论。他首创的科学管理制度对管理思想的发展有着重大的影响，泰勒也因此被称为"科学管理之父"。

科学管理的产生是管理从经验走向理论的标志，也是管理走向现代化、科学化的标志。科学管理对管理学理论体系的形成与发展有着巨大的贡献。

2. 行为科学理论

行为科学理论产生于 20 世纪 30 年代，是一种人群关系理论，它产生于有名的"霍桑实验"，代表人物是梅奥教授。

行为科学作为新一轮管理学说的发展替代了科学管理而风行一时。以此为基础出现了一系列代表性的行为科学理论，主要有马斯洛的"需要层次理论"、赫兹伯格的"双因素理论"、麦克雷戈的"X 理论—Y 理论"、布莱克和穆顿的"管理方格图理论"等。行为科学既是管理理论的发展又是管理实践的总结，它的产生与发展对管理理论及管理实践都有巨大的贡献。

3. 管理科学理论

管理科学是继科学管理、行为科学理论之后，管理理论与实践发展的结果。这一理论源于运用应用科学的方法解决生产和作业管理的问题。管理科学的理论特征有四点：

（1）以决策为主要的着眼点，认为管理就是决策，给定各种决策分析模型；

（2）以经济效果标准作为评价管理行为的依据，为此建立诸如量、本、利等模型以讨论行为的结果及变化；

（3）依靠正规数学模型，这些模型实际上是以数学形式表达的解决问题的可行办法，为此，建立合适的模型就成为管理行为可行性的前提；

（4）依靠计算机运算，以便计算复杂的数学方程式，从而得出定量的结论。

4. 现代管理理论

20 世纪 50 年代以来，在原有的科学管理、行为科学和管理科学等理论基础上，又出现了许多新的理论和学说，形成了许多学派，主要代表有：社会合作系统学派、经验或案例学派、社会技术系统学派、人际关系行为学派、群体行为学派、决策理论等。在这些管理理论相互融合的过程中，逐步形成了应用广泛的系统管理理论和权变理论。

现代管理理论的发展体现在以下五个方面：管理内涵进一步拓展、管理组织多样化发展、管理方法日趋科学、管理手段现代化、管理实践丰富化等。

现代管理理论实为一个综合性的管理理论体系，它广泛吸收了社会科学和自然科学的最新成果，把组织看作一个系统，进行多方面有效管理，从而有效整合组织资源，达到组织既定目标和应负的责任，如表 1-1 所示。

表 1-1　现代管理学基本理论在旅游景区管理中的应用

管理学基本理论	在旅游景区中的最适宜应用领域
科学管理理论	旅游景区的服务质量管理（标准化、规范化）、设施与工程管理等
行为科学理论	旅游景区的人力资源开发与管理、员工激励、人文环境营造、游客行为管理等
管理科学理论	旅游景区的物资管理、财务管理、安全管理、计划管理等
现代管理理论	旅游景区的战略管理、规划管理、信息管理与管理系统设计等

5. 可持续发展理论

可持续发展的定义可归纳为满足当代的发展需求，应该以不损害、不掠夺后代的发展需求为前提，它意味着我们在空间上应遵循互利互补的原则，不能以邻为壑；在时间上遵循合理分配的原则，不能在赤字状态下发展运行；在伦理上应遵守"只有一个地球""人与自然平衡""平等发展权利""互惠互济""共建共享"等原则。一个区域可持续发展的水平通常由区域资源的承载能力、生产能力、景区环境的缓冲能力、景区进程的稳定能力、景区管理的调节能力五个基本要素及其复杂的关系去衡量。这五个基本要素分别构成区域可持续发展的基础支持系统、供给支持系统、容量支持系统、过程支持系统和智力支持系统。

五、旅游景区管理学的研究内容

旅游景区管理学是以旅游景区为研究对象，对景区开发与管理的各个环节进行宏观和微观研究，促进旅游景区可持续发展的边缘性学科。该学科是现代管理学、旅游学、区域科学、文化学、经济学等学科的交叉学科。

旅游景区是由旅游景点、旅游服务设施、服务和游客组成的"人—地"相关的地域单元，具有休闲观光、娱乐、度假或其他专项旅游功能。旅游景区要想在激烈竞争的现代旅游市场上取得竞争优势，必须不断地创新开发旅游景点，提供运行良好的旅游设施和高质量的旅游服务，所有这些都需要高水平的旅游景区管理。旅游景区管理的内容包括：

1. 旅游景区战略管理

旅游景区战略管理主要研究旅游景区发展方向和远景发展战略，并对实施战略的步骤进行确定。旅游景区经营处在不断变化的市场环境中，区域经济、社会、文化和旅游产业本身的发展、旅游产品供求关系的变化都将影响旅游景区的生存与发展，为了让旅游景区管理者认清形势，了解市场竞争态势，把握旅游景区发展方向，就必须对旅游景区战略问题进行分析和管理。

2. 旅游景区组织管理

旅游景区的战略实施、计划落实和一切管理活动的完成都需要有健全的组织机构和完善的组织制度来保障，旅游景区组织管理的目的在于根据旅游景区所处环境的变化，为实现其战略目标而创新组织架构，不断调整和完善组织管理制度，确保旅游景区有一个战斗力强、凝聚力强、高效率的组织结构和规范完善的管理制度。

3. 旅游景区投资管理

旅游景区创建伊始就与投资结下了不解之缘，投资是维持旅游景区生存、促进旅游景区发展、增强旅游景区竞争实力的重要保证。一个不断发展壮大的旅游景区需要持续不断投资，一个维持原状从事简单再生产的旅游景区也需要不断投资。旅游景区从一个旅游项目的创意设计、规划咨询、任务设计、建设、建成后的经营管理都需要从投资管理的角度进行科学论证。因此，投资管理是实施旅游景区战略、履行旅游景区计划和开展旅游景区经营管理活动的重要保障。

4. 旅游景区市场营销管理

旅游景区的建设与产品开发必须以客源市场为导向。景区产品的开发要在对旅游客源市场调研的基础上，研究客源市场的需求特征，进行目标市场细分、选择目标市场和对不同的市场进行功能和区域定位，并根据不同的目标市场开发适销的旅游产品，进行有针对性的促销，使景区与客源市场紧密结合，景区经营能反映客源市场变化的最新趋势和动态需求。因此，市场营销管理是旅游景区的重要内容。

5. 旅游景区业务管理

旅游景区管理的一切活动都需要具体业务工作来落实，业务管理是使旅游景区管理者命令得到有效贯彻和全面实施的基本活动单元。旅游景区业务工作主要包括旅游景区人力资源开发与管理（如人员招聘、培训、员工考核与激励、人事管理、劳资管理）、旅游景区财务管理（如财务决策、财务预算、资产管理、收入、费用、税金与利润管理、财务分析与检查等）、旅游景区服务质量管理（如旅游景区服务质量标准的制定、控制体系、服务流程设计等）、旅游景区安全管理（含游客和员工的人身安全、设施安全、财产安全等）和旅游景区信息管理（含行业经营和发展信息、旅游景区信息咨询系统、旅游景区内部信息沟通与反馈、旅游景区经营信息收集与统计分析）等。

6. 旅游景区环境管理

旅游景区的竞争在很大程度上取决于环境质量的竞争，旅游景区所处地区的自然环境（大气、水、噪声等）和社会经济文化环境（当地居民的消费水平、消费习惯与习俗、好客程度、文化差异等）将深刻地影响着旅游景区的经营和发展。旅游景区内部的游览环境、员工的服务意识和友善程度等均影响游客的游览情趣和心情，做好环境管理，是创造高品位的旅游产品、高质量的旅游活动、延长游客逗留时间、增加游客消费和旅游景区收入的重要手段。

以上只是列举了旅游景区管理学的主要研究内容，随着旅游景区经营环境的改变，其管理内容和各项具体管理任务将随之变化，但作为最基本的构成内容，战略问题、组织问题、投资决策、环境管理、安全管理和有关业务管理是不可缺少的。

六、旅游景区管理学与相关学科的关系

旅游景区管理学是一门新兴的学科，自身的理论体系尚在完善之中，其学科体系的建立需要借助于管理学、经济学、地理学、生态学、文化学、美学等相关学科的理论基础。

第二节　旅游景区管理体制与模式

一、国外旅游景区的管理模式

国外旅游景区的类型比较复杂，主要分四种类型，即自然环境类、并非为吸引游客而建造的人造景观类、专门为吸引游客而建造的人造景观类和特殊活动区域类。

各类景区的管理模式多样，现以国家公园为例。国外的国家公园相当于我国的风景名胜区、自然保护区和文物保护单位，其任务是保护珍稀的自然、历史遗存和独特的生态环境，提供科学考察基地，并向公众开放，进行生态教育、科普宣传，提供游览观光、休闲度假。以美国的国家公园为例，美国是国际上国家公园的首创者，具有一百多年的管理历史，积累了丰富的国家公园管理经

验，形成了完整的管理体制、管理规范和运行机制，其主要特点是：国家公园的土地、资源的所有权及其保护职能明确，受法律保护；公园的行政管理实行一元化垂直领导；国家公园的经营权与管理权分离；公园的规划设计高度集中，由国家统一组织专家编制；公园的管理大量吸收社会公众参与和社会资助，资金来源主要靠政府拨款，部分靠私人或财团捐赠，门票收入用于环境和资源保护建设及环保宣传教育支出。

二、国内旅游景区的管理体制

我国的风景名胜区、自然保护区、博物馆、森林公园和文物保护单位等各类风景区分别隶属不同的政府管理部门。风景名胜区隶属于国家建设部门，森林公园隶属于国家林业部门，自然保护区隶属于国家环境保护管理部门，博物馆隶属于国家文化部门，各级文物保护单位隶属于国家文物管理部门或国家宗教管理部门，水库风景区隶属于国家水利部门，这些区域既具有保护的功能，又有组织生产、发展经济、解决就业和社区管理的职责。

1. 建设部门的两级管理

国务院公布的《风景名胜区条例》（以下简称《条例》）中规定，我国的风景名胜区划分为两个等级，即国家级风景名胜区和省级风景名胜区（《条例》第8条），并相应地实行两级管理。

风景名胜区所在地县级以上地方人民政府设置的风景名胜区管理机构，负责风景名胜区的保护、利用和统一管理工作（《条例》第4条）。

国务院建设主管部门负责全国风景名胜区的监督管理工作。国务院其他有关部门按照国务院规定的职责分工，负责风景名胜区的有关监督管理工作。省、自治区人民政府建设主管部门和直辖市人民政府风景名胜区主管部门，负责本行政区域内风景名胜区的监督管理工作。省、自治区、直辖市人民政府其他有关部门按照规定的职责分工，负责风景名胜区的有关监督管理工作（《条例》第5条）。

国家级风景名胜区规划由省、自治区人民政府建设主管部门或者直辖市人民政府风景名胜区主管部门组织编制。省级风景名胜区规划由县级人民政府组织编制。

国家级风景名胜区的总体规划，由省、自治区、直辖市人民政府审查后，报国务院审批。国家级风景名胜区的详细规划，由省、自治区人民政府建设主管部门或者直辖市人民政府风景名胜区主管部门报国务院建设主管部门审批。（《条例》第19条）。

省级风景名胜区的总体规划，由省、自治区、直辖市人民政府审批，报国务院建设主管部门备案。省级风景名胜区的详细规划，由省、自治区人民政府建设主管部门或者直辖市人民政府风景名胜区主管部门审批（《条例》第20条）。

风景名胜区管理机构不得从事以营利为目的的经营活动，不得将规划、管理和监督等行政管理职能委托给企业或者个人行使（《条例》第39条）。

2. 旅游部门的五级质量管理

为了规范旅游区（点）的管理和服务，提高其基本素质，维护旅游者的合法权益，加强旅游资源保护，文化和旅游部（原国家旅游局）按照旅游业标准化工作规划，组织制定了《旅游区（点）质量等级的划分与评定》标准，作为国家标准经国家质量技术监督局正式批准发布，并于1999年10月1日起实施。这一标准的出台，对于推行质量等级评定制度，规范旅游区的接待服务行为，促进旅游区完善旅游服务功能和设施，提高旅游管理和服务等软件水平，更好地维护旅游者的合法权益起到了重要的作用。通过这一项标准的实施，强化了旅游区（点）对旅游资源与生态环境的保护意识和保护力度，促进了旅游资源的永续利用和旅游地的可持续发展。

该标准又经过修订为国家标准《旅游景区质量等级的划分与评定》（GB/T17775-2003），由国家质量监督检验检疫总局2003年2月24日发布，同年5月1日实施。该标准中规定，旅游景区质量等级划分为五级，从高到低依次为 AAAAA、AAAA、AAA、AA、A 级，旅游景区质量等级划分的依据是：景观质量与生态环境体系、旅游服务要素体系和游客评价体系三个方面。按照《服务质量与环境质量评分细则》《景观质量评分细则》的评价得分，并结合《游客意见评分细则》的得分进行综合评定。

景观质量与生态环境评价体系包括旅游资源与环境的保护和旅游资源品位与价值两个项目，要求达到不同的标准。

旅游服务要素评价体系包括旅游交通、游览、旅游安全、卫生、通信、旅游购物、综合管理、旅游接待人数8个评价项目，每一个评价项目又分为若干个子项目。

游客评价体系是旅游景区质量等级评定的重要参考依据，包括总体印象、游览内容、可进入性、内部游览线路、路标和景点介绍牌、导游讲解服务、游览安全、环境卫生状况、厕所卫生、公用电话服务、购物市场秩序、旅游商品特色、收费价格、便民服务等评价项目。每一评价项目分为很满意、满意、一般、不满意四个档次，并依次计算游客满意率。

第三节 旅游景区管理的过程

旅游景区管理是一个包含决策、计划、领导、激励和控制等多环节的动态的系统过程，该过程如图 1-2 所示。

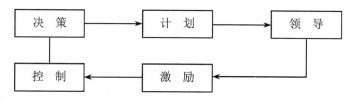

图 1-2 旅游景区管理过程示意图

一、旅游景区管理决策

从旅游景区的发展战略到旅游景区内部管理的每一个具体事务性工作的完成都需要做出相应的决策，明智果断的决策是管理成功的关键。

1. 决策的定义与类型

决策是为实现景区的经营目标，在两个以上的备选方案中选择一个方案的分析判断过程，它包括在做出最后选择之前必须进行的一切活动，即从提出问题、搜集信息、确定目标、拟订方案、评选方案、确定方案并组织实施、信息反馈等一个完整的过程。

（1）经营决策、管理决策和业务决策

景区经营决策又称战略决策，是指旅游景区着眼于未来，为了满足未来旅游市场的需求和适应动态变化的外部经营环境而对旅游景区经营方向及投资导向的一种宏观性决策，具有全局性、长期性和战略性的特点。如旅游景区为适应现代都市居民健身娱乐的需要开发各种高技术娱乐项目和健身设施，改变原有的静态休闲概念。景区管理决策是指对旅游景区的人力资源、财产、信息资源等各种经营要素进行合理配置以及经营组织机构加以改变的一种决策活动，具有局部性、中期性和战术性的特点。如旅游景区为了适应开发方向的调整，对内部组织机构和人事安排做出相应的调整，对资金和使用方向及结构做出新的安排等决策活动即属于管理决策。景区业务决策是指处理旅游景区内部日常具体事务、保证旅游景区各项活动正常顺利进行的管理活动，具有琐碎性、短期性和日常性特点。如旅游景区内部引导标识系统的设计风格、标牌材料选取、制作规格、文字内容与图示方法等的决策活动。

　　不同层次的决策活动应由不同层次的管理者来完成，其对应关系如表 1-2 所示。

表 1-2　决策活动对应的管理层次

景区决策类型	对应的管理者
景区经营决策	高层管理者
景区管理决策	中层管理者
业务决策	基层管理者

　　（2）稳定性决策和风险决策

　　稳定性决策是指景区决策者在经营环境条件明确，每一种备选方案只有一种确定的执行结果，决策过程中只需要对各种备选方案进行比较即可得出执行结果的一般性决策。风险决策是指景区决策者在对各个方案进行选择判断时，并不知道各种方案产生的具体环境条件，旅游景区的经营条件具有某种模糊性，在不同的条件下，每个备选方案都可能出现不同的执行结果，不论哪个备选方案都有风险，整个决策活动是在一种不确定的环境条件下进行的，具有风险性特点。

　　2. 旅游景区决策流程

　　决策是一个系统复杂的过程，按照这个过程的内在规律性，可以把旅游景区决策划分为若干个既相互独立，又相互联系的多个环节，按照这些环节进行决策就形成了决策的流程。对于旅游景区而言，科学的决策流程应包括以下四个环节：

　　（1）综合分析旅游景区经营市场环境和区位环境、未来旅游发展趋势，对旅游景区过去年度的经营成果进行回顾分析，通过多种比较分析方法的应用找出与其他旅游景区的差距和问题，确定旅游景区应对新挑战和参与新的竞争的目标。

　　（2）根据拟选定的目标，确定达到目标的路径和各种可行的备选方案。

　　（3）对各种备选方案进行分析、比较，从中选出最合适的方案。

　　（4）采取有效的手段和方法执行最合适的方案。

　　旅游景区决策过程如图 1-3 所示。

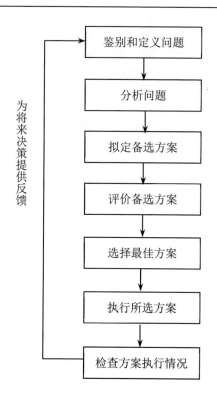

为将来决策提供反馈

鉴别和定义问题

分析问题

拟定备选方案

评价备选方案

选择最佳方案

执行所选方案

检查方案执行情况

图1-3 旅游景区决策过程

二、旅游景区管理计划

旅游景区管理计划是旅游景区管理过程的重要组成部分,科学的计划制定是景区发展的重要管理行为,也是景区管理过程的基础。

1. 旅游景区计划的种类

按照不同的分类标准,景区计划可以分为不同的类型,一般可以按照以下分类方法进行分类。

(1) 按计划的期限分类

按期限,可将计划分为长期、中期和短期计划。长期计划是旅游景区的战略性计划,是确定旅游景区的使命、远景(战略)目标,并且期限在5年以上的计划,制定长期计划需要对不可控变量和可控变量进行假设。短期计划是组织日常活动的指南,期限一般在1年以内。中期计划介于长期计划和短期计划之间。

（2）按计划的职能分类

按照旅游景区的管理职能，计划通常可分为产品开发计划、市场促销计划、财务计划、人力资源管理计划和环境保护计划等。

2. 旅游景区计划的层次体系

旅游景区计划有不同的种类和表现形式，其层次体系如图1-4所示。

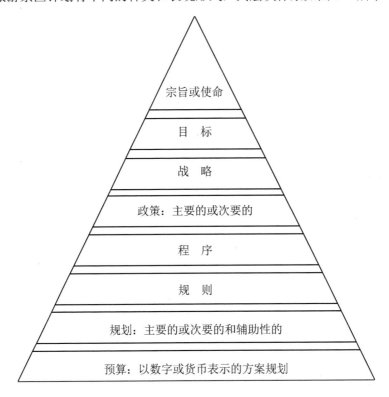

宗旨或使命

目　标

战　略

政策：主要的或次要的

程　序

规　则

规划：主要的或次要的和辅助性的

预算：以数字或货币表示的方案规划

图1-4　旅游景区计划层次体系

3. 旅游景区计划的过程

计划不是一次性的活动，而是一个不断循环的无限过程。随着旅游景区经营环境的改变，经营目标和各职能目标的更新以及新方法的出现，计划过程一直在进行。尽管旅游景区的管理活动十分复杂，计划类型和表现形式多种多样，但科学编制计划所遵循的步骤却具有普遍性，一般包括估量机会、确定目标、确定前提条件、确定备选方案、评价备选方案、选择方案、拟订计划和编制预算、执行与检查等，如图1-5所示。

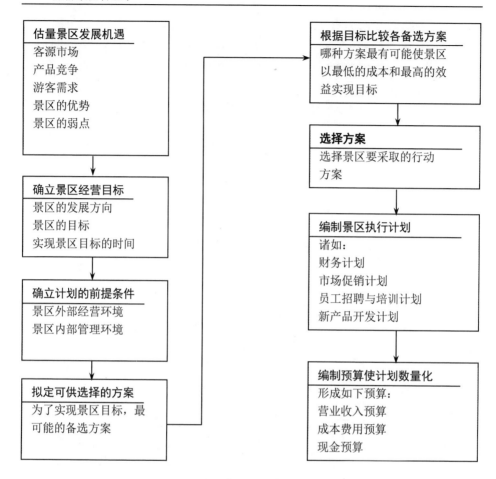

图 1-5   旅游景区计划工作步骤

4. 旅游景区计划的调整

随着旅游景区计划制定因素的变化，景区计划应不断调整，可采用滚动计划法。滚动计划法又称动态计划法，是一种定期修改景区未来计划的方法。在滚动计划中，采用远粗近细的方法，即把景区近期的详细计划和远期的粗略计划结合在一起，在近期计划完成后，再根据执行结果的情况和新的环境变化逐步细化并修正远期的计划，具体方法如图 1-6 所示。

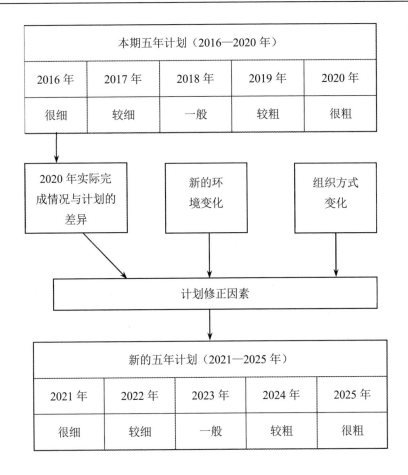

图 1-6　滚动计划法

三、旅游景区管理领导

1. 领导的含义

领导实际上是一种影响力，是对被领导者施加影响的艺术或过程，这个过程是一种双向的动态过程，领导者通过指导、激励等影响被领导者，被领导者也给领导者以信息来修正领导者现在和未来的行动。人们的能力、感受与心态是不断演变的，领导者与被领导者的关系也必须不断修正，行动必须持续调节。

2. 领导的内容

在实际管理过程中，领导影响着人们自觉热情地为组织目标而努力，促使人们最大限度地实现组织目标，其工作内容包括先行、沟通、指导、浇灌和奖惩。

领导者要起到引导、鼓舞一个群体的作用就必须先行一步，先行的具体体现在于领导者应首先做好系统设计（含组织架构和目标设计），根据系统设计制定战术措施，并在具体实施中起到带头作用。沟通是领导者完成组织目标和任务的重要手段，通过旅游景区内部的人与人之间的沟通、管理人员与服务人员的沟通、员工与游客的沟通，可以密切旅游景区与公众之间、领导与群众之间的联系，增强旅游景区的凝聚力和领导的亲和力，鼓舞员工士气，增强旅游景区文化建设。指导是领导者传达管理思想和下达管理任务的重要手段，在管理活动过程中具体体现为各种命令，领导者下达命令，对下属进行指导必须满足三个条件，即完整、清晰和可执行；领导者在对下属进行指导时，还要为其履行任务创造条件，并进行跟踪调查，保证命令得到贯彻执行，并对不合适的命令加以调整。浇灌是指领导职能中的情感培育，是为了使下属自觉主动地接受任务并心甘情愿和愉快地去做某件事，浇灌过程也是领导者人格魅力的具体形成过程。奖惩是领导者权力的具体表现，是领导工作的重要组成部分，也是衡量领导者能否正确合理地使用权力的重要依据。

3. 旅游景区领导风格的确定

（1）按权变理论确定领导风格

现代领导的权变理论由菲德勒（F E Fiedler）创立，他认为领导风格应与领导者所处的工作环境相适应，并认为影响领导风格的环境因素有三个，即上下关系、职位权力和任务结构，如表 1-3 所示。

表 1-3　不同环境下的有效领导类型

环境的有利程度	最有利 ←———————————→ 最不利							
上 下 关 系	好				差			
任 务 结 构	明 确		不明确		明 确		不明确	
职 位 权 力	强	弱	强	弱	强	弱	强	弱
环 境 类 型	1	2	3	4	5	6	7	8
有效的领导网络	任务导向型				关系导向型			任务导向型

（2）按管理方格图理论确定景区领导风格

管理方格图理论由布莱克（R R Black）和莫顿（J S Mouton）于 1964 年提出。他们在一张 9×9 的方格图上表示了多种领导风格，并总结出 5 种典型的领导风格，如图 1-7 所示。

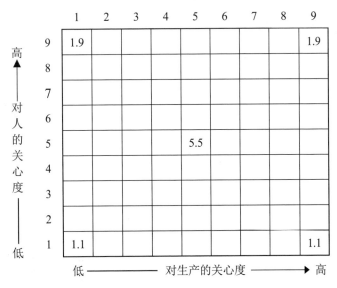

图 1-7　管理方格图

四、旅游景区管理激励

1. 景区激励的定义

激励是为了实现景区的目标或某种特定的目的，通过发现人们的各种内在需要或动机，采取不同的形式使人们的内在需求得到满足，从而强化或改变人的行为，引导人们围绕景区共同的目标开展工作的反复过程。

2. 景区激励的过程模型

激励的实质是通过影响人的要求达到引导人的行为的目的，激励的过程也就是使人的需要得到满足并产生新的需求，得到新的满足的过程。激励过程模型如图 1-8 所示。

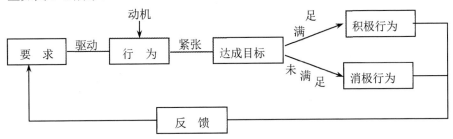

图 1-8　旅游景区激励过程模型

五、旅游景区控制

旅游景区控制是旅游景区管理过程的关键环节，旅游景区控制过程关系到旅游景区管理过程能否顺利完成。

1. 旅游景区控制的含义

控制是一项重要的管理职能，是指监督各项活动并保证它们按计划进行，同时纠正各种偏差的过程。旅游景区控制主要是通过对员工行为、财务管理、服务流程、市场信息和各项相关工作的督导与控制。

2. 旅游景区控制的过程

要想使旅游景区的全体成员、资金流动等按照旅游景区管理计划照章执行，就必须建立控制标准，分析评判考核管理绩效的衡量指标体系，通过对比分析将旅游景区实际执行的各项管理活动和预先确定的各项管理活动的执行标准进行对比研究，准确判断其中的差距，并采取相应的纠偏措施使管理活动回归到计划之中。控制过程如图 1-9 所示。

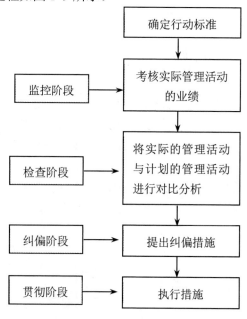

图 1-9   旅游景区管理控制过程

第四节　我国旅游景区管理

一、我国几类主要旅游景区的发展状况

1. 风景名胜区

风景名胜区是指"具有观赏、文化或科学价值，自然景观、人文景观比较集中，环境优美，具有一定规模和范围，可供人们游览、休息或进行科学考察、文化活动的地区"。

风景名胜资源是国家自然及历史遗产资源的一部分，具有自然生态和文化遗产保护、生态环境、科学研究和旅游发展等多重价值。风景名胜资源非常珍贵，又十分脆弱，具有明显的不可再生性。我国风景名胜区保护工作 1979 年启动，1985 年国务院颁布《风景名胜区管理暂行条例》，明确风景名胜区保护列入从中央到地方各级政府的工作职责。国家重点风景名胜区从审定、命名到规划审批全部上交国务院，确定了风景名胜区保护是国家特殊资源事业的地位。为了充分体现风景名胜区的多重价值，确立了风景名胜区严格保护、合理开发、永续利用的原则。各地在风景名胜区建立了管理机构，全面负责风景名胜区的保护、规划、建设和管理工作，指导各项事业协调发展。在加强保护和管理的同时，基础设施和接待服务设施日益完善，使旅游环境得到很大改善，为旅游业提供了强大的资源基础。对地方的经济发展和文化建设，也起到了积极的推动作用。为了保护和开发这些极其珍贵的自然和文化资源，2006 年国务院公布了《风景名胜区条例》，该条例自 12 月 1 日起施行。该条例对国家风景名胜区的设立、规划、保护、利用和法律责任等方面进行了严格的规定。根据该条例，由国务院批准公布国家级风景名胜区。自然景观和人文景观能够反映重要自然变化过程和重大历史文化发展过程，基本处于自然状态或者保持历史原貌，具有国家代表性的，可以申请设立国家级风景名胜区，报国务院批准公布。2012 年 11 月，第八批国家级风景名胜区名单公布，新添 17 处名胜。2017 年 3 月 29 日，第九批国家级风景名胜区名单经国务院审定发布，新添 19 处名胜。

截至 2017 年 12 月，国务院分别于 1982 年、1988 年、1994 年、2002 年、2004 年、2005 年、2009 年、2012 年、2017 年先后公布了九批国家级风景名胜区，经中国政府审定公布的国家重点风景名胜区 244 处。在这些风景名胜区中，由联合国教科文组织列入《世界遗产名录》的中国国家重点风景名胜区已达 53

处，其中包括泰山、敦煌莫高窟、长城、秦始皇陵及兵马俑、明清皇宫、曲阜三孔、布达拉宫、黄山、峨眉山—乐山、武夷山、庐山、武陵源、九寨沟、黄龙、青城山—都江堰、三江并流等闻名世界的风景名胜。

2. 博物馆

根据 2007 年修订的《国际博物馆协会章程》，博物馆是一个不追求赢利的、为社会和社会发展服务的、向公众开放的永久性机构，以研究、教育和娱乐为目的，对人类和人类环境的见证物进行搜集、保存、研究、传播和展览。博物馆是我国社会主义科学文化事业的重要组成部分，在物质文明和精神文明建设中发挥着重要作用，是丰富人民精神生活的重要载体，是各地区重要的旅游吸引物，是奠定我国及各地方旅游特色的重要旅游产品。博物馆的市场面宽，吸引力大。历史博物馆和遗址性文物博物馆是了解一个国家和民族文化发展过程的最佳场所，参观游览活动最直观，最节省时间，效果最佳；科技类博物馆对青少年、学生及广大知识分子有很大的吸引力；名人故居博物馆或纪念馆深受海外游客的喜爱。博物馆能吸引海外的旅游者、国内旅游者和当地居民，具有教育、研究和娱乐等多种功能，易形成稳定的顾客群体，游客重访率高，回头客多，对博物馆进行旅游利用是休闲娱乐与传播历史文化知识的最佳结合点。根据文化和旅游部统计，截止到 2018 年，我国博物馆数量 4918 个，在我国旅游产业发展过程中发挥了显著的作用。中宣部、财政部、文化部、国家文物局于 2008 年 1 月 23 日联合下发《关于全国博物馆、纪念馆免费开放的通知》，根据通知，全国各级文化文物部门归口管理的公共博物馆、纪念馆、全国爱国主义教育示范基地将全部实行免费开放。2009 年，除文物建筑及遗址博物馆外，全国各级文化文物部门归口管理的公共博物馆、纪念馆、全国爱国主义教育基地全部向社会免费开放。

截至 2014 年底，全国已有 2780 多家博物馆实现了免费开放。2018 年，全国文物机构接待观众 122387 万人次，其中博物馆接待观众 104436 万人次，增长 7.5%，占文物机构接待观众总数的 85.3%。

3. 森林公园

森林公园是为了保护我国自然森林生态系统的多样性和完整性，促进林木资源的保护和持续利用，在一些森林生态资源丰富和独特的地区设立的区域，分国家森林公园和省级森林公园，均设有专职管理机构。大多数国家森林公园是在原有的国有林场基础上转轨和组建而成的。1982 年，我国第一家森林公园——湖南张家界国家森林公园批准建立。

我国的森林公园建设大致经历了两个阶段。

从 1982 年至 1990 年为第一阶段，以我国第一家森林公园——张家界国家森林公园的建成为起点，该阶段每年批建的森林公园数量少，9 年共批建了 16 个，其中包括大家熟知的张家界、泰山、千岛湖和黄山国家森林公园等。国家对森林公园建设的投入相对较大，但行业管理较弱。

从 1991 年开始至现在为第二阶段，该阶段森林公园数量快速增长，从 1991 年至 2000 年的 10 年时间里，共批建国家森林公园 328 个；国家对森林公园的投入减少，森林公园主要通过地方财政投入、招商引资、贷款及林业系统自身投入等方式进行建设；同时，行业管理开始走向法制化、规范化和标准化。

1992 年 7 月，原林业部成立了"森林公园管理办公室"，各省（市、区）也相继成立了管理机构；1994 年 1 月，原林业部颁布了《森林公园管理办法》；同年 12 月，又成立了"中国森林风景资源评价委员会"，规范了国家森林公园的审批程序，制定了森林公园风景资源质量评价标准。1996 年 1 月，原林业部颁布了《森林公园总体设计规范》，为森林公园的总体设计提供了标准。我国的森林公园体系分为三级，即国家森林公园、省级森林公园和市县级森林公园。

全国共建立森林公园 3505 处（含白山市国家级森林旅游区），规划总面积 2028.19 万公顷，其中国家级森林公园 897 处。全国森林公园共投入建设资金 573.89 亿元。全国森林公园共拥有旅游道路 8.77 万公里，旅游车船 3.5 万台（艘），接待床位 105.68 万张，餐位 205.31 万个。直接从事森林公园管理和服务的人员达 17.63 万人。2017 年全国森林公园共接待游客 9.62 亿人次，直接旅游收入达 878.5 亿元，带动社会综合收入近 8800 亿元。其中，1147 处森林公园免费接待公众，年接待游客达 2.83 亿人次，生态公共服务效益显著。

4. 自然保护区

世界各国划出一定的范围来保护珍贵的动植物及其栖息地已有很长的历史，但国际上一般都把 1872 年经美国政府批准建立的第一个国家公园——黄石公园看作世界上最早的自然保护区。20 世纪以来，自然保护区事业发展很快，特别是第二次世界大战后，在世界范围内成立了许多国际机构，从事自然保护区的宣传、协调和科研等工作，如"国际自然及自然资源保护联盟"、联合国教科文组织的"人与生物圈计划"等。目前全世界自然保护区的数量和面积不断增加，并成为一个国家文明与进步的象征之一。其中，吉林省长白山自然保护区、广东省鼎湖山自然保护区、四川省卧龙自然保护区、贵州省梵净山自然保护区、福建省武夷山自然保护区和内蒙古自治区锡林郭勒自然保护区已被联合国教科文组织的"人与生物圈计划"列为国际生物圈保护区。

中国自然保护区建设事业是在中华人民共和国成立初期，根据森林资源保护、野生动物保护和狩猎管理的迫切需要而开展起来的，其目的旨在保存原始植被及栖息的野生动物，为国家保存自然景观，不仅为科学研究提供据点，而且为我国极其丰富的动植物种类的保护、繁殖及扩大利用创立有利条件，同时对爱国主义的教育将起到积极的作用。为做好自然资源的保护，《中华人民共和国环境保护法》第二条、第十七条、第十八条、第二十条、第二十三条、第四十四条均涉及自然资源保护和自然保护区的问题，第二条把自然保护区列为"影响人类生存和发展的自然因素之一"。为开展培训、研究、考察、信息交流等各项活动，促进保护区管理水平的提高，加入国际人与生物圈保护区网，由中国人与生物圈国家委员会、林业部、农业部和原国家环保局（现为生态环境部）等部门共同发起组建的"中国生物圈保护区网络"正式成立。从 1994 年 12 月 1 日起施行《中华人民共和国自然保护区条例》，并于 1999 年国务院以国函〔199〕号文，批准自然保护区为国家级自然保护区。我国自然保护区的经营管理发展过程也可分为四个阶段：

（1）法律保护阶段。我国早期的和边远地区的保护区属于这一阶段。这时，这些地区资源尚多，人口对保护区的威胁和要求都不大，保护区处于自然存在状态。它们在经营中只是在法律上起着保护的作用。呼中、阿尔金山和白马雪山等仍处于这一阶段。

（2）保护阶段。由于人口激增和发展要求，对保护区的威胁不断扩大，随着自然保护区事业的发展，半数自然保护区建立起机构，开始了保护和经营工作，主要着手标定区界，制定规划，制止偷砍、偷猎、偷挖等破坏活动。它们不仅在法律上，而且在管理上都起到了保护作用。我国的多数自然保护区如雾灵山、乌岩岭和黑石顶等处于这一阶段。

（3）保护与发展相结合阶段。20 世纪 80 年代以来，我国自然保护区建设发展迅速，同时国际上自然保护区建设和经营管理的经验传入我国。卧龙、长白山和鼎湖参加国际生物圈保护区网并开展了经营、研究工作。自然保护区自身发展和社会经济发展的要求，推动自然保护区的经营工作由单纯保护逐渐向保护与支持发展相结合的方向发展。凡有条件的自然保护区都开始制定发展规划，按自然保护区不同类型和划分分区等进行各种经营活动。卧龙、向海、鄱阳湖和南湾等自然保护区正朝这一阶段迈进。

（4）保护与社会发展要求相结合阶段。随着自然保护区事业的发展，保护区的经营活动已不仅限于保护区内部，而且渐渐与当地社会生产生活和各级政府发展规划结合起来了。

5. 世界遗产

世界遗产是全人类共同继承的文化及自然遗产，它集中了地球上文化和自然遗产的丰富性与多样性，通常划分为世界自然遗产和世界文化遗产。

（1）世界文化遗产的定义

①文物：从历史、艺术或科学的角度来看，具有突出的普遍价值的建筑物、雕刻和绘画，具有考古意义的部件和结构，铭文、洞穴、住宅区及各类文物的组合体。

②建筑群：从历史、艺术或科学的角度来看，在建筑形式、统一性及其与环境景观结合方面，具有突出的普遍价值的单独或相互联系的建筑群体。

③遗址：从历史、美学、人种学或人类学的角度来看，具有突出的普遍价值的人造工程或自然与人类结合工程以及考古遗址的地区。

（2）世界自然遗产的定义

①从美学或科学的角度看，具有突出的普遍价值的由自然和生物结构或这类结构群组成的自然面貌。

②从科学或保护的角度看，具有突出的普遍价值的地质和自然地理结构以及明确划定的濒危动植物种生存区。

③从科学、保护和自然美的角度看，具有突出的普遍价值的天然名胜或明确划定的自然区域。

由于世界遗产的独特性，"遗产旅游"已经成为一种世界现象，是人类求取与外部世界高度和谐的最有效的形式之一。截止到 2019 年 7 月，中国已有 55 处文化遗址和自然景观列入《世界遗产名录》，其中文化遗产 32 项，自然遗产 14 项，文化和自然双重遗产 4 项，文化景观 5 项。其中，昆曲、古琴、新疆维吾尔族木卡姆艺术、蒙古族长调民歌列入联合国教科文组织的人类口头和非物质文化遗产。

6. 主题公园

主题公园的定义至今也没有一个比较明确的说法，在欧美国家，主题公园的服务大致包括：为旅游者的娱乐、消遣而设计和经营的场所；具有多种吸引物；围绕一个或几个历史或其他内容的主题，包括餐饮、购物等设施；能开展多种多样有吸引力的活动，实行商业化经营并收取门票等。国际上将专门为满足人们休闲娱乐需求而设计建造的娱乐场所均称为主题公园。在我国，主题公园的出现很晚，对于主题公园的系统研究较少。保继刚于 1997 年在《地理学报》上发表名为《主题公园发展的影响因素系统分析》论文，文中对主题公园作了如下定义：主题公园（theme park）是具有特定的主题，由人创造而成的舞台化的休闲娱乐活动空间，是一种休闲娱乐产业。

（1）主题公园的种类

①文化教育公园，主要是那些历史悠久的欧式公园的残骸，这类公园总体上是以绿色园林以及喷泉为主要特色，体现了一种历史性与教育性相结合的文

化氛围。

②露天娱乐公园，这类公园的规模较小，主要面向一些大城市或地区的客源市场，设有传统的带有刺激性的娱乐设施、游艺场和其他的娱乐项目，大多数娱乐公园在建筑风格以及娱乐项目上都缺乏一个鲜明的主题。

③主题公园，这类公园大体上属于东方式的综合娱乐体，并将其建筑与某一主题融为一体，较一般的娱乐公园而言，主题公园规模更大，各种娱乐项目、景点也更为丰富。

④水上主题公园，这是一个新型娱乐项目，以水上娱乐活动为中心，是主题公园的一种特殊形式，这种大型的水上公园的主要设施有人造海浪、陡峭的水滑道以及一系列的旋转滑梯等。

（2）世界主题公园的发展

19世纪90年代初，作为娱乐大家庭中一个重要的组成体——主题公园诞生了，在当时，主题公园的兴建并不仅仅局限于美国，很快就风靡全球，而最早的一家商业性娱乐场所诞生于17世纪初期。19世纪末，在美国纽约的康尼岛（Coney Island）上建起几座主题公园，最早的滑行铁道建于1884年，紧接着又建立了一个室内的娱乐公园——海狮公园，在20世纪30年代，由于经济萧条，娱乐行业不得不与电影业进行竞争。然而，随着1955年加利福尼亚迪士尼乐园的开放，这种新兴的娱乐业复苏了，华特·迪士尼也因此成为一个传奇式的人物，紧接着娱乐业又跃上了一个新的台阶。

华特·迪士尼公园是世界上最大的公园，在美国就拥有三座大型的主题公园。而"时代华纳大旗公园"位居第二，仅在美国建立了七座主题公园。

欧洲奥尔顿塔（Alton towers）主题公园原先坐落在英国斯塔福德郡（staffordshire）北部的旧式公园，有着60年的悠久历史，主要由一些历史园林组成，1980年增设了"过山车"和一些新的景点，把自己重新定位于一座新型的主题公园。这座公园在较短时间内就取得了惊人的效益，它的成功使大批的主题公园在80年代末90年代初期兴建，包括英国的黑池游乐海滩，其拥有世界上最大过山车。而法国在90年代初期，出现了三座大型主题公园，它们均由迪士尼公园进行投资，欧洲的迪士尼耗资30亿美元，巴黎最北部的阿斯特克游乐园耗资15000万美元，六旗公司和安海斯·布什公司（Anheuser Bush）为了迎接1992年巴赛罗纳奥运会在西班牙开设了几座新的主题公园。

在亚洲，1983年华特·迪士尼公司与东方公司（OFC）共同进行了一项风险较大的投资，这就是东京迪士尼乐园。东京迪士尼乐园取得了巨大的成功，并在亚洲掀起了一阵兴建主题公园的热潮，而东方公司（OFC）与迪士尼在成功的先例下达成共识，兴建了第二座主题公园"东京迪士尼水上乐园"。而在此前亚洲最大的水上公园为香港海洋公园（1977 年成立），它 1 年的营业额为32000000 美元，位于雅加达（Jakarta）东部的贾亚·安康（Jaya Ancon）梦幻乐园是东南亚最大的娱乐综合工程之一，梦幻乐园项目众多，包括水上公园、高尔夫球场、海滩以及宾馆。

（3）我国主题公园的发展

我国主题公园的建设标志是 1989 年 9 月 21 日深圳"锦绣中华"的成功开业。由于"锦绣中华"轰动性的示范效应，我国的主题公园事业随着旅游业的兴盛而逐渐壮大。当前，社会各界对主题公园指责颇多，但是透过表象可以看出，主题公园在现代旅游业发展中发挥了不可替代的作用，诸多问题的产生源于操作上的失误。促进我国主题公园健康发展的关键还在于有关方面提高对主题公园本身的认识水平，优化规划设计，改善经营管理，加强宏观调控。从主题公园发展的要求来看，由于其初期投资较大，维护成本较高，因此，一个主题公园的生存和发展需要有优越的地理位置，强大的客源市场做支撑。

7. 国家水利风景区

国家水利风景区是在对各类水库风景资源进行旅游开发后形成的滨水旅游地，由水利部统一管理。为规范和促进这类风景区的管理，扶持和指导各级水利行政主管部门加强对水利风景区的建设，不断提高景区管理、服务质量，建设秀美山川，满足人民日益增长的旅游需求，水利部组建了"中国水利部水利风景区评审委员会"，由该组织制定行业标准，通过对国内首批申报的水利风景区进行评审，确定 18 个水库为首批"国家水利风景区"。截至 2018 年底全国共有 878 处国家水利风景区。首批国家水利风景区如表 1-4 所示。

表 1-4　首批国家水利风景区名单

所在省份	数量	景区名称
北京市	1	十三陵水库旅游区
黑龙江省	1	红旗泡水库红湖旅游区
江苏省	2	溧阳市天目湖旅游度假区
		江都水利枢纽旅游区
浙江省	3	海宁市钱江潮韵度假村
		宁波天河生态风景区
		奉化亭下湖旅游区
安徽省	2	龙河口水利旅游区
		太平湖风景区
福建省	1	福清东张水库石竹湖风景区

所在省份	数量	景区名称
山东省	1	沂蒙湖
河南省	2	南湾风景名胜区
		驻马店市薄山湖水利旅游区
广东省	1	飞来峡水利枢纽旅游区
贵州省	2	镇远舞阳河水利旅游区
		织金恐龙湖水利旅游区
新疆生产建设兵团	1	农八师石河子北湖旅游区
淮委		石漫滩水库风景区

8. 中国文明风景旅游区的建设

创建文明风景旅游区示范点的活动，是深入推进文明建设，促进、旅游事业健康发展的一项重要举措。旅游业在当今经济发展中的地位和作用日益突出。在这种情况下，鼓励示范景区的创建将为旅游业的发展创造必要的条件。中国将进一步丰富风景旅游区的文化内涵，提高文化品位，开展具有民族特色的各种文化活动。中共中央文明办、原建设部和国家旅游局共同发起开展中国文明风景旅游区示范点的评选。该项活动从 1998 年开始，每年评选一次，目前，共推出四批共 40 个示范点。2006 年中央文明办、原建设部、原国家旅游局在 40 个文明风景旅游区示范点的基础上，决定授予四川峨眉山风景名胜区等 11 个景区"全国文明风景旅游区"称号，授予北京八达岭长城景区等 49 个景区"全国创建文明风景旅游区工作先进单位"称号。

同时，中央文明办、住房和城乡建设部、文化和旅游部（原旅游局）对 2005 年版《全国文明风景旅游区暂行标准》进行修订，形成了 2008 年版《全国文明风景旅游区标准》。

9. 国家 A 级景区建设

国家标准《旅游区（点）质量等级的划分与评定》（GB/T17775-1999）1999 年发布，2003 年发布该标准的修订版《旅游区质量等级的划分与评定》（GB/T17775-2003），修订版中增加了 AAAAA 级景区，全国旅游景区质量等级评定委员会 2001 年公布了首批国家 AAAA 级景区名单（187 家），2007 年公布了 66 家国家 AAAAA 级旅游景区名单，至 2018 年 12 月全国旅游景区质量等级评定委员会公布了 AAAAA 级景区 66 家，AAAA 级景区 568 家，以及大批 AAA 级景区、AA 级景区和 A 级景区，有效地提升了我国旅游景区的质量和景区行业的整体形象。

10. 全国工农业旅游示范点建设

以工业生产过程、工厂风貌、工人工作生活为主要内容的工业旅游和以农业生产过程、农村风貌、农民劳动生活为主要内容的农业旅游，是旅游产品中的一个重要分支，发展势头日益强劲。大力发展工农业旅游，对于整合旅游资源、丰富旅游产品、增加旅游供给、进一步做大做强旅游产业具有重要意义，是满足人民群众日益增长的旅游需求的重大战略措施，对于促进经济结构调整和经济社会发展、解决"三农"问题和就业再就业问题、培育工业经济和农业经济新的增长点，也具有多方面的积极作用。2004 年公布了首批全国工农业旅游示范点名单（共 306 个），其中，第一批全国农业旅游示范点 203 个，第一批全国工业旅游示范点 103 个。

11. 国家公园

2015 年 5 月 18 日，国务院批转《发展改革委关于 2015 年深化经济体制改革重点工作意见》提出，在 9 个省份开展"国家公园体制试点"。发改委同中央编办、财政部等 13 个部门联合印发了《建立国家公园体制试点方案》（以下简称《方案》）。

该《方案》提出了试点目标——试点区域国家级自然保护区、国家级风景名胜区、世界文化自然遗产、国家森林公园、国家地质公园等禁止开发区域（以下统称各类保护地），交叉重叠、多头管理的碎片化问题得到基本解决，形成统一、规范、高效的管理体制和资金保障机制，自然资源资产产权归属更加明确，统筹保护和利用取得重要成效，形成可复制、可推广的保护管理模式。

二、我国旅游景区管理的现状

数以万计的旅游景区构筑了遍布全国的旅游产业网络，对我国旅游业的发展起着举足轻重的作用。作为旅游资源主要体现形式和旅游产品的主要载体，近几年来，旅游景区在全国旅游业蓬勃发展的总体形势推动下，其开发建设、保护利用和管理，也取得了令人瞩目的成就。旅游景区已成为我国旅游业重要的生产力要素及旅游创收创汇的重要来源，是旅游者参观游览的主要场所。旅游景区是各地最重要的旅游吸引物，是目的地旅游形象的重要体现。

改革开放以来，伴随着我国旅游业的快速发展，旅游景区的规划、开发、建设、保护和管理等各项工作得到了空前的发展，取得了巨大的成就。一批高品位、高质量、形象鲜明的旅游景区享誉海内外，成为中国旅游业发展的生力军和国际旅游形象的着力点。但是，长期以来，旅游景区存在政出多门、体制混乱的格局，大部分旅游景区微观主体机制落后，观念保守，景区管理和服务的专业化水平较低，旅游景区的整体服务功能、服务质量、管理水平和资源与环境保护力度都与我国旅游业实现跨越式发展的要求不相适应，与建设"世界旅游强国"的战略目标不相适应，与旅游者越来越高的旅游需求不相适应。

在节假期长、加薪和拉动消费内需三者共同影响下，各景区出现了春节、"五一"和"十一"三个旅游峰值期，2008 年国家新的法定假日和带薪休假制度的实施，形成了新的假日旅游现象，使其面临容量压力。目前我国大部分旅游景区综合接待能力弱，基础配套设施不完善，结构不合理，致使与旅游活动密切相关的各环节都出现了问题。旅游景区的客流量、价格、接待能力等基础数据缺乏，综合资讯不健全，又没有建立有效的旅游预警机制，对旅游者出行缺乏有力、有效的引导。大部分旅游景区对假日旅游潮的到来处于一种被动接受状态，相关行业及各部门之间缺乏协调联动，使旅游景区现有的空间和功能得不到充分合理的利用。由于景区硬件设施不完善，软件服务又跟不上，导致旅游投诉明显增加，安全事故增多。

针对我国旅游景区管理的问题，可采取如下措施：

1. 切实加强对景区执法监督管理和规划管理

要严格按照相关法规和管理条例，进一步强化景区管理机构的管理职能，实行政企分开，将景区开发、经营和管理逐步推向市场。同时，加强景区规划工作，放眼长远，科学规划，严格管理。

各景区的开发建设活动必须坚持规划先行的原则，严格按照《中华人民共和国旅游法》和《旅游规划通则》开展规划管理，完善区域旅游规划体系，在总体发展规划指导下编制旅游景区详细规划，保证旅游景区的一切建设活动都在规划之内。旅游景区总体规划和详细规划一经批准，就要坚决执行，并加强对实施情况的监督和检查，对违反规划的行为依法处理，以促进景区的可持续发展。

2. 加强景区环境和市场秩序的管理

加强对旅游景区经营环境的治理是旅游景区管理的一项重要任务。文旅部十分重视旅游景区的规划、建设、保护和服务质量管理，制定了相应的旅游规划管理法规和技术规范，加大了旅游景区的开发建设和保护力度。1999 年国家发布《旅游景区质量等级的划分与评定》，2003 年发布《旅游景区质量等级的划分与评定》（修订）（GB/T17775-2003）、《旅游规划通则》（GB/T18975-2003）、《旅游厕所质量等级的划分与评定》（GB/T18973-2016）三个国家标准，2006 年国务院发布了《风景名胜区条例》等强化了旅游景区的规划、建设和管理，突出景区的旅游功能和服务质量，强调创精品、创极品、创拳头产品。由全国人民代表大会常务委员会于 2013 年 4 月 25 日发布，自 2013 年 10 月 1 日起施行《中华人民共和国旅游法》是为保障旅游者和旅游经营者的合法权益，规范旅游市场秩序，保护和合理利用旅游资源，促进旅游业持续健康发展而制定的。

旅游景区是一个目的地最重要的窗口行业，是向海外游客展示中国形象的一个重要窗口，应全面提高旅游景区从业人员的思想业务素质和服务质量，树立良好的中国旅游景区品牌形象，努力做好各类人员的职业培训和规范服务，不断提高社区居民和旅游全行业人员的文化素质与业务素质。

3. 强化景区保护和可持续开发

科学保护好旅游资源和环境是景区生存和发展的基础，但景区的保护和建设需要经费。现代景区的开发应逐步改变过去依赖政府拨款的思想，而要主动到市场上去寻求资金。对于景区发展的外部环境的改善、目的地形象推广和基础设施建设，政府可视财力做出适度安排，通过政府引导，刺激社会投资。充分运用市场机制，通过合资、合作、独资、股份制等多种融资渠道和经营方式，吸引企业、个人、外资参与景区的基础设施和旅游服务设施的建设和经营，为景区的资源环境保护和设施建设提供资金保障，确保旅游景区的可持续发展。

思考题

1. 什么是旅游景区？
2. 简述旅游景区管理学研究的内容。
3. 简述旅游景区管理的基本原理及其内容。
4. 简述旅游景区管理的主要职能及其内容。
5. 简述旅游景区管理的主要方法。
6. 简述旅游景区管理的决策过程。
7. 简述旅游景区管理的计划职能。
8. 简述旅游景区管理的控制过程。
9. 我国旅游部门的五级质量管理的划分依据是什么？
10. 论述我国旅游景区管理的发展趋势。

第二章 旅游景区规划管理

学习目的：

　　通过本章的学习，了解旅游景区规划的重要性，了解我国旅游景区规划管理的现状、问题和发展趋势，熟悉国家标准《旅游规划通则》，掌握旅游景区资源分类和评价方法，掌握不同层次、不同类别旅游景区规划的编制内容、编制方法和要求，了解景区旅游规划的有关管理规定和未来旅游规划的发展趋势。

主要内容：

- 我国旅游景区规划管理现状和发展趋势
- 旅游景区资源分类与评价
- 旅游景区规划的编制
- 旅游景区规划编制管理
- 旅游景区规划编制实施管理

　　旅游景区规划是指为了科学保护和合理开发各项资源，有效经营和科学管理旅游景区，充分发挥景区资源价值而进行的各项旅游要素的统筹部署和具体安排。根据规划的内容及深度不同，分为三个不同的层次，即旅游景区总体规划、旅游景区控制性详细规划、旅游景区修建性规划。在这三个规划层次之外，旅游景区还可以根据各景区特点编制旅游策划或概念性规划、旅游项目策划，或针对景区的具体建设项目编制开发规划。不同层次的规划，在编制内容、深度和方法方面有所不同。

第一节　旅游景区规划管理概述

一、我国旅游景区规划管理现状

随着我国经济社会的全面发展，人民生活水平不断提高，生活方式也发生了很大的变化，旅游越来越成为人们生活中不可缺少的组成部分。旅游市场需求强劲，旅游景区快速发展，旅游业的文化效应和产业关联效应越来越显著。旅游景区的规划与管理越来越受到各级政府、景区投资商、景区管理者和景区所在地社区的重视。

为促进我国旅游景区的可持续发展，加强旅游景区规划管理，提高旅游景区规划水平，国家相关主管部门制定了《文化和旅游规划管理办法》（2019）、《旅游规划设计单位资质等级认定管理办法》（2005），出台了国家标准《旅游规划通则》（GB/T 18971－2003）。编制和实施旅游规划，应当遵守这些办法和标准。各项规划有严格的层次划分，下一层次的规划必须服从上一层次的规划。《文化和旅游规划管理办法》和《旅游规划通则》要求景区旅游规划应当坚持可持续发展和市场导向的原则，重视对资源和环境的保护，防止污染和其他公害，因地制宜、突出特点、合理利用，提高旅游业发展的社会、经济和环境效益。

《文化和旅游规划管理办法》对规划的立项和编制、衔接和论证、报批和发布都做出了明确的规定，这是我国旅游行业管理部门发布的第一部关于旅游规划的部门规章。《旅游规划设计单位资质等级认定管理办法》对规划设计单位的资质等级的划分、资质等级的认定标准、资质的审批和管理等方面做出了规定。《旅游规划通则》对旅游景区不同类型规划的编制要求，旅游规划的编制程序，旅游规划的编制类型、内容、评审、报批与修编等方面做出了规定。

二、我国旅游景区规划中的问题

1. 旅游景区规划的性质不明确，内容不完整

目前，我国旅游理论界尚存在一些模糊概念，对于旅游景区规划的提法较多，常见的有旅游景区规划、旅游景区发展规划、旅游景区总体规划、旅游景区发展总体规划等。这些模糊概念的出现使得旅游景区规划的性质不明、内容不一，旅游景区的市场管理比较混乱，委托单位不能提出明确的要求，规划编制单位也没有一个规范的文本格式。因而在规划成果的鉴定会上，不同行业、

不同专业的专家往往意见不一，使规划成果的技术评定工作质量无法保证。

由于长期以来旅游景区规划中的有关概念模糊不清，没有明确的界定，使得各地编制的旅游景区规划内容一直没有统一的标准，各单位编制的规划体系不同、内容不一，根据规划编制单位的学术专长各有侧重。大多数旅游景区规划对区域旅游发展中的相关产业要素缺乏系统分析，对旅游的投入产出分析采取回避态度，对重点项目的时序安排和投资概算缺乏科学的依据，对发展战略的宏观研究不够等。

2. 旅游景区规划的深度不够

旅游景区规划是指导景区旅游发展的纲领性文件，编制单位应在对景区所在地区社会经济发展状况以及旅游业发展条件、比较优势等进行综合分析的基础上采取科学的手段、求实的态度进行设计。但实际情况确是很多不同类型、不同发展条件的区域，其规划思想、产品开发、市场开拓甚至总体形象策划都大同小异，这表明规划编制的深度存在一定的问题。主要表现在：旅游资源评价较片面、旅游客源市场分析缺乏科学的依据以及对旅游业开发条件的分析不够全面。

在一些景区旅游规划中，规划编制单位为了迎合委托单位的需要，树立管理者发展旅游的信心，过分夸大旅游资源的价值。另外，有些专家夸大文物古迹的旅游作用，没有分清文物古迹的学术价值和旅游价值之间的区别，或在潜意识中夸大了文物古迹的旅游作用，缺乏对旅游市场的竞争分析和区位分析，以及对本地旅游资源进行全面的考察和分析，因而，对地方旅游的产业定位、目标定位过高，不符合当地的实际，规划目标无法实现。

旅游客源市场有一定时空规律性，游客的地域构成、人口文化学特征、旅游的偏好等方面都要进行市场抽样调查，大多数地方没有进行这方面的工作，甚至连基本的接待旅游者人数的统计资料都没有或者有但很不准确，因此在景区旅游规划中，仅仅靠规划编制单位组织的一次或几次的抽样调查是无法准确把握客源的整体时空特征和消费特征。在规划中往往对旅游业发展的有利条件分析得比较多，对存在的问题则分析得较少。

3. 景区规划的可操作性和前瞻性不够

一些景区管理者片面地强调规划的可操作性，规划编制单位为了迎合这种需要，在规划的编制中对细节问题设计过多，一方面使得规划的重点不突出，另一方面旅游景区规划做得过细，限制了景区的详规，不利于旅游的发展灵活地顺应市场的变化，更不利于投资商的市场化操作。这样的规划既失去了作为战略规划的前瞻性和指导意义，也会因其过于详细失去市场的应变能力，其结果是要么限制了发展，要么对规划进行过多的修编，这样使规划失去严肃性。

4. 规划编制队伍参差不齐，专业结构不合理

目前，我国的规划单位按其学术背景大致为以下几类：地理类、建筑设计类、园林设计类、经济类、旅游类。由于旅游景区规划涉及面很广，很复杂，需要地理、经济、建筑、环境、规划、设计、城市规划、土地规划、文化、历史、美学等诸多方面的共同合作，很少有一个规划单位同时具有上述人员，如果规划编制单位学术结构不合理，所做的景区旅游规划必然存在偏差。

三、景区旅游规划的发展趋势

1. 由产业规划向系统规划发展

由于旅游活动的复杂性，它涉及多个学科领域，所以，旅游规划从严格意义上讲并非仅仅是一种产业规划。旅游涉及政治、经济、社会、文化、环境、心理、审美活动等诸多方面，是一个复杂的系统，所以旅游景区规划应是旅游系统的规划，旅游景区规划就是对旅游系统进行全面的分析，找出旅游系统内部各个要素间的相互影响、相互制约的关系，遵循旅游系统的发展规律，对各要素进行合理的干预，以增强系统的功能，促进系统的良性循环。因此，旅游景区规划应是对景区旅游系统的整体规划，应是"整合规划"或"综合规划"，景区旅游规划要考虑自然、生态、经济、社会文化和社会管理等因素，因此在景区旅游规划的实践中，必须将旅游规划与交通规划、城市规划、环境规划、绿化规划、国土规划、土地利用规划等专业规划和综合规划相结合，遵行上述有关规划成果，或将景区旅游规划的成果纳入上述规划之中。

2. 由领导规划、专家规划向参与性规划发展

目前，我国景区旅游规划主要是由专家队伍组成的规划编制组和由地方政府有关部门领导或旅游景区管理当局组成的规划领导小组或协调小组，规划领导小组或协调小组主要的职责是协调地方或景区各部门之间的关系，以便能为规划编制的专家小组提供更多的资料和考察上的方便，以及当地的一些实际情况，规划编制小组主要是进行规划的编制工作。由于未来的景区旅游规划将更多的是一种旅游的系统规划，可持续发展的旅游规划也必须考虑到企业、政府和目的地社区三方面的利益。因此，未来的景区旅游规划应是一种有广泛参与性的规划，参与的人员除规划编制专家组和政府有关的部门以外，还应有本地的专家、当地的社会文化名人、当地的社区居民代表和企业家、投资商等，在规划编制小组的人员构成中还应增加公路交通、市场营销、形象策划、文化、历史、美学、摄影、网络等方面的专家，以体现景区旅游规划是一项整合规划和系统规划。

参与景区旅游规划的过程既是一种充分考虑当地实际情况、充分挖掘地方

文化内涵、集思广益的过程，也是一种交流思想、统一思想、提高当地对发展旅游的认识、调动各方面积极性的过程，同时也是一个宣传的过程，这一过程使得规划编制的专家组对当地有了更深刻的认识和了解，便于景区旅游规划的准确定位。参与性的旅游规划将是未来我国景区旅游规划的主要方法。

3. 由规范化向多样化发展

首先，在景区规划的内容上，旅游景区规划是旅游系统可持续发展的规划，其内容中既有经济效益目标，也有环境效益和社会效益的目标，应使本地社会和文化得到全面的发展，使景区居民的生活环境更加美好。由于旅游系统要素复杂，涉及面广，所以景区旅游规划的内容将逐步走向规范化。但随着旅游的发展，未来的景区旅游规划在内容上除了包括规范的内容之外，还将根据各地的实际，形成规划当中的特色内容，如旅游景区的形象策划与定位，景区发展中的人地感应系统规划及其感应系统中的第一印象区、光环效应区、地标区、典型镜头区及视觉符号等的规划设计。其次，根据旅游资源的特点，在语言上更加生动形象。再次，规划成果多样化，除了传统的规划文本、规划的基础材料、规划的附件、规划的附图外，还应增加景区旅游网站的建设，景区宣传用的风景光盘、景区旅游信息系统、景区旅游决策系统、重点区域、重点项目的创意策划方案等衍生成果。最后，规划成果的表现形式应更加多样化，更加生动活泼，直观形象，如既有印刷版，也有电子版；既有静态的展示，也有动态的演示；既有平面的展示，也有沙盘模型的立体表现；还有利用高科技的声、光、电等现代化的表现手段等。

4. 由实体规划向形象规划发展

旅游形象的定位与策划越来越受到地方政府的重视，可以说，现在已经进入了一个注重企业形象的时代，各个地方由推销产品进入到推销形象的时代，各地方政府都在极力推广本地的良好形象，企业形象识别系统（CIS）倍受地方政府的欢迎。

景区规划将从注重项目的规划到注重形象的规划，包括景区旅游的总体形象、资源形象、产品形象、服务形象、旅游企业形象、城市形象、市场形象等。未来的规划更注重景区的总体形象定位、区域内功能区的主题形象定位，以及旅游形象的时间序列的再定位，为景区的发展描绘出一幅形象化的宏伟蓝图，这样的规划既有利于管理者有一个景区发展的长期的奋斗目标，又便于景区的发展适应市场变化的需要，便于旅游功能区开发和旅游项目的市场化运作，以发挥投资商的经济性和创造性。所以，未来的景区旅游规划将由注重实体的规划转变为更加注重区域旅游的形象规划。

旅游景区规划应该是一种宏观的、战略性的规划，如果规划过于详细，限制了旅游的项目规划，因为投资商在投资前还要进行项目的可行性研究和论证。此外，过于详细的旅游规划往往也不利于景区面向快速变化的市场，其结果是要么规划被经常修订而失去其前瞻性和指导性，要么规划被束之高阁而失去其严肃性。

所以，未来的旅游景区规划将是在充分的战略背景分析、深入的实地调研、广泛的征求意见、反复论证的基础上制定出的景区发展规划或总体规划的大纲，确定景区旅游发展的形象定位、战略方向、体系、目标以及近中期的战略重点等。这样的景区规划可以使管理者认清全局，把握景区发展的方向，掌握景区发展的重点，以指导景区详细的旅游规划工作和有关项目的详细规划，同时又能调动和发挥投资商的积极性与创造性，便于旅游项目的市场化运作。

第二节　旅游景区规划编制内容及要求

根据《旅游规划通则》，旅游景区规划可分为总体规划、控制性详细规划和修建性详细规划三个层次。

一、旅游景区规划编制的原则

旅游景区规划是根据景区的历史、现状和市场要素的变化所制定的目标体系，以及为实现目标体系在特定的发展条件下对旅游发展的要素所做的安排。旅游景区规划应当确定景区开发建设在所在区域国民经济中的地位、作用，提出景区经营管理目标，拟定旅游业的发展规模、要素结构与空间布局，安排旅游业发展速度，指导和协调旅游业健康发展。旅游景区规划一般为期限五年以上的中长期规划。不同层次的旅游景区均有相应的旅游规划。景区的总体规划应当与社区的经济社会发展规划、城市总体规划、国土规划、土地利用总体规划等相互衔接，与风景名胜区、自然保护区、文化宗教场所、文物保护单位等专业规划相协调，与经济增长和相关产业的发展相适应，并遵循下级服从上级、局部服从全局的原则，遵守国家基本建设计划的有关规定。

旅游景区规划的编制，应当体现区域协同、空间一体化发展原则，避免区内及周边地区的重复建设，以及对旅游资源的浪费和破坏。旅游规划编制工作所采用的勘察、测量方法与图件、资料等，要符合国家标准、技术规范和行业主管部门的相关规定，鼓励采用先进方法和技术。在原则上，应当进行多方案的比较，并广泛征求当地旅游行政管理部门和居民的意见。规划编制的技术指标应当适应旅游业发展的需要，具有适度超前性，可参照《旅游规划通则》附录 A 选择和确立。承担旅游规划编制任务的单位，应符合国家旅游行政主管部门对旅游规划设计单位资格管理的有关规定。旅游景区规划编制人员原则上应由旅游及规划的相关人员组成，应包括经济、市场开发、旅游资源、环境、城市规划、建筑等专业人员。

二、旅游景区规划编制的内容及要求

1. 旅游景区总体规划编制内容及要求

旅游景区在开发建设之前，原则上应当编制总体规划，规模较小的旅游景区可直接编制控制性详细规划。

（1）旅游景区总体规划的一般要求

总体规划的期限一般为 10 年到 20 年，同时可根据需要对旅游景区的远景发展做出轮廓性的规划安排。对于旅游景区近期的发展布局和主要建设项目，亦应做出近期建设规划，期限一般为 3 年到 5 年。旅游景区总体规划的任务是确定旅游景区的性质，划定旅游景区的用地范围及空间发展方向，提出开发实施战略，处理好远期发展与近期建设的关系，指导旅游景区的合理发展。

（2）旅游景区总体规划的内容

①对旅游景区的旅游资源进行科学评价。

②确定旅游景区的性质，提出规划期内的旅游容量，划定旅游景区用地范围。

③提出重点旅游项目的策划。

④规划旅游景区的功能分区和土地利用。

⑤规划旅游景区对外交通系统的布局和主要交通设施的规模、位置，规划旅游景区内部的主要道路系统的走向、断面和交叉形式。

⑥规划旅游景区旅游服务设施、附属设施、基础设施和管理设施的总体布局。

⑦规划旅游景区的景观系统和绿地系统的总体布局。

⑧规划旅游景区的防灾系统和安全系统的总体布局。

⑨研究并确定旅游景区资源的等级与位置，划定保护范围，提出保护措施。

⑩确定旅游景区的环境保护目标和环境卫生系统布局，提出防止和治理污染的措施。

⑪提出旅游景区近期建设规划，确定近期优先开发目标和建设项目。

⑫提出总体规划的实施步骤、措施和方法，以及规划、建设、运营中的管理意见。

（3）旅游景区总体规划的成果形式

旅游景区总体规划的成果包括以下文件和图纸。

①规划文本。

②附件，包括规划说明和基础资料。

③图纸，包括旅游景区区位图、综合现状图、旅游资源评价图、景观系统评定图、用地评定图、总体规划图、道路交通规划图、各项专业规划图、近期建设规划图。对于较大的旅游景区，图纸比例一般为 1/5000—1/10000；对于面积较小的旅游景区，图纸比例一般为 1/2000—1/5000；区位图的比例可根据需要确定。

2. 旅游景区控制性详细规划编制内容及要求

（1）控制性详细规划的一般要求

对于占地面积较广阔、规划要求较复杂、建设量较大的旅游景区，以及其他有实际需要的旅游景区，可编制控制性详细规划。

旅游景区控制性详细规划的任务是，以总体规划为依据，详细规定区内建设用地的各项控制指标和其他规划管理要求，为区内一切开发建设活动提供指导。

（2）旅游景区控制性详细规划的内容

①详细规定在规划范围内各类不同性质用地的界线，规定各类用地内适建、不适建或者有条件地允许建设的建筑类型。

②划分地块，规定各地块建筑高度、建筑密度、容积率、绿地率等控制指标，并根据旅游景区的性质增加其他必要的控制指标。

③规定交通出入口方位、停车入口方位、停车泊位、建筑后退红线、建筑间距等要求。

④提出对各地块的建筑体量、体型、色彩、风格等要求。

⑤确定各级道路的红线位置、控制点坐标和标高。

（3）旅游景区控制性详细规划的成果包括以下文件和图纸

①规划文本。

②附件，包括规划说明及基础资料。

③图纸，包括旅游景区综合现状图，各地块的控制性详细规划图，各项工程管线规划图，图纸比例为 1/1000—1/2000。

3. 旅游景区修建性详细规划的编制内容及要求

（1）修建性详细规划的一般要求

对于当前要建设的旅游景区或旅游景区的一部分，须编制修建性详细规划。旅游景区修建性详细规划的任务是，在总体规划或控制性详细规划的基础上，进一步深化和细化，用以指导各项建筑和工程设施的设计与施工。

（2）旅游景区修建性详细规划的内容

①综合现状与建设条件分析。

②用地布局。

③景观系统规划设计。

④道路交通系统规划设计。

⑤绿地系统规划设计。

⑥旅游服务设施系统规划设计。

⑦附属设施及管理设施系统规划设计。

⑧工程管线系统规划设计。

⑨竖向规划设计。

⑩环境保护和环境卫生系统规划设计。

（3）旅游景区修建性详细规划的成果形式

旅游景区修建性详细规划的成果包括以下文件和图纸。

①规划设计说明书。

②图纸比例为 1/500—1/2000。

三、旅游景区规划编制的程序

1. 确定规划编制单位

委托方根据国家旅游行政主管部门对旅游规划设计单位资质评定的有关规定，对旅游规划编制单位的资质进行审核，以招标公告的方式邀请不特定的旅游规划设计单位投标；也可实行邀请招标，即委托方以招标邀请书的方式邀请特定的旅游规划设计单位投标；还可以直接委托招标，即委托方直接委托某一特定规划设计单位进行旅游规划的编制工作。

2. 开展前期准备

前期准备阶段主要从事政策法规研究、旅游资源调查、市场调查与预测。

政策法规研究是指对国家和本地区旅游及相关政策、法规进行系统研究，全面分析有关社会、经济、资源、环境及政府行为的政策资源。旅游资源调查是指对规划区内旅游资源的类别、品位进行全面调查，编制规划区内旅游资源分类明细表，绘制旅游资源图，确定旅游容量。市场调查与预测是指在对规划区的旅游者数量和结构、地理和季节性分布、旅游方式、旅游目的、停留时间、消费水平进行调查分析的基础上，预测规划区客源市场未来发展规模。对规划区旅游业发展进行竞争性分析，确立规划区在总体形象、可进入性、广告宣传、交通、景点、设施、服务等各方面的区域比较优势，综合分析和评价各种制约因素。

3. 规划编制阶段

在政策法规研究、资源调查、市场调查与预测的基础上，确立规划区旅游业的发展优势和制约因素，提出发展主题和概念性构想。规划编制阶段主要完成主题征集与概念确定，确定规划中的重要原则问题，确立规划的各分期目标和发展战略，对旅游活动、产品和设施提出开发思路，进行空间布局；确立重点旅游开发项目，确定投资规模，进行财务分析和经济、环境评价；对旅游项目进行时序安排，确定各阶段发展目标内容；确定环境保护、文物保护等旅游相关规划内容，提出旅游相关行业支持性发展措施；确定规划实施的措施、方案和步骤，包括政策支持、经营管理体制、宣传促销、融资方式、教育培训等；撰写规划文本、说明和附件的草案。

4. 中期评估

规划编制中期，原则上应进行规划草案的评估，广泛征求各方意见，充分听取委托方、旅游及相关行业管理部门、规划区居民代表及各方面专家的意见。

5. 规划修改完善

中期评估完成后，应根据各方意见对规划草案进行不断修改、充实和完善，在此基础上，形成正式成果。

第三节　旅游景区规划编制管理

旅游规划是一项复杂的系统工程，旅游规划的管理是对规划的全过程进行有效的管理，分为前期管理、中期管理和后期管理。旅游规划的管理有宏观和微观之分，旅游规划的宏观管理是指旅游主管部门对旅游规划的监督和管理，微观管理是某个具体的旅游规划的委托方和编制方（被委托方）对旅游规划的监督和管理。

一、旅游规划的前期准备与管理

1. 旅游规划编制单位的选择

为规范我国旅游规划设计活动，加强对旅游规划设计单位的管理，提高旅游规划设计质量，保障委托方和受委托方的合法权益，促进旅游业长远发展，2005 年国家出台了《旅游规划设计单位资质等级认定管理办法》，明确规定了旅游规划设计单位的经营范围、资质等级、资格认定与登记办法、规划人员备案制度及定期资质检查等。规划编制单位的选择一般采用招标或者委托的方式进行，主要是考察和审定完成规划的可能性、规划编制实力（人员组成、专业配置、过去的经验、技术设备等）、时间保障、科研态度等。为此，应全面推行重大旅游规划项目的招投标制度。特别是大型的旅游规划，往往涉及较大的经济利益，容易产生权力寻租现象。根据旅游规划的等级和层次，建立公开的招标、竞标制度，按不同等级的规划来确定招标的范围。建立招投标制度，有利于降低成本、提高规划质量，有利于旅游规划企业之间公平竞争，减少权力寻租的可能性。当然，旅游规划项目的招标也不能搞"一刀切"，对于有些不具备招标条件的规划项目也可以采取其他的方式。

2. 旅游规划的前期准备

（1）成立规划领导小组，加强部门之间的协调

旅游规划涉及众多行业与部门，为保证旅游规划编制的质量，在规划之前一般要成立规划领导小组，加强部门之间的协调与沟通。

（2）确保规划费用及时、足额到位

旅游规划的质量与规划的费用是相匹配的，规划费用不足，一方面难以找到有实力的编制单位，另一方面规划编制单位会因为费用少而投入较少的人力和精力，这两方面都无法保障规划的质量。

（3）规划资料的搜集要全面、细致

旅游发展依赖于区域综合形象和整体环境，旅游规划的编制涉及多方面的工作，包括区域发展、城市发展、土地利用、环境保护、工商业发展、公安、交通等多个部门，旅游规划必须以国民经济和社会发展计划为指导，与相关专业规划相衔接，如城市规划、土地规划、环境保护规划等；否则，旅游规划将难以实施或难以达到应有的效果。编制旅游规划过程中应该充分研究规划区域的自然、社会和经济状况，对区域发展的历史、现状和未来进行全面系统的考察，对区域旅游发展的历史和现状进行详细的分析研究。因此，旅游规划所需要的基础资料应力求全面、准确。

二、规划编制过程的监督管理

旅游规划编制过程的监督管理主要是保障委托方与受托方（即规划编制单位）的合法权益，或者说对双方义务的监督。

1. 建立旅游规划的监督机制

我国目前还没有建立专门的旅游规划监督机构，由于规划委托方与受托方对旅游规划存在认识上的偏差，常常导致双方产生矛盾与摩擦，影响到规划的顺利编制，甚至出现委托方花了不少规划费用，却得不到规划成果，或受托方

完成了规划任务却拿不到相应的规划报酬。因此，应该建立旅游规划的监督机制，保障规划委托方与受托方的权利和义务，消除双方对规划存在的认识偏差，协调双方的矛盾和问题。监督方应该是与规划委托方和受托方没有利害关系的第三方机构或组织。为此，应做好以下三方面的工作：

（1）加强规划行业管理

适时组建中国旅游规划协会，扩大规划机构之间的交流与合作，改变规划机构或规划人员单兵作战的局面，提高旅游规划界的自身建设水平。

（2）强化理论研究和人才培养

建立健全旅游规划的科研和教育体系，加强对旅游规划理论的深入研究；健全高等院校旅游规划专业的课程设置，系统、全面地培养旅游规划人才；积极扩大旅游规划的国际交流与合作。

（3）成立旅游规划监管小组

旅游规划的监管至少要包括两个层次，即对旅游规划的编制过程进行监管和对规划实施过程的监管。旅游规划监管小组的职责主要是：对旅游开发建设项目的审批、旅游建设与经营活动的监督检查、旅游统计与分析、旅游规划的修编、接受社会监督等几个方面。建议以旅游行业管理委员会为主，联合计划、环保、统计、建设、交通等相关职能部门，共同对旅游规划的实施进行监管。同时，通过监管小组定期向参与规划方案编制的专家学者汇报旅游规划的实施情况。规划组成员也还可以分析和讨论规划的具体实施情况，找出与原有规划方案的偏差。这样，既可以确保规划实施工作的顺利开展，又可以增强规划人员的责任感与使命感，提高其专业水平和理论与实践相结合的能力。

2. 规划委托方与受托方的权利和职责

规划委托方与受托方的权利和职责，应该写在双方签订的委托合同里，由旅游规划的监督机构负责监督执行。

规划委托方的权利和职责：规划委托方的权利是得到一份符合当地实际的，具有科学性、创造性、前瞻性和可操作性的旅游规划。其职责是提供规划费用及规划所需要的资料，安排规划人员的考察活动，配合受托方的各项工作，积极组织座谈、会审、评审等工作以及规划后的各项手续。

规划受托方的权利和职责：规划受托方的权利是获得相应的规划费用，应按双方约定的数额及时、足额得到。其职责是组织规划编制小组进行必要的考察和调查活动，处理和分析基础资料，提出旅游发展的设想和建议，提供完整的规划成果，负责解释并修改旅游规划。

3. 严格旅游规划评审制度

规划的最终评审是对旅游规划的科学性、可行性的技术把关。省级旅游发展规划、中国优秀旅游城市和 4A 级以上（含 4A 级）旅游区的旅游规划，还应当举行中期评审，以便及时发现问题。因此，制定合理的规划成果评价标准才是解决问题的根本。

（1）评审方式

旅游规划文本、图件及附件的草案完成后，由规划委托方提出申请，上一级旅游行政主管部门组织评审。旅游规划的评审采用会议审查方式。规划成果应在会议召开前五日送达评审人员审阅。旅游规划的评审，需经全体评审人员讨论、表决，并有四分之三以上评审人员同意，方为通过。评审意见应形成文字性结论，并经评审小组全体成员签字，评定意见方为有效。

（2）规划评审重点

评审专家要根据有关法律法规、标准规范，结合自身专业知识，对规划文本的相关内容进行技术评定，提出参考性意见，并围绕规划的目标、定位、内容、结构和深度等方面进行重点审议，包括：旅游产业定位和形象定位的科学性、准确性和客观性，规划目标体系的科学性、前瞻性和可行性，旅游产业开发、项目策划的可行性和创新性，旅游产业要素结构与空间布局的科学性、可行性，旅游设施、交通线路空间布局的科学合理性，旅游开发项目投资的经济合理性，规划项目对环境影响评价的客观可靠性，各项技术指标的合理性，规划文本、附件和图件的规范性，规划实施的操作性和充分性等。

（3）建立评审人员资格认定制度

应从源头上解决现在旅游规划评审中存在的问题。例如，可以规定所有评审人员应具有高级职称，并从事旅游规划（或相关工作）五年以上，才能取得评审资格。

（4）旅游规划评审专家的管理

目前旅游规划的评审不够严肃，评审组成员多由编制组推荐。对此应当规定，与规划编制人员有较为密切关系的、可能影响公正评审的评审人员不得参加评审。评审专家应具有较高的专业知识水平、较强的责任心和客观公正的评审态度。

（5）建立评审人员责任追究制度

旅游规划评审人员如果随意进行评审，造成旅游规划出现重大失误的，应当追究评审人员的民事赔偿责任和行政法律责任。因此，评审人员应当在评审记录上签字，评审记录可作为责任追究的依据。

三、规划后期的审批及修编管理

旅游规划的后期管理是指规划编制完成后的管理工作，包括规划审批、法律保障、规划实施、规划修编等。

1. 旅游规划的审批

旅游规划文本、论证报告等经评审通报，按照《文化和旅游规划管理办法》的规定程序报批实施。规划编制单位应在规划报批前，委托研究机构或组织专家组对规划进行论证，形成论证报告。

《文化和旅游规划管理办法》规定：文化和旅游行政部门应严格履行规划报批程序。以文化和旅游部名义发布的规划原则上须经部党组会议审定，规划报批前应充分征求文化和旅游部各相关司局和单位意见并达成一致，各业务领域的专项规划和区域规划报批时须会签政策法规司。须报国务院审批的国家级专项规划，经文化和旅游部党组会议审定后，由规划编制单位送国家发展改革部门会签后上报。

2. 旅游规划实施中的反馈运行机制

（1）旅游规划监控系统的构建

构建动态性的跟踪反馈运行机制，实时监控规划的进展状况。旅游规划监控系统的内容包括：①规划监控系统。统计抵达的游客人数和提供的设施数量，记录旅游活动的总产出、旅游业的预算控制以及旅游地的环境保护；将这些数据与开发规划中所列出的相应目标与指标进行对比；根据旅游产品类型、游客细分、目标市场/地理区域和设施类型，进行差异分析；分析这些偏差产生的原因（规划区内外）。②规划反馈改进机制。根据各组偏差的重要性，决定各个层次的反馈修正机会：差异大小、方案接受度、分期目标可达性、实施政策、产品可行性评价、修正规划总目标。③再规划程序。随着外部宏观环境的变化，各旅游地之间的竞争，考虑进行开发新产品或产品更新换代。

（2）旅游规划反馈控制中的动态

旅游规划通常被看作促使旅游系统按预期目标发展，并获得系统支持的目的性施控行为，称之为正反馈。由于认识和预测环境随机干扰的能力总是有限的，持续单向的正反馈所引起的后果，反而在客观上加剧了旅游系统的发展偏离期望目标，导致旅游系统内部结构失衡，甚至发生系统崩溃。旅游规划的进一步发展将趋于重视负反馈的作用，即通过获得偏离感应信息，输回决策体，影响和修正系统的自我决策，以便在系统发展的过程中保持内部结构的稳定性和对外部环境变化的适应性。旅游规划各个环节之间信息的传递应该是动态的，编制、执行、监管、反馈、调整及目的地系统信息的顺畅沟通是确保整个系统良性循环的前提。每一个系统与相关的部门沟通也应是真实通畅的，获取每一时段的准确信息是做出正确决策的保障。具体情况如图 2-1 所示。

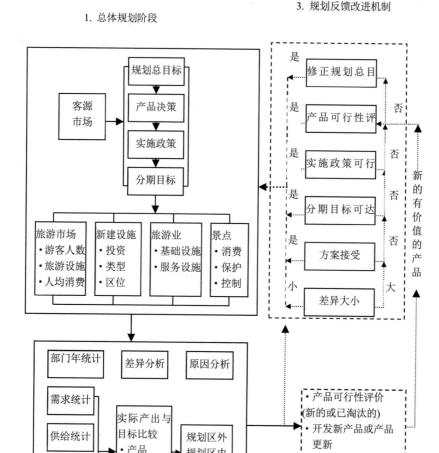

图 2-1   区域旅游规划监控系统

旅游规划归根到底是要满足旅游者的需要，这种市场导向要求旅游者与经营者、规划者进行动态沟通，让规划者了解最新的需求，实现旅游者与经营者、规划者的动态沟通。同时，旅游规划要从"科学形态"走向社会实践，同时给规划实施留有合理的自我适时调节的余地，在规划实施过程中不断跟踪旅游者本身的变化及时调整完善。

　　旅游规划系统的发展趋势是预见并及时地扩展、修复和调节旅游系统的耦合结构，以维持旅游系统发展所必需的内部稳定性、环境变化适应性，并朝预期的方向发展，指导旅游系统不断地提高内部各因素之间的方向协同性和结构高效性，以增强旅游系统的整体竞争力，加速旅游系统的优化历程。

　　（3）旅游规划的修编机制

　　旅游规划不应当是凝固的，而是不断补充、不断修正、不断发展的，但又不能过于频繁地变动。旅游规划并不是一概不能修改，也不是可以随意修改的，关键在于应建立相应的旅游规划修改机制。所谓旅游规划修改机制，是指规定在何种情况下可以且应当对旅游规划进行修改，使旅游规划既能保持一定的稳定性，又能根据客观情况对其做出及时的调整。在旅游规划执行的过程中，要根据市场形势、旅游发展的宏观环境和规划区域经济与社会发展情况等各个方面的变化对做进一步的修订和完善。当出现下列情况之一时，可以且应当修改旅游规划：①旅游规划编制不科学，不利于规划的顺利实施。②编制旅游规划所依赖的客观情况已经发生了巨大变化，旅游规划不适应新情况，为防止旅游规划修改权被滥用，同时应当规定相应的程序修改要件，即修改规划的决定应当经过原审批机关的同意；修改完成后，仍应当经过评审和审批程序。此外，为防止随意改动，还可以将旅游规划上升为地方法规，这在一定程度上可以增强其稳定性。

　　地方各级旅游局可以根据市场需求的变化对旅游规划进行调整，报同级人民政府和上一级旅游局备案，但涉及旅游产业地位、发展方向、发展目标和产品格局的重大变更，须报原批复单位审批。《旅游发展规划管理办法》规定，地方各级旅游局可以根据市场需求的变化对旅游规划进行调整，报同级人民政府和上一级旅游局备案，但涉及旅游产业地位、发展方向、发展目标和产品格局的重大变更，须报原批复单位审批。

第四节　　旅游景区规划实施管理

　　旅游规划是一项理论性和实践性都很强的工作，旅游规划水平的高低和应用效果的好坏，既取决于前期的规划编制，又取决于后期的规划实施与管理。在当前的旅游规划实践工作中，存在着重视规划过程，轻视规划实施管理的问题。许多规划的编制花费了大量的人力、物力和财力，而旅游规划一旦被评审验收，似乎整个规划工作就算完成了，存在着"纸上画画、墙上挂挂"的尴尬局面。

一、实施过程

旅游规划不仅是一种政府行为，而且也是一种社会行为，不仅要求政府参与，还需要经营管理人员、社区居民以及投资方的积极参与，才能保证规划的顺利实施。一般来说，旅游规划编制的具体组织与领导机构是旅游局（或旅管委），因而旅游规划的实施也被看作旅游部门的事务。虽然在规划编制初期成立领导小组，其成员来自各个相关部门，但由于旅游部门的权力位次较低，没有更高一级的职能部门来领衔组织实施，很难协调各部门利益。条块分割的机构现状和部门利益的存在，大大限制了旅游规划效能的发挥。

在旅游规划的实施过程中存在许多困难，主要表现在：（1）由于旅游规划中提出的重大建设项目需要大量的资金投入，如在规划期内，建设资金不能保证，再好的旅游项目创意也无法变为现实，导致旅游规划难以实施。（2）规划方案本身的可操作性较差，主要表现为规划的指导思想不明确，对目的地旅游形象把握不准确，项目策划缺乏创意，对客源市场的旅游需求和市场营销的研究流于形式，缺少对重点建设项目开展投入产出论证，旅游规划与相关规划衔接性差，甚至发生冲突。（3）旅游规划在实施过程中与相关部门之间的利益难以协调。旅游规划的实施需要其他相关部门的配合与支持，由于规划委托方没有能力进行协调与沟通，或者因为规划实施者不能够很好地把握规划者的思路，而旅游局在执行旅游规划时权责有限，与建筑、道路、绿化、基础设施等其他相关部门发生矛盾时，只能通过政府组织来协调解决。（4）从地方政府或旅游主管部门编制旅游规划的目的来看，规划的编制要解决地方旅游产业发展的定性、定位、发展趋势、开发策略、设施建设等。

二、规划保障

（一）旅游规划实施的组织保障

我国的旅游规划是从宏观、区域性规划起步的，这种类型的规划不能游离于区域社会经济之外，而应该综合考虑在地方社会经济体系中旅游产业的地位与分工，实现旅游业与区域经济的可持续发展。旅游发展规划是一项政府工作，因此规划应对政府负责而不仅仅是对旅游行政主管部门负责，必须从区域全局的高度研究旅游发展的问题。区域旅游规划是政府的行为，但在具体操作过程中，它却是由旅游行政主管部门出面作为委托方寻找规划编制小组，并负责整个旅游规划的编写与组织实施。因此，旅游行政管理部门所行使的职权同旅游规划的操作性有很大的关系。但是，因为旅游相关产业隶属于不同的行政主管部门，使得旅游行政管理部门无法全面介入这些领域，从而给旅游行政主管部门的工作带来很多困难，经常处在非常尴尬的地位上。

旅游规划至今没有建立起一套严密的资质和成果认定机构，规划成果没有相应的权威部门予以审核承认，一直都是一种纯应用性的成果，约束力不强，缺乏组织保障。建议：

1. 提高旅游规划的法律地位和影响力

打破传统模式下形成的部门地位认同框架，尽快提高旅游规划的社会地位和影响力，并建立旅游规划成果的审核体系和资质认定机构，强化人们对旅游规划特征、功能及意义的认识和了解，由部门认同形成普遍意义上的社会认同。旅游业的综合性为我们提供了一个谋划全局、整体推进的研究视角，即要破除从部门利益出发来审视规划的传统观念，建立一个宏观规划体系将旅游业相关部门的功能融合在一起，强调部门协调与配合，形成整体合力。

2. 建立规范的规划组织形式与多学科联合编制机制

通过旅游规划设计单位资质与规划师个人资质相结合，建立有效的规划专家遴选机制。关于规划编制单位的资质认定，《旅游规划设计单位资质等级认定管理办法》已做出基本规定，下一步也要对规划主持人和规划组成人员进行严格审核，确保旅游规划的科学性。打破单一化的学科构成，组建多学科协作、知识与年龄结构合理的规划编制组，积极吸收城建、园林、文物、文化、国土资源、水利、环境、企业管理、社区等各有关部门，以及相关利益群体加入规划的具体运作中来。另外，提高旅游规划队伍整体的职业道德素质，是确保高质量编制旅游规划的根本。

3. 强化规划评审与实施管理环节

成立国家级、省级和区域级的规划评审委员会，优化评审的组织过程，提高规划评审的现实针对性与科学化水平。虽然《文化和旅游规划管理办法》规定，规划编制单位应在规划报批前，委托研究机构或组织专家组对规划进行论证。但对规划评审人员的资格、人数、专业结构、来源未作规定，对评审的目的要求、方式方法和对成果的鉴定意见，也没有具体规定，导致现实中出现随意性和盲目性。

4. 制定旅游规划评审人员资格认定办法，健全旅游规划评审制度

首先，要对旅游规划评审人员的任职资格（如学历、专业背景、技术水平、规划经历等）、旅游规划的评审标准与评审程序等做出明确规定。其次，建立全国性的旅游规划评审专家信息库，把好旅游规划的评审关，确保旅游规划评审活动的公正性、严肃性和科学性。地方政府应成立专门负责旅游规划实施的部

门，而旅游局目前仅能负责规划的阐释。由于各旅游地非常重视有形项目的建设安排，为便于旅游开发建设项目的顺利进行，还应组建项目实施委员会。

（二）旅游规划实施的政策保障

旅游发展规划是对区域未来旅游开发的一种宏观设计，是指导旅游项目建设和行业管理的纲领性文件，在指导下一层次的规划和具体实施过程中，既要遵循本规划，又要结合旅游市场的变化加以修正。因此，规划能否顺利实施，取决于是否有一套切实可行的保障措施。

1. 推进旅游行业标准化工作

只有标准化，才能规范化，才能保证旅游服务品质，旅游规划应加强旅游区（点）的开发引导和建设、经营、管理。严格执行国家标准《旅游景区质量等级的划分与评定》，从旅游服务的角度逐步规范各类景区的经营行为，加强对旅游区的行业管理，塑造一批高质量的旅游区。对于宾馆饭店，在遵循国家已经颁布的有关标准的前提下，进一步按"属地管理"原则，推进标准化服务，选择条件较好的高星级饭店开展 ISO9000 服务体系认证，促进饭店管理的规范化。依据新修订的《旅行社管理条例》，加强旅行社行业管理，加强导游人员的培训和管理，提高导游人员的素质和导游服务质量。加强其他旅游定点企业的管理：对定点餐馆、旅游商店、车船公司以及其他旅游服务类企业进行授牌管理，对非旅游定点单位按照旅游城市（城镇）的标准，会同工商、卫生、税务、物价、技术监督等部门，制定相应的管理制度和规范。

2. 加强旅游规划人才培养

加强旅游规划人才队伍的建设，造就一支有较高思想素质、业务素质、管理水平和团队协作能力的规划师队伍，形成多层次、多门类的旅游规划人才体系，是实现旅游资源合理开发和科学管理的必要前提。对在岗的规划咨询、策划规划和景区管理及服务人员应进行定期培训，提高业务能力，同时选派优秀人才到管理规范的景区或大专院校进行脱产、半脱产专业培训，对新录用人员应经过专业知识和法律法规知识的培训与考核，合格后方可上岗。引导和教育从业人员树立正确的旅游发展观与经营观。

3. 制定投资优惠政策，扩大融资渠道

在涉及旅游发展的基础设施、交通运输、景点开发和度假设施、饭店等项目建设中，制定并完善招商引资的优惠政策，提高竞争力。结合区域旅游业发展的实际情况，从财政、金融、税收、土地、交通、人事等方面给予政策扶持。坚持投资主体多元化，坚持"谁投资，谁开发，谁受益"的原则，不断拓宽融资渠道，按照"统一规划、滚动开发、外引内联、自我发展"的原则，多渠道筹集资金，稳步开发；鼓励部分旅游景区周边的居民开发家庭旅馆、特色民宿、餐馆、商店，经营"食、住、行、游、购、娱"等旅游配套服务项目。政府直接投入的来源包括向旅游投资项目发放低息、贴息贷款，直接投资于旅游基础设施建设等。非政府性投入的来源包括：由旅游和计划管理部门编制旅游发展项目招商指南，按项目招商引资，通过土地出让、税收减免和返还等措施吸引私营机构的资金投入，还可在基础设施建设中引入 BOT 或 PPP①投资方式。

4. 贯彻落实资源与环境保护政策

资源与环境是旅游业发展的基础和可持续发展的保障，在旅游开发建设的过程中要全面贯彻落实《中华人民共和国环境保护法》《中华人民共和国森林法》《森林公园管理办法》《中华人民共和国文物保护法》《中华人民共和国城乡规划法》《中华人民共和国食品安全法》《中华人民共和国自然保护区条例》《中华人民共和国水法》《风景名胜区条例》等法律法规。

对有建设项目审批权的政府各职能部门，要严格按《中华人民共和国环境影响评价法》等法律法规的要求，落实环保前置审批制度，要认真落实执行"不进行环境影响评价不立项，污染物不达标不排放，环保设施不验收不投产"的"三不"规定。要坚持"预防为主，保护优先"的原则，坚持"三同时"原则和"达标排放"制度。开发旅游区和在旅游区内兴建项目，必须进行环境影响评价，其废水、废气、废渣的处理处置设施和防止水土流失、植被破坏、景观破坏的措施，必须与主体工程同时设计、同时施工、同时投入使用。旅游区内禁止建设有污染环境的工业设施和对环境有害的项目。建设其他设施或项目，其污染物的排放不得超过国家和地方规定的标准。

旅游项目、活动内容、建设风格、体量等应与自然环境相协调。对文物古迹要进一步明确保护等级、拟定保护范围，并遵循"修旧如旧""新建如旧"的原则，坚决杜绝随意更改、占用、毁坏文物古迹的破坏性"修复"行为。要坚持"谁开发，谁保护；谁破坏，谁修复；谁受益，谁补偿"的原则。建立资源与环境保护的组织管理体系，划定各项资源、生态、环境保护范围，制定保护目标，明确责任人。

加强资源与环境保护的制度建设和法制建设，充分利用经济、法律和行政手段，切实强化政府控制职能，确保资源与环境得到合理的保护，同时发挥当地人大、政协的监督职能，确保各项规章制度的贯彻落实。加强教育与宣传，提高全民环保意识，使旅游地人民和旅游者自觉妥善处理生活垃圾和污染物。

5. 加强信息管理和决策支持系统的构建，提高旅游决策的科学化水平

---

① BOT 是英文 Build Operate Transfer 的缩写，通常直译为建设—经营—转让。PPP 是英文 Public Private Partnership 的缩写，通常直译为政府和社会资本合作。

加强旅游信息系统的建设，建立规范的旅游统计制度，指导旅游景区旅游饭店及其他旅游企业做好各项统计工作，完善景区旅游行业管理信息系统，建立旅游决策支持系统，组建旅游决策咨询专家委员会，重大建设项目的决策应请专家参与论证，提高决策的科学性和民主性。

第五节　旅游景区规划中的资源分类与评价

旅游景区的发展要以景区的旅游资源为依托，没有富有特色的景区旅游资源，景区产品的开发也就失去了基础。在一定的条件下景区旅游资源的类型、规模、品质及其所处的区位条件往往决定着景区发展的方向、规模和速度。因此，对景区旅游资源进行合理的分类，科学与全面地评价有利于加深对旅游资源属性的认识，掌握其特点和规律，对旅游资源的合理开发和有效保护、旅游开发模式的确定以及旅游市场定位等方面有着重要的意义。

在《旅游景区质量等级的划分与评定》中把旅游资源定义为自然界和人类社会中凡能对旅游者产生吸引力，可以为旅游业开发利用，并可产生经济效益、社会效益和环境效益的各种事物和因素。

一、景区旅游资源分类

为规范旅游资源分类、调查与评价行为，国家出台了《旅游资源分类、调查与评价》（GB/T 18972－2017）。该标准依据旅游资源的性状，即现存状况、形态、特性、特征进行划分，确定了两个分类对象，分别是稳定的、客观存在的实体旅游资源和不稳定的、客观存在的事物和现象。将旅游资源按照主类、亚类、基本类型3个层次进行分类，包括8个主类、23个亚类和110个基本类型。实际调查过程中，可以根据各地旅游资源的实际情况适当增加基本类型。旅游资源分类结果如表2-1所示。

表 2-1　旅游资源分类

主类	亚类	基本类型
A 地文景观	AA 自然景观综合体	AAA 山丘型景观
		AAB 台地型景观
		AAC 沟谷型景观
		AAD 滩地型景观

主类	亚类	基本类型
A　地文景观	AB　地质与构造行迹	ABA　断裂景观
		ABB　褶曲景观
		ABC　底层剖面
		ABD　生物化石点
	AC　地表形态	ACA　台丘状地景
		ACB　峰柱状地景
		ACC　垄岗状地景
		ACD　沟壑与洞穴
		ACE　奇特与象形山石
		ACF　岩石圈灾变遗迹
	AD　自然标记与自然现象	ADA　奇异自然现象
		ADB　自然标志地
		ADC　垂直自然带
B　水域景观	BA　河系	BAA　游憩河段
		BAB　瀑布
		BAC　古河道段落
	BB　湖沼	BBA　游憩湖区
		BBB　潭池
		BBC　湿地
	BC　地下水	BCA　泉
		BCB　埋藏水体
	BD　冰雪地	BDA　积雪地
		BDB　现代冰川
	BE　海面	BEA　游憩海域
		BEB　涌潮与击浪现象
		BEC　小型岛礁
C　生物景观	CA　植被景观	CAA　林地
		CAB　独树与丛树
		CAC　草地
		CAD　花卉地
	CB　野生动物栖息地	CBA　水生动物栖息地
		CBB　陆地动物栖息地
		CBC　鸟类栖息地
		CBD　蝶类栖息地

主类	亚类	基本类型
D 天象与气候景观	DA 天象景观	DAA 太空景象观赏地
		DAB 地表光现象
	DB 天气与气候现象	DBA 云雾多发区
		DBB 极端与特殊气候显示地
		DBC 物候景象
E 建筑与设施	EA 人文景观综合体	EAA 社会与商贸活动场所
		EAB 军事遗址与古战场
		EAC 教学科研实验场所
		EAD 建设工程与生产地
		EAE 文化活动场所
		EAF 康体游乐休闲度假地
		EAG 宗教与祭祀活动场所
		EAH 交通运输场站
		EAI 纪念地与纪念活动场所
	EB 实用建筑与核心设施	EBA 特色街区
		EBB 特性屋舍
		EBC 独立厅、室、馆
		EBD 独立场、所
		EBE 桥梁
		EBF 渠道、运河段落
		EBG 堤坝段落
		EBH 港口、渡口与码头
		EBI 洞窟
		EBJ 陵墓
		EBK 景观农田
		EBL 景观牧场
		EBM 景观林场
		EBN 景观养殖场
		EBO 特色店铺
		EBP 特色市场
	EC 景观与小品建筑	ECA 形象标志物
		ECB 观景点
		ECC 亭、台、楼、阁
		ECD 书画作
		ECE 雕塑

主类	亚类	基本类型
		ECF 碑碣、碑林、经幢
		ECG 牌坊牌楼、影壁
		ECH 门廊、廊道
		ECI 塔形建筑
		ECJ 景观步道、甬路
		ECK 花草坪
		ECL 水井
		ECM 喷泉
		ECN 堆石
F 历史遗迹	FA 物质类文化遗存	FAA 建筑遗迹
		FAB 可移动文物
	FB 非物质类文化遗存	FBA 民间文学艺术
		FBB 地方习俗
		FBC 传统服饰装饰
		FBD 传统演艺
		FBE 传统医药
		FBF 传统体育赛事
G 旅游产品	GA 农业产品	GAA 种植业产品及制品
		GAB 林业产品与制品
		GAC 畜牧业产品与制品
		GAD 水产品及制品
		GAE 养殖业产品与制品
	GB 工业产品	GBA 日用工业品
		GBB 旅游装备产品
	GC 手工工艺品	GCA 文房用品
		GCB 织品、染织
		GCC 家具
		GCD 陶瓷
		GCE 金石雕刻、雕塑制品
		GCF 金石器
		GCG 纸艺与灯艺
		GCH 画作
H 人文活动	HA 人事活动记录	HAA 地方人物
		HAB 地方事件

主类	亚类	基本类型
	HB 岁时节令	HBA 宗教活动与庙会
		HBB 农时节日
		HBC 现代节庆
8	23	110

二、旅游景区资源的评价

所谓旅游资源评价，就是从合理开发利用和保护旅游资源及取得最大的社会、经济、环境效益的角度出发，运用某种方法，对一定区域内旅游资源本身的价值及其外部开发条件等进行综合评判和鉴定的过程。旅游资源评价是在旅游资源调查的基础上进行的更深入的研究工作。

1. 景区旅游资源评价的内容

旅游资源评价是科学地开发和利用旅游资源，对景区旅游资源实施分类管理的前提。通过对旅游景区旅游资源的评价，可以对旅游景区旅游资源的品位、特质、开发条件等有全面与客观的认识，从而明确该旅游资源在同类旅游资源或所处区域中的地位，确定旅游景区不同旅游资源的开发序位。旅游景区旅游资源的评价也是旅游景区形象定位的"地理文脉"分析的基础，也是对旅游资源进行分级保护的基础，它决定了旅游景区发展的方向。

由于旅游资源涉及范围非常广泛，结构十分复杂，种类及性质又千差万别，因而，旅游资源评价是一项极其复杂而重要的工作，很难有一个统一的评价标准，而且，不同民族、不同职业、不同文化背景、不同阶层的评价者往往有着不同的审美观。旅游资源的评价一般包括旅游资源价值评价（或本体评价）和旅游资源开发条件评价两个方面。

（1）旅游资源价值评价

旅游资源价值评价是对旅游资源自身品质和丰优程度的评价，主要包括 7 项指标。

①美学观赏性

美学观赏性主要是指旅游资源能提供给旅游者美感的种类及强度。旅游的基本形式是观光，观光是旅游者鉴赏美的活动，特别美的事物可以使旅游者赏心悦目，陶冶性情，具有很高的观赏价值。旅游资源的美是多种多样的。自然美是通过山体、河流、湖泊、草原、森林、日光、月影、云雾、雨雪等构景要素的总体特征来体现。人文美主要包括艺术美和社会美，它是通过寺庙、陵墓、殿堂、亭台楼阁、石窟造像、摩崖石刻、民俗风情等来体现。具体来说，旅游景观的美包括形态美、形式美、色彩美、韵律美、嗅味美、动态美、意境美等。

②历史文化性

历史文化性是指旅游资源所包含的历史文化内涵。它一方面是指旅游资源是否与重大历史事件、历史人物及其遗存文物古迹的数量与质量等有关；另一方面是指旅游资源是否具有或体现了某种文化特征，是否与某种文化活动有密切关系，是否有与之直接相关的文学艺术作品、神话传说等。前者如西安秦兵马俑、北京故宫、曲阜孔庙、南京雨花台，后者如因《枫桥夜泊》而闻名的寒山寺、佛教四大名山等。

③科学性

它反映旅游资源的科学意义，主要是指旅游资源的某种研究功能，在自然科学、社会科学和教学科研方面具有什么样的特点，能为科学工作者、探索者和追求者提供什么样的研究场所，这些场所通常是自然保护区、特殊的自然环境区域、博物馆、纪念地等。例如，陕西太白山自然保护区自然条件复杂独特，至今仍保留着千姿百态的第四纪冰川遗迹，被誉为第四纪冰川地貌的"天然博物馆"，同时它还是大熊猫、金丝猴、羚牛等珍稀动物的天然乐园，且植物的垂直分布规律表现得最为明显，是多种学科进行考察研究和教学实习的重要基地。

④奇特性

奇特性即旅游资源的特色、个性，也就是与众不同、唯我独有、人有我优、人优我特的特征。具体而言，它一方面是指旅游资源相对于非旅游资源的差异程度，表现为特异性；另一方面是指旅游景区唯我独有，有别于其他或不与其他重复，表现为奇特性。

⑤规模与组合状况

旅游资源的规模是指景观对象数量的多少、体积及占地面积的大小等。旅游资源的组合状况包括：自然旅游资源与人文旅游资源的结合与补充情况，各要素的组合及协调性，景观的集聚程度。只有在一定区域内，旅游资源密度较大，类型丰富，搭配协调，形成了一定规模的旅游资源才具有较高的旅游价值。

⑥旅游功能

旅游功能是指旅游资源能够满足某种旅游活动需求的作用。比如，美学观赏性强的旅游资源可用以开展观光旅游，文化、科学价值高的旅游资源宜于开展修学旅游、探险旅游等。一项旅游资源若兼有两种或两种以上的旅游功能，能够吸引多个游客群，宜于进行多种旅游活动，那么其价值就较大。

⑦旅游环境容量

旅游环境容量是指在一定时间条件下，一定旅游资源的空间范围内的旅游活动能力，也就是在不致严重影响旅游资源特性、质量及旅游者体验的前提下，旅游资源的特质和空间规模所能连续维持的最高旅游利用水平，又称为旅游承载力或饱和度。它主要受旅游资源的自然特性、旅游功能、旅游活动方式及旅游者偏好等多种因素的影响，涉及旅游者心理需求、旅游资源保护、生态平衡、旅游社会经济效益等多方面的问题。在一定时间，在旅游资源一定范围内，并非是接待的旅游者越多越好。超过了合理的旅游环境容量，最终只会得不偿失。当然，在充分满足上述条件的前提下，旅游环境容量大者，旅游资源价值就高。所以近几年来，随着"黄金周"假日旅游人数的增多，一些景区开始实行限制游客数量或进行网上预订门票的措施。

（2）旅游资源开发条件评价

旅游开发是旅游资源评价的最终目的，是一项涉及社会、经济、文化、环境等各部门、多领域的系统工程，旅游资源自身条件固然非常重要，但旅游资源开发仍要受许多外部客观条件的影响和制约，因此必须对以下 6 项客观因素进行评价。

①区位条件

区位条件主要是指旅游资源所在区域的地理位置、交通条件以及旅游资源与其所在区域内的其他旅游资源、周边区域旅游资源的关系等。旅游资源所在地的地理位置及其交通条件决定着游客的可进入性。如果旅游资源地处偏僻，交通不便，可进入性较差，那么旅游资源即使是一流的，也难以成为热点旅游地。一处旅游资源与其所在区域其他旅游资源、周边地区旅游资源的关系，一般为互补关系或替代关系。为互补关系时，旅游资源之间可以互映互衬，产生集聚效应，能够更多地吸引旅游者；为替代关系时，它们之间会相互竞争，相互取代，引起游客分流。另外，一处旅游资源周围若有名山、名湖、名河、名泉、名岛、名城等，不但有利于旅游资源的联片成规模开发，而且后者会对该旅游资源起到带动作用，产生规模效应。

②客源市场条件

客源市场条件是一个最重要的条件，包括本区与外地两个方面。一定数量的客源是维持旅游经济活动的必要条件，游客数量与旅游经济效益是直接相关的。再好的旅游资源，若没有一定数量的游客来支持，旅游资源开发不会产生良好的效益。旅游资源的客源条件可以从两方面进行分析：一是在空间方面，分析旅游资源所能吸引的客源范围、最大辐射半径、吸引客源层次及特点；二是在时间方面，分析客源季节变化可能形成的旅游淡旺季，这与旅游资源所在地的气候特征有一定关系。景区旅游资源的类型、等级不同，其客源市场指向亦不同，有国际性、全国性、区域性之分。评价客源条件需与旅游资源的价值、区位条件等因素综合起来考虑。例如，主题公园选址要在经济发达、流动人口多的大城市，保证有良好的客源市场条件的地方，我国主题公园发展较好的几个城市——深圳、北京、上海都具有良好的客源市场条件。

③自然环境

旅游景区的地质地貌、气象气候、水文、土壤、植被等要素构成自然环境，它对旅游资源的质量、时间节律和开发有着直接影响。植被、水文、气象等是旅游资源不可分割的一部分，直接关系到旅游资源的品质。著名的自然风景区都是植被保存良好，山清水秀，资源与环境有机地融成一体。宜人的气候是旅游的必要条件，起着导向作用。水既是孕育景观的活跃因子，又是旅游景区设施和旅游者生活所必需的。另外，对旅游景区的地质地貌的分析亦很重要，如地质地貌环境是否很脆弱，地震、滑坡、泥石流、洪水、水土流失等自然灾害发生的可能性大小等，都与旅游者的人身安全息息相关，直接影响到旅游者数量、旅游开发及效益。

④经济环境

经济环境即旅游景区所在地的经济状况，主要是指投资、劳动力、物产和物资供应及基础设施等条件。资金是旅游资源开发的必要条件，资金来源是否充裕，财力是否雄厚，直接关系到旅游开发的深度、广度、进度以及开发的可能性。基础设施条件是指水、电、交通、邮政、通信等公共设施系统的完善程度、先进程度，直接影响到旅游资源的可进入性和旅游服务质量。

⑤社会文化条件

社会文化条件主要是指旅游景区所在地的政策措施、社会治安、政府及当地居民对旅游业的态度、卫生保健状况、地方开放程度以及风俗习惯等。社会治安差的地方，即使有品位很高的旅游资源，旅游者也不愿前往旅游。如果政府重视，政策倾斜于旅游业，那么人们办旅游的积极性就高，多方面的资金就会投向旅游业。卫生保健状况较好的旅游地更能吸引旅游者的到来。如果当地的文化传统比较开放，人民热情好客，对旅游业有正确的认识，能使旅游者有宾至如归之感，就会对旅游资源开发及旅游业发展有积极的促进作用。

⑥经济、社会、环境效益

旅游业是经济型产业，必须进行投入产出分析。对旅游资源开发后的经济效益进行评估，不仅估算投资量、投资回收期等直接的经济指标，而且还应评估因关联带动作用由乘数效应带来的综合经济效益。旅游开发的社会效益包括正负两个方面，正面效益如开阔视野，增长知识，陶冶性情，增强爱国主义精神，打破地区封锁、保守落后的思想等；但是负面效应也会出现，影响旅游地的社会风尚、伦理道德等，比如赌博、色情、贪图享乐的生活方式等丑恶现象亦会随着旅游地开发纷纷涌现。因此，必须对可能带来的社会效益进行分析。旅游开发会给旅游景区带来环境美化、交通顺畅、自然保护区建立、珍稀动植物得到保护等积极影响，但如果旅游景区超负荷接待游客会导致资源破坏、生态环境恶化等。因此，对旅游资源开发的环境效益进行评价也十分必要。经济效益、社会效益、环境效益是相互关联、互相影响的，评价时应综合分析，权衡利弊，得出科学的结论。

2. 景区旅游资源分等定级评价

《旅游资源调查、分类与评价》提出，采取对旅游资源单体进行评价的方法，依据"旅游资源共有因子综合评价系统"赋分。本系统设评价项目和评价因子两个档次。评价项目为资源要素价值、资源影响力、附加值。其中，资源要素价值项目中含观赏游憩使用价值，历史文化科学艺术价值，珍稀奇特程度，规模、丰度与几率，完整性5项评价因子。资源影响力项目中含知名度和影响力、适游期或使用范围2项评价因子。附加值含环境保护与环境安全1项评价因子。

评价项目和评价因子用量值表示。资源要素价值和资源影响力总分值为100分，其中，资源要素价值为85分，分配如下：观赏游憩使用价值为30分，历史文化科学艺术价值为25分，珍稀奇特程度为15分，规模、丰度与几率为10分、完整性为5分。资源影响力为15分，其中，知名度和影响力为10分、适游期或使用范围为5分。附加值中环境保护与环境安全为分正分和负分。每一评价因子分为4个档次，其因子分值相应分为4档。旅游资源评价赋分标准如表2-2所示。

表2-2　旅游资源评价赋分标准

评价项目	评价因子	评价因子	赋值
资源要素价值（85分）	观赏游憩使用价值（30分）	全部或其中一项具有极高的观赏价值、游憩价值、使用价值	32—22
		全部或其中一项具有很高的观赏价值、游憩价值、使用价值	21—13
		全部或其中一项具有较高的观赏价值、游憩价值、使用价值	12—6
		全部或其中一项具有一般观赏价值、游憩价值、使用价值	5—1

续表

评价项目	评价因子	评价因子	赋值
	历史文化科学艺术价值（25分）	同时或其中一项具有世界意义的历史价值、文化价值、科学价值、艺术价值	25—20
		同时或其中一项具有全国意义的历史价值、文化价值、科学价值、艺术价值	19—13
		同时或其中一项具有省级意义的历史价值、文化价值、科学价值、艺术价值	12—6
		历史价值、文化价值、科学价值、艺术价值具有地区意义	5—1
	珍稀奇特程度（15分）	有大量珍稀物种，或景观异常奇特，或此类现象在其他地区罕见	15—13
		有较多珍稀物种，或景观奇特，或此类现象在其他地区很少见	12—9
		有少量珍稀物种，或景观突出，或此类现象在其他地区少见	8—4
		有个别珍稀物种，或景观比较突出，或此类现象在其他地区较多见	3—1
	规模、丰度与几率（10分）	独立型旅游资源单体规模、体量巨大；集合型旅游资源单体结构完美、疏密度优良；自然景象和人文活动周期性发生或频率极高	10—8
		独立型旅游资源单体规模、体量较大；集合型旅游资源单体结构很和谐、疏密度良好；自然景象和人文活动周期性发生或频率很高	7—5
		独立型旅游资源单体规模、体量中等；集合型旅游资源单体结构和谐、疏密度较好；自然景象和人文活动周期性发生或频率较高	4—3
		独立型旅游资源单体规模、体量较小；集合型旅游资源单体结构较和谐、疏密度一般；自然景象和人文活动周期性发生或频率较小	2—1
	完整性（5分）	形态与结构保持完整	5—4
		形态与结构有少量变化，但不明显	3
		形态与结构有明显变化	2
		形态与结构有重大变化	1

评价项目	评价因子	评价因子	赋值
资源影响力（15分）	知名度和影响力（10分）	在世界范围内知名，或构成世界承认的名牌	10—8
		在全国范围内知名，或构成全国性的名牌	7—5
		在本省范围内知名，或构成省内的名牌	4—3
		在本地区范围内知名，或构成本地区名牌	2—1
	适游期或使用范围（5分）	适宜游览的日期每年超过300天，或适宜于所有游客使用和参与	5—4
		适宜游览的日期每年超过250天，或适宜于80%左右游客使用和参与	3
		适宜游览的日期超过150天，或适宜于60%左右游客使用和参与	2
		适宜游览的日期每年超过100天，或适宜于40%左右游客使用和参与	1
附加值	环境保护与环境安全	已受到严重污染，或存在严重安全隐患	-5
		已受到中度污染，或存在明显安全隐患	-4
		已受到轻度污染，或存在一定安全隐患	-3
		已有工程保护措施，环境安全得到保证	3

根据对旅游资源单体的评价，得出该单体旅游资源共有综合因子评价赋分值。依据旅游资源单体评价总分，将其分为五级，从高级到低级为：

五级旅游资源，得分值域≥90分。

四级旅游资源，得分值域≥75—89分。

三级旅游资源，得分值域≥60—74分。

二级旅游资源，得分值域≥45—59分。

一级旅游资源，得分值域≥30—44分。

未获等级旅游资源，得分≤29分。

其中，五级旅游资源称为"特品级旅游资源"；四级、三级旅游资源被称为"优良级旅游资源"；二级、一级旅游资源被称为"普通级旅游资源"。

3. 其他定量评价法

定量评价法是通过统计、分析、计算，用具体的数量来表示旅游资源及其环境等级的方法，而数量化是现代科技发展的趋势。定量评价较之定性评价结果更直观、简洁、准确，但在实际应用中，一般将定量评价与定性评价结合起来应用。

（1）技术性的单因子评价

技术性的单因子评价是评价者在进行旅游资源评价时，针对旅游资源的旅游功能，集中考虑某些起决定作用的关键因素，并对这些因素进行适宜性评价或优劣评判。这种评价的基本特点是运用大量的技术性指标，一般只限于自然资源评价，对于开展专项旅游，如登山、滑雪、海水浴等尤为适用。目前比较成熟的有湖泊评价、海滩评价、海水浴场评价、康乐气候分析、溶洞的评价、滑雪旅游资源的评价、地形适宜性评价等。在此仅对海水浴场评价和滑雪旅游资源评价做一介绍，分别如表2-3和表2-4所示。

表2-3 海水浴场评价指标（日本）

序号	资源项目	符合要求的条件	附　注
1	海滨宽度	30—60m	实际总利用宽度 50—100m 左右
2	海底倾斜	1/10—1/60	倾斜度愈低愈好
3	海滩倾斜	1/10—1/50	倾斜度愈低愈好
4	流速	游泳对流速要求在 0.2—0.3m/s，极限流速 0.5m/s	无离岸流之类局部性海流
5	波高	0.6m 以下	符合游泳要求的波高为 0.3m 以下
6	水湿	23℃以上	不超过 30℃，但愈接近 30℃愈好
7	气温	23℃以上	——
8	风速	5m/s 以下	——
9	水质	透明度 0.3 米以上，$COD2\mu g/g$ 以下，大肠菌数 1000MPN/100mL 以下，油膜肉眼难以辨明	——
10	地质粒径	没有泥和岩石	愈细愈好
11	有害生物	不能辨认程度	——
12	藻类	在游泳区域中不接触身体	——
13	危险物	无	——
14	浮游物	无	——

表2-4 滑雪旅游资源的技术性评估

决定因素	评估标准与评分			
雪季长度	6个月（6）	5个月（5）	4个月（4）	3个月（2）
积雪深度	>1.22m（6）	0.92—1.22m（4）	0.61—0.92m（2）	0.305m 以下（1）
干　雪	3/4 季节时间（4）	1/2 季节时间（3）	1/4 季节时间（2）	0 季节时间（1）

决定因素	评估标准与评分			
海　　拔	>762.5m（6）	457.5—762m（4）	152.5—457.5m（2）	45.75—152.5m（1）
坡　　度	很好（4）	好（3）	一般（2）	差（1）
湿　　度	>10℃（3）	-17.8—6.7℃（2）	<17.8℃（2）	——
风　　力	轻微（4）	偶尔变动（3）	偶尔偏高（2）	易变（1）

（2）综合性的多因子定量评价

该评价方法是在考虑多因子的基础上运用一些数学方法，对旅游资源进行综合评价。这类评价方法也非常多，如层次分析法、指数表示法、综合评分法、模糊数学评价法、价值工程法、综合价值评价模型法、旅游景区综合评估模型等。以下选择介绍三种方法。

第一，指数表示法。

指数表示法步骤分为三步：

第一步，对旅游资源开发利用现状——吸引能力及外部区域环境进行定量分析。

第二步，调查分析旅游需求，主要包括旅游需求量、旅游者人口构成、旅游者逗留时间、旅游花费趋向、旅游需求结构及节律性。

第三步，总评价的拟定，建立表达旅游资源特质、旅游需求与旅游资源之间关系的若干量化模型。公式为：

$$E = \sum_{i=1}^{n} F_i M_i V_i \qquad (2.1)$$

式中：E 为旅游资源评价指数；

F_i 为第 i 项旅游资源在全部旅游资源中的权重；

M_i 为第 i 项旅游资源的特质和规模指数；

V_i 为旅游者对第 i 项旅游资源的需求指数；

n 为旅游资源总数。

南非弗朗哥·佛·费拉里奥在评价时，将需求指数形式与旅游者可利用程度（即供给）结合起来，把旅游点的潜在吸引力程度称作旅游资源潜力指数。公式为：

$$I = \frac{A + B}{2} \qquad (2.2)$$

式中：I 为旅游资源潜力指数；

A 为旅游需求值；

B 为旅游可得性值（即旅游供给）。

I 表示一个旅游点的实际可利用程度，即它具有的旅游吸引力，B 表示根据人们的一般感受、观察和经验，选择季节性、可进入性、准许性、重要性、脆弱性和普及性 6 个反映旅游资源基本特性的标准，邀请专家学者对其判断评分，通过比较以数字形式决定 6 个标准的相对贡献值，并按好、中、差的等级排出序位。

第二，综合评分法。

计算灵活简便是综合评分法的特点，不足之处是主观性较强。魏小安是运用此方法较早的学者之一。他把评价对象分解成 6 个评价项目：旅游资源构成要素种类、各要素单项评价、要素组成情况、可能容纳的游客量、人文资源的比较、开发难易程度。给各项目评分时按两种方法进行：第一种是等分制评分法，即将各项目视作同等重要，每一项目所占分数比重均为 1/6。每一项目又分解为若干要素，根据这些要素对该项目的满足程度，按 100、80、60、40、20 五个等级打分，然后将 6 个项目的得分加总，总分或平均分越高，旅游资源价值越大。公式为：

$$F\sum{}_i = \sum_{P=1}^{P} PF_P \qquad (2.3)$$

式中：$F\sum$ 为各项目得分总和；

F 为各项目总平均分；

F_p 为每项目得分数；

P 为被评价的项目数；

i 为被评价的游览地数目。

另一种方法是差分制评分法，即根据各评价项目的相对重要性给出不同权重。评分时将各评价项目初始得分进行加权处理，求得各项目最终得分，加总后得到各游览地总分，总分越高，旅游资源价值越大。公式为：

$$F\sum{}_i = \sum_{p=1}^{p} X_p F_{pi} \qquad (2.4)$$

式中：X_p 为各项目权重。

其他符号同公式（2.3）。

路紫也曾提出过类似方法。不同之处是路紫首先将旅游资源分为风景天气气候景观、风景地质地貌景观、风景水域景观、风景动植物景观、革命纪念地和革命建筑景观、历史名胜古迹景观 7 个聚类，然后又细分为 68 个二级类。经分析，依据统计原理提出与上述聚类组成形式相应的评价模型：

$$Z = \sum_{i=1}^{7} a_i \qquad (2.5)$$

$$a_i = \frac{\sum_{j=1}^{k_i} b_{ij}}{k_i}$$

$$Z = \frac{\sum_{j=1}^{k_1} b_{1j}}{k_1} + \frac{\sum_{j=1}^{k_2} b_{2j}}{k_2} + \cdots + \frac{\sum_{j=1}^{k_7} b_{7j}}{k_7}$$

式中：a_i 为第 i 聚类景观类型量数，取值范围 0—10，$i =$1，2，3，…，7；b_{ij} 为第 i 聚类景观类型中第 j 项景观要素的数量，取值范围 0—10；k_i 为第 i 聚类景观类型中景观要素的个数。

第三，旅游景区综合评估模型。

旅游景区综合评估的理论基础是旅游者的消费决策和行为规律，其评估模型是基于消费者的决策模型。公式为：

$$E = \sum_{i=1}^{n} Q_i P_i \qquad (2.6)$$

式中：E 为旅游景区综合评估结果值；

Q_i 为第 i 个评价因子权重；

P_i 为第 i 个评价因子的评估值；

n 为评价因子数目。

各评价因子评估值的求取，亦可采用相同形式的模型。对应于旅游景区综合评估，通常还有一个定名量表，即可将定量的结果转化为确定的定性结论，使决策者能方便地利用评价结果。

目前，我国区域旅游规划和旅游景区管理实践中大都采用此模型。但不同区域、不同景区因社会经济发展水平、区位条件、交通条件、资源条件不同，在评价时的指标选择和权重也不一样。

总之，运用此模型时，只要取得评价因子权重值和评估的方法适当，其结果往往具有很高的应用价值。

思考题

1. 简述旅游景区规划的意义。
2. 简述我国旅游景区规划发展现状和存在的问题。
3. 简述我国旅游景区发展的趋势。
4. 简述旅游景区资源评价的主要内容。
5. 旅游景区规划层次有哪些？
6. 简述旅游景区规划编制的原则。
7. 简述旅游景区总体规划编制的内容及要求。
8. 简述旅游景区控制性详细规划编制的内容及要求。
9. 简述旅游景区修建性详细规划编制的内容及要求。
10. 绘制流程图说明旅游景区规划编制的程序。
11. 旅游景区编制前的准备工作有哪些？
12. 如何进行旅游景区编制过程的监督管理？
13. 规划实施中的反馈运行机制有哪些？
14. 如何加强规划的审批及规划修编的管理？
15. 如何保障规划的有效实施？

第三章 旅游景区战略管理

学习目的：

通过本章的学习，了解旅游景区战略管理的内容、过程和旅游景区的竞争战略、发展战略，掌握旅游景区战略分析、战略目标确定、战略选择和评价的方法，认识旅游景区战略与组织结构的关系，能够应用战略管理的理论制定景区发展战略、设计及相应的组织结构。

主要内容：

- 旅游景区战略管理的定义与任务
- 旅游景区战略管理内容和过程
- 旅游景区战略形成的因素和环境分析
- 旅游景区的竞争战略
- 旅游景区战略联盟
- 旅游景区战略选择与评价
- 旅游景区战略与组织关系
- 旅游景区组织结构重组

第一节 旅游景区战略与战略管理过程

一、旅游景区战略与战略管理

1. 旅游景区战略

旅游景区战略是景区为取得或保持持续的竞争优势，在不断变化的环境中对经营范围、核心资源与经营网络等方面进行界定，通过配置、构造、调整与协调其在市场上的活动来确立创造价值的方式。一般来说，旅游景区的战略定位有多种选择,旅游景区战略的要点在于为景区选择一个与众不同的独特位置。

2. 旅游景区战略的特征

旅游景区战略具有全局性、长远性、竞争性、相对稳定性等特征。

（1）全局性

旅游景区战略是在研究与把握旅游景区生存与发展的全局性指导规律的基础上,对景区的总体发展及其相应的目标与对策进行谋划。它以景区全局为研究对象,追求景区的总体效果。

（2）长远性

旅游景区战略是景区谋取长远发展要求的反映,是关系景区今后一个较长时期的奋斗目标和前进方向的通盘筹划,注重的是景区长远的根本利益,而不是暂时的利益。

（3）竞争性

旅游景区战略是景区在日益激烈的市场竞争中求得生存与发展而制定的。旅游景区必须使自己的经营战略具有竞争性的特征,才能迎接来自环境和竞争对手的各种挑战。

（4）相对稳定性

旅游景区战略一经制定,必须保持相对的稳定性。这就要求景区在制定战略时,必须准确把握外部环境和内部条件,正确决策。稳定性要与应变性相结合,当景区的外部环境和内部条件发生变化时,景区战略也要适时进行变化与调整。

二、旅游景区战略管理、原则与过程

1. 旅游景区战略管理

旅游景区战略管理是指通过对景区战略的分析与制定、评价与选择以及实施与控制,使景区能够达到战略目标的动态管理过程。在整个战略管理过程中,涉及五项基本的管理任务：

（1）制定愿景与使命,明确旅游景区未来的业务组成和前进方向,描绘景区所要从事的事业,使整个景区有一种目标感。

（2）设置目标体系,将旅游景区的愿景和使命转换成具体的业绩指标。

（3）制定战略,分析并明确旅游景区的外部机会与威胁,内部优势与劣势,选择并形成战略,以实现目标。

（4）实施战略,包括制定战术和政策,合理配置资源,建立有效的组织结构、控制体系和报酬激励制度,培育支持战略实施的旅游景区文化等,以有效地执行所制定的战略。

（5）评价与控制，由于内外部因素均处于不断变化之中，所有战略都必须进行不断的动态调整，包括重新审视内外部因素，评价绩效，采取措施适时调整战略。

2. 旅游景区战略管理原则

合理的战略管理有助于旅游景区走向成功。战略管理要遵循科学的原则，旅游景区战略管理要遵循以下原则：

（1）适应环境原则

旅游景区的存在和发展在很大程度上受景区内外各种环境因素的影响。这些环境因素有些间接作用于景区，如政治、法律、经济、文化等；另外一些因素则直接作用于景区，如政府、游客、债权人、股东、员工、竞争者等。旅游景区战略管理要在清楚这些环境因素的基础上分析机会和挑战，并采取相应的措施。

（2）全过程管理原则

旅游景区战略管理是一个过程，大致包括以下步骤：战略制定、战略实施、战略控制、战略评价和修订。要想取得战略管理的成功，必须将战略管理作为一个完整过程来加以管理，忽视其中任何一个阶段都不可能取得战略管理的成功。

（3）全员参与原则

由于旅游景区战略管理是全局性的，并且有一个制定、实施、控制和修订的全过程，所以景区战略管理不仅仅是景区领导和战略管理部门的事，在景区战略管理的全过程中，景区全体员工都要参与。在旅游景区战略管理的不同阶段，员工的参与程度是不一样的。在景区战略制定阶段，主要是高层管理者的工作和责任；一旦进入战略实施的控制阶段，景区中基层管理者及全体职工的理解、支持和全心全意地投入是十分重要的。

（4）整体最优原则

战略管理要将旅游景区视为一个整体来处理，要强调整体最优，而不是局部最优。整体最优原则体现在景区战略管理不强调景区某一个局部或部门的重要性，而是通过制定景区的愿景、目标来协调各单位、各部门的活动，使它们形成合力；在景区战略实施过程中，景区组织结构、文化、资源分配方法等选择，取决于它们对战略实施的影响；在景区战略评价和控制过程中，景区战略管理更重视各个部门、单位对景区实际愿景、目标的贡献大小。

（5）反馈修正原则

旅游景区战略管理涉及的时间跨度较大，一般在 5 年以上。在景区战略实施过程中，环境因素可能会发生变化。此时，景区只有不断地跟踪反馈才能保证战略的适应性。对景区战略管理的评价和修订意味着新一轮战略管理的开始。因此，旅游景区战略管理实质上是一种滚动式管理，只有持之以恒，才能确保战略意图的实现。

3. 旅游景区战略管理过程

旅游景区战略管理是一个科学的理性的逻辑过程，其核心可以概括为 5 个步骤（参见图 3-1）：

（1）确定旅游景区愿景、使命和战略目标

愿景、使命和战略目标是三个逐级具体化的层次，主要是描述旅游景区发展宏观性、长远性的构想，与具体的经营计划不同。

（2）环境分析

内部环境和外部环境共同影响与决定旅游景区的发展方向。环境分析是战略管理过程的一项基础工作。通过分析旅游景区外部环境因素，可以明白景区面临的机会和挑战；通过分析旅游景区内部环境，可以明白景区的优势和劣势。将内外因素结合起来，为战略管理规划提供了一个基础。

（3）战略制定与选择

由于旅游景区所处的内外环境是一个开放的动态变化的系统，影响景区发展的各种要素又都具有某些不确定性，可拟订多种战略方案，但必须经过分析评价，最终选出一个能实现经营方向的切实可行的最优方案，并为战略方案的有效实施制定出相应的指导性政策和明确的实施计划。

（4）战略实施

景区战略实施阶段是景区战略管理成功与否的关键步骤，把景区战略方案转化为具体的管理行动和结果的过程，主要涉及 4 项重要内容：设计和创建必要的组织结构、采取适当的执行方式、形成合适的管理风格、塑造共同的价值文化。景区战略实施的成败，取决于能否把实施景区战略所必需的工作任务、组织结构、人力、财力、技术及各项管理职能，有效地调动起来并加以合理的配置。

（5）战略评价与控制

旅游景区战略实施后能否实现既定目标，需要通过景区战略评价来认识，并通过控制手段确保景区战略实施的准确性。景区战略的制定和选择过程在于主观认识是否正确，取得多大成效，只有经过实践才能得到验证。在景区战略实施中进行反馈评价，从中发现战略与结果的偏差，提出校正措施，使战略目标得以实现。

旅游景区战略管理过程模型（参见图 3-1）揭示了三方面内容：一是由中间列代表的，是旅游景区战略管理的整个逻辑过程；二是由左边列代表的，是旅游景区战略管理过程各阶段之间的反馈联系，反映了战略管理是一个需要不断学习与积累经验、不断适时适度调整的过程；三是由右边列代表的，是体现景区战略决策者的价值观、景区文化、社会责任等对旅游景区战略管理的影响，反映了战略管理的艺术性。

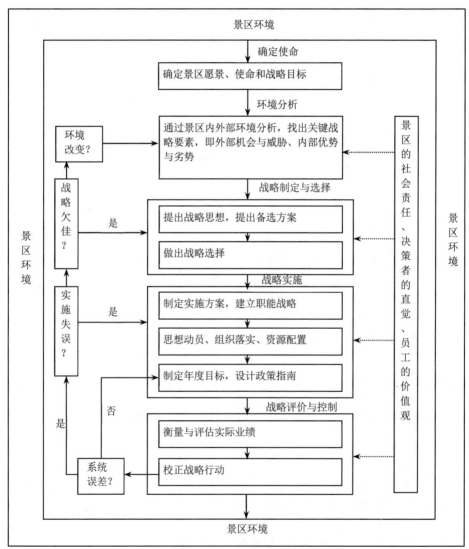

图 3-1　旅游景区战略管理过程模型

第二节　旅游景区战略目标与环境分析

一、旅游景区战略目标

1. 旅游景区的战略目标

旅游景区战略目标是指景区在战略执行期内，在沿着其经营方向前进时要达到的程度和要取得的预定成果。景区必须有可衡量的战略目标，才能据以制定相应的经营战略并付诸实施。

从旅游景区的角度看，需要建立两种类型的业绩目标：旅游景区财务业绩目标和旅游景区战略业绩目标。景区财务目标体系的建立旨在取得满意的收益增长率和投资回报率、良好的现金流等结果，而建景区立战略目标体系的目的是保持持续竞争优势和可持续发展等结果。旅游景区的可持续发展，要求景区实现经济、社会与生态环境"和谐"的发展，旅游景区的战略目标不仅包括一般企业要求的经济目标、社会目标，还包括生态环境目标。

2. 旅游景区战略目标建立原则

（1）平衡性原则

要满足旅游景区不同利益主体的发展要求，景区在制定战略目标时，需要达到以下几方面的平衡：经济效益和社会、生态效益之间的平衡，不同利益主体之间的平衡，近期目标和远期目标之间的平衡，景区总体战略目标和职能战略目标之间的平衡。

（2）权变原则

它要求旅游景区根据不同的外界情况，制定多种备选方案。当外界情况发生变化时，采取其他措施以渡过难关。权变原则使景区做好充分的准备，增强景区的应变能力。

（3）定性与定量相结合原则

旅游景区的战略既要有数量的指标，又要有定性的指标，只有达到两者的有机结合才能发挥出战略目标体系的作用。

3. 旅游景区战略目标制定过程

一般来说，确定旅游景区战略目标需要经历调查研究、拟定目标、评价论证和目标确定 4 个步骤。

（1）调查研究

在制定旅游景区战略目标之前，必须进行调查研究。在确定战略目标的工作中还必须对已经做过的调查研究成果进行复核，进一步整理研究，把机会与威胁、长处与短处、自身与竞争对手、景区与环境、需求与资源、现在与未来加以对比，搞清楚他们之间的关系，才能为确定战略目标奠定比较可靠的基础。调查研究既要全面进行，又要突出重点。

（2）拟定目标

经过细致周密的调查研究之后，便可以着手拟定战略目标。拟定战略目标一般需要经历两个环节：拟定目标方向和拟定目标水平。首先在既定的战略经营领域内，依据对外部环境、需求和资源的综合考虑，确定目标方向，通过对现有能力与手段等诸多条件的全面衡量，对沿着战略方向展开的活动所要达到的水平做出初步的规定，形成可供决策选择的目标方案。在确定过程中，必须注意目标结构的合理性，列出各个目标的综合排列次序。另外，在满足实际需要的前提下，要尽可能减少目标的个数。

（3）评价论证

旅游景区战略目标拟定出来之后，要组织专家和有关人员对提出的目标方案进行评价和论证。论证和评价要围绕战略目标的方向是否正确，战略目标的可行性。论证与评价的方法，主要是按照目标的要求，分析景区的实际能力，找出目标与现状的差距，然后分析用以消除这个差距的措施，而且要进行恰当的计算，尽可能用数据说明。

（4）目标确定

在确定旅游景区备选目标时，要注意从以下三方面权衡各个目标方案，即目标方向的正确程度、可望实现的程度、期望效益的大小。旅游景区所选定的目标，三个方面的期望值都应该尽可能大。在决策时间问题上，一方面要防止轻率决策；另一方面又不能优柔寡断，贻误时机。

二、旅游景区外部环境分析

旅游景区外部环境分析与内部条件分析的结果，是有效选择和制定景区战略的基础和依据。外部环境分析的目的是明确外部环境中存在的主要威胁和机会。所谓威胁，是指妨碍旅游景区取得竞争优势和高于正常绩效的环境因素；而机会是指有利于旅游景区取得竞争优势和高于正常绩效的环境因素。

1. 旅游景区外部环境

旅游景区外部环境是指存在于景区之外，景区不能控制，但是能对景区决策和绩效产生影响的外部因素的总和。外部环境可分为一般环境和行业环境（参见图 3-2)。这些因素对旅游景区战略制定和实施产生间接影响。行业环境包括直接影响旅游景区及其竞争行动与反应的一组因素,如进入威胁、竞争强度、服务商、消费者和替代品等。这些因素一般称为决定行业盈利性的五种力量。搜集并解释竞争对手的信息叫做竞争对手分析。

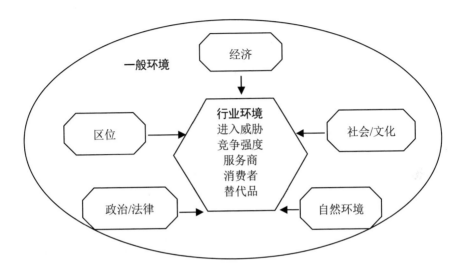

图 3-2　旅游景区外部环境构成

2. 旅游景区一般环境分析的构成

旅游景区一般环境分析包括对一般外部环境的扫描、监测、预测和评价,如表 3-1 所示。

表 3-1　旅游景区一般环境分析的构成

扫描	发现环境变化及其趋势的早期信号
监测	通过对环境变化及其趋势的持续观察,查明变化的意义
预测	根据所监测到的变化预测其发展结果
评价	明确环境变化及其趋势对旅游景区战略管理的重要性与时效性

(1)扫描

扫描是对一般环境中所有的细分因素所进行的研究,是一种全景式的环境审视。通过扫描,可以发现旅游景区一般环境正在发生和将要发生变化的早期信号。在进行扫描时,旅游景区往往要面对并处理大量不完全、模糊、缺乏联系的数据和资料。环境扫描对处于急剧变化环境中的旅游景区尤为重要。

（2）监测

监测是观察由扫描所发现的环境变化，看是否有新的重要变化趋势。成功的监测关键在于能够查明各种环境事件对旅游景区经营的影响。

（3）预测

扫描和监测主要关注某一时刻已发生的环境事件，而预测主要是对扫描和监测所发现的变化及趋势的结果，即什么将会发生、何时将会发生的一种推测。

（4）评价

评价的目的在于明确环境变化及趋势对旅游景区战略管理的重要性和时效性。扫描、监测和预测能够了解旅游景区一般环境，而评价则力图确定这些因素对旅游景区的影响。离开了评价，所搜集的各种外部信息只是一堆素材，不能为旅游景区战略管理提供指导。

3. 旅游景区外部因素评价

（1）外部因素评价（External Factor Evaluation，EFE）矩阵

外部因素评价矩阵可以帮助旅游景区战略制定者归纳和评价区位、自然、经济、社会、政治等方面的信息，如表3-2所示。建立EFE矩阵的5个步骤如下：

①列出在外部分析过程中确认的外部因素。因素总数在10—20个之间，包括影响旅游景区和其所在行业的各种机会与威胁。首先列举机会，然后列举威胁。要尽量具体，采用百分比、比率和对比数字。

②赋予每个因素以权重，其数值由0.0（不重要）到1.0（非常重要）。权重标志着该因素对于旅游景区在行业中取得成功的影响的相对大小性。机会往往比挑战得到更高的权重，但当挑战因素特别严重时也可得到高权重。确定恰当权重的方法包括对成功的竞争者和不成功的竞争者进行比较，以及通过集体讨论而达成共识。所有因素的权重总和必须等于1。

③按照旅游景区现行战略对各关键因素的有效反应程度进行评分，范围为1—4分，4代表很好，3代表超过平均水平，2代表平均水平，1代表很差。评分反映了旅游景区战略的有效性，因此它是以旅游景区为基准的，而步骤②中的权重则是以行业为基准的。

④用每个因素的权重乘以它的评分，得到每个因素的加权分数。

⑤将所有因素的加权分数相加，得到旅游景区的总加权分数。

无论EFE矩阵所包含的关键机会与挑战数量多少，一个旅游景区所能得到的总加权分数最高为4.0，最低为1.0，平均总加权分数为2.5。总加权分数为4.0说明景区在整个产业中对现有机会与挑战做出了最出色的反应。换言之，旅游景区的战略有效地利用了现有机会并将外部威胁的潜在不利影响降至最小。

总加权分数为 1.0 则说明旅游景区的战略不能利用外部机会或回避外部威胁与挑战。

表 3-2　旅游景区外部因素评价矩阵

关键外部因素	权重	评分	加权分数
机会			
……			
威胁			
……			
总计			

（2）竞争态势矩阵（Competitive Profile Matrix，CPM）

旅游景区竞争地位评估的常用方法是竞争态势矩阵，用于确认旅游景区的主要竞争者及相对于该景区的战略地位，如表 3-3 所示。建立竞争态势矩阵的步骤如下：

①由旅游景区战略决策者识别外部环境中的关键战略因素。这些因素都是与景区密切相关的。一般应有 5—15 关键战略因素，包括项目特色、员工服务素质、环境氛围、停车场、基础设施、服务设施、门票价格、个性化服务、可进入性、游览舒适性、气候舒适度等。

②赋予每个因素一定的权重，以表明该因素对于景区成败的相对重要性。权重的数值由 0.0（不重要）到 1.0（非常重要），并使各因素权重值之和为 1。

③对行业中各竞争者在每个战略要素上所表现的力量相对强弱进行评价，范围为 1—4。其中，1 表示最弱，2 表示较弱，3 表示较强，4 表示最强。

④将各战略要素的评价值与权重相乘，得出竞争者在相应因素上力量强弱的加权评价值。

表 3-3　旅游景区竞争态势矩阵

关键因素	权重	竞争者 1		竞争者 2		竞争者 3	
		评分	加权分数	评分	加权分数	评分	加权分数
项目特色							
员工服务素质							
环境氛围							
停车场							
基础设施							
服务设施							
门票价格							
个性化服务							
可进入性							
游览舒适性							
气候舒适度							
总分							

　　需要说明的是，在竞争态势矩阵中得到高分的景区不一定就强于分数较低的景区。尽管是定量分析，但仍然包含了定性的成分，比如变量的选择、权重的确定、景区的评分都是战略制定者主观的看法，数字只反映了景区的相对优势。

　　4. 旅游景区产业环境分析

　　产业环境对旅游景区行为和绩效产生直接的影响，是旅游景区所处的直接环境。旅游景区产业环境分析的基本目的是评价旅游产业的总体吸引力。

　　（1）旅游产业驱动力分析

　　决定一个旅游景区盈利能力的首要因素是旅游产业的吸引力。对旅游产业吸引力的正确认识，主要是对决定产业长期盈利能力因素的分析，包括旅游产业主要经济指标分析、旅游产业驱动力与主要成功因素分析等。

　　旅游产业驱动力是指促使旅游产业发生变化的主要力量。一般而言，旅游产业驱动力有：

　　①客源市场增长率的变化

　　客源市场增长率的变化是决定旅游产业发展变化的根本力量。由于客源市场增长率的迅速上升、逐渐缓慢、停滞以至下降，导致了旅游产业的成长、成熟、停滞与衰退的周期变化。

②旅游消费者及其消费方式的变化

随着时代的变迁，社会经济的持续发展，人们经济收入的提高和闲暇时间的延长，旅游消费行为不仅会出现量的变化，而且会出现结构上的调整，旅游消费方式的重大变革将导致旅游产业内部要素结构及产业形态的变革等。

③旅游业的科技进步与产品更新

科技进步是促使产业发生深刻变化的重要力量。它不仅能够改变原有产业的竞争规律，而且可能创造出一个新的产业。电子商务的发展及其在旅游中的广泛应用、现代科技产品在旅游行业的推广、现代化科技设备在旅游娱乐中的使用等都将对旅游产业产生深刻的变革。旅游产品的更新换代，也可以使产业增加活力，得到发展。

其他的产业驱动力还有，旅游销售方式的变化、政府的政策法规变化、社会环境和生活习俗的变化以及旅游交通格局的变化等。

旅游产业驱动力与主要成功因素的确定，可以采用定性与定量相结合的方法，如基于专家意见的德尔菲方法和基于数据分析的其他预测或模拟方法（如回归分析、数量化方法、情景分析、系统动力学等）。通过旅游产业驱动力与主要成功因素分析，可以从产业变动方式、关键决定因素的角度对旅游产业的基本特性有进一步的了解，还可以从产业的动态变化趋势对未来旅游产业吸引力的强弱做出预测和判断。

（2）旅游景区竞争力分析

决定旅游景区竞争力的因素有：新开发景区的进入，游客的消费能力，旅游景区之间的竞争，特别是同类景区的竞争和替代旅游产品的威胁。

①潜在进入者的威胁

潜在进入者是指不在旅游产业但是有能力进入旅游产业的旅游企业，是现有旅游景区潜在的竞争对手。潜在进入者能给旅游产业带来新的资源、产品、服务，同时他们也希望在已被现有旅游景区瓜分的市场占有一席之地。新进入者会减少旅游市场集中度，加剧旅游行业竞争，降低旅游行业利润。

②现有旅游景区之间的竞争程度

旅游产业中现有旅游景区之间的竞争是最直观、最直接也是最重要的威胁因素。旅游景区之间的竞争一般采取两种方式：价格竞争和非价格竞争。价格竞争是通过降低价格和毛利率而减少利润，导致大多数旅游景区盈利下降甚至亏损，这也是最惨烈的竞争形式。非价格竞争，如加快旅游产品开发、增加服务内容等，通过提高成本而减少利润。由于高成本往往可能通过高价格的方式转嫁到游客身上，非价格竞争侵蚀利润的程度一般不及价格竞争。

③替代产品的威胁

旅游景区替代品是以另外的产品去满足与现有旅游景区产品大致相同的游客需求的产品。旅游景区替代产品的价格如果比较低，投入市场会使旅游产品的价格上限只能处在较低的水平，从而限制了旅游产业的收益。旅游景区替代产品的价格越是有吸引力，这种限制作用也就越牢固，对旅游产业构成的压力也就越大。替代产品的威胁程度主要取决于替代产品本身及价格上的吸引力等。

④游客讨价还价的能力

游客在要求旅游景区降低价格的同时，希望提供更为丰富的旅游产品和优质的服务，这使得旅游景区的收益降低。旅游景区的经营者互相竞争，导致产业利润下降。特别是旅行社的出现，将零散游客讨价还价的愿望转换成有组织的力量，大大提高了游客讨价还价的能力。

上述因素影响到旅游景区产品及服务的价格、经营管理成本和景区所需要的投资，即影响了投资收益率的诸要素。最强劲的竞争力往往来自旅游产业内现有竞争者之间的激烈竞争。竞争的焦点是争夺有利的市场地位，竞争的手段包括特色旅游项目、产品价格、服务质量和广告促销、休闲理念、景区文化等。当各景区的实力相当或客源市场增长缓慢，退出产业的损失较大时，竞争将会加剧。竞争的强度不但会影响旅游项目的开发，旅游产品的价格，而且会影响诸如景区环境、广告宣传和促销等方面展开竞争的成本。在对竞争力进行分析时，应重视对旅游产业内主要竞争者的实力现状及未来可能的行动分析。反映竞争景区实力的最明显标志是客源市场占有率，其次还有在游客中的信誉、市场范围等。

三、旅游景区内部环境分析

旅游景区内部环境是指旅游景区能够加以控制的内部因素。对旅游景区的内部环境进行分析，目的在于掌握旅游景区目前的状况，以便使确定的战略目标能够实现，并使选定的战略能够有效地利用旅游景区的资源，发挥旅游景区的优势。

1. 旅游景区内部环境分析的主要内容

一般来说，旅游景区的内部环境包括财务状况、产品及竞争地位、市场营销能力、研究与开发能力、人员的数量及素质、组织结构、景区过去的目标和战略等。

（1）景区财务状况

对旅游景区财务指标进行趋势分析，可以发现有哪些优势和劣势，财务指标的变化趋势反映出旅游景区处于什么样的财务状况。此外，还要了解分析旅游景区的利润来源，有无提高投资收益率的规划；有无筹措短期资金和长期资金的能力，渠道如何；旅游景区是否建立起了高效和适宜的成本核算和成本控制系统等财务方面的情况。

（2）景区产品及竞争地位

景区产品及竞争地位主要分析旅游景区产品和服务的优势与劣势是什么，旅游景区产品或服务目前拥有多大的市场占有率，这个市场占有率的稳定程度如何，市场占有率的变化趋势如何，旅游景区产品和服务是否容易受到外部环境变化的影响，现在的和潜在的游客怎样评价旅游景区的产品和服务。

（3）景区市场营销能力

景区市场营销能力主要分析旅游景区采用的促销手段的有效性；旅游景区采取的定价策略的科学性和艺术性；旅游景区搜集市场信息的能力如何，是否对游客的需求有充分的了解；旅游景区的市场营销人员的素质，能否开展有效的营销工作等问题。

（4）研究与开发能力

研发与开发能力主要分析旅游景区的研发经费是否充足，各类研究与开发人员的数量、构成、知识结构、研究能力以及旅游景区研究与开发的组织管理能力如何等问题。

（5）景区人员的数量及素质

景区人员的数量及素质主要分析旅游景区高层管理人员的构成，以及管理风格和管理模式；高层管理人员中占主导地位的价值体系，中层管理人员和作业层管理人员的数量及素质；景区职工的工作态度和激励水平；旅游景区的薪酬政策是否合适等情况。

（6）组织结构

组织结构主要分析了解旅游景区现有的组织结构是什么类型，组织结构中的责权关系是否明确，现有组织结构在实现旅游景区目标的工作中是否是高效率的，哪些方面需要改进等。

（7）过去的目标和战略

要了解旅游景区过去的主要目标及达成率，这些目标是否适合旅游景区本身，旅游景区的战略及其有效性等。

2. 旅游景区内部环境分析方法

（1）比较分析法

比较分析法是一种有价值的旅游景区内部环境分析方法，有历史比较、行业比较和最佳业务比较三种不同的比较基础。一个旅游景区效益的高低、满足游客需求的程度和财务指标的优劣，只能通过与其他旅游景区，尤其是主要竞争对手的比较才能确定。

①历史分析

历史分析是将旅游景区的资源状况与以前各年相比,从而找到重大的变化。通常会用到权益利率、销售净利率等财务比率。这种方法可以揭示一些不太明显的变化趋势,它促使旅游景区重新评估其主要推动力,并且估计未来应该将旅游景区的主要驱动力放在什么地方。另外,旅游景区还可以通过历史分析来考察景区的资源状况,与前几年相比有了哪些重大的变化。历史分析虽然不能直接反映旅游景区的相对资源状况和能力,但有益于旅游景区正确认识本身所发生的变化及对未来可能的影响。

②行业比较分析

行业比较分析是对整个行业经营状况的分析。行业比较分析会大大地改进历史分析效果,它帮助旅游景区展望其资源状况和经营状况。在分析和评估战略能力时,行业比较分析关心的是旅游景区在整个行业中的相对地位。

③最佳业务分析

为弥补行业比较分析的不足,旅游景区可进一步采用最佳业务分析的方法。最佳业务分析不是建立"规范",而是对旅游景区的最佳业务进行研究,并且建立与最佳业务有关的衡量业务状况的标准。

(2)价值链分析法

①旅游景区价值链分析

价值链分析的原理是由美国哈佛商学院著名战略管理学家波特提出来的。他认为企业每项生产经营功能都是其创造价值的经济功能,企业所有的互不相同但又相互联系的生产经营功能,构成了创造价值的一个动态过程,即价值链。

旅游景区价值链的分析方法是根据旅游景区活动的连续过程来分析旅游景区的能力。旅游景区价值链反映出旅游景区经营功能的历史、重点、战略以及实施战略的方法,并且反映出经营功能本身所体现的经济学观念。更具体地说,如果旅游景区所创造的价值超过其成本,旅游景区便有盈利;如果盈利超过竞争对手的话,旅游景区便有更多的竞争优势。

②旅游景区价值链分析功能

旅游景区价值链分析可以发现旅游景区存在的优势和弱点以及旅游景区各项活动的内部联系。这种联系以整体活动最优化和协同两种方式给旅游景区带来优势。旅游景区价值链所表示的不是一些相互独立的活动,而是一个由相互依存的活动组成的系统。因此,通过价值链分析可以发现,旅游景区的优势既来自构成价值链的单项活动本身,也来自各项活动之间的联系。从更广泛的角度来讲,旅游景区的价值链蕴藏于范围更广的价值系统之中。旅游景区的优势既可来源于价值活动所涉及的市场范围的调整，也可来源于旅游景区间协调或合用价值链所带来的最优化效益。

第三节　旅游景区竞争战略

在旅游产业中，旅游景区竞争战略所涉及的问题是如何在竞争中取胜，即在什么基础上取得竞争优势。旅游景区的竞争战略主要是特色经营战略、成本领先战略、集中一点战略和旅游景区战略联盟。

一、旅游景区特色经营战略

1. 旅游景区特色经营战略含义

旅游景区特色经营战略又称差异化战略，是通过景区形象（TCIS）、旅游产品特征、旅游服务质量控制等形式，努力形成在整个旅游产业中独特鲜明的个性，使游客建立起品牌偏好与忠诚。特色经营战略可以帮助景区利用游客对品牌景区的忠诚而有效地避开价格方面的竞争，促进旅游景区向更高层次的文化竞争转变。在当前国内旅游开发热情高涨，新的旅游景区不断出现，旅游产品供求关系日趋紧张的条件下，拥有自己的特色产品将使旅游景区的竞争力不断增强。

2. 旅游景区实施特色经营战略的关键

旅游景区实施特色经营战略的关键是解决好产品特色的实际价值与游客感知价值的关系以及价值信息的有效传递等问题。当游客尚未接受旅游景区的经营特色，即景区的特色活动项目或特色服务未得到游客的认可时，特色产品的实际价值与游客的感知价值就会出现差距，从而影响游客的感受。因此，景区必须采用各种可能的方式将景区经营特色的实际价值有效地、准确地传递给游客，以加快游客的出行决策过程和增强游客的消费信心。

3. 旅游景区特色经营战略的适用条件

游客个性化需求日益提升，他们愿意并有能力为能满足他们需求的旅游产品付出更高的价格。旅游景区在产品和竞争方面有许多创造产品差异的机会，而且游客能够觉察到这些差异并认为这些差异对他们有价值。当旅游景区胜过竞争对手时，特别是景区集团成本优势的机会有限时，特色经营可能是创造竞争优势的最佳途径。

4. 旅游景区特色经营战略的优势和风险

与成本领先战略不同的是，特色经营战略的实施所创造的竞争优势相对更容易保持。特色经营战略为景区开拓了一个新的生存空间，绕开了同行业景区间的激烈同质化竞争，降低了环境与竞争对手威胁；特色经营战略是基于游客的特定需求时，可以留住游客并创造较高的游客转化成本，对新进入景区的竞争者形成了强有力的进入障碍；旅游景区特色经营一般能将游客关注的焦点从价格转移到特定需求上来，掌握了旅游产品定价的主动权，提升景区的盈利能力。

旅游景区特色经营战略同样具有风险。开发独具特色的旅游项目，可能需要付出高成本的代价，有些独具特色的旅游景区虽然具有很高的实际价值，如文化内涵很深的文物类旅游产品，由于游客缺乏对这种产品价值的认识，景区也无法获得预期收益，从而在旅游市场上失去优势。

二、旅游景区成本领先战略

1. 旅游景区成本领先战略含义

所谓成本领先，是指将旅游景区的成本降至低于绝大多数甚至所有竞争对手的成本。旅游景区成本领先战略要求在行业中追求最低成本的地位。低成本地位的优势对于景区的经营来说，它既可以使景区取得高于业内平均水平的利润，又可以使景区在旅游市场竞争中具有更大的主动权，同时对可能的替代旅游产品或新开发景区的进入威胁也具有较强的抵御力。如果一个旅游景区能够取得并保持成本领先地位，那么它就可以获得高于行业平均水平的收益。

2. 旅游景区成本领先的可能性

旅游景区实施成本领先战略时应准确分析和判断成本驱动因素。旅游景区获得成本优势的途径很多，如通过人本管理思想的贯彻，在有效的组织管理条件下，加强人力资源的开发与培训，努力提高工作效率和工作质量，可以降低人力资源成本；通过良好的公共关系，借助有关传媒提高景区的知名度和美誉度，可以降低景区营销成本；通过科学的环境艺术设计和强有力的环境管理手段，可以降低景区经营的环境成本；还可以通过高水平的创意策划，寻求低投入，但能满足游客需求的旅游主题活动项目来降低旅游项目开发建设的成本等。

旅游景区成本领先战略是一种有效的战略选择，当某一类旅游产品存在供给大于需求时，价格成为游客关注的主要因素，低成本所支撑的价格是吸引他们的主要因素。

3. 旅游景区成本领先战略的优势和风险

在与竞争对手的竞争中，由于旅游景区处于低成本地位，具有进行价格竞争的优势；旅游景区成本领先战略对潜在进入者和替代者竞争形成了障碍；面对强有力的游客要求降低旅游产品价格和提高服务质量的压力，旅游景区仍具有持续获取利润的能力。

但由于旅游景区成本领先战略具有重视共性而忽视个性化需求的倾向，旅游景区的成本优势能否持久以及其他不确定因素的存在，都为实施这一战略带来了潜在的风险。

三、旅游景区集中一点战略

1. 旅游景区集中一点战略的含义

旅游景区集中一点即景区把力量集中为某一细分市场的特定用户服务，或重点开发特定区域市场，满足特定市场的需求。这种战略不同于前两种战略，前两种战略是寻求全行业范围内的成本领先或别具一格，而该战略是寻求对较窄范围内特定对象的良好服务，获得满意收益。

根据产品市场、地域市场和游客群体的不同，旅游景区集中一点战略大致可以分为产品集中一点、地域集中一点和游客集中一点。

2. 旅游景区集中一点战略的要求

集中一点，首先要选择一个适当的"点"，即一个相对较小的细分市场，这部分游客对产品具有某种特殊的偏爱或需求。产生这种特殊需求的原因可能是特定的地理位置，或具某种特性的一类游客。对于选择集中一点战略的景区来说，有吸引力的细分市场一般具有下列特性：该细分市场规模较大，具有足够的盈利；该细分市场具有较好的增长潜力；该细分市场对于产业中较强竞争者来说并非至关重要；选择集中一点经营的景区具有服务于这一细分市场的良好条件。

3. 旅游景区集中一点战略的优势与风险

旅游景区目标细分市场稳定，且利润丰厚时，实施集中一点战略可以获得良好的效果。集中一点战略是一种有效的竞争战略，但是也存在风险。目标市场利润较低会影响战略的实施与可持续性，目标市场游客的需求偏好转移可能对景区产生很大风险。

四、旅游景区战略联盟

旅游景区战略联盟一般是指两个或两个以上旅游景区为了实现特定的战略目标，在保持自身独立性的同时通过股权或非股权的方式建立的较为稳固的合作关系。

1. 旅游景区战略联盟的优势

旅游景区战略联盟强调合作伙伴之间的相容性，具有快速、灵活、经济等多种优势。

旅游景区战略联盟可以优化资源配置，由于不涉及产权让渡，从而回避了旅游景区所有权与经营权两权分离的障碍和控制权转移所带来的内部冲突，有利于打破部门所有和地区封锁；在战略性的合作中，促使双方实现资源共享和优势互补，从而获得规模经济效应。

旅游景区战略联盟可以形成组合效应，充分发挥各自优势，弥补不足，形成优势互补，进而产生组合效应；组建战略联盟使成员在贷款、融资等方面具有明显的优势，增强融资功能，使得旅游景区能够进行战略性投资，推动旅游业向大规模、深层次、高品位的方向发展。

2. 旅游景区战略联盟的类型

根据旅游景区联盟双方（或多方）所从事的活动性质来划分，可分为景区纵向战略联盟和景区横向战略联盟。

（1）旅游景区纵向战略联盟

旅游景区纵向战略联盟的各方可以得到比一般的旅游市场交易更紧密的协调，但各方又保持自己的独立性，如旅游景区与旅行社、旅游酒店等的联盟。

旅行社是联结旅游者与旅游目的地的纽带，是旅游景区客源的稳定来源。旅行社对团队旅游者的旅游行为有着多方面的影响：旅行社对旅游景区的宣传促销可以使旅游者的决策行为发生变化；旅行社的经营活动可能使旅游者的微观空间行为发生变化；旅行社也可能对旅游者的消费行为（如购物）、心理行为（如安全感）等产生影响。因此，景区营销管理要和旅行社保持密切的沟通，建立战略同盟，形成一种利益趋同关系。这种纵向联盟的建立将有助于景区从"无客源"的压力中释放出来，也有利于节省交易成本。

（2）旅游景区横向战略联盟

旅游景区横向战略联盟是竞争对手之间的联盟，即旅游景区间的联盟。景区横向战略联盟由于合作各方在连续不断的基础上共同从事一项旅游经营活动，从而改变了该项活动的进行方式，它也模糊了景区间竞争与合作的差别，其目的在于改善景区在一项价值创造活动中的联合地位。

在旅游产品的消费过程中，旅游者常把一定区域内的景点相互关联作评价。若这些景区彼此互补、相互协调，则可以大大增强其吸引力；对不同区域的相关景区进行组合包装，连线连片，构筑旅游路线网络，形成规模大、质量高、档次和品位符合国际潮流的旅游特定区域，使这一区域同时具备满足多种不同需求的场所、活动和设施，可以形成和增强旅游区对旅游者吸引力的规模效应，带动旅游者外出的沸点效应和满足旅游者不同需求的最适刺激效应。因此，景区与景区之间以产品联盟的方式，联手推出主题产品，可以实现资源共享、客源互流的优势叠加效应。同类旅游景区在激烈的市场竞争中往往会产生负效应，降低价格，增加成本，而组建营销联盟则可避免这种情况的发生。实行营销联盟的景区可通过共同合作发布广告，提高广告效果，降低广告成本。

（3）旅游景区联盟平台

旅游景区联盟平台是由旅游景区、旅行社、航空公司、星级酒店、旅游网站以及投资机构共同发起并成立的景区联盟组织。

当前我国旅游业不断发展，景区间的竞争尤为激烈，多数景区呈现出同质化、多样化的态势，部分景区可替代性太强，旅游景区的经营模式也正在发生转型，传统的"门票经济"已不符合市场需求。走综合性发展道路，形成旅游景区战略联盟，通过文化创意和配套的商业服务体系获得综合收益，发展"全域旅游"是旅游景区的发展思路。旅游景区联盟平台的成员通过彼此间资源共享、客源互换，形成宣传合力，在旅游客源市场地区进行宣传推广，共同打造旅游路线。

为解决智慧旅游建设存在的数据分散、信息碎片化、信息孤岛等现象，建立旅游诚信体系、监管体系、应急指挥体系和电子商务体系，满足游客游前、游中、游后各阶段对吃、住、行、游、购、娱等环节信息的真实、丰富、及时的需求，构建智慧旅游产业链，更好地促进我国旅游产业健康持续发展，在文旅部信息中心和智慧旅游促进会指导下，由各地政府旅游主管部门、景区管理部门、高校、科研机构、智慧旅游企业、投资机构及旅游行业协会等相关单位共同发起成立了智慧旅游规划、投资、建设、运营和服务的一体化平台——中国智慧旅游产业联盟。

3. 旅游景区战略联盟的建立与管理

旅游景区战略联盟的建立与管理过程如图3-3所示。

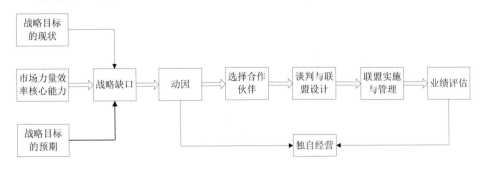

图 3-3 旅游景区战略联盟建立与管理过程流程图

（1）战略缺口

战略缺口是指旅游景区希望达到的战略目标与凭借自身的资源、能力所能实际达到的状况之间的差距。战略缺口主要表现在市场力量（对市场的控制和范围）、效率（成本优势和规模经济性）、核心能力。

（2）动因

弥补战略缺口是构成战略联盟的最大动因。一般来说，战略联盟可以使旅游景区达到减少风险、获得规模经济、获得互补性经验、减少竞争等基本目标。

（3）选择合作伙伴

联盟伙伴的选择是建立旅游景区战略联盟的基础和关键环节，慎重地选择合作伙伴是联盟成功的前提。选择合作伙伴时应遵循 3C 原则，即兼容性（Compatibility）、能力（Capability）和投入（Commitment）。

（4）联盟的谈判与设计

旅游景区战略联盟各方相对独立，彼此之间组织结构、企业文化、管理风格有着很大的不同。因此在战略联盟中，合作各方良好的沟通与协作对于战略联盟的成败有着重要的影响。

（5）联盟的实施与管理

一旦选定合作伙伴，联盟结构得到确认后，旅游景区面临的任务就是如何从联盟中获益最大化。在联盟协议中，除了要考虑各自的文化差异外，还必须考虑到在合作伙伴之间建立信任以及向合作伙伴学习。

4. 建立旅游景区战略联盟的基本策略

旅游景区战略联盟虽然能在一定程度上提高合作各方的竞争力，但实际上战略联盟本身也是一把双刃剑，如果处理不当，会使某一景区失去竞争优势。因此，为充分发挥战略联盟的优势，景区在要实施战略联盟时应注意做好如下几项工作：

（1）提升核心竞争力

战略联盟是一种适应时代发展潮流的全新组织形式，是对现存资源的整合优化，对实施的主体有一定的基础要求。因此，旅游景区要练好内功，不断提升自身的核心竞争力，为顺利实施景区间的战略联盟计划打下坚实的基础。

（2）确定适当的战略

对旅游景区管理的每一重要工作内容进行分析和评估，以决定哪些工作与合作伙伴联手，哪些由自己独立完成；研究如何有效地利用战略伙伴的优势和资源，不断提高战略联盟的层次。战略联盟规划是景区应对市场变化和把握未来的有力工具，明晰的规划有助于提高战略联盟的实施效果，也能增强旅游景区对战略联盟的信心。

（3）慎重选择联盟伙伴

由于战略联盟各方关系十分松散，其内部存在着市场和行政双重机制的作用，因此合作方是否真诚对于战略联盟的成败有着决定性的影响，在组建战略联盟时必须选择真正有合作诚意的伙伴。选择合作伙伴应坚持兼容性、能力匹配等准则。

（4）选择正确的联盟组织形式

战略联盟是一种网络式的组织结构。在战略联盟设计之初应该针对合作的具体情况，确定合理的组织关系，对各方的责、权、利进行明确的界定，防止由于组织不合理而影响正常运作。旅游景区间的战略联盟形式多样，旅游景区必须要根据自身的特点和优劣势进行慎重选择。

（5）建立战略联盟信息系统

旅游景区战略联盟合作要依靠快速、准确、可靠的信息沟通，因此，联盟要建立旅游信息系统。建立旅游信息系统，有利于联盟成员之间沟通或加强沟通的频率，有利于联盟关系的发展。同时旅游信息系统可使联盟景区既能根据战略联盟所确定的目标调整人员结构与数量，又能将本景区所掌握的市场信息有效快速地传递到战略联盟，使相关景区进行各种决策。

（6）建立联盟信任机制

由于战略联盟成员在景区战略目标、组织文化、行为方式等诸多方面存在差异，联盟景区之间存在着潜在的冲突和不信任，信任机制对于战略联盟的成功至关重要。若联盟景区不注重诚信的培育，那么即使联盟有很好的财务利润，这些差异终将会使联盟走向失败。对于战略联盟中的不确定性事件，只能通过非正式沟通来解决，因为诚信能确保成员景区以共同都能接受的行为对这些不确定性做出反应，确保联盟的平稳运行。诚信能降低联盟中的交易成本，诚信能增强联盟的核心竞争力。

第四节　旅游景区战略选择与评价

一、旅游景区战略选择

旅游景区战略方案的选择是一项重大的决策，是决策者通过若干种可供选择的战略方案经过比较和优选，从中选择一种最满意的战略方案的过程。

1. 影响旅游景区战略选择的因素

影响旅游景区战略选择的因素可以分为外部因素和内部因素。外部因素是旅游景区进行战略选择的间接因素，而内部因素是旅游景区进行战略选择的直接因素。旅游景区在做战略选择时，往往是内、外部因素共同作用的结果。

（1）旅游景区过去的战略

对大多数旅游景区来说，过去的战略常常被当成战略选择过程的起点。一个很自然的结果是，进入考虑范围的战略会受到旅游景区过去战略的限制。由于旅游景区管理者是过去战略的制定者和执行者，因此，他们常常不倾向于改动这些既定战略，这就要求旅游景区在必要时撤换某些管理人员，以削弱失败的目前战略对旅游景区未来战略的影响。

（2）管理者对风险的态度

旅游景区管理者对风险的态度影响景区战略的选择。风险承担者一般采取进攻性的战略，以便在被迫对环境的变化做出反应之前做出主动的反应。风险回避者一般采取一种防御性战略，只有环境迫使他们做出反应时他们才不得不这样做。相对来说，风险回避者更注重过去的战略，而风险承担者则有着更为广泛的选择。

（3）不同利益主体的影响

旅游景区的战略选择受到股东、竞争对手、游客、政府、社会等外部环境的影响。由于外部环境中的关键要素会对旅游景区战略方案的相对吸引力产生较大的影响，所以旅游景区战略决策者在进行最终方案的选择时，不得不考虑来自景区外部各利益集团的压力。当旅游景区对外部环境的依赖性特别大时，旅游景区还会不得不邀请外部环境中的代表参加战略的选择。

旅游景区内部的股东、高层管理者、中层管理者以及职能人员关注的主要方面也不尽相同。不同的利益主体在一定程度上都会利用自己手中的权力来影响最后的战略选择，最后选定的战略是一个各利益主体权力权衡的结果。在高度集权的旅游景区中，一个权力很大的高层管理者往往会利用手中的权力来促使其倾向的战略方案的实施；而在分权程度较高的旅游景区中，战略的选择通常都会广泛地参考各方面的意见。

（4）旅游景区文化的影响

旅游景区文化和战略的选择是一个动态平衡、相互影响的过程。旅游景区在选择战略时不可避免地要受到旅游景区文化的影响。旅游景区未来战略的选择只有充分考虑到与目前的旅游景区文化和未来的旅游景区文化相互包容与相互促进的情况下才能被成功的实施。

2. 旅游景区 SWOT 分析法

SWOT 分析法综合考虑了旅游景区开发和经营的优势（Strengths）、劣势（Weaknesses）、机会（Opportunities）和威胁（Threats），对景区内外部条件进行综合和概括，进而分析组织的优劣势、面临的机会和威胁的一种方法。

（1）旅游景区 SWOT 分析步骤

①进行景区外部环境分析，列出景区外部环境中存在的发展机会（O）和威胁（T）。

②进行景区内部环境分析，列出景区目前所具有的优势（S）和劣势（W）。

③绘制 SWOT 矩阵。这是一个以外部环境中的机会和威胁为一方，景区内部环境中的优势和劣势为另一方的二维矩阵，如表 3-4 所示。在这个矩阵中，有 4 个象限或 4 种 SWOT 组合。

表 3-4　SWOT 分析矩阵

项目	优势（Strength）	劣势（Weakness）
机会（Opportunities）	SO 组合	WO 组合
威胁（Threats）	ST 组合	WT 组合

（2）优势、劣势矩阵分析

优势和劣势是一组相对于竞争对手实力而言的概念。旅游景区内部所具备的资源和能力与竞争对手相比较，强于对手称为优势，不如对手则称为劣势。其中，优势、劣势的大小由景区优势的实际强弱程度及其对规划战略的重要性决定。把景区所有优势、劣势结合起来考虑，可以得到优劣势矩阵。

（3）机会、威胁矩阵分析

机会与威胁是指旅游景区发展环境中，正在或即将出现的新趋势、新变化或新事件。对景区生存与发展有利的就是机会，对景区生存与发展不利的则是威胁。机会程度的大小由景区的吸引力和成功的可能性来决定，威胁程度的大小则由其影响的严重程度和发生的可能性决定。

把景区的优势和劣势、机会和威胁结合起来考虑，可以组成四种不同的外部环境，这四种不同的环境构成了 SWOT 矩阵。

（4）旅游景区 SWOT 分析的战略运用组合

SWOT 分析结果表明，旅游景区往往面临机遇与挑战并存，希望与困难同在的形势，权衡利弊，综合考虑制定发展战略原则。

旅游景区 SWOT 分析类型及发展战略如表 3-5 所示。

表 3-5　旅游景区 SWOT 分析类型及发展战略

SWOT 分析类型	基本战略原则	景区发展战略
SO 型（优势＋机会）	开拓原则	面对众多的机会，又具有明显的优势，应积极开发旅游产品，拓展经营领域，获得更大的旅游市场空间
ST 型（优势＋威胁）	抗争原则	尽管面临众多的机会，但景区存在明显的劣势，应设法弥补不足，扬长避短，提升与对手的竞争能力
WO 型（劣势＋机会）	争取原则	面临强大的威胁，又具有明显的优势，应利用自己的优势，具体分析威胁的来源，变被动为主动
WT 型（劣势＋威胁）	保守原则	面临强大的威胁，又存在明显的劣势，只能采取业务调整，改善自身条件，回避威胁，寻找新的市场机遇

3. 旅游景区利益相关者分析

（1）旅游景区的利益相关者

利益相关者是能够影响旅游景区绩效或受景区绩效影响，并对旅游景区绩效有索取权的个人或团体。利益相关者往往为旅游景区提供了某种资源，他们关心这些资源的运用方式与运用结果，并有要求取得利益的权利。这种权利可以通过参与和撤回对企业生存、竞争和盈利至关重要的支持而实现。

（2）旅游景区的利益相关者矩阵

旅游景区利益相关者分析，就是要分析利益相关者对旅游景区战略的要求，以及这些要求对景区战略的影响。而要解决这些问题，就要确定利益相关者的位置。确定利益相关者的位置有两种方法：权利—动力矩阵和权利—利益矩阵。

①权利—动力矩阵

图 3-4 列出了旅游景区利益相关者权利—动力矩阵，这个矩阵表示各利益相关者的位置。利用这种方法可以很好地评估和分析在新战略的发展过程中在哪儿应该引入相关力量。

处于矩阵 A 位置的旅游景区利益相关者问题很少；处于矩阵 B 位置的旅游景区利益相关者行为预测性低，但可管理；处于矩阵 C 位置的利益相关者影响很大，但可预测；处于矩阵 D 位置的利益相关者是最大的威胁或机会。

图 3-4　旅游景区利益相关者权利—动力矩阵

　　虽然 A 和 B 内的利益相关者权利很小，但是这并不意味着它们不重要。事实上，这些利益相关者的积极支持本身，会对权利更大的利益相关者的态度产生影响。最难应对的是处于矩阵 D 位置的利益相关者，因为它们可以很好地支持或阻碍新战略，但是它们的观点却很难预测。其隐含的意思非常明显：在已建立一个不可改变的地位前一定要找到一种方法，来测试这些利益相关者对新战略的态度。

　　②权利—利益矩阵

　　图 3-5 列出了景区利益相关者权利—利益矩阵。权利—利益矩阵根据利益相关者与其权利大小的关系，以及从何种程度上表现出对旅游景区战略的兴趣，并对其分类，因此称为权利—利益矩阵。

　　在矩阵 D 位置的利益相关者是景区的主要参与者，在制定发展战略的过程中，应重点考虑 D 是否接受该战略。旅游景区最困难的是 C 位置的利益相关者，虽然这些利益相关者总的来说是相对被动的，但要注意利益相关者影响战略的方式受特定事件的影响，即特定事件促使他们对战略产生影响。全面考虑在矩阵 C 位置利益相关者对未来战略的可能反应非常重要。如果低估了他们的利益，他们将重新定位于 D 位置并且阻止采用新战略，那么新战略的制定和执行就会很困难。类似地，需要正确地对待 B 位置利益相关者的需要，主要是通过信息来满足。在影响更有权利的利益相关者的态度时，他们是非常重要的联盟。

利益水平

低   高

权利水平 低	A 最小的努力	B 保持信息灵通
权利水平 高	C 保持满意	D 主要参与者

图 3-5   旅游景区利益相关者权利—利益矩阵

二、旅游景区战略评价

经过初步选出的战略方案，还需要一套较为完整的体系或标准来对其进行检验和评价。

1. 旅游景区战略定性评价

英国战略学家理查德·努梅特（Richard Rumelt）提出了可用于战略评价的4 条标准：一致性、协调性、优越性和可行性。协调性与优越性主要用于对旅游景区的外部评估，一致性与可行性则主要用于内部评估。具体如下：

（1）一致性

战略方案中不能出现不一致的目标和政策。例如，当管理问题是因事发生而不是因人发生的，当一个部门的成功意味着另一个部门的失败，当政策问题不断地被上交到最高领导层来解决时，可能是战略方案存在不一致的问题。

（2）协调性

协调性是指在评价时既要考察单个趋势，又要考察综合趋势。在制定景区战略时，景区内部因素与外部因素相互协调的困难之一在于绝大多数变化趋势都是与其他多种趋势相互作用的，对此必须综合考察。

（3）可行性

一个好的经营战略必须做到既不过度耗费可利用资源，也不造成无法解决的派生问题。对战略的最终的和主要的检验标准是其可行性，即依靠自身的物力、人力和财力资源能否实施这一战略。

（4）优越性

经营战略必须能够在特定的业务领域使旅游景区创造和保持竞争优势。因此，在评价旅游景区某种战略时，旅游景区应当考察与之相联系的区位优势。

2. 旅游景区战略定量评价

定量战略计划矩阵（Quantitative Strategic Planning Matrix，QSPM）是战略决策阶段的重要分析工具。该分析工具能够客观地指出哪一种战略是最佳的。

QSPM 矩阵的格式如表 3-6 所示。QSPM 顶部一行包括了从 SWOT 矩阵、EFE 矩阵中得出的备选战略，QSPM 左边一列为关键的外部和内部因素。在紧靠关键因素的一列中，标出了各因素所得到的权重。

表 3-6　QSPM 矩阵

关键因素	备选战略				
	权重	战略 A	战略 B	战略 C	战略 D
外部因素					
因素 1					
因素 2					
因素 3					
……					
内部因素					
因素 1					
因素 2					
……					
总计					

建立 QSPM 矩阵的步骤如下：

（1）在 QSPM 矩阵的左栏列出旅游景区的关键外部机会与威胁、内部优势与弱点。QSPM 矩阵中应至少包括 10 个外部和 10 个内部关键因素。

（2）给每个外部及内部关键因素赋予权重。这些权重应与 EFE 矩阵中的相同，权重在第二栏中。

（3）考察匹配阶段各矩阵并确认旅游景区可考虑实施的备选战略。这些战略置于 QSPM 矩阵顶行，若可能将各战略分为互不相容的若干组。

（4）确定吸引力分数（Attractiveness Scores，AS），用数值表示各组中每个战略的相对吸引力。AS 确定方法：依次考察各外部和内部关键因素，提出"这一因素是否影响战略的选择？"回答"是"，对这一因素各战略进行比较。回答"否"，不给该组战略吸引力分数。1 是没有吸引力，2 是有一些吸引力，3 是有相当吸引力，4 是很有吸引力。

（5）计算吸引力总分（Total Attractiveness Scores，TAS），TAS 等于权重乘

以吸引力分数。吸引力总分越高，战略的吸引力就越大。

（6）计算吸引力总分和，即吸引力总分加总而得。分数越高，表明在各组可供选择的战略中，该战略的吸引力越大。

第五节　旅游景区战略实施与控制

一、旅游景区战略实施

1. 旅游景区战略实施的模式

（1）指挥型

这种模式的特点是旅游景区决策者考虑的是如何制定一个最佳战略的问题。在实践中，计划人员要向总经理提交旅游景区战略的报告，决策者阅后做出结论，确定战略之后，向景区高层管理人员宣布战略方案，然后是景区全员执行。

（2）变革型

与指挥型模式相反，在变革型模式中，旅游景区决策者考虑的主要是如何实施景区战略。为有效地实施战略应设计适当的行政管理系统，决策者本人要对景区进行一系列变革。

（3）合作型

在这种模式中，旅游景区决策者考虑的是如何让其他高层管理人员同他一起共同实施战略。景区决策者和景区高层管理人员应对景区战略问题进行充分讨论，形成较为一致的意见，再进一步落实和贯彻，每个高层管理者都能在战略的制定及实施过程中做出自己的贡献。

（4）文化型

在这种模式中，旅游景区决策者考虑的是如何动员全体员工参与战略实施活动，即决策者运用文化的手段，不断向景区全体成员灌输这一战略思想，建立共同的价值观和行为准则，使所有成员在共同的文化基础上参与景区战略的实施活动。

（5）增长型

在这种模式中，为了使旅游景区获得更快的增长，景区决策者鼓励中下层管理者制定与实施部门战略。这种模式自下而上地提出景区战略。这种战略集中了来自实践第一线的管理人员的经验与智慧，而高层管理人员只是在这些战略中做出自己的判断，并不将自己的意见强加在下级的身上。在大型的多元化旅游景区中，这种模式比较适用。

2. 旅游景区战略实施的基本原则

旅游景区在战略实施过程中，常常会遇到许多在制定战略时未估计到或者不可能完全估计到的问题，在战略实施中需遵循以下原则：

（1）适度合理的原则

旅游景区战略的实施过程不是一个简单机械的执行过程，而是需要执行人员大胆创新，因为新战略本身就是对旧战略以及旧战略相关的文化、价值观念的否定，没有创新精神，新战略就得不到贯彻实施。战略实施过程是对战略的创造过程。在战略实施中，战略的某些内容或特征有可能改变，但只要不妨碍总体目标及战略的实现，就是合理的。

（2）统一领导与统一指挥的原则

对旅游景区战略了解最深刻的应当是景区的高层领导人员，战略的实施应当在高层领导人员的统一领导、统一指挥下进行，只有这样景区资源的分配、组织结构的调整、文化的建设、信息的沟通及控制、激励制度的建立等各方面才能相互协调，才能使景区为实现战略目标而卓有成效的运行。同时，要实现统一指挥的原则，要求景区的每个部门只能接受一个上级的命令，但在战略实施中所发生的问题，能在小范围、低层次解决的问题，不要放到更大范围、更高层次去解决，这样做所付出代价最小。

（3）权变原则

旅游景区战略的制定是基于一定的环境条件的假设，在战略实施中，事情的发展与原先的假设有所偏离是不可避免的，战略实施过程本身就是解决问题的过程。如果景区内外环境发生重大的变化，以至原定的战略的实现成为不可行，这时需要把原定的战略进行重大的调整。权变的观念应当贯穿于战略实施的全过程，景区应该对可能发生的变化及其对景区造成的后果，以及应变替代方案，都要有足够的了解和充分的准备，景区应有充分的应变能力。

二、旅游景区战略控制

旅游景区战略控制主要是指在景区战略的实施过程中，检查景区为达到目标所进行的各项活动的进展情况，评价实施景区战略后的绩效，把它与既定的战略目标与绩效标准相比较，发现战略差距，分析产生偏差的原因，纠正偏差，使景区战略的实施更好地与景区当前所处的内外环境、景区目标协调一致，使景区战略得以实现。

1. 旅游景区战略控制过程

旅游景区战略控制的目标就是使景区战略的实际实施效果尽量符合预期目标。为了达到这一点，战略控制过程可以分为以下几个步骤：

（1）制定效益标准

根据预期的战略目标和战略方案制定出应当实现的战略效益，制定出效益标准。

（2）审视战略基础

旅游景区战略是在研究了外部环境和内部条件的基础上制定出来的，对于构成现有战略基础的外部机会与威胁和内部优势与劣势，景区应当时时监测其变化，需要注意的一些关键问题包括外部环境的变化、内部条件的变化、竞争者分析等。

（3）度量景区绩效

度量景区绩效是分析景区是否朝着既定的目标前进。这一活动包括将预期结果与实际结果进行比较，确定两者之间的差距。实际情况与预期标准之间存在的差异及其造成差异的原因，是拟定纠偏措施并将其付诸行动的依据。偏差出现的原因是多方面的，需要认真加以分析。

（4）纠正偏差

景区应考虑采取纠正措施或实施权变计划。针对偏差产生的主要原因，管理者在战略控制中可以采取的处理措施有三种：①对于因工作失误造成的问题，控制的办法主要是通过加强管理和监督，确保工作与目标的接近或吻合；②目标或战略不切合实际，控制工作则主要是按实际情况修改目标或战略；③若是环境出现了重大的变化，致使战略或计划失去了客观的依据，那么相应的控制措施就是制定新的计划。

2. 战略控制的方法

为了实施有效的控制，在战略控制系统中可以使用相应控制方法。

（1）事前控制

事前控制又称前馈控制，其原理是在战略实施中，通过对那些作用于实施系统的输入量和主要影响因素进行观察分析，对战略行动将产生的实际绩效进行预测，预测值与既定的标准进行比较分析，发现可能出现的偏差，从而提前采取纠正措施，使战略推进行动始终保持在正确的轨道上，最终保证战略目标的实现。

（2）随时控制

景区高层领导者要控制景区战略实施中关键性的过程或环节，随时掌握实施情况，纠正实施中产生的偏差。

（3）事后控制

事后控制又称反馈控制，其原理是：在战略实施过程中，将行动的结果与期望的标准进行比较，然后根据差异大小及发生的原因，采取措施，对今后的活动进行纠正。审计是战略控制中事后控制最常用的方法。

第六节　旅游景区战略与组织结构优化

一、旅游景区组织和组织结构

1. 旅游景区组织的含义

旅游景区组织是为有效地配置旅游景区内部有限资源的活动和机构，为了实现旅游景区可持续发展的目标，按照一定的规则、程序所构成的一种责权结构安排和人事安排，其目的在于确保以最高的效率，使旅游景区目标得以实现。

旅游景区的有形组织即为有形实体，称作组织机构；旅游景区无形组织是指无形的、作为关系网络或力量协作系统的组织，又称作组织活动。

旅游景区无形组织活动与有形组织机构之间的关系是一种手段与目的关系，作为"力量协作系统"存在的无形的景区组织，本身并不具有自己的目的，它是为了完成景区组织机构的目标而存在，是作为实现景区组织目标的手段。因此，景区实体组织和无形组织应是组织的两个必不可少的方面。

旅游景区组织为达到旅游景区的目标应明确责任。旅游景区组织如表 3-7 所示。

表 3-7　旅游景区的实体组织和无形的组织活动

名称	项目	主　要　内　容
景区实体组织	组织目标	经济效益、社会效益、环境效益的协调统一和最优化，实现旅游景区的可持续发展，组织系统良性运转
	组织的分工与协作	行政管理部门、经营管理部门、规划管理部门、环境管理部门、人力资源开发与管理部门、市场营销管理部门、财务管理部门等
	权利与责任制度的层次	内部分工、岗位职责、岗位描述

名称	项目	主 要 内 容
景区无形的组织活动	组织机构的设计	设计组织结构、合理划分专业部门、制定组织的管理层次等
	适度和正确授权	适度的分权和正确的授权
	人力资源管理	人员的招聘、选择和配备，训练和考核，奖励和惩罚制度等，如员工手册的编写
	组织文化建设	旅游景区企业文化活动

2. 旅游景区组织管理职能

旅游景区组织管理是把成员组合起来，以有效地实现旅游景区组织既定目标的过程。组织管理活动是根据已经确定的组织目标，对必须进行的各项业务活动加以分类和组织，据此设计出不同的管理机构和部门，划分不同的管理层次，明确规定各个部门、机构、层次及人员的管理职责，以及它们之间的相互协作关系，并加以合理授权的过程。

旅游景区组织的管理职能主要包括以下四个方面的内容，如表3-8所示。

表 3-8　旅游景区组织管理主要职能

主要职能	主要内容
景区组织设计	1. 职能分析和职位设计 2. 部门设计 3. 管理层次与管理幅度的分析与设计 4. 组织决策系统的设计 5. 组织执行系统的设计 6. 横向联系和控制系统的设计 7. 组织的行为规范设计 8. 组织变革与发展规划设计
景区组织运用	1. 制定各部门的活动目标和工作标准 2. 制定办事程序和办事规则 3. 建立检查和报告制度 4. 做好各种原始记录和信息资料的整理 5. 具体开展各种管理活动
景区人员任用	1. 为每一个部门配备合适的领导人 2. 为每个岗位配备合适的员工
景区组织变革	1. 根据组织内部条件和外部环境变化选择合适的组织变革模式进行组织变革 2. 改良式的变革、革命式的变革、计划式的变革

3. 旅游景区组织结构

旅游景区组织结构是对旅游景区组织框架体系的描述，是帮助旅游景区组织实现其目标的手段。一般而言，旅游景区组织结构是为了协调组织中不同成员活动而形成的一个框架、机制，即部门的划分，每个组织都要分设若干管理层次和管理机构，表明旅游景区组织内各部分的排列顺序、空间位置、聚散状态、联系方式以及各要素之间的相互关系。

旅游景区组织结构是指按照一定的方式将相关的工作活动加以细分和组合，形成若干易于管理的组织单位。部门的划分可以有多种方式，形成不同的组织结构。

旅游景区的组织结构如图 3-6 所示。

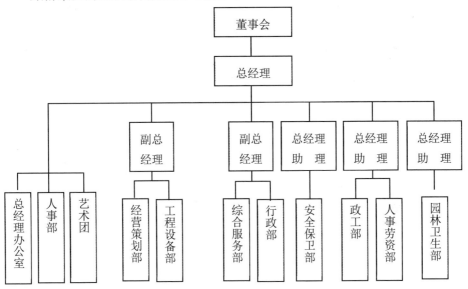

图 3-6　旅游景区组织结构示意图（北京世界公园的组织结构框架）

图 3-6 说明了旅游景区组织内部的分工、上下级关系、工作性质、分组和管理的层次等几个方面。

二、旅游景区组织结构的基本类型

旅游景区组织结构的类型主要有职能型、直线型、直线职能型、事业部型和矩阵型。

1. 职能型组织结构

职能型组织结构，又称"U"型组织，它是按照旅游市场营销活动来组织管理的机构形式，根据工作方法和技能划分职能部门。各部门对总经理负责，对下级行使管理职能，部门之间责任明确，有利于提高效率。这一组织结构模式适合中等规模的旅游景区，如图 3-7 所示。

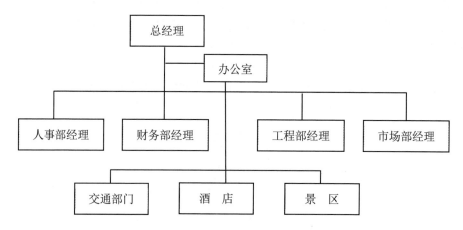

图 3-7　旅游景区职能型组织结构

景区职能型组织结构可以在很大程度上实现职能专业化的优越性，但是这种组织结构部门之间的协调性差，容易产生冲突。

2. 直线型组织结构

直线型组织结构是最古老的一种组织结构，它以典型的等级原理为基础，是一种集权式的组织结构。在这种组织结构中，职权直接从高层开始向下传递，经过若干个管理层次到达底层。每一个下级人员只对它的直接上级负责，如图 3-8 所示。

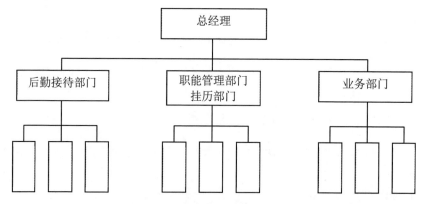

图 3-8　旅游景区直线型组织结构

这种类型的组织结构适合小型旅游景区，它的优点是组织结构设置简单、权责分明、信息沟通方便，便于统一指挥、集中管理。其缺点是：部门经理必须熟悉与本部门业务相关的各种活动，缺乏横向的协调关系。

3. 直线职能型组织结构

直线职能型的组织结构是将直线型和职能性相结合，是常用的一种组织结构，如图3-9所示。

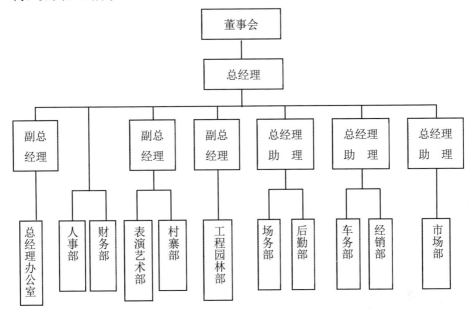

图3-9　旅游景区直线职能型组织结构（深圳锦绣中华的组织结构框架）

这种组织结构除了直线人员以外，还需要职能人员的服务，他们与直线人员共同工作。直线人员直接参与，是实现组织目标的人员，而职能人员是间接为实现组织目标服务。

这种组织结构既保持了直线型的集中统一指挥的优点，又吸收了职能型发挥专业管理的长处。我国大多数旅游景区均采用这一形式，这种形式存在的缺点是权利集中于最高管理层，下级缺乏必要的自主权，各职能部门之间的横向联系较差，容易产生脱节与矛盾，各职能部门与指挥部门间的目标不一致，容易产生矛盾，信息传递路线长，反馈慢。

4. 事业部型组织结构

事业部型组织，亦称"M"型组织，在旅游景区规模大型化、经营多样化、市场竞争激烈的条件下，出现的一种分权式的组织结构。它以生产目标和结果为基准来进行部门的划分和组合。在旅游景区集团总部下设立一些独立的经营机构（即事业部），独立核算，各有职能机构。大型旅游景区、跨国和跨地区管理的旅游景区集团公司常常采用这种组织结构，由旅游景区集团公司统一领导，各个景区相对独立。如美国的迪士尼集团的组织结构，如图3-10所示。

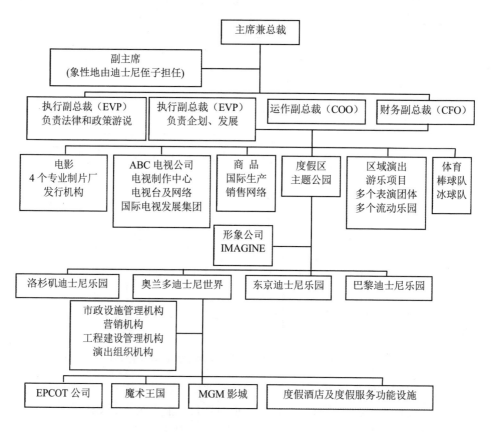

图3-10   旅游景区事业部型组织结构（美国迪士尼集团的组织结构框架）

5. 矩阵型组织结构

矩阵型组织结构是由纵横两套管理系统组成的组织结构，一套是纵向的职能领导系统，另一套是为完成某一任务而形成的横向项目系统。矩阵型组织结构如图3-11所示。

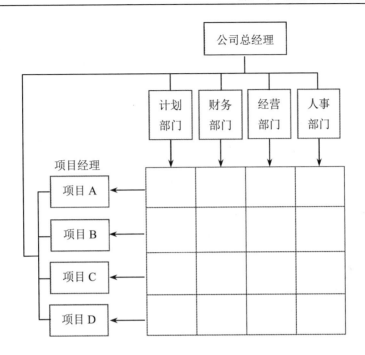

图 3-11　旅游景区矩阵型组织结构

矩阵型组织结构是一种对不同景区资源进行管理的有效方式，有较强的适应外部环境变化的能力，缺点是在资源管理方面存在复杂性、稳定性差、权责不清等问题。

6. 扁平型组织结构

扁平型组织结构（参见图 3-12）是从组织的纵向层次来划分的，它与传统的金字塔型组织结构（参见图 3-13）有区别，是一种未来组织发展的网络型的结构模式，这种组织结构管理幅度大，管理层次少，其组织结构叫做扁平结构。扁平型组织结构减少了管理的中间层次，节省了管理费用，有利于促进基层管理人员成长，有利于提高决策的民主化程度。但对各级景区管理人员的素质要求相对较高，各级景区管理人员工作负荷加重。扁平型组织结构是人才素质提高后旅游景区的组织结构的发展趋势之一。

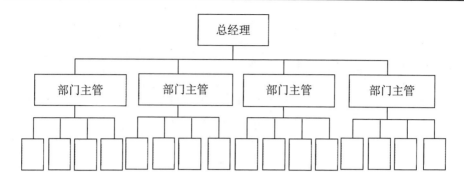

图 3-12　旅游景区扁平型组织结构

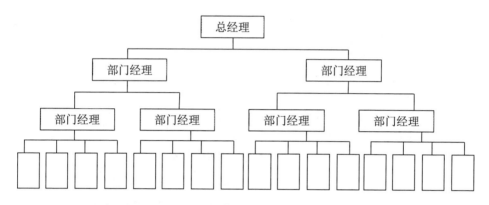

图 3-13　旅游景区金字塔型组织结构

三、战略导向的旅游景区组织

1. 旅游景区战略与组织结构的关系

随着社会的发展，旅游景区面临的经济环境、政治环境、文化环境也会随之发生变化，这就需要重新制定、调整原有的战略，以适环境变化。这种战略的调整和变化，要求景区组织必须对其结构进行相应的调整，有时候甚至需要进行根本性的变革，以适应战略的调整和变化，如图 3-14 所示。

（1）旅游景区战略决定组织结构

旅游景区发展的不同阶段要求一定的组织结构与之相匹配。旅游景区战略决定组织结构的设计与变动。景区不同的战略要求不同的业务活动，从而影响管理职能和部门的设计。具体地表现为景区战略收缩或扩张时业务单位或业务部门的增减等。景区战略重点的改变会引起工作的重点改变，从而导致各部门与职务在景区中重要程度的改变，并最终导致各管理职务以及部门之间关系的相应调整。

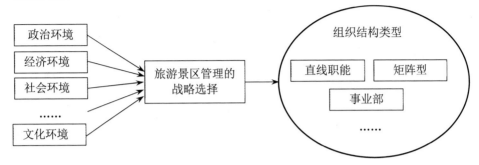

图 3-14　旅游景区环境、战略及组织结构简图

（2）组织结构限制景区战略

当旅游景区的组织结构、人员、规章制度已经制定时，景区会力图避免过多地更改组织结构，因为它会损失组织效率，分散景区资源甚至造成景区运行的停顿。因此，景区在制定战略时会考虑到组织结构的因素。当景区进行战略调整，要求组织结构变革时，还必须考虑目前景区内部是否具备相应的人才储备。

（3）战略的前导性与组织结构的滞后性

旅游景区作为一个开放系统，总是处于不断变化着的外部环境之中。相对于景区外部环境变化而言，战略与组织结构做出反应的时间是有差别的，最先做出反应的是战略，而后是组织结构在战略的推动下对环境变化做出反应。这样就形成了战略的前导性和组织结构的滞后性。

（4）旅游景区战略与组织结构的有效结合

旅游景区应选择与战略相适应的组织结构。单一景区应当按照职能式的结构来组织，景区集团应当组织成事业部的结构，景区投资公司应当组织成复合式（或控股公司）的结构。同时，旅游景区应客观分析景区的各项业务。景区的业务可以分为核心业务和非核心业务两个方面。对于景区的经营业务，分配给景区组织的核心单位，以获得必要的资源、组织影响力，促进景区战略的实施；对于景区的餐饮等非核心业务，考虑是否可以通过外包的方式由景区外部企业经营。

当景区出现经营管理问题，组织绩效下降时，需要制定新战略并改变组织结构与之相适应。景区战略与组织结构是一个动态变化的过程，孤立地制定战略或进行组织结构设计都是无效的，也是不可能成功的。只有将两者视为一个有机整体，放在竞争的环境中去考察，才可能有效地促进景区持续健康的发展。

2. 战略对组织结构设计的导向

旅游景区组织结构的设计要服从景区战略，景区所拟定的战略决定着组织结构类型的变化。当景区战略确定之后，为了有效地实施战略，必须分析和确定实施战略所需要的组织结构。因为战略是通过组织来实现的，要有效地实施一项新的战略，就需要一个新的，或者至少是被改革了的组织结构。如果没有一个健全的、与战略相适应的组织结构，所选择的战略就不可能被有效地实施。战略实施与组织结构的这种关系指明景区不能从现有的组织结构的角度去考虑景区的战略，而应根据外界环境的要求去制定战略，然后再根据新制定的战略调整景区原有的组织结构。

景区战略视角下的组织结构设计要求组织结构应具有某种倾向性，或是"效率"至上，或是强调"学习"，或是两者兼顾。景区采用成本领先战略要求从提高效率的角度来设计组织结构，要求高强度的集权、严密的控制、标准化的操作程序以及高效率的推广系统；要求员工在严密的监督和控制下执行常规任务，不能自主做出决策或采取行动。与之相反，景区差异化战略要求考虑组织的学习能力，鼓励员工不断尝试和学习，因而采取一种灵活而有弹性的结构，强调横向之间的协调；充分授权员工，并奖励其创造力和冒险精神。这种组织结构对研究、创造性和创新性的重视超过了对效率和标准程序的要求。

四、旅游景区生命周期与景区组织演化

对旅游地发展演化规律的研究由来已久，但公认并广泛应用的是巴特勒提出的旅游地生命周期理论。该理论提出后受到广泛的关注，它描绘出旅游地发展演化的规律，为研究旅游地演化过程提供了理论框架。应用这个理论去分析不同旅游地的生命周期特点及规律、剖析形成生命周期特点和规律的内在因素，可以有效地指导旅游地的组织管理。

1. 旅游地生命周期理论

巴特勒根据产品周期的概念，提出旅游地的演化经过 6 个阶段：探索阶段、参与阶段、发展阶段、巩固阶段、停滞阶段、衰落或复苏阶段，如图 3-15 所示。

旅游地生命周期各阶段的特征主要有：

（1）探索阶段

这是旅游地发展的初始阶段，其特点是旅游地只有自然和文化吸引物，零散的游客，没有或很少有专门的旅游服务设施，自然和社会环境未因旅游而发生变化。

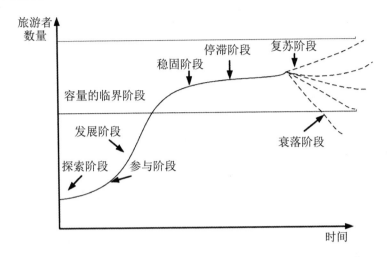

图 3-15 旅游地生命周期模型

（2）参与阶段

随着旅游人数的增多，旅游逐渐变得有规律，本地居民开始为旅游者提供一些简便的设施。随着这个阶段的到来，广告开始出现，旅游市场范围已基本可以被界定出来，旅游季节也逐渐形成，一些本地居民为适应旅游季节调整生活方式，有组织的旅游也开始出现，迫使地方政府和旅游机构增加，改善旅游设施和交通状况。

（3）发展阶段

在大量广告和旅游者的宣传下，旅游人数增长迅速，一个较为成熟的旅游市场已经形成。外来资本投入，外来旅游公司进入，给旅游地带来了先进的旅游设施和服务，同时控制了当地旅游业。大量人造旅游吸引物出现，并逐步取代原有自然和文化旅游吸引物，旅游广告吸引了更多旅游者，旅游设施过度利用和旅游环境恶化现象开始出现。

（4）巩固阶段

游客增长率将下降，但游客总量将继续增加。旅游地大部分经济活动与旅游业紧密联系在一起，为了扩大市场范围和延长旅游季节，广告无所不在。旅游地有了明显的功能分区，当地居民感受到旅游业的重要性。

（5）停滞阶段

在这个阶段，旅游环境容量已趋饱和或超负荷，环境、社会和经济问题随之而至。旅游地在游客中建立起的良好形象已有所淡化，旅游市场很大程度上依赖于重游游客、会议游客等。接待设施过剩，保持游客规模需要付出更大的努力。自然和文化的吸引物或被人造设施所取代。

（6）衰落或复苏阶段

在这个阶段，旅游地市场衰落，无论是吸引范围还是游客量，已不能和新的旅游地竞争。随着旅游业的衰退，房地产转卖程度很高，旅游设施逐渐被其他设施取代，更多的旅游设施因旅游地对游客的吸引力下降而消失，剩余设施的生存能力也将成问题。这个阶段本地居民能以相当低的价格购买旅游设施，如宾馆可能变为公寓、疗养院或退休住宅等。最终，原来的旅游地可能变为名副其实的"旅游贫民窟"，或完全失去旅游功能。

2. 旅游景区生命周期中的组织结构演化

根据旅游地发展的探索阶段、参与阶段、发展阶段、巩固阶段、停滞阶段的生命周期曲线图分析，可把旅游景区生命周期各阶段的组织结构问题进行归纳。表 3-9 反映了景区在生命周期各个阶段所表现出的组织结构特征和重点。这就要求景区在进行组织结构选择时，充分考虑所处生命周期阶段特征和重点，结合内外部实际情况，选择适当的组织结构。

表 3-9 旅游景区生命周期各阶段组织结构设计的要求

组织要求	生命周期			
	探索参与期	发展期	巩固期	停滞期
专门化	低	较低	高	很高
部门化	低	较低	高	很高
指挥链	简单	较复杂	复杂	很复杂
管理跨度	大	较小	小	很小
集权	高	较高	低	较高
分权	低	较低	高	较低
正规化	低	较高	高	较低

（1）探索与参与阶段

在探索与参与阶段，旅游景区业务主要集中在某一个细分市场，利用差异化战略求生存。景区管理的重点是市场和产品策略以及围绕市场需求进行创新。此阶段景区规模较小、业务单一，主要由景区高层管理者做出决策，对协调管理水平要求较低，与此相适应，景区的组织结构很简单，常采用层数很少的直线制组织结构。在此阶段，景区组织是非规范化和非官僚制的，工作时间较长，控制也是由主要领导人监督。本阶段的后期，随着景区规模的扩大和业务活动复杂程度的提高，直线制组织结构中管理粗放的弊端逐渐显露，不再适应景区成长的需要。多数景区会寻求管理的专业化分工，组织结构会调整为直线职能制，景区中的核心部门是景区开发部门和营销部门。

（2）发展阶段

在旅游景区的发展阶段，景区的游客量迅速扩大，景区的目标和任务有两个方面：一方面是追求景区资源的增加，从而实现量的成长；另一方面景区也在进一步实现管理的规范化，寻求资源的优化配置和景区能力的提升，实现景区质的成长。在组织结构和职权划分上，随着景区规模的扩大，景区不断面临的组织危机是集权的管理对景区成长的制约，建立分权的组织结构是景区成长的必然要求。在此阶段，员工与组织的使命一致，每个成员都感到自己是集体的一部分，尽管规范的制度已开始出现，但沟通与控制基本上是非规范的。在这一阶段的后期，景区的组织结构将面临由集权的直线职能制向分权的事业部制转变，有的景区也可能倾向于调整为超事业部制或集团控股制。在组织结构的创新过程中，合理划分景区的各个层级的责、权、利关系，充分调动中层和基层员工的积极性是组织创新成败的关键。

（3）巩固阶段

随着旅游景区的不断发展，规模变得很大，景区为了保持均衡的利润率，以及使景区能持续向前发展，要实行一体化战略或战略联盟。为了实施这项战略改变，景区组织必须从原来的集权式向分权制改变，以加强组织对战略的适应能力。信息技术的发展，尤其是网络的发展为规模化景区保持高度的灵活性、适应市场变化创造了条件。景区可以通过业务流程重组，为游客创造区别于竞争对手的价值，提高游客满意度，提高景区知名度。事业部制是比较适合这一发展阶段的组织结构模式，它有利于景区加速开发新的旅游项目和新的服务，增加其市场反应速度以及调动中高级管理人员的积极性。在此阶段，景区组织拥有规范化的程序和控制系统，沟通虽不频繁但更为规范。高层管理者通常只关心诸如战略和计划等问题，而将景区的经营权留给中层管理者。

（4）停滞阶段

处于停滞阶段的旅游景区，组织结构创新的重点应该放在集中景区优秀的核心员工，统一指挥，实行决策效率高的分级直线制，及时转变观念，帮助景区渡过难关，根据市场变化寻找新的旅游开发项目，获得新的突破点，使景区进入新一轮的发展时期。在景区停滞阶段的后期，也是景区面临转折的阶段，组织结构的设计要求集权化程度高，景区应根据自身特点，选择直线制的组织结构比较合适。

五、旅游景区组织结构优化趋势

1. 组织结构扁平化

（1）扁平式组织的结构模式

高层领导团队负责为旅游景区制定战略，规划整体组织架构，与组织内外保持网络联系，创设良好的组织氛围和环境；参谋团队负责筛选、提供领导层决策所需信息和决策方案，起辅助决策的作用；任务团队是为实现某项任务，以动态的方式组成的团队。任务团队具有很强的开放性和独立性，直接面向工作，可以随时与其他团队和外界沟通以共同完成任务。

（2）扁平式组织结构的特点和优势

一是结构精练而灵活。通过培训使管理人员熟悉其他部门的业务特性和运作程序，使服务人员掌握了多种技能。基层的服务人员不再固定在某一单元团体或职能部门中，而是根据需要随时安排工作，中层管理人员不再管理某一职能部门，而是扩大了管理幅度。

二是任务导向。一项任务不再是单个管理层之间的命令传递，也不再是各职能部门之间的逐一传递，而是把各种职能集中到一个给定的任务上，由一个任务团队来承担，采用任务导向来实现旅游景区的某一局部任务。任务团队组织协调各部门完成接待任务，任务的完成意味着团队的解体，新的任务出现，建立新的团队。

2. 组织运行网络化

组织运行网络化强调旅游景区的相关部门和人员通过互联网联在一起，处在核心地位的管理中心与各团队保持密切的多边联系，管理中心与团队之间架有立体通道，可实现管理中心与团队、团队与团队之间的实时沟通，使景区能集中优势资源共同处理各项业务和各类问题。

（1）网络型团队组织结构模式

网络型团队组织主要由管理中心和团队两大部分组成。各团队独立开发旅游市场，行使外联、内调、接待等作业功能，以在激烈的旅游市场竞争中突显竞争优势；而管理中心具有中长期战略决策、财务控制、人员最终任免调配权、绩效评价以及极大的信息汇总、分类、咨询、沟通等能力，管理中心处于各团队的核心位置，形成网络型的组织结构。

（2）网络型组织结构的特点和优势

网络型组织结构使景区信息化程度增强。运用计算机网络能够很容易地汇总、分类、检索、修改旅游景区管理所需要的信息，同时，网络使信息的共享突破时间和地点的局限，使管理中心与团队有机地结合起来。

网络型组织结构使景区应变能力提高。网络型组织结构能迅速灵活地适应市场环境的变化。团队内部结构紧凑，大幅降低了沟通成本、协调成本和检查监督成本，具有反应灵敏、决策周期短、游客满意度高和员工士气高等特点，能充分适应动态环境的变化。

3. 虚拟型组织结构

（1）旅游景区虚拟组织结构

旅游景区虚拟组织是指将旅游景区作为一个团体，各个团体借助计算机网络进行信息交流，将自身在经营过程中形成的有价值的信息利用网络传递给一个独立于团体之外的信息中心，这个信息中心是面向每个团体的开放的数据库。数据库将收到的信息进行整理并予以公布，为各个景区的决策提供数据支持和信息交流的渠道。各个团队在公开、公平的条件下浏览和使用数据库的信息资源，相互之间打破了空间上的限制，形成了具有不同专业技能、知识互补的虚拟组织，从而在整体上形成一种网状结构。从旅游业自身的特点来看，旅游产品的整体性、旅游活动的复杂性与互动性要求旅游景区之间相互合作，保证并提高旅游产品的整体质量。从技术发展的客观条件来看，计算机和网络技术的高速发展为旅游景区之间的互动沟通提供了技术支持和保障。

（2）旅游虚拟组织结构模式的特点和优势

一是组织及其结构的动态变化。在虚拟组织中，每个团队的进出没有传统团体的严格界限，组织中的成员以自愿为原则，为实现某一目标暂时结合在一起，共同完成某一项任务。任务完成后，虚拟组织的各个合作团体便自动解散，又进入下一个虚拟组织循环，类似于任务团队的形式。因此，虚拟组织及其结构是动态变化着的。

二是单个旅游景区突出核心竞争力。虚拟网络中的旅游景区之间通过各自的比较优势相互吸引结成动态联盟，组织成员把资源和精力集中在本景区最擅长的事项上，对处于比较劣势上的工作，则由擅长这项工作的合作伙伴来完成。单个旅游景区保留其最具有竞争实力的功能，综合最优秀的资源来实现目标，充分发挥比较优势效应。

三是信息在旅游景区的运作过程中发挥更为重要的作用。信息在虚拟网络组织中的传递成为旅游景区互相合作交流的基础。在虚拟网络组织中信息是各组织成员共享的资源，信息的质量决定组织任务的完成效果和目标的实现程度，旅游景区对于市场的反应能力依赖于获取信息的准确性和及时性。获取正确的信息是企业做出正确判断的前提，及时地获取信息是实现信息价值的基础。因此，虚拟网络组织中的旅游景区必须充分利用网络技术的支持，实现信息的有效传递，真正发挥信息资源的价值。

思考题

1. 旅游景区战略管理的任务是什么？

2. 简述旅游景区战略管理的内容和过程。

3. 影响旅游景区战略形成的因素有哪些？

4. 如何进行旅游景区战略制定的环境分析？

5. 旅游景区的竞争战略有哪些？分别有什么特点？

6. 简述旅游景区战略联盟的建立和管理。

7. 影响旅游景区战略选择的因素有哪些？如何评价旅游景区战略？

8. 旅游景区战略与组织关系是什么？

9. 如何根据旅游景区的生命周期制定组织结构？

10. 网络的发展给旅游景区组织带来哪些挑战？

第四章　旅游景区财务管理

学习目的：

了解旅游景区财务管理的内容、目标、原则、方法和环境，掌握旅游景区投资决策的原理与方法，掌握旅游景区筹资决策的原理与方法，掌握旅游景区营运资金的概念及营运资金管理，掌握旅游景区收益管理及成本费用管理，掌握旅游景区财务预算的构成、作用、编制程序和编制方法。

主要内容：

- 旅游景区财务管理的内容、目标、原则、方法和环境
- 旅游景区投资决策
- 旅游景区筹资决策
- 旅游景区营运资金管理
- 旅游景区收益管理
- 旅游景区成本费用管理
- 旅游景区财务预算

第一节　旅游景区财务管理概述

一、旅游景区财务管理的内容

旅游景区财务管理是指旅游景区组织财务活动和处理财务关系所进行的一项经济管理工作。旅游景区在提供服务满足游客需求的过程中伴随着资金的筹集、运用、耗费、回收、分配等，这一系列资金运动过程构成了旅游景区财务管理活动的内容。

1. 旅游景区筹资管理

旅游景区在经营过程中离不开筹资活动，尤其是旅游景区的经营大多具有季节性特点，旅游旺季到来时需要大量的资金补充经营需要；此外，旅游景区在经营过程中难免遇到经营不善、资金周转不畅的情况，这时也需要通过资金筹集渡过难关。旅游景区在经营过程中，也会产生对外扩张和发展的需要，或随着发展需要改善资金结构，由此必然引发对筹集资金的需求。不同筹资方式具有不同的资金成本，资金结构不同，旅游景区的总资金成本也会不同。因此，旅游景区必须正确计算不同筹资方式的资金成本，选择适合的筹资方式，确定合理的资金结构。

2. 旅游景区投资管理

投资是旅游景区投入财力，以期在未来获取收益的一种行为。旅游景区投资的根本目的是为了谋求利润，增加旅游景区的总体价值。能否实现这一目标，关键在于旅游景区能否在变化的市场环境中，抓住有利的时机，做出合理的投资决策。为此，旅游景区在投资时必须做到：认真进行市场调查，及时捕捉投资机会；建立科学的投资决策程序，认真进行投资项目的可行性研究；及时足额筹集资金，保证对投资项目的资金供应；在收益风险均衡基础上控制好投资风险。

3. 旅游景区资产管理

旅游景区的资产按照流动性可以划分为流动资产和非流动资产。流动资产是指可以在一年内或者超过一年的一个营业周期内变现或运用的资产，主要包括货币资金、应收及预付款项、存货、交易性金融资产等。流动资产具有占用内容多样性、占用形态多变性、占用数量波动性、占用效果的时间性等特点。旅游景区流动资产管理的目标就是要加速流动资产的周转速度，以最合理的流动资产占用实现最大的效益。

旅游景区的非流动资产是指变现时间在一年以上或长于一年的一个营业周期以上的那部分资产，主要包括固定资产、投资性房地产、无形资产、长期股权投资等。非流动资产的预期效用主要是满足旅游景区正常的经营需要，保持旅游景区适当的规模和竞争力，获取充分的盈利。旅游景区对非流动资产的管理应主要重视其盈利性、变现性、周转性及与其他资产组合的增值性等方面。

4. 旅游景区营业收入、税费和利润管理

（1）收入管理

旅游景区营业收入是指在经营活动过程中因销售商品或提供劳务而取得的收入，包括门票、餐饮、商品出售及其他服务项目等所取得的收入。在市场经济条件下，旅游景区为了在激烈的市场竞争中立于不败之地，必须增加营业收入，提高经济效益。旅游景区的营业收入主要受价格和销售量的影响。在价格一定的情况下，销售量越大，营业收入越高；反之，在销售量一定的情况下，价格越高，营业收入越高。由于旅游景区的经营具有明显的淡旺季特征，因此景区营业收入管理的目标就是在考虑旅游景区最大接待量的情况下，遵守国家相关政策的规定，采取灵活的浮动价格制定政策，并保证其连贯性和相对稳定性。

（2）税费管理

旅游景区向国家缴纳的税费主要有增值税、城市维护建设税、教育费附加、房产税、车船税、土地增值税、城镇土地使用税、印花税、企业所得税等。旅游景区应认真履行各项税务登记和纳税申报工作，如实按期缴纳各项税费。

（3）利润管理

利润是旅游景区在一定期间的经营成果，是旅游景区在经营过程中收入扣除成本费用后的盈余。利润是旅游景区生存与发展的必要条件，也是评价一个旅游景区经营状况的重要指标。利润是旅游景区新增加的财富，是旅游景区生存和发展的基础，赢利是旅游景区经营的根本动力。在经营过程中，旅游景区应尽可能节约成本费用开支，并通过各种途径增加营业收入，提高旅游景区利润。

利润分配体现着旅游景区与国家、投资者及职工之间的经济利益关系。因此，旅游景区必须在遵守相关财务制度规定的基础上，兼顾各方利益，对利润进行合理分配。

5. 旅游景区成本费用管理

旅游景区经营活动的一切支出最终都要从成本费用上得到反映。成本费用作为经营耗费补偿的最低界限是制定旅游景区旅游产品价格的依据，是影响旅游景区经营预测和决策的重要因素。成本费用控制与管理是否有效，将直接影响到旅游景区的盈亏，决定着旅游景区经营效益的高低，因此完善成本费用管理体系对旅游景区具有重要意义。旅游景区成本费用管理的主要任务是通过预测、计划、控制、核算、分析和考核等途径加强成本费用的管理，及时监督成本费用发生的各个环节，不断降低成本费用，提高成本费用的管理水平和旅游景区的经济效益。

二、旅游景区财务管理的目标

旅游景区财务活动所希望实现的结果：不同财务管理目标，会产生不同的财务管理运行机制，科学地设置财务管理目标，对优化旅游景区财务管理行为，实现旅游景区财务管理的良性循环，具有重要意义。具有代表性的旅游景区财务管理目标主要包括：利润最大化、股东财富最大化和价值最大化。

1. 旅游景区利润最大化

利润最大化观点认为，利润是旅游景区在经营过程中各种收入扣除成本费用后的盈余，代表了旅游景区新创造的财富，利润越多说明旅游景区的财富增加得越多，扩大再生产的来源就越充足，越接近旅游景区目标。利润最大化目标存在的缺陷是：（1）利润最大化目标没有考虑资金的时间价值，也即未具体指明旅游景区预期报酬的时间模式；（2）没有考虑利润和投入资本额之间的关系，容易忽略经济效率；（3）没有考虑利润和所承担风险的关系，容易使旅游景区决策者忽视风险；（4）容易导致旅游景区经营管理者的短期行为，即利用会计原则在确认和计量收入与费用尺度上的弹性，做出有利于管理者自身利益的选择；（5）利润最大化目标仅强调了股东的利益，对于旅游景区其他利益相关者重视不够。

2. 旅游景区股东财富最大化

股东财富最大化观点认为，股东创办旅游景区的目的是增加财富，如果旅游景区不能为股东创造价值，他们就不会为旅游景区提供资金，因此旅游景区财务管理的目标就是通过财务上的合理运营，为股东带来财富。在股份制旅游景区中，股东财富由其拥有的股票数量和股票市场价格两方面决定。在股票数量一定时，股东财富最大化就演变为股票价格最大化。

和利润最大化相比，股东财富最大化目标的优势在于：（1）股东财富最大化目标考虑了风险因素，因为风险的高低会对旅游景区的股价产生重要影响；（2）由于当前的利润会影响股票价格，预期未来的利润对股票价格也会产生影响，因此股东财富最大化目标在一定程度上能克服旅游景区追求短期利润的行为。但股东财富最大化目标也存在一些缺陷：（1）股东财富最大化目标仅适合于在公开市场上市的旅游景区，对非上市旅游景区很难适用；（2）股东财富最大化目标只强调股东的利益，对旅游景区其他利益相关者的利益重视不够；（3）股票价格受多种因素影响，并非都是旅游景区所能控制的，把不可控因素引入旅游景区财务管理目标并不合理。

3. 旅游景区总体价值最大化

旅游景区在满足投资者利益、遵守法律法规、信守商业道德的同时，还必须运用旅游资源对社会做出贡献，以一种全新的方式来运作。获得全体利益相关者的认可和支持，对于旅游景区成长具有决定性的影响，这已成为旅游景区核心竞争力的重要组成部分。因此，为了确定科学的财务管理目标，必须分析哪些利益相关者会对旅游景区财务管理目标产生重要影响。影响旅游景区财务管理目标的利益相关者包括旅游景区的投资者、债权人、员工、政府、游客及其他相关利益团体。

根据以上分析可知，利润最大化、股东财富最大化目标均以投资者利益为归属，即追求投资者利益最大化。根据现代企业理论，旅游景区是所有相关利益者之间的一系列多边契约，是一种通过契约关系协调利益相关者的权利、责任和利益的制度安排，旅游景区的各利益相关者对旅游景区具有平等、独立的权益和主张。旅游景区财务管理的目标是这些利益相关者共同作用和相互妥协的结果。如果将旅游景区目标仅仅归结为投资者的目标，而忽视其他利益相关者，必然导致矛盾冲突，最终损害旅游景区的利益和价值。因此，旅游景区财务管理目标应定位于为全体旅游景区利益相关者服务，追求旅游景区价值最大化，即必须兼顾和均衡各个利益相关者的利益，在保证旅游景区长期稳定发展的基础上，通过合理经营，采用最优的财务策略和政策，充分考虑资金的时间价值和风险与报酬的关系，使旅游景区的总体价值达到最大。

旅游景区价值是指旅游景区全部资产的市场价值，是以一定期间旅游景区所取得的报酬，按与取得该报酬相适应的风险报酬率作为贴现率计算出来的价值来表示。如公式（4.1）所示：

$$V = \sum_{t=1}^{n} \frac{FCF_t}{(1+k)^t} \tag{4.1}$$

其中，V 为旅游景区价值；

t 为取得报酬的具体时间；

FCF_t 为旅游景区第 t 年的报酬，通常用现金流量表示；

k 为与旅游景区风险相适应的贴现率；

n 为取得报酬的持续时间。

从公式（1）可见，旅游景区价值与预期报酬成正比，与预期风险报酬率成反比，即旅游景区预期报酬越大，预期风险报酬率越小，旅游景区价值越大；反之，旅游景区价值越小。

以价值最大化作为旅游景区财务管理的目标具有以下优点：（1）价值最大化目标考虑了旅游景区取得报酬的时间，并考虑了资金的时间价值；（2）价值最大化目标科学地考虑了风险与报酬的联系；（3）价值最大化目标能克服旅游景区追求利润的短期行为，因为不仅目前的利润会影响旅游景区价值，预期未来的利润也会影响旅游景区价值；（4）价值最大化目标充分考虑了旅游景区各利益相关者的利益。

三、旅游景区财务管理的原则

财务管理的原则是旅游景区组织财务活动、处理财务关系必须遵循的准则。具体概括为以下几个方面：

1. 系统原则

财务管理是旅游景区管理系统的一个子系统。财务管理是由筹资管理、投资管理、分配管理等子系统构成。在财务管理中坚持系统原则是旅游景区财务管理工作的首要出发点。

2. 收支平衡原则

在旅游景区财务管理工作中，如果资金收不抵支，就会导致资金周转的中断或停滞。如果一定时期的收支总额可以平衡，但支出在前，收入在后，也会妨碍资金的顺利周转。因此，旅游景区财务管理过程中应积极做到收支平衡，一方面应做到增收节支，另一方面要积极运用短期投资和筹资来调剂资金的短缺。当资金发生短缺时，应以短期融资方式融通资金；当资金宽裕时，适当进行短期投资，以获取投资收益。

3. 成本收益均衡原则

成本收益均衡原则要求旅游景区对经营活动的成本与收益进行权衡。在筹资管理中，要进行资金成本与筹资收益的权衡；在投资管理中，要进行投资成本与投资收益的权衡；在分配管理中，应在追求分配管理成本最小的前提下，妥善处理好各种财务关系等。

4. 收益风险均衡原则

在市场经济条件下，旅游景区的财务活动不可避免地会遇到各种各样的风险。风险是指获得预期财务成果的不确定性，旅游景区要想获得收益，就不能回避风险，而且高收益往往伴随高风险。收益风险均衡，就是要求旅游景区对每一项具体的财务活动全面分析其收益性和安全性，按照风险和收益适当均衡的要求制定方案，趋利避害，力争做到既降低风险，又能取得较高收益。

5. 资金时间价值原则

资金时间价值以商品经济的高度发展和借贷关系的普遍存在为前提条件或存在基础，是一个客观存在的经济范畴，是旅游景区财务管理中必须考虑的重要因素。将资金时间价值运用在旅游景区资金筹集、运用和分配方面是提高旅游景区财务管理水平，搞好筹资、投资、分配决策的有效保证。

6. 正确协调各方利益关系原则

旅游景区在进行财务活动时，应处理好与投资者、债权人、经营者、职工、政府、社会公众等利益相关者之间的财务关系。从这个角度来说，旅游景区财务管理过程，也是一个协调各种利益关系的过程。利益关系协调成功与否，直接关系到旅游景区财务管理目标的实现程度。旅游景区在进行利益分配时，必须兼顾各利益相关者的利益要求，尽可能做到分配公平合理，使各利益相关者的要求均得到一定程度的体现，为旅游景区有效的开展经营活动创造良好的关系环境。

四、旅游景区财务管理的方法

旅游景区财务管理的方法是为了实现财务管理目标，完成财务管理任务，在进行财务管理活动时所采用的各种技术手段。常见的旅游景区财务管理方法包括财务预测、财务决策、财务计划、财务控制和财务分析等。

1. 财务预测

财务预测是财务人员根据历史资料，依据现实条件，运用特定的方法对旅游景区未来的财务活动和财务成果所做出的科学预计和测算。通过进行财务预测，一方面可以为编制财务计划提供信息，另一方面可以为财务决策提供基础。财务预测工作一般包括以下几个方面：（1）明确财务预测的对象和目的；（2）收集和整理有关信息资料；（3）选择适当的方法进行财务预测。常见的财务预测方法包括时间序列分析法、因果预测法等。

2. 财务决策

财务决策是指财务人员在财务管理目标的总体要求下，从若干个可供选择的财务活动方案中选择最优方案的过程，主要包括筹资决策、投资决策、利润分配决策等。旅游景区制定财务决策的程序一般包括以下几个方面：（1）根据财务预测的信息提出问题；（2）确定解决问题的备选方案；（3）分析、评价、对比各种方案；（4）拟定择优标准，选择最佳方案；（5）对过去的财务决策进行评价，以便改进后续决策。常见的财务决策方法包括优选对比法、线性规划法、损益决策法、概率决策法等。

3. 财务计划

广义的财务计划包括确定财务目标、制定财务战略和财务政策、规定财务工作程序和针对某一具体问题的财务规则，以及制定财务规划和编制财务预算。狭义的财务计划是指针对特定期间的财务规划和财务预算。

财务规划通过调整经营活动的规模和水平，使旅游景区的资金、可能取得的收益、未来发生的成本费用相互协调，以保证实现财务管理目标。财务规划受财务管理目标的限制，并为编制财务预算提供基础。财务规划的主要工具是财务预测和本量利分析。

财务预算是以货币表示的预期结果，是财务计划的重点，也是财务控制的起点。财务预算一般包括销售预算、成本费用预算、利润预算、现金预算、预计利润表、预计资产负债表等。

4. 财务控制

财务控制是指在旅游景区财务管理过程中，利用有关信息和特定手段，对旅游景区的财务活动施加影响或调节，以便实现计划所规定的财务目标。财务控制与财务计划关系密切，其中计划是控制的重要依据，控制是执行计划的手段。

5. 财务分析

财务分析是以会计核算资料为主要依据，对旅游景区财务活动的过程和结果进行分析和评价。通过财务分析，可以掌握各项财务计划指标的完成情况，评价财务状况，研究和掌握旅游景区财务活动的规律，改善财务预测、决策、计划和控制，提高旅游景区经济效益，改善旅游景区管理水平。财务分析的一般过程包括：（1）明确财务分析的目标；（2）收集并整理资料；（3）运用财务分析方法揭示问题；（4）提出改进措施。

五、旅游景区财务管理的环境

旅游景区财务管理环境，是指对旅游景区财务决策、财务活动产生影响作用的旅游景区外部条件。这些外部条件通常是旅游景区不可控制的，但又会对旅游景区财务管理目标的实现产生重要影响。旅游景区财务管理环境涉及的范围很广，其中最重要的是法律环境、金融市场环境和经济环境。

1. 法律环境

旅游景区财务管理的法律环境是旅游景区组织财务活动、处理旅游景区与有关各方的经济关系所必须遵循的法律规范的总和。广义的法律规范包括各种法律、法规和制度。财务管理作为一种社会活动，其行为要受到法律的约束，旅游景区合法的财务活动也相应受到法律的保护。旅游景区的财务管理活动，无论是筹资、投资还是利润分配等，都应遵守有关的法律、法规和规章。影响旅游景区财务管理的主要法律法规包括企业组织法律法规、经营法律法规、税收法律法规等。

（1）企业组织法律法规

旅游景区必须依法成立，组建不同组织形式的旅游景区必须遵循相关的法律规范，包括《中华人民共和国公司法》《中华人民共和国外商投资法》《中华人民共和国中外合资经营企业法》《中华人民共和国合伙企业法》等。这些法律既涉及旅游景区筹集资金的渠道、方式、期限、条件、利润分配等诸多财务管理内容的规范，也涉及不同组织形式的旅游景区的财务管理特征。

（2）企业经营法律法规

企业经营法律法规是对企业经营行为所制定的法律规范，包括《反垄断法》《中华人民共和国环境保护法》《中华人民共和国产品质量法》等，这些法律不仅影响旅游景区的各项经营政策，而且也会影响旅游景区的财务决策及实施效果，对旅游景区投资、经营成本、预期收益均会产生重要的影响。

（3）税收法律制度

税收是国家为实现其职能，强制、无偿地取得财政收入的一种手段。任何旅游景区都具有纳税的法定义务。税收对财务管理的投资、筹资决策都具有重要的影响。在进行投资决策时，税收作为一个投资项目的现金流出量对于正确评价项目的可行性具有重要影响。在进行筹资决策时，债务利息具有抵减所得税的作用，确定旅游景区资本结构也必须考虑税收的影响。此外，税负是旅游景区的一种费用，要增加旅游景区的现金流出，为减少税务负担，旅游景区需要进行适当的税收筹划。

2. 金融市场环境

金融市场是资金的供求双方通过信用工具进行交易并融通资金的场所。金融市场有多种筹集资金的方式，旅游景区需要资金时，可以到金融市场选择适合自己需要的方式筹资；旅游景区有了剩余的资金，也可以灵活选择投资方式。旅游景区要想实现财务管理目标，必须对金融市场进行详细研究，了解金融市场的构成要素、金融市场的类别、金融机构及其经营业务范围以及金融市场利率等。

（1）金融市场的构成要素

金融市场主要由主体、客体和参加人组成。主体是指银行和非银行的金融机构。主体是金融市场的中介机构，是连接筹资者和投资者的桥梁。客体是指金融市场上的交易对象，如商业票据、公司债券、公司股票、期货合约、期权合约等。参加人是指金融市场客体的供给者、需求者和监管机构，如企事业单位、政府、个人等。

（2）金融市场的分类

①货币市场和资本市场。按照交易期限可以将金融市场划分为货币市场和资本市场。货币市场是指期限不超过 1 年的资金交易市场；资本市场是指期限在 1 年以上的股票和债券交易市场。

②现货市场和期货市场。现货市场是指交易双方成交后，当天或者几天内交割的交易市场；期货市场是指交易双方成交后，在双方约定的未来某一特定日期交割的交易市场。

③发行市场和流通市场。发行市场也可称为初级市场或一级市场，是指从

事证券和票据等金融工具买卖的转让市场；流通市场也可称为次级市场或二级市场，是指从事已上市的旧证券或票据等金融工具买卖的转让市场。

（3）金融机构

金融机构包括银行（如中央银行、商业银行、政策性银行等）和非银行的金融机构（如保险公司、信托投资公司、证券机构、财务公司、金融租赁公司等）。旅游景区应充分了解金融机构的作用、业务范围、职能和服务对象，以便做出最佳的财务决策。

（4）金融市场利率

利率是金融市场资金使用权的价格，是资金的需求者支付给资金供给者的报酬。金融市场利率一般可通过下式表述：

利率=纯粹利率+通货膨胀附加率+风险附加率

纯粹利率是指无通货膨胀、无风险情况下的平均利率；通货膨胀附加率是为弥补资金供给者由于通货膨胀造成的购买力损失，而附加的利率；风险附加率也可称为风险报酬率或风险补偿率，是资金供给者在金融市场冒着风险进行投资而要求得到的与该风险相当的超额报酬。

3. 经济环境

财务管理的经济环境是指对旅游景区财务管理有重要影响的一系列经济因素，一般包括经济体制、经济周期、通货膨胀和经济政策等。

（1）经济体制

在市场经济体制下，旅游景区成为"自主经营、自负盈亏"的经济实体，有独立的经营权，同时也有独立的理财权。旅游景区可以从其自身需要出发，通过金融市场筹集资金，再把所筹集资金进行投放以获取更大的收益，最后将收益进行合理分配。

（2）经济周期

经济周期是指经济运行的规律性波动，表现为经济增长、投资、失业率、物价、货币供应量、对外贸易等活动的增长率的波动，一般经过繁荣、衰退、萧条、复苏四个阶段。经济周期的波动性对旅游景区财务管理具有重要的影响。在经济的不同发展时期，旅游景区的规模、销售能力、获利能力以及由此而产生的资本需求都会出现重大差异。例如，在繁荣阶段，市场需求旺盛，营业额大幅度上升，旅游景区为扩大业务量，需要增加投资，以增添固定资产、存货和劳动力，这就要求旅游景区能迅速地筹集所需资本。在萧条阶段，由于整个宏观经济不景气，旅游景区很可能处于紧缩状态之中，营业额下降，投资锐减。面对经济的周期性波动，旅游景区财务管理人员必须预测经济变化情况，适当调整财务政策。

（3）经济政策

经济政策是国家进行宏观经济调控的重要手段。我国政府具有较强的调控宏观经济的职能，国家的产业政策、金融政策、经济体制的改革、政府的行政法规等，对旅游景区的财务活动都有重大的影响。如金融政策中的货币发行量、信贷规模会影响旅游景区的资本结构和投资项目的选择等。旅游景区财务管理人员应当深刻领会国家的经济政策，研究经济政策的调整对财务管理活动可能造成的影响。

（4）通货膨胀

通货膨胀会给旅游景区的财务活动带来很大困难。比如，通货膨胀会引起利率的上升，增加旅游景区的筹资成本；通货膨胀会引起利润虚增，造成旅游景区的资本流失等。面对通货膨胀，为了实现期望的报酬率，旅游景区必须加强收入和成本管理，同时采取措施减少损失，如在通货膨胀初期与客户应签订长期购货合同，以减少物价上涨造成的损失等。

第二节　旅游景区投资决策

一、旅游景区投资的含义及类别

投资是旅游景区投入财力，期望在未来获取收益的一种行为。投资对实现旅游景区财务管理目标，降低经营风险具有重要作用。从投资与旅游景区经营关系的角度，可以将投资分为直接投资和间接投资两种。其中，直接投资是指直接将资金投放于旅游景区经营性资产以获得利润的投资，如旅游景区购置设备、开办商店或餐厅等；间接投资又称证券投资，是指旅游景区把资金投放于金融性资产，以便取得股利或利息等收入的投资，如旅游景区投资股票、债券、投资基金等有价证券。

二、旅游景区直接投资决策

1. 旅游景区直接投资决策的原则

由于旅游资源的有限性和投资项目经济效益的不确定性，旅游景区直接投资项目的涉及面广、影响因素繁多，客观上要求在项目投资之前做出慎重决策，以确保旅游景区投资收益。为此，在旅游景区投资项目决策过程中，必须遵循下述原则。

（1）系统性原则

旅游景区为社会提供反映旅游者消费需求的旅游产品，旅游景区的发展会促进和带动社区相关产业的发展。一个旅游项目的投资建设会引发多个行业消费需求的增长，且影响投资项目建设的各种因素之间相互联系、彼此制约。因此，在做投资项目决策时，要深入调查和搜集各方面的信息，并对其进行科学分析和研究，通过对已获信息的分析，判断拟建项目是否符合国家或地区旅游产业政策、旅游需求、市场前景、经济合理性、项目建设条件、人财物及政策保障和投资总量等。

（2）效益性原则

旅游景区投资项目必须有投资经济效益，而且是短期效益和长期效益的结合；必须在追求投资项目本身的经济效益的同时，使之有利于地区旅游业整体投入产出效益的提高，以保证投资项目建设对区域旅游业发展的促进作用。

（3）时间性原则

任何一个旅游投资项目的建设都有一定的周期和阶段性，旅游景区投资项目建设所需要的资金是随着项目建设的进度和需要不断发生的，分布在旅游景区项目建设的不同时期，各时期投放的资金具有不同的价值。因此，在做旅游项目决策时必须充分考虑资金时间价值，动态地测算项目投资总额和经济效益。

（4）适应性原则

旅游景区项目的建设终归要落实到一定的区域上，旅游景区投资项目的建设必须与该地区国民经济和社会发展计划相适应，与地区旅游业发展阶段和水平相适应，与国家旅游产业宏观布局基本思路和方案相适应。

2．旅游景区直接投资决策的基本程序

旅游景区直接投资决策的基本程序如下：

（1）提出投资意向，拟定各项投资方案；

（2）估计各方案每年的现金流量；

（3）确定评价标准，并按照该标准选择方案；

（4）对接受的投资方案进行再评价，做出决策。

3．投资意向与投资方案的提出

在旅游景区提出投资意向并拟定投资方案时，决策者需要对投资环境进行审慎的考察。投资环境一般包括硬环境和软环境两类。硬环境是指那些具有物质形态的影响旅游景区对外投资运行效果的各种外部条件和因素，如能源、交通、自然资源、市政通信、公用事业等；软环境是指那些没有具体物质形态而影响旅游景区对外投资运行效果的一些社会因素，主要包括政治环境、经济环境、法律环境和社会文化环境等。

4．现金流量预测

旅游景区投资决策中的现金流量，是指一个项目所引起的旅游景区现金流出和现金流入增加的数量。这里的"现金"不仅包括各种货币资金，还包括投资项目需要投入的旅游景区现有的非货币资源的变现价值，如旅游景区投入的房屋、设备和原材料等。

（1）现金流量的构成

投资项目的现金流量一般包括初始现金流量、营业现金流量和终结现金流量三部分。

初始现金流量是指投资开始时发生的现金流量。旅游景区直接投资中的初始现金流量包括：①固定资产的投资支出，包括固定资产的购建支出、运输支出、安装支出等；②垫支的流动资金，即伴随着固定资产投资所发生的现金、原材料、商品等的投资和其他费用支出；③原有固定资产的变价收入，若投资项目是固定资产的更新，则初始现金流量中还包括原有固定资产的变价收入。

营业现金流量是指投资项目实施后，在整个经营周期内因经营活动而产生的现金流量。营业现金流量一般按会计年度计算，包括：①营业收入，即产品销售或提供服务所得到的现金流入；②付现成本，即各项营业现金支出，包括原材料的购置费、职工薪酬的支付、燃料动力费支付、销售费用支付、营业税费支付等；③所得税支出。

营业现金流量通常按年计算，计算公式如下：

$$营业现金流量 = 年营业收入 - 付现成本 - 所得税$$

当旅游景区各年支付内容相同、支付方式稳定时，付现成本可视为各期营业费用与折旧的差额，即付现成本 = 营业费用 - 折旧，则营业现金流量的计算公式也可表达为：

$$营业现金流量 = 净利润 + 折旧额$$

终结现金流量是指投资项目在经营周期结束时发生的现金流量，主要包括固定资产清理净收入、土地变价收入和原有垫支的流动资金的回收等。

（2）现金流量的估计

在确定投资项目相关的现金流量时，应以增量现金流量为基础，所谓增量现金流量，是指投资项目实施与否而引起的现金流量的改变量。因采纳某个项目引起的现金流出增加额，是该项目的现金流出；因采纳某个项目引起的现金流入增加额，是该项目的现金流入。为了正确判断投资项目的增量现金流量，需要注意以下问题：

①重视相关成本与机会成本。相关成本是指与现行投资项目决策有关的各项成本，如重置成本；而过去发生的与现行决策无关的成本，称为沉没成本，如投资项目前期的论证咨询费支出与该投资项目有关，但与该投资项目是否实施的决策无关，不能作为投资项目的现金流量。机会成本是由于选择某一投资机会而放弃其他投资机会的利益，比如闲置的设备在投资项目中加以使用，该设备的变价收入即为一项机会成本，应作为该投资项目的现金流出。

②不能忽视所得税的影响。由于营业现金流量的计算需要考虑所得税，因此投资者应特别注意折旧方法的选择，它会对现金流量产生影响。另外，还应注意不同筹资方式会对旅游景区所得税产生影响，如债务筹资具有抵减企业所得税的作用。

[例 1] 某旅游景区准备购入一台娱乐设备扩充营业能力。该设备需投资 12000 元，寿命期 5 年，采用直线法折旧，5 年后残值 2000 元。5 年中每年产生营业收入 8 000 元，经营成本第 1 年 3 000 元，以后逐年增加 400 元维修费。设备购置期初需要垫支 3 000 元流动资金。所得税率为 25%，除折旧外其他支出均为付现支出，则该项目各年的现金流量如表 4-1 所示。

表 4-1　现金流量计算表　　　　　　　　（单位：元）

年份	0	1	2	3	4	5
1 现金流入=（1）+（2）+（3）		8 000	8 000	8 000	8 000	13 000
（1）营业收入		8 000	8 000	8 000	8 000	8 000
（2）回收固定资产余值						2 000
（3）回收流动资金						3 000
2 现金流出=（4）+（5）+（6）+（7）	15 000	3 750	4 050	4 350	4 650	4 950
（4）固定资产投资	12 000					
（5）流动资金	3 000					
（6）经营成本		3 000	3 400	3 800	4 200	4 600
（7）所得税		750	650	550	450	350
3 现金流量=1-2	-15 000	4 250	3 950	3 650	3 350	8 050

其中，所得税的计算如表 4-2 所示。

表 4-2　所得税计算过程　　　　　　　　　（单位：元）

年份	1	2	3	4	5
收入	8 000	8 000	8 000	8 000	8 000
折旧额	2 000	2 000	2 000	2 000	2 000
经营成本	3 000	3 400	3 800	4 200	4 600
税前利润	3 000	2 600	2 200	1 800	1 400
所得税率	25%	25%	25%	25%	25%
所得税	750	650	550	450	350

其中，年折旧额 ＝（12000 － 2000）/5 ＝ 2000 元

5. 方案选择与评价指标

投资方案评价指标包括非贴现指标和贴现指标两大类。其中，非贴现指标不考虑资金的时间价值，而贴现指标考虑资金的时间价值。

（1）非贴现指标

常见的非贴现指标包括投资回收期和投资利润率。

①投资回收期

投资回收期是指，在不考虑资金时间价值的情况下，以投资项目的净收益抵偿全部投资所需要的时间。投资回收期反映项目收回投资的能力，回收期越短，方案越有利。投资回收期可用公式（4.2）表示：

$$\sum_{t=0}^{P_t}(CI_t - CO_t) = 0 \qquad (4.2)$$

其中，P_t 为投资回收期；

CI_t 为第 t 年的现金流入；

CO_t 为第 t 年的现金流出。

投资回收期的计算公式可简化为：

$$P_t = \frac{累计净现金流量开始}{出现正值的年份数} - 1 + \frac{|上年累计净现金流量|}{当年净现金流量}$$

利用投资回收期进行投资决策时，首先需要确定一个回收期标准，当投资方案回收期不超过此标准时接受投资方案，当投资方案回收期超过此标准时拒绝该方案。在进行多个互斥方案的选择时，应选择投资回收期最短的方案。投资回收期计算简便，容易为决策人所理解，但忽略了资金的时间价值，而且没

有考虑回收期以后的利益。

[例2] 接例1，计算该旅游景区投资项目的现金流量和累计现金流量如表 4-3 所示，据此可计算得出投资项目的投资回收期 $P_t = 4 - 1 + \dfrac{|-3150|}{3350} = 3.94$（年）。

表 4-3　投资方案预计现金流量　　　　　　　（单位：元）

年份	0	1	2	3	4	5
现金流入	0	8 000	8 000	8 000	8 000	13 000
现金流出	15 000	3 750	4 050	4 350	4 650	4 950
现金流量	−15 000	4 250	3 950	3 650	3 350	8 050
累计现金流量	−15000	−10 750	−6 800	−3 150	200	8 250

②投资利润率

投资利润率是指，投资项目正常生产年份的年利润总额与项目总投资的比值。投资利润率越高，投资项目的盈利能力越强。其计算公式如式（4.3）所示：

$$投资利润率 = \frac{年利润总额（年均利润总额）}{项目总投资} \tag{4.3}$$

旅游景区在利用投资利润率指标进行项目评价时，应确定一个要达到的平均投资利润率，只有高于平均投资利润率的方案才能入选。在进行多个互斥方案的选择时，应选择投资利润率最高的方案。投资利润率指标简单易懂，但也忽略了资金的时间价值，没有考虑现金流出与现金流入发生的时间。

（2）贴现指标

常见的贴现指标包括净现值、现值指数和内部收益率等。

①净现值

净现值是指投资项目各年的净现金流量，按照投资项目的必要报酬率折算的现值。净现值的计算公式如式（4.4）所示：

$$NPV = \sum_{t=0}^{n} \frac{CI_t - CO_t}{(1+k)^t} \tag{4.4}$$

其中，NPV 为净现值；

k 为贴现率（一般根据投资项目要求的必要报酬率确定）；

n 为投资项目预计寿命期。

在只有一个备选方案时，当 $NPV \geqslant 0$，项目可行，否则不可行。在有多个备选方案的互斥选择决策中，应选用 NPV 是正值中的最大者。

利用净现值评价项目可行性的依据是，假定投资项目产生的现金流量再投资会产生相当于资金成本的报酬。净现值考虑了资金的时间价值，能够反映投资方案的净收益，具有广泛的适用性。

[例 3] 接例 1，若投资项目要求的必要报酬率为 10%，可计算得出 $NPV=$ 2 154.2 元。由于 $NPV > 0$，则该项目是可行的。

②现值指数

现值指数是指投资项目未来现金流入现值和现金流出现值的比率，其计算公式如式（4.5）所示：

$$PI = \sum_{t=0}^{n} \frac{CI_t}{(1+k)^t} \div \sum_{t=0}^{n} \frac{CO_t}{(1+k)^t} \qquad (4.5)$$

其中，PI 为投资现值。

现值指数的经济意义是，在考虑资金时间价值的条件下，平均每 1 元的投资能够收回资金的现值。因此在只有一个备选方案时，$PI \geqslant 1$，说明项目的收益超过成本，即投资报酬率超过预定的贴现率，项目可行，否则不可行。在有多个方案的互斥选择决策中，应采用 PI 超过 1 最多的投资项目。

利用现值指数评价项目的主要优点是，考虑了资金的时间价值，能够真实反映投资项目的盈亏程度。由于现值指数是用相对数来表示，因此有利于在初始投资额不同的投资方案之间进行对比。

[例 4] 接例 1，若投资项目要求的必要报酬率为 10%，可计算得出 $PI=1.14$。由于 $PI > 1$，则该项目是可行的。

③内部收益率

内部收益率是指能够使投资项目净现值为零的贴现率。其计算公式如式（4.6）所示：

$$NPV(IRR) = \sum_{t=0}^{n} \frac{CI_t - CO_t}{(1+IRR)^t} = 0 \qquad (4.6)$$

其中，IRR 为内部收益率。

在只有一个备选方案时，若内部收益率大于或等于旅游景区的资本成本或必要报酬率，说明项目可行，否则不可行。在有多个备选方案的互斥选择决策中，应选用内部收益率超过资本成本或必要报酬率最多的投资项目。

通常可以使用内插法进行内部收益率的计算。根据图 4-1，可以得到采用内插法计算内部收益率的估计值，如式（4.7）所示：

$$IRR \approx \frac{NPV_1}{NPV_1 + |NPV_2|} \times (k_2 - k_1) + k_1 \qquad (4.7)$$

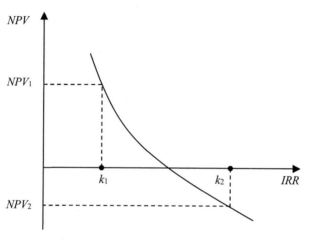

图 4-1　NPV 与 IRR 的关系图

6. 投资方案再评价

对于已接受的投资方案，只意味着该方案采用后能为投资者创造价值，达到或超过市场参与者对价值的预期，从而实现旅游景区财务管理目标。但由于评价标准不完善和其他原因的存在，必须对已接受的方案进行再评价，并最终做出决策。对某一组方案的再评价，首先应考虑方案之间的关系是相依还是互斥。其次，值得注意的是按不同指标对各独立方案进行评价时，排序结果可能不一致。

净现值和内部收益率是常用的两个投资决策指标，在多数情况下，运用净现值和内部收益率这两种方法得出的结论相同。但在进行互斥项目决策时，若投资项目规模不同或现金流量发生的时间不同，采用净现值和内部收益率进行评价得出的结论可能不一致。

（1）投资规模不同。当两个互斥项目的投资规模不同时，规模较小的项目的内部收益率可能较大，但净现值可能较小。在这两个互斥项目之间进行选择，实际上就是在更多的财富和更高的报酬率之间的选择，很显然，投资者将选择财富。因此，当互斥项目投资规模不同时，净现值决策规则优于内部报酬率决策规则。

（2）现金流量发生的时间不同。净现值法假定投资项目产生的现金流量再投资会产生相当于资金成本的报酬，而内部收益率法假定投资项目产生的现金流量重新投资会产生与内部收益率相等的报酬率。在对多个互斥方案进行决策时，由于内部收益率隐含着投资项目中间年份的现金流量的再投资报酬率等于计算出的项目的内部收益率，而对于内部收益率很高的项目，只有在极少数情况下内部收益率值能表示再投资报酬率，因此内部收益率指标并不总是给出正确的排序结果。此时，旅游景区决策者应采用净现值指标来评价投资项目的可行性。

三、旅游景区证券投资决策

证券投资是指旅游景区通过购买证券的形式所进行的投资，是旅游景区对外投资的重要组成部分。科学地进行证券投资，可以充分利用旅游景区闲置资金，增加旅游景区收益，降低风险，有利于实现旅游景区财务管理目标。债券和股票是旅游景区证券投资最为常用的投资工具，旅游景区在进行证券投资时，必须正确掌握证券的估价方法，了解影响证券价格变动的主要因素，掌握证券投资风险测量技术。同时，为了分散投资风险，获得预期投资收益，旅游景区应根据投资组合理论进行证券组合投资。

1. 旅游景区证券投资风险

旅游景区通过证券投资能提高资金的收益率，但也会面临投资风险：

（1）违约风险。违约风险是指筹资者不能如期支付利息或偿付本金而给投资者带来的风险。不同企业所发行的证券的违约风险差异较大，旅游景区在进行证券投资时，需要从筹资者的信誉、财务状况和盈利能力等方面进行详细分析。国债等由政府发行的证券，由于有政府做保证可以看作没有违约风险。

（2）利率风险。利率风险是指由于金融市场利率的上涨，使得原先发行的尚未到期证券的市场价值下跌的风险。通常对于具有固定利率和固定期限的上市流通证券，其市价随金融市场利率的波动而波动。当利率上升时，证券的市价下跌；当利率下降时，证券的市价上升。在其他条件相同情况下，距离证券到期日的期限越长，证券市价受利率变动的影响越大。

（3）购买力风险。购买力风险是指由于发生通货膨胀使得有价证券到期或者中途转让所获现金的实际购买水平下降的风险。在通货膨胀水平较高的时期，期限较长的固定收益证券通常会面临较大的购买力风险，而非固定收益证券及短期固定收益证券一般具有较小的购买力风险。

（4）流动性风险。流动性风险是指当投资者急需现金，打算将有价证券出售时，不能以合理价格及时转让出去的风险。通常发行量小、知名度较差的有价证券，流动性风险较大；而发行量大、知名度高的证券，流动性风险较小。

2. 旅游景区证券投资的原则

证券投资是一项复杂的理财活动，为获得理想的投资效果，投资者应掌握以下原则：

（1）风险与收益权衡原则。旅游景区进行证券投资的主要目的在于提高资金的收益率，而高投资收益率往往伴随着高投资风险。因此，旅游景区必须在收益与风险之间进行权衡，不应过分追求高收益率而忽略较高的投资风险。

（2）风险分散原则。为降低证券投资风险，旅游景区在进行证券投资时，应注意不要将资金过分集中购买一种或少数几种有价证券，而应同时持有多种证券，即进行证券组合投资。

（3）流动性原则。旅游景区短期证券投资的主要目的在于准备应付意外情况对现金的需求。为此在进行短期证券投资时，旅游景区应尽可能选择流动性风险较小的证券，以防对现金的突发性需求。

（4）战略性原则。旅游景区在进行长期证券投资时，要明确景区的总体目标，恰当选择投资对象，以实现一体化经营和多元化经营。

3. 债券投资估价

债券是发行者为筹集资金向债权人发行的在约定时间支付一定比例的利息，并在到期时偿还本金的一种有价证券。旅游景区债券投资的特点主要表现为：（1）债券具有规定的利率和到期还本付息日，且债权人具有优先求偿权，因此债券投资的风险较小；（2）债权人只拥有债务人的债务求偿权，不拥有债务人的经营决策权；（3）债券一般都有事先规定的利率，当通货膨胀较为严重时，购买力风险较大。

要进行债券投资，必须知道债券价值的大小。债券的价值是债券发行者按照合同规定从现在至债券到期日所支付的款项的现值。一般情况下债券包括固定利率、每年计算并支付利息、到期归还本金。按照这种模式，债券估价的基本模型可用公式（4.8）描述：

$$PV_B = \sum_{t=1}^{n} \frac{i \times M}{(1+k)^t} + \frac{M}{(1+k)^n} \qquad (4.8)$$

其中，PV_B 为债券价格；

i 为债券票面利率；

M 为债券面值；

n 为债券到期期限；

k 为贴现率，一般采用当时的市场利率或投资者要求的必要报酬率。

根据式（4.8），影响债券价格的因素包括债券面值、债券票面利率、债券到期期限和贴现率。

[例5] 某旅游景区拟于 2018 年 5 月 1 日购买某公司发行的公司债券。该债券面值为 1 000 元，票面利率为 8%，每年 5 月 1 日支付一次利息。该债券 5 年后的 4 月 31 日到期。若该旅游景区要求的必要报酬率为 10%。问债券价格为多少时才值得投资？

$$PV_B = \frac{80}{1+10\%} + \frac{80}{(1+10\%)^2} + \cdots + \frac{80+1000}{(1+10\%)^5} = 924.28 \text{（元）}$$

该债券的价格必须低于 924.28 元时，旅游景区才能购买，否则得不到 10% 的报酬率。

4. 股票投资估价

股票是股份公司发给股东的所有权凭证，是股东借以取得股利的一种有价证券。旅游景区进行股票投资的目的主要包括两方面：一是作为一般的有价证券，获取股利收入和股票买卖差价；二是利用购买某一企业的大量股票达到控制该企业的目的。与其他投资方式相比，股票投资具有以下特点：（1）股票投资的收益高低具有很大的不确定性，风险较高；（2）股票投资者（股东）属于被投资企业的所有者，股东可以通过股利和股票买卖差价两方面获得较高的预期报酬率；（3）股东拥有被投资企业的经营决策权。

和债券投资一样，旅游景区进行股票投资，也必须知道股票价值的计算方法。股票的估价是指股票期望提供的所有未来收益的现值。股票带给持有者的现金流入包括股利收入和出售时的售价两部分，因此股票的内在价值就是由一系列股利和未来出售股票时售价的现值构成。

（1）短期持有股票、未来准备出售的股票估价模型

对于短期持有、未来准备出售的股票期望收益来自投资者未来的股利收入和未来出售股票时从股票价格的上涨中获得的好处。此时股票的估价模型可用式（4.9）描述：

$$PV_C = \sum_{t=1}^{n} \frac{D_t}{(1+k)^t} + \frac{p_n}{(1+k)^n} \tag{4.9}$$

其中，PV_C 为股票价格；

D_t 为第 t 期股利；

n 为预计持有股票的期限；

p_n 为未来出售股票时预计的股票价格；

k 为贴现率，一般采用投资者要求的必要报酬率。

（2）长期持有股票、股利固定不变的股票估价模型

若投资者长期持有股票、各期股利固定不变为 D_C，此时股票的估价模型可以简化为式（4.10）所示：

$$PV_C = \sum_{t=1}^{n \to \infty} \frac{D_C}{(1+k)^t} = \lim_{n \to \infty} D_C \times \frac{1 - \dfrac{1}{(1+k)^n}}{k} = \frac{D_C}{k} \qquad (4.10)$$

（3）长期持有股票、股利固定增长的股票估价模型

若投资者长期持有股票、股利固定以 g 的增长率增长，此时股票的估价模型可以简化为式（4.11）所示。

$$PV_C = \sum_{t=1}^{n \to \infty} \frac{D_C \times (1+g)^t}{(1+k)^t} = \frac{D_C(1+g)}{k-g} \quad (k > g) \qquad (4.11)$$

［例 6］某旅游景区拟投资某上市公司的股票，该股票上一年每股股利 1.2 元，估计股利年增长率为 2%，该旅游景区要求必须获得 10%的报酬率。问该股票价格为多少时值得投资？

$$PV_C = \frac{1.2 \times (1+2\%)}{10\% - 2\%} = 15.3 \text{（元）}$$

该股票的价格必须低于 15.3 元时，旅游景区才能购买，否则得不到 10%的报酬率。

5. 证券投资风险度量

（1）风险与风险报酬

投资风险是指投资项目预期报酬的不确定性。旅游景区证券投资风险可以分为可分散风险和不可分散风险。可分散风险又称为非系统风险，是指某些因素对单个证券造成损失的可能性，如公司经营失败等，这种风险可通过证券投资组合分散。不可分散风险又称为系统风险，是指由于某些因素给市场上所有的证券都带来损失的可能性，如国家宏观经济政策的变化、国家税法的变化等。这种风险是证券市场本身所固有的风险，无法通过证券投资组合分散。

风险报酬是指投资者因承担风险进行投资而获得的超过资金时间价值的那部分额外补偿，证券的风险越大，投资者要求的补偿越高。风险报酬通常用风险报酬率表示，在不考虑通货膨胀的情况下，风险报酬率可以看作证券投资的预期报酬率和无风险报酬率之差。

（2）证券组合的风险报酬

旅游景区在进行投资时，一般不把所有资金集中投资于一种证券，而是同时持有多种证券，即进行证券组合投资。和进行单项投资一样，旅游景区进行证券组合投资，也要求对承担的风险进行补偿。但与单项投资不同的是，证券组合投资要求补偿的风险只是不可分散风险，而不要对分散风险进行补偿。因此，证券组合风险报酬是指投资者因承担不可分散风险而要求的、超过资金时间价值的那部分额外报酬。其计算公式如式（4.12）所示：

$$R_p = \beta_p (K_m - R_F) \tag{4.12}$$

其中，R_p 为证券组合的风险报酬率；

β_p 为证券组合的 β 系数，$\beta_p = \sum_{i=1}^{n} \beta_i w_i$，$n$ 为股票组合中股票数量，β_i 为股票 i 的 β 系数，w_i 为股票 i 的权重；

K_m 为市场报酬率，即所有股票的平均报酬率；

R_F 为无风险报酬率，一般用国债的利率衡量。

［例 7］某旅游景区持有 A、B、C 三种股票组成的证券组合，β 系数分别为 1.5、1.0 和 0.8，在证券组合中的比重分别为 60%、25% 和 15%，市场报酬率为 13%，无风险报酬率为 6%，则该证券组合的风险报酬率为：

第一步，计算该证券组合的 β_p：

$$\beta_p = \sum_{i=1}^{n} \beta_i w_i = 1.5 \times 60\% + 1.0 \times 25\% + 0.8 \times 15\% = 1.27$$

第二步，计算该证券组合的风险报酬率：

$$R_p = \beta_p (K_m - R_F) = 1.27 \times (13\% - 6\%) = 8.89\%$$

第三节　旅游景区筹资决策

筹资是旅游景区为满足其经营活动对资金的需求，采用适当方式获取所需资金的一项财务活动，是旅游景区财务管理的一项重要职能。

一、旅游景区筹资的方式

旅游景区筹资的具体形式有很多，如通过联营、合资等形式吸收直接投资，以及发行普通股、发行债券、银行借款、商业信用、留存收益等。旅游景区的筹资方式一般分为以下三类。

1. 权益筹资和债务筹资

权益筹资也可称为自有资金，是指旅游景区投资者投入的资本金及旅游景区经营过程中形成的积累，反映了所有者的权益，主要包括资本金、资本公积金和留存收益。资本金是投资者投入旅游景区并在工商行政管理部门登记的注册资本，是旅游景区进行生产经营活动的必要条件，是旅游景区所有者权益的基本组成部分；资本公积金是旅游景区在筹集资本金及生产经营过程中形成的属于投资者的资本准备金，包括资本溢价（股票溢价）、金融资产投资形成的资本公积等；留存收益是旅游景区通过生产经营活动，从历年实现的利润中提取或形成的留存于旅游景区的内部积累，包括盈余公积和未分配利润两部分。

债务筹资也可称为借入资金，是指旅游景区向银行、非银行金融机构、其他企业单位等吸收的资金，主要包括流动负债（短期借款、商业信用等）和非流动负债（长期借款、应付公司债券、融资租赁等）。流动负债是指旅游景区应在一年以内偿还的债务，包括短期借款、交易性金融负债、应付账款、应付票据、预收账款、应付职工薪酬、应交税费、应付利息及应付股利等；非流动负债是指旅游景区在一年以上偿还的债务，包括长期借款、应付债券、长期应付款、预计负债、递延所得税负债等。

2. 短期筹资和长期筹资

短期筹资是指所取得的资金只能在不超过一年的期限内使用。通过短期筹资方式筹集到的资金又可称为短期资金，一般用于旅游景区经营过程中短期资金的临时性短缺，短期筹资主要指流动负债筹资。长期筹资是指所取得的资金可以在超过一年的期限内使用。通过长期筹资方式筹集到的资金又可称为长期资金，一般用于构建旅游景区的长期资产和用于旅游景区营运资本。长期筹资包括非流动负债筹资和权益筹资。

3. 内部筹资和外部筹资

内部筹资一般是指旅游景区以留存收益形式的筹资。内部筹资以外的其他筹资形式均为外部筹资，如银行借款、商业信用、发行债券等。

二、旅游景区资本成本

1. 资本成本的含义和构成

资本成本是指旅游景区为筹集和使用资金而付出的代价。资本成本分为资金筹集成本和资金使用成本两部分。资金筹集成本是指旅游景区在资金筹集过程中所支付的各项费用，主要包括发行债券和股票所支付的印刷费、发行手续费、宣传费、资信评估费、公证费、担保费、律师费等。资金使用成本是指旅游景区在资金使用过程中所支付的费用，包括股票股息和红利、债务利息等。

资本成本主要包括个别资本成本、加权资本成本和边际资本成本三种。个别资本成本是指旅游景区使用各种长期资金的成本，常用于各种筹资方式的比较；旅游景区通过多种渠道筹集资金时，为了进行筹资决策，需要计算加权资本成本；旅游景区无法以固定的资本成本筹集到无限的资金，当需要追加筹资时，若筹集的资金超过某一限额，原有的资本成本就会增加，为表示旅游景区追加筹资而增加的资本成本，就需要引入边际资本成本的概念。

2. 个别资本成本

我国旅游景区的长期资金一般有普通股、留存收益、长期借款、债券等。因此，个别资本成本相应的有普通股成本、留存收益成本、长期借款成本和债券成本等。

个别资本成本一般按相对数，即资本成本率表示，其计算公式为：

$$资本成本率 = \frac{年资金占用费}{筹资总额 - 筹资费用}$$

（1）普通股成本

当股份制旅游景区发行新股筹集资金时，筹资所得金额是普通股发行金额扣除筹资费用的差额，因此，新发行的普通股成本应反映预期股利、发行股票所筹集的资金及所支付的筹资费用之间的关系。常见的普通股资本成本的计算方法包括固定股利模型法、股利增长模型法、资本资产定价模型法和风险溢价法。

①固定股利模型法。若普通股每年的股利固定不变，其支付过程是一个永续年金，普通股成本的计算公式如式（4.13）所示：

$$K_c = \frac{D_c}{P_c(1 - f_c)} \tag{4.13}$$

②股利增长模型法。若普通股的年股利按照增长率 g 逐年增长，普通股成本的计算公式如式（4.14）所示：

$$K_c = \frac{D_c}{P_c(1-f_c)} + g \qquad (4.14)$$

式中，K_c 为普通股资本成本；

D_c 为预期年股利额；

P_c 为普通股每股市价；

f_c 为普通股筹资费率；

g 为普通股利年增长率。

［例 8］某股份制旅游景区新发行普通股，筹资费率为股票市价的 2%，目前市价 45 元，预期股利增长率为 5%，本年发放股利 2.2 元，则所发行普通股的成本为：

$$K_c = \frac{2.2}{45(1-2\%)} + 5\% = 9.99\%$$

③资本资产定价模型法。按照资本资产定价模型（CAPM），普通股成本的计算公式如式（4.15）所示：

$$K_c = R_s = R_f + \beta(R_m - R_f) \qquad (4.15)$$

式中，R_s 为普通股期望收益率；

R_f 为无风险收益率；

β 为普通股的贝他系数；

R_m 为平均风险股票必要报酬率。

［例 8］已知市场无风险收益率为 10%，平均风险股票必要报酬率为 13.5%，某股份制旅游景区普通股的 β 系数为 1.2，则普通股的成本为：

$$K_c=10\%+1.2\times（13.5\%-10\%）=14.2\%$$

④风险溢价法。从投资者的角度来看，股票投资的风险高于债券，因此，股票投资的必要报酬率可以在债券利率的基础上再加上股票投资高于债券投资的风险报酬。按照这一理论，普通股的资本成本的计算公式可用式（4.16）表示：

$$K_c = K_b + RP_c \qquad (4.16)$$

（2）留存收益成本

留存收益是旅游景区缴纳所得税后形成的，其所有权属于投资者。投资者将这一部分未分配的税后利润留存于旅游景区，实质上是对旅游景区追加投资。

留存收益成本实际上是投资者失去向旅游景区以外投资的机会成本，留存收益成本的计算方法与普通股基本相同，只是不需要考虑筹资费用。

（3）长期借款成本

长期借款成本是指旅游景区的长期借款利息和筹资费用。由于长期借款利息按规定可以计入税前成本费用，旅游景区实际负担的利息为 $I_t(1-t)$。长期借款成本的计算公式可用式（4.17）表示：

$$K_l = \frac{I_t(1-t)}{L(1-f_l)} \qquad (4.17)$$

式中，K_l 为长期借款成本；

I_t 为长期借款年利息；

t 为企业所得税率；

f_l 为长期借款筹资费率；

L 为长期借款筹资额。

式（4.17）也可以简化为式（4.18）所示：

$$K_l = \frac{r_l(1-t)}{1-f_l} \qquad (4.18)$$

式中，r_l 为长期借款利率。

［例 9］某旅游景区取得银行借款 300 万元，借款期限为 3 年，年利率为 6%，每年付息一次，到期一次还本，筹资费率为 0.3%，企业所得税率为 25%，则该旅游景区长期借款的成本为：

$$K_l = \frac{300 \times 6\% \times (1-25\%)}{300 \times (1-0.3\%)} = \frac{6\% \times (1-25\%)}{1-0.3\%} = 4.51\%$$

（4）债券成本

债券成本主要指旅游景区发行债券的筹资费用和承担的债券利息。由于债券的利息按规定也能计入税前成本费用，具有抵税作用。因此，计算债券成本的方法与计算长期借款成本的方法相同，债券成本的计算公式可用式（4.19）表示：

$$K_b = \frac{I_b(1-t)}{B(1-f_b)} \qquad (4.19)$$

式中，K_b 为债券成本；

I_b 为债券年利息；

f_b 为债券筹资费率；

B 为债券筹资额，即债券的发行价格。

[例 10] 某旅游景区发行 5 年期债券，债券面值总额为 1 000 万元，发行价格为 1 100 万元，年利率为 8%，发行费率为 0.5%，企业所得税率为 25%，则债券成本为：

$$K_b = \frac{1\ 000 \times 8\% \times (1-25\%)}{1\ 100 \times (1-0.5\%)} = 5.48\%$$

3. 加权资本成本

加权资本成本又称综合资本成本，是指旅游景区全部长期资本的成本率，一般以各种资本占全部资本的比重（权重）为权数，对个别资本成本进行加权平均来确定。加权资本成本的计算公式如式（4.20）所示：

$$K_W = \sum_{j=1}^{n} K_j W_j \qquad (4.20)$$

式中，K_W 为加权资本成本；

K_j 为第 j 种个别资本成本；

W_j 为第 j 种个别资本成本占全部资本成本的比重（权数）。

[例 11] 某旅游景区账面反映的长期资金为 380 万元，其中普通股 150 万元，长期借款 100 万元，长期债券 50 万元，留存收益 80 万元，其个别资本成本占全部资本成本的比重分别为 11.2%、6.3%、8.12% 和 10%，则该旅游景区的加权资本成本为：

$$K_W = 11.2\% \times \frac{150}{380} + 6.3\% \times \frac{100}{380} + 8.12\% \times \frac{50}{380} + 10\% \times \frac{80}{380} = 9.25\%$$

在计算个别资本成本占全部资本成本的比重时，是按资本的账面价值确定的，其优点是资料容易取得。但当资本的账面价值脱离市场价值较多时，计算结果会与实际结果有较大差距。为了克服这一缺陷，还可用市场价值和目标价值来确定加权资本成本的权数，分别称为市场价值权数和目标价值权数。

4. 边际资本成本

边际资本成本是指资金每增加一单位而增加的成本，是旅游景区财务管理中的重要概念，也是旅游景区投资、筹资过程中必须考虑的问题。旅游景区在追加筹资时，有时只采用某一筹资方式。但在筹资数额较大或目标资本结构既定的情况下，往往需要通过多种筹资组合实现资金筹集。这时边际资本成本应按加权边际资本成本计算。下面举例说明旅游景区边际资本成本的计算及应用。

[例12] A 旅游景区共有长期资金 500 万元，其中长期借款为 150 万元，应付债券 100 万元，普通股 250 万元。目前，A 旅游景区准备筹集一笔新的资金以追加投资（且追加投资后仍保持目前的资本结构），各有关资料如表 4-4 所示。

表 4-4　A 旅游景区筹资相关资料

资金种类	目前资金数量（万元）	新筹资数额	资本成本
长期借款	150	18 万元以内	5%
		18 万元—24 万元	8%
		24 万元以上	9%
应付债券	100	10 万元以内	10%
		10 万元—15 万元	11%
		15 万元以上	12%
普通股	250	31 万元以内	14%
		31 万元—50 万元	15%
		50 万元以上	16%

第一步：计算目标资本结构。

根据表 4-4，可以计算得出 A 旅游景区的目标资本结构为：长期借款 30%，应付债券 20%，普通股 50%。

第二步：计算筹资突破点。

筹资突破点是指在保持某一资本成本条件下可以筹集到的资金总限额。在筹资突破点内，原来的资本成本不会发生变化，其计算公式如式（4.21）所示：

$$筹资突破点 = \frac{可用某一特定成本筹集到的某种资金数额}{该种资金在全部资金中所占比重} \qquad (4.21)$$

根据式（4.21），可以计算得出 A 旅游景区各筹资突破点如表 4-5 所示。

表 4-5　A 旅游景区筹资突破点测算表

资金种类	资本结构	资本成本	各种筹资范围	筹资突破点（万元）
长期借款	30%	5%	18 万元以内	60
		8%	18 万元—24 万元	
		9%	24 万元以上	80

资金种类	资本结构	资本成本	各种筹资范围	筹资突破点（万元）
应付债券	20%	10% 11% 12%	10 万元以内 10 万元—15 万元 15 万元以上	50 75
普通股	50%	14% 15% 16%	31 万元以内 31 万元—50 万元 50 万元以上	62 100

根据以上计算结果，可以得出 A 旅游景区 7 组筹资范围，分别为：0—50 万元、50—60 万元、60—62 万元、62—75 万元、75—80 万元、80—100 万元、100 万元以上。

第三步：边际资本成本的计算。

根据以上计算结果可以得出 A 旅游景区各筹资范围的边际资本成本，如表 4-6 所示。

表 4-6　A 旅游景区边际资本成本计算结果

筹资范围（万元）	资金种类	资本结构	资本成本	边际资本成本
0—50	长期借款 应付债券 普通股	30% 20% 50%	5% 10% 14%	1.5% 2% 7%
第一个筹资范围的边际资本成本 10.5%				
50—60	长期借款 应付债券 普通股	30% 20% 50%	5% 11% 14%	1.5% 2.2% 7%
第二个筹资范围的边际资本成本 10.7%				
60—62	长期借款 应付债券 普通股	30% 20% 50%	8% 11% 14%	2.4% 2.2% 7%
第三个筹资范围的边际资本成本 11.6%				
62—75	长期借款 应付债券 普通股	30% 20% 50%	8% 11% 15%	2.4% 2.2% 7.5%

筹资范围（万元）	资金种类	资本结构	资本成本	边际资本成本
第四个筹资范围的边际资本成本12.1%				
75—80	长期借款	30%	8%	2.4%
	应付债券	20%	12%	2.4%
	普通股	50%	15%	7.5%
第五个筹资范围的边际资本成本12.3%				
80—100	长期借款	30%	9%	2.7%
	应付债券	20%	12%	2.4%
	普通股	50%	15%	7.5%
第六个筹资范围的边际资本成本12.6%				
100万以上	长期借款	30%	9%	2.7%
	应付债券	20%	12%	2.4%
	普通股	50%	16%	8%
第七个筹资范围的边际资本成本13.1%				

三、杠杆原理

旅游景区财务管理中的杠杆包括经营杠杆、财务杠杆和联合杠杆。

1. 经营杠杆

旅游景区经营杠杆是指在某一固定成本比重的条件下，因营业额的变动而引起的旅游景区利润的变动。由于固定成本并不随旅游景区营业额的变动而变动，所以在一定的营业规模内，随着营业额的增加，单位营业额所负担的固定成本会相应减少，从而给旅游景区带来额外利润。经营杠杆的作用程度通常用经营杠杆系数 DOL 来表示。经营杠杆系数是指在某一经营水平上营业额的变动所引起的息税前利润（EBIT）的变动。经营杠杆系数的计算公式如式（4.22）所示：

$$DOL = \frac{\frac{\Delta EBIT}{EBIT}}{\frac{\Delta Q}{Q}} = \frac{\frac{\Delta EBIT}{EBIT}}{\frac{\Delta S}{S}} \quad (4.22)$$

其中，$EBIT$ 为当期息税前利润；

Q 为当期销售量；

S 为当期营业额。

若旅游景区的成本—销售量—利润保持线性关系，变动成本在营业额中所占的比例不变，固定成本也保持稳定，经营杠杆系数用营业额和成本表示，如式（4.23）和式（4.24）所示：

$$DOL_Q = \frac{Q(P-V)}{Q(P-V)-F} \tag{4.23}$$

$$DOL_S = \frac{S-VC}{S-VC-F} \tag{4.24}$$

其中，P 为商品或服务单价；

V 为单位产品变动成本；

F 为旅游景区固定成本总额；

VC 为变动成本总额。

[例 13] 某旅游景区的固定成本为 60 万元，变动成本率为 25%，当旅游景区的营业额分别为 500 万元、300 万元、80 万元时，经营杠杆系数分别为：

$$DOL_S = \frac{500(1-25\%)}{500(1-25\%)-60} = 1.19$$

$$DOL_S = \frac{300(1-25\%)}{300(1-25\%)-60} = 1.36$$

$$DOL_S = \frac{80(1-25\%)}{80(1-25\%)-60} \to \infty$$

计算结果表明，在固定成本不变的条件下，营业额越大，经营杠杆系数越小，旅游景区经营风险也就越小；营业额越小，经营杠杆系数越大，旅游景区的经营风险越大；当营业额达到盈亏临界点时，经营杠杆系数趋于无穷大。为控制经营风险，旅游景区可通过增加营业额、降低单位产品或服务的变动成本、降低固定成本比重等措施使经营杠杆系数下降。

2. 财务杠杆

旅游景区一般会通过负债来筹集资金，在债务总额一定且债务利率一定的情况下，不论旅游景区的利润如何，债务利息不变。此时，当旅游景区利润增加或减少时，每一元利润所承担的债务利息也会随之发生变化，从而导致投资者收益发生较大幅度的变化，这种由于负债而引起的投资者收益的变动称为财务杠杆。财务杠杆的大小通常用财务杠杆系数 DFL 来表示。财务杠杆系数是指旅游景区息税前利润的变动所引起的普通股每股收益的变动，通常用普通股每股收益的变动率与旅游景区息税前利润的变动率的倍数来表示。其计算公式如式（4.25）所示：

$$DFL = \frac{\frac{\Delta EPS}{EPS}}{\frac{\Delta EBIT}{EBIT}} \qquad (4.25)$$

其中，DFL 为财务杠杆系数；

EPS 为普通股每股盈余。

式（4.25）还可以推导为式（4.26）所示：

$$DFL = \frac{EBIT}{EBIT - I} \qquad (4.26)$$

其中，I 为债务利息。

根据式（4.25）和式（4.26），在旅游景区资本总额、息税前利润相同的情况下，负债比率越高，财务杠杆系数越高，财务风险越大，但预计每股盈余也越高。旅游景区可通过合理安排资本结构，适度负债，使财务杠杆利益抵消风险增大所带来的不利影响。

[例 14] 某旅游景区的总资本为 1 000 万元，负债占总资本的 45%，负债比例为 10%，当销售额为 500 万元时，旅游景区的息税前利润为 125 万元，则财务杠杆系数为：

$$DFL = \frac{125}{125 - 1\,000 \times 45\% \times 10\%} = 1.56$$

3. 联合杠杆

联合杠杆是指经营杠杆和财务杠杆的连锁作用。联合杠杆采用联合杠杆系数衡量，反映了旅游景区普通股每股盈余对营业额的敏感程度。其计算公式如式（4.27）所示：

$$DTL = DFL \times DOL = \frac{\Delta EPS / EPS}{\Delta Q / Q} = \frac{S - VC}{Q(P - V) - F - I} \qquad (4.27)$$

根据式（4.27），经营杠杆系数较高的旅游景区可以在较低程度上使用财务杠杆系数；同样，经营杠杆系数较低的旅游景区可以在较高程度上使用财务杠杆系数。

四、旅游景区资本结构

旅游景区资本结构是指各种长期资本来源的构成与比例关系。资本结构是旅游景区财务结构的重要组成部分，在旅游景区筹资过程中，旅游景区应确定最佳的资本结构，并在追加筹资中保持最佳的资本结构，以使旅游景区总价值最大或使旅游景区加权资本成本最低。旅游景区一般可采用息税前利润—每股收益分析法和资本成本—企业价值分析法来确定最佳资本结构。

1. 息税前利润—每股收益分析法

将旅游景区的息税前利润和每股收益联系起来，分析资本结构和每股收益之间的关系，进而确定资本结构的方法，称为息税前利润—每股收益分析法，简称 EBIT—EPS 分析法。

用 EBIT—EPS 方法分析旅游景区资本结构时，首先需要计算不同筹资方案的每股收益无差别点。所谓每股收益无差别点，是指每股收益不受筹资方式影响的销售水平。根据每股收益无差别点，可以判断在销售水平相同的情况下适合采用的资本结构。每股收益无差别点可用式（4.28）表示：

$$EPS = \frac{(EBIT - I)(1-t)}{N} = \frac{(S - VC - F - I)(1-t)}{N} \qquad (4.28)$$

式中，EPS 为普通股每股收益；

t 为所得税税率；

N 为流通在外的普通股股数；

S 为营业额；

VC 为变动成本；

F 为固定成本；

I 为债务利息；

在每股收益无差别点上，无论是采用权益筹资还是负债筹资，旅游景区的每股收益相等。如果以 EPS_E 和 EPS_B 分别代表权益筹资和负债筹资时的每股收益，则有 $EPS_E = EPS_B$ 成立，即：

$$\frac{(S - VC_E - F_E - I_E)(1-t)}{N_E} = \frac{(S - VC_B - F_B - I_B)(1-t)}{N_B}$$

[例 15] 某股份制旅游景区原有资本 1 000 万元，其中普通股资本 600 万元（每股面值 1 元），债务资本 400 万元，利率为 7%。现因发展需要再筹集资金 500 万元，筹资方式有两种：（1）全部采用普通股筹资，增发 500 万股，每股

面值 1 元；（2）全部采用公司债券筹资，年利率为 8%。旅游景区的变动成本率为 60%，固定成本为 240 万元，所得税率为 25%，则有：

$$\frac{(S-0.6S-240-28)(1-25\%)}{600+500}=\frac{(S-0.6S-240-28-40)(1-25\%)}{600}$$

$S=890$（万元）

此时，每股收益和息税前利润分别为：

$$EPS=\frac{(890-890\times0.6-240-28)(1-25\%)}{1\,100}=0.06（元）$$

$$EBIT=890-890\times0.6-240=116（万元）$$

[例 15] 也可通过图 4-2 表示。从图 4-2 可以看出，在息税前利润大于 116 万元时，旅游景区采用负债筹资可以获得较高的每股收益；在息税前利润低于 116 万元时，采用权益筹资可以获得较高的每股收益；当息税前利润等于 116 万元时，无论采用负债筹资还是权益筹资，对旅游景区的每股收益均没有影响。

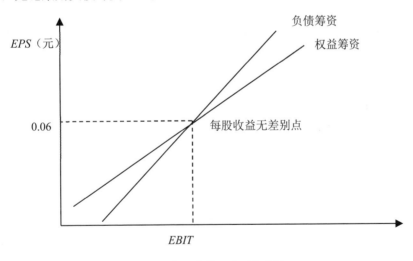

图 4-2　每股收益无差别点分析

EBIT—EPS 方法只考虑了资本结构对每股收益的影响，并没有考虑负债增加对于旅游景区总风险的影响。旅游景区财务管理的目标是实现旅游景区价值最大化，但只有在风险不变的情况下，每股收益的增长才会导致旅游景区价值的提高，如果每股收益的增加不足以补偿风险增加所需的报酬，即使是每股收益提高了，投资者的风险也会加大，旅游景区价值也会有下降的趋势。因此，单纯采用 EBIT—EPS 法可能并不能得出使旅游景区价值最大化的筹资决策。

2. 资本成本—企业价值分析法

资本成本—企业价值分析法，是在事先测定旅游景区各项个别资本成本的条件下，通过逐步测算不同债务资本水平下的债务资本价值（B）和权益资本价值（S），在有关息前利润的各种假设下，以旅游景区总价值（V）最大时的资本结构作为最佳资本结构，并据此拟定满足此资本结构的筹资计划。资本成本—企业价值分析法可用式（4.29）表示：

$$V=B+S \tag{4.29}$$

其中，债务资本价值按债务资本的现值计算，权益资本价值可通式（4.30）计算。

$$S = \frac{(EBIT - I)(1 - t)}{K_s} \tag{4.30}$$

权益资本成本 K_s 可以采用资本资产定价模型计算，即：

$$K_s = R_s = R_f + \beta(R_m - R_f)$$

[例 16] 某股份制旅游景区，当前息税前利润 260 万元，当前资本总额为 1 200 万元，其中普通股 600 万元（每股面值 1 元），债务资本 600 万元，年利率为 10%，企业所得税率为 25%。为了扩大经营规模，该景区决定追加筹资 400 万元，现有五种筹资方案可供选择：（1）全部采用普通股筹资，即增发普通股 400 万股；（2）全部采用债券筹资；（3）发行债券 300 万元，发行普通股 100 万股；（4）发行债券 200 万元，发行普通股 200 万股；（5）发行债券 100 万元，发行普通股 300 万股。

已知市场无风险报酬率为 8%，平均风险股票必要报酬率为 12%，旅游景区发行不同数量债券时的票面利率和股票的 β 值关系如表 4-7 所示。

表 4-7　债券票面利率和 β 系数

债券的发行数额（万元）	票面利率（%）	股票的 β 值
0		1.3
100	10	1.4
200	12	1.6
300	14	1.8
400	16	2.1

根据表 4-7 的资料，可以得到该旅游景区价值和资本成本的计算结果如表 4-8 所示。

表 4-8　旅游景区价值和资本成本计算结果

债券发行数额（万元）	股票价值（万元）	总价值（万元）	税前债务资本成本（%）	税后债务资本成本（%）	权益资本成本 K_s（%）	加权资本成本（%）
0	909.09	909.09	0	0	13.2	13.2
100	838.24	938.24	10	6	13.6	12.69
200	733.33	933.33	12	7.2	14.4	12.86
300	623.68	923.68	14	8.4	15.2	12.99
400	497.56	897.56	16	9.6	16.4	13.37

由表 4-8 可以看出，当旅游景区发行 100 万元债券时，加权资本成本最小，为 12.69%；总价值最大，为 938.24 万元，因此旅游景区应选择第（5）种筹资方式。

第四节　旅游景区营运资金管理

一、营运资金的概念

营运资金是旅游景区长期、稳定的占用在流动资产上的那部分资金，是维持旅游景区正常运营所不可缺少的那部分资金。营运资金的数额可按照式（4.31）计算。

$$营运资金 = 流动资产 - 流动负债 \qquad (4.31)$$

营运资金持有量的高低，直接影响旅游景区的收益和风险。较高的营运资金持有量，使旅游景区有较大的把握按时支付到期债务，及时向游客提供服务，从而保证经营活动平稳运行，风险性较小。但是，由于流动资产的收益性较低，较高的营运资金持有量会降低旅游景区的收益性；而较低的营运资金持有量带来的后果正好相反，旅游景区的收益率较高，但较少的流动资产的持有量会降低旅游景区的偿债能力和采购支付能力，造成信用损失、服务供应中断，会加大旅游景区的风险。因此，营运资金管理就是在收益和风险之间进行权衡，确定最佳的营运资金持有量。

二、旅游景区现金管理

现金是旅游景区流动性最强的流动资产，包括旅游景区的库存现金、各种形式的银行存款和银行本票、银行汇票。

1. 持有现金的动机

旅游景区持有现金的动机主要表现为交易性动机、预防性动机和投资性动机。

交易性动机，是指为满足旅游景区日常经营需要和保证正常运营而持有现金的动机。因交易性动机而持有现金的数量，一般会随着旅游景区经营业务量的增加而增加，如旅游景区饭店、餐厅、商店等需支付的货款，职工工资等各项费用以及到期债务的本息等越多，现金持有量越多。预防性动机，是指旅游景区为防止意外情况出现，防止经营业务中断而持有现金的动机。因预防性动机而持有现金的数量，与旅游景区预期现金收支的可靠程度、举债能力和决策者的风险偏好有关。投机性动机，是指旅游景区为获取短期高回报机会或降低成本而持有现金的动机，如旅游景区的商店遇有廉价商品或其他资产供应的机会，便可用手头现金大量买入。

2. 现金管理的目标

现金是旅游景区流动性最强、收益性最差的流动资产。若旅游景区缺乏必要的现金，将不能应付正常的业务开支，会造成现金短缺成本，如丧失购买机会、造成信用损失和得不到折扣好处等。但旅游景区若持有现金过量，又可能会由于这些资金不能投入周转无法取得盈利而遭受损失。因此，旅游景区现金管理的目标，就是要在保证正常经营的前提下，在资产的流动性和盈利能力之间做出合理选择，即在保证正常旅游景区经营需要的同时，尽可能降低现金的占用量，并从暂时闲置的现金中获得最大的投资收益。

3. 现金管理的内容

现金管理的内容一般包括编制现金预算、确定最佳现金持有量和现金的日常管理三方面。

（1）编制现金预算

旅游景区现金预算是指在旅游景区长期发展战略的基础上，以现金管理的目标为指导，充分调查和分析各种现金影响因素，运用一定的方法合理估计旅游景区未来一定时期的现金收支情况，并对预期差异采取相应对策。

现金预算的目的是对预算期内重大的现金收支活动进行规划，根据对预算期内各项业务活动产生的现金流入和现金流出的预期，确定预算期内的现金余缺，并对有关短期投资和短期筹资做出事先安排。

（2）确定最佳现金持有量

最佳现金持有量是指满足旅游景区现金管理目的的现金持有量，一般可根据成本分析模式、存货模式、随机模式等加以确定。其中，成本分析模式是根据现金有关成本，分析预测其总成本最低时现金持有量的一种方法。旅游景区现金的成本包括持有成本、转换成本和短缺成本。其中，现金持有成本是指旅游景区因保留一定的现金余额而增加的管理费用及丧失的投资收益，与现金的持有量成正比变动关系；转换成本是指旅游景区用现金购入有价证券等以及转让有价证券换取现金时付出的交易费用，即现金同有价证券之间相互转换的成本；短缺成本是指旅游景区在现金持有量不足而又无法及时将其他资产变现而给旅游景区带来的损失，与现金持有量成反比变动关系。

（3）现金的日常管理

旅游景区现金的日常管理，主要包括日常的现金收入管理和现金支出管理。现金日常管理的主要目的在于提高现金使用效率，为达到这一目的，旅游景区应力争做到以下几个方面的工作：

①力争现金收入和现金支出同步发生。如果旅游景区能尽量使自身的现金流入和现金流出发生的时间趋于一致，就可以使其所持有的交易性现金余额降到最低水平。

②使用现金浮游量。从旅游景区开出支票，收票人收到支票并存入银行，至银行将款项划出旅游景区账户，中间需要一段时间。现金在这一段时间的占用称为现金浮游量。在这段时间，旅游景区虽然已经开出了支票，却仍可动用存款账户上的这笔资金。但旅游景区在使用现金浮游量时，应注意控制好时间，避免发生透支。

③在合理的范围内延迟付款。旅游景区可在不影响自己信誉的前提下，尽可能推迟应付款的支付期，充分运用供货方所提供的信用优惠。

④加速收款。应收账款是旅游景区的一项资金投放，虽然应收账款会扩大旅游景区的销售规模，扩大市场占有率，但同时应收账款会增加旅游景区资金的占用，由此带来成本。因此，旅游景区应在应收账款带来的销售额增加和成本之间进行衡量，确定合理的收账政策，加速收款。

三、旅游景区应收账款管理

应收账款是旅游景区因销售商品、提供服务以及其他原因而应向客户收取的款项。应收账款产生的主要原因在于商业竞争。出于扩大销售的竞争需要，旅游景区不得不以赊销或其他优惠方式招揽顾客，从而产生了应收账款。

1. 应收账款管理的目标

应收账款是旅游景区的一项资金投放，是旅游景区为了扩大销售和盈利而进行的投资，而投资就要发生成本。应收账款的成本主要包括机会成本、管理成本和坏账成本。机会成本是指旅游景区的资金因占用在应收账款上而丧失的其他投资收益；管理成本是指旅游景区因对应收账款进行管理所发生的各项支出；坏账损失是指因应收账款无法收回而给旅游景区造成的损失。因此，旅游景区应收账款管理的目标，就是在充分发挥应收账款功能的基础上，在应收账款信用政策所增加的盈利和产生的成本之间进行权衡，使应收账款带来的收益大于产生的成本费用。

2. 应收账款的信用政策

信用政策是旅游景区采用信用赊销策略时，为对应收账款进行规划和控制所制定的原则和规范，是影响旅游景区应收账款水平的重要因素。信用政策包括信用标准、信用条件和收账政策三方面。

（1）信用标准

信用标准是指旅游景区向顾客提供商业信用时，要求顾客达到的最低条件。如果顾客达不到信用标准，便不能享受旅游景区的信用或只能享受较低的信用。信用标准主要解决两个问题，一是确定赊销对象；二是确定信用额度，即什么样的顾客可从旅游景区取得商业信用，最大的赊欠额是多少。旅游景区设定信用标准、评价顾客的信用品质往往采用"5C"系统来进行，"5C"包括：品质（Character）、能力（Capacity）、资本（Capital）、抵押（Collateral）和条件（Conditions）。其中，品质是指买方的信誉，即顾客履行偿债义务的可能性；能力是指顾客的偿债能力；资本是指顾客的财务实力和财务状况，表明顾客可能偿还债务的背景；抵押是指顾客拒付款项或者无力付款时能被用作抵押的资产；条件是指可能影响顾客付款能力的经济环境，比如经济衰退等。

当旅游景区采用较为严格的信用标准时，坏账损失、机会成本和管理成本将降低，但同时营业额也会下降；若旅游景区采用较为宽松的信用标准，营业额会上升，但坏账损失、机会成本和管理成本会增加。因此，旅游景区应在信用标准带来的成本变动和收益变动之间进行衡量，确定合理的信用标准。

（2）信用条件

信用条件是指旅游景区对达到信用标准的顾客提出的支付赊销款项的条件，包括信用期间和现金折扣两方面。

信用期间是旅游景区允许顾客从购买商品或接受服务之日起至支付款项止的最长付款期限。信用期短，不足以吸引顾客，会使旅游景区营业额降低；信用期过长，会增加旅游景区的营业额，但坏账损失、机会成本和管理成本可能增加。因此，旅游景区必须慎重研究，制定出恰当的信用期间。

现金折扣是旅游景区为了鼓励顾客及早付款而给予的价款上的优惠。现金折扣通常采用 3/10、1/20、N/30 的符号表现形式。其中，3/10 表示 10 天内付款，可以享受 1% 的价格优惠，即买方只需支付货款的 97%；1/20 表示 20 天内付款，可以享受 1% 的折扣，买方只需向卖方支付货款的 99%；N/30 表示付款的最后期限为 30 天，此时付款没有优惠。现金折扣可以缩短旅游景区的收款期，扩大营业额，降低机会成本和坏账损失，但同时会增加旅游景区的现金折扣成本。因此，旅游景区应在现金折扣带来的收益与成本之间进行衡量，确定合理的现金折扣。

（3）收账政策

收账政策是指旅游景区对那些超过信用期仍未付款的顾客所制定的催收账款策略。催收账款需要花费费用，旅游景区采用的收账政策越积极，可收回的应收账款越多，会降低坏账损失，但同时收账费用会较大。因此，旅游景区应在收账费用和所减少的坏账损失之间做出权衡，制定有效、得当的收账政策。

四、旅游景区存货管理

存货是旅游景区为了销售或耗用而储备的商品和货物，如旅游景区饭店、餐厅、商店储备的各种原材料、燃料、物料用品、低值易耗品、商品等。旅游景区储备存货的主要目的是为了保证生产和销售的需要，如在旅游旺季，旅游景区的饭店、餐厅、商店等会准备充足的存货，以满足顾客需求，避免缺货损失。但过多的存货要占用较多的资金，而且会增加包括仓储费、保险费、管理人员人工费等各项开支。因此，旅游景区存货管理，就是在充分发挥存货功能的基础上，在存货成本与存货效益之间进行权衡，达到二者的最佳结合。

1. 存货的成本

旅游景区与储备存货有关的成本，包括以下四种：

（1）购置成本。购置成本是指存货本身的价值，通常用存货数量与单价的乘积来确定。一定时期内旅游景区存货购置成本的大小，取决于存货的数量和市场价格，当采购数量一定时，旅游景区通过签订合同，可以确定存货的购置成本。对于旅游景区的自制存货，此项成本称为生产成本。

（2）订货成本。订货成本是指旅游景区取得订单的成本，如办公费、差旅费、邮资、电话费等支出。一定时期内旅游景区总的订货成本与每次订货成本和订货次数有关。对于旅游景区的自制存货，此项成本称为生产准备成本。

（3）储存成本。储存成本是指旅游景区为保存存货而发生的各项支出，包括存货占用资金所应计的利息、仓库费用、保险费用、存货破损和变质损失等。储存成本又可分为固定成本和变动成本，固定成本与存货数量的多少无关，如仓库折旧、仓库管理人员的固定月工资等；变动成本与存货数量的多少有关，如存货占用资金应计的利息、存货破损和变质损失等。

（4）缺货成本。缺货成本是指由于存货供应中断而给旅游景区造成的损失，包括材料供应中断造成的停工损失、因商品不足而失去销售机会的损失等。

2．旅游景区存货管理

旅游景区存货的日常管理并不属于财务部门，旅游景区财务管理中的存货管理主要关注两个问题：

（1）确定存货的经济批量模型和订货点，即通过对存货成本、存货效益及存货资金投入等的权衡，制定合理的进货批量和进货时间，确定合理的存货水平。

（2）评价存货风险。旅游景区对存货投资的风险评价包括两方面，一是评价某些存货市场价格波动产生的风险；二是评价旅游景区提供的存货是否因不符合顾客需求而带来的风险。

五、旅游景区短期筹资与营运资金政策

1．旅游景区短期筹资

旅游景区通过短期筹资所筹集到的资金使用期限较短，一般不超过1年，因此这部分资金应运用或投放于旅游景区流动资产上。旅游景区短期筹资均属债务筹资，筹资成本较低，但由于使用期限短，要求筹资者在短期内拿出足够的资金偿还债务，若筹资者届时资金安排不当，会陷入财务危机，因此，短期筹资的风险较高。旅游景区常用的短期筹资方式主要包括商业信用和短期借款两类。

（1）商业信用

商业信用是指旅游景区以延期付款或预收货款等方式进行商品或劳务交易所形成的借贷关系。商业信用产生于旅游景区的商品或劳务交换过程中，是旅游景区的"自发性筹资"。商业信用的具体形式包括应付账款、应付票据和预收账款等。

①应付账款。旅游景区的应付账款是指旅游景区购买货物或接受劳务暂未付款而欠对方的款项，是一种最常见、最典型的商业信用形式。对旅游景区而言，延期付款相当于向卖方借用资金购进商品或劳务，可以满足短期资金的需要。和应收账款相对应，应付账款也有信用期间、现金折扣等信用条件，旅游景区的应付账款可以分为：免费信用，即旅游景区在规定的折扣期内享受现金

折扣而获得的信用；有代价信用，即旅游景区放弃现金折扣付出代价而获得的信用；展期信用，即旅游景区超过规定的信用期延迟付款而强制获取的信用。作为买方的旅游景区获得不同信用要负担不同的代价，因此，旅游景区应在利用哪种信用条件之间做出决策，选择信用成本最小或所获利益最大的信用条件。

②应付票据。旅游景区的应付票据是指旅游景区进行延期付款商品或劳务交易时开具的反映债权债务关系的票据。按照承兑人的不同，应付票据可以分为商业承兑汇票和银行承兑汇票两种，支付期最长不超过 6 个月。应付票据可以带息，也可以不带息。应付票据的利率一般比银行借款的利率低，但是应付票据到期必须归还，因而风险较大。

③预收账款。旅游景区的预收账款是作为卖方的旅游景区在交付商品或提供劳务之前预先向买方收取的全部或部分价款，是买方向卖方提供的商业信用形式。

此外，旅游景区往往还存在一些非商品或劳务交易中产生、但也属于自发性筹资的应付费用，如旅游景区的应付职工薪酬、应交税费、其他应付款等。

和其他筹资方式相比，商业信用的优点在于，对于多数旅游景区而言，商业信用是一种持续性的信贷形式，而且不需要办理筹资手续，较易取得。此外，如果没有现金折扣或使用不带息的商业票据，商业信用筹资方式不需要负担成本。商业信用的缺点在于使用期限较短，在放弃现金折扣时需要付出较高的成本。

（2）短期借款

短期借款是指旅游景区为了解决短期资金需求，向银行借入的期限在 1 年以内的款项，是旅游景区筹集流动资金的重要方式。按照借款有无担保，旅游景区的短期借款可以分为信用借款、担保借款和票据贴现三种。

①信用借款。信用借款是指旅游景区在没有提供抵押品或担保人担保的情况下，以自身信用向银行取得借款。这种借款手续简便，利率较高，但对于银行来说风险较大。因此，信用借款一般需要由银行给予借款人一定的信用额度或借贷双方签订循环借款协议。

②担保借款。担保借款是指旅游景区在有一定的保证人作保证或利用一定的财产作抵押或质押的情况下所取得的银行借款。担保借款包括保证借款、抵押借款和质押借款三种。其中，保证借款是指旅游景区按照《担保法》规定的保证方式，在有保证人承诺其不能按期偿还借款时，保证人将按约定代为清偿或承担经济责任而取得的银行借款。抵押借款是指旅游景区提供抵押品或以第三人提供抵押品，如土地使用权、房屋、设备等作为还款保证的情况下所取得的银行借款。质押借款是以借款旅游景区或第三人的动产或权利作担保所取得

的银行借款。

③票据贴现。票据贴现是指旅游景区将未到期的票据在背书后送交银行，贴付一定的贴现利息后所取得的银行借款。票据贴现的计算过程如下：

$$贴现所得金额 = 票据到期价值 - 贴现息$$

$$贴现息 = 票据到期价值 \times 贴现率 \times 贴现天数 \div 360$$

[例 17] 某旅游景区持一张期面值 10 万元人民币，利率 6%，期限 6 个月，已持有 4 个月的票据到银行贴现（银行的年贴现率为 8%）。则有：

$$票据到期价值 = 10 \times (1 + 6\% \times \frac{6}{12}) = 10.3 \ （万元）$$

$$贴现息 = 10.3 \times 8\% \times 2/12 = 0.137（万元）$$

$$借款金额 = 贴现所得金额 = 10.3 - 0.137 = 10.163（万元）$$

和其他筹资方式相比，短期借款的期限较短，比较容易取得，而且短期借款的条件相对宽松，资金使用较为灵活，具有较好的弹性；但与其他短期融资方式相比，旅游景区采用银行借款方式进行融资时，银行要按照一定的标准对借款旅游景区的经营状况、财务状况和信用状况等进行审查，会对旅游景区的经营造成一定的限制。

2. 旅游景区营运资金政策

旅游景区营运资金的政策包括营运资金的持有政策和营运资金筹集政策。其中，前者研究旅游景区如何确定营运资金的持有量，后者研究旅游景区如何筹集营运资金。

（1）营运资金持有政策

由于营运资金是流动资产与流动负债的差额，营运资金持有数量的高低，会影响旅游景区的收益和风险。因此，营运资金持有量的确定就是在旅游景区的风险与收益之间进行权衡。常见的营运资金持有政策包括：宽松的营运资金政策，即持有较高的营运资金，此时旅游景区的收益与风险均较低；紧缩的营运资金政策，即持有较低的营运资金，此时旅游景区的收益与风险均较高；适中的营运资金政策，即营运资金的持有量适中，恰好现金足够支付所需，此时旅游景区的收益与风险居中。从理论上来讲，适中的营运资金政策是最佳的，然而很难对适中的营运资金的持有量进行定量描述。

（2）营运资金筹集政策

旅游景区的流动资产按用途可以分为临时性流动资产和永久性流动资产。前者是指受季节性、周期性影响的流动资产，如旅游旺季持有的存货等；后者是指那些即使旅游景区处于旅游淡季或经营低谷也仍然需要保留的、用于满足旅游景区长期稳定发展需要的流动资产。旅游景区的流动负债按用途也可划分为临时性负债和自发性负债，前者是指为了满足临时性流动资金的需要而发生的负债，如旅游景区的餐厅为了满足旅游旺季的需求，因大量购入原材料而举借的债务等；后者是指直接用于旅游景区持续经营的负债，如旅游景区日常经营中的应付职工薪酬、应缴税费等。旅游景区营运资金筹集政策，主要是如何安排临时性流动资产和永久性流动资产的资金来源。常见的营运资金筹集政策包括配合型筹资政策、激进型筹资政策和稳健型筹资政策。

①配合型筹资政策

配合型筹资政策的特点是，对于临时性流动资产，运用临时性负债筹资满足需要；对于永久性流动资产和非流动资产，则运用非流动负债、自发性负债和权益资本筹资满足需要。配合型筹资政策的基本原理在于将旅游景区的资产与负债的期间相配合，以降低旅游景区不能偿还到期债务的风险，并尽可能降低负债的资本成本。但由于资产使用寿命的不确定性，往往无法做到完全配合，是一种理想的、对旅游景区有着较高资金使用要求的政策。

②激进型筹资政策

激进型筹资政策的特点是，临时性负债不仅满足临时性流动资产的需求，还解决部分永久性流动资产的需求，也即激进型筹资政策下的临时性负债在旅游景区全部资金来源中所占比重大于配合型筹资政策。由于临时性债务的成本低，激进型筹资政策下旅游景区的资本成本较低，但旅游景区需要经常性举债或进行债务展期，则加大了筹资困难。同时，旅游景区可能面临由于利率变动导致的资本成本增加的风险。因此，激进型筹资政策是一种高风险、高收益的筹集政策。

③稳健型筹资政策

稳健型筹资政策的特点是，临时性负债仅满足部分临时性流动资产的需求，其他临时性流动资产、永久性资产和非流动资产，由非流动负债、自发性负债和权益资本筹资来满足，也即稳健型筹资政策下的临时性负债在旅游景区全部资金来源中所占比重小于配合型筹资政策。由于临时性债务所占比重较小，旅游景区无法偿还到期债务的风险小，遭受利率变动的风险小，但总体资本成本较高。因此，稳健型筹资政策是一种低风险、低收益的筹集政策。

第五节 旅游景区收益管理

一、旅游景区营业收入管理

1. 旅游景区营业收入的含义和构成

旅游景区营业收入是旅游景区在经营活动过程中由于提供劳务或销售商品等取得的收入，包括接待游客所取得的门票、餐饮、商品出售及其他服务项目所取得的收入等。在市场经济条件下，旅游景区为了在激烈的市场竞争中立于不败之地，必须增加营业收入，提高经济效益。旅游景区的营业收入由主营业务收入和其他业务收入构成。主营业务收入是指旅游景区连续的、主要的经营活动所取得的收入，如接待游客所取的门票、餐饮、商品出售收入等。主营业务收入在旅游景区收入中占较大的比重，对旅游景区经济效益有重要的影响。其他业务收入是指旅游景区在主要经营活动以外从事其他业务活动取得的收入，如无形资产转让收入、原材料销售收入等，其他业务收入在旅游景区收入中所占比重较小。

2. 旅游景区营业收入的管理

旅游景区在经营过程中，为了增加营业收入，必须组织好经营活动，加强各个经营环节的管理，做好营业收入预测、决策、计划和控制工作。一般而言，旅游景区营业收入的管理应注意以下几点：

（1）做好营业收入的预测工作。为了加强营业收入管理，旅游景区应通过充分的调查研究，搜集各种与旅游景区经营有关的信息和数据，运用一定的方法对影响旅游景区经营的各种因素进行分析，预测出旅游景区在未来一定时期内各种商品或服务的销售量及变化趋势。营业收入的预测可采用判断分析法、调查分析法、趋势分析法和因果分析法等。

（2）根据市场变化制定合理的旅游产品价格。价格与销售量是影响旅游景区营业收入的主要因素，在价格一定的情况下，销售量越大，旅游景区的营业收入越大；在销售量一定情况下，价格越高，旅游景区的营业收入越大。但如果价格定得过高，就会减少销售量，从而会影响旅游景区的营业收入，这就要求旅游景区根据市场供求情况以及本景区产品的成本和质量,确定合理的价格。同时，深入调查和研究市场，努力做好促销工作，扩大本景区的市场份额。旅游景区可以采用的定价方法包括差别定价法、捆绑定价法、转移定价法、追随定价法、心理定价法等。

（3）正确核算营业收入。营业收入核算的正确与否直接关系到旅游景区盈利的准确性。按照《旅游、餐饮服务企业会计制度》和《企业会计准则》，旅游景区应采用权责发生制核算营业收入。在旅游景区经营活动中发生的销售退回、销售折扣和销售折让，应冲减当期营业收入。

（4）及时办理结算，加快营业收入回收。营业收入的回收关系到旅游景区资金的周转速度，若营业收入回收拖欠太多，会形成坏账，影响旅游景区经营目标的实现。为了减少坏账数量，应及时办理结算，加快营业收入的回收。旅游景区应在合同中明确双方的责任和款项的结算方式，在改善本景区商品销售及服务的同时，认真审查对方的信誉情况。

（5）积极处理好经营过程中存在的问题，提高旅游景区经济效益，并制定经营计划，提高服务水平，增强旅游景区的信誉，保证营业收入的实现。

二、旅游景区应纳税费

旅游景区的应纳税费主要有增值税、城市维护建设税和教育费附加、房产税、车船税、土地增值税、城镇土地使用税、印花税、企业所得税等。旅游景区应认真履行各项税务登记和纳税申报工作，如实按期缴纳各项税费。本节主要介绍增值税、城市维护建设税和教育费附加以及企业所得税。

1. 增值税

按照现行增值税暂行条例的规定，增值税是对在我国境内销售货物、提供劳务及服务、进口货物的单位和个人所取得的增值额征收的一种税。增值税纳税义务人按其经营规模及会计核算健全与否划分为小规模纳税人和一般纳税人。

小规模纳税人是指年销售额在规定标准以下，并且会计核算不健全，不能按规定报送有关税务资料的增值税纳税人。小规模纳税人实行简易征税办法，一般不使用增值税专用发票。小规模纳税人销售货物或提供加工、修理修配劳务，按照其销售额和规定的 3% 的征收率计算应纳税额，不得抵扣进项税额。其计算公式如式（4.32）所示：

$$增值税应纳税额 = 销售额 \times 征收率 \qquad （4.32）$$

一般纳税人是指经营规模达到规定标准，会计核算健全的纳税人。一般纳税人使用增值税专用发票，实行增值税款抵扣制度。其计算公式如式（4.33）所示：

$$增值税应纳税额 = 当期销项税额 - 当期进项税额 \qquad (4.33)$$

其中，销项税额是纳税人销售货物或提供服务、劳务，按照销售额和规定的税率计算并向购买方收取的增值税。进项税额是纳税人购进货物或接受加工、修理修配劳务所支付或负担的增值税额。进项税额作为可以抵扣的部分，对计算纳税人的当期应纳增值税具有重要影响。但是并非纳税人支付的所有进项税额都可以从当期销项税额中抵扣，必须严格区分哪些进项税额可以抵扣，哪些进项税额不能抵扣。

根据现行增值税暂行条例和实施细则规定，下列增值税进项税额不得从当期销项税额中抵扣：

（1）纳税人购进货物或应税劳务，未按规定取得并保存增值税扣税凭证，或增值税扣税凭证上未按规定注明增值税额及其他有关事项的。

（2）用于免税项目的购进货物或应税劳务。

（3）用于集体福利或个人消费的购进货物或应税劳务。

（4）非正常损失的购进货物。

（5）非正常损失的在产品、产成品所耗用的购进货物或应税劳务。

2. 城市维护建设税和教育费附加

纳税人根据当月应交的增值税及消费税之和，分别乘以当地城建税税率（7%、5%、1%）、教育费费率3%，得到当月应交的城建税，教育费附加。由于旅游景区需要缴纳增值税，因此也是城建税和教育费附加的纳税义务人。城建税和教育费附加的计算公式分别如式（4.34）和（4.35）所示：

$$应纳城建税 = 纳税人实际缴纳的增值税 \times 城建税税率 \qquad (4.34)$$

$$应纳教育费附加 = 纳税人实际缴纳的增值税 \times 征收比率 \qquad (4.35)$$

城建税税率由纳税人所在地区确定，若纳税人所在地为市区，城建税率为7%；若纳税人所在地为县城、镇，税率5%；若纳税人所在地不在市区、县城、镇的，税率为1%。教育费附加的征收率为3%。

3. 企业所得税

旅游景区取得的应纳税所得额需要按照《企业所得税法》的规定缴纳企业所得税。旅游景区应纳所得税额应根据应纳税所得额与规定的税率计算，其计算公式如式（4.36）所示：

$$应纳所得税额 = 应纳税所得额 \times 税率 - 减免税额 - 抵免税额 \qquad (4.36)$$

按现行企业所得税法的规定，居民企业的所得税率为25%，非居民企业的所得税率20%。企业所得税的计算关键在于应纳税所得额的确定。

旅游景区的应纳税所得额，是指旅游景区每一纳税年度的收入总额，减除不征税收入、免税收入、各项扣除以及允许弥补的以前年度亏损后的余额。

收入总额是指旅游景区以货币形式和非货币形式从各种来源取得的收入。包括：

（1）销售货物收入，是指旅游景区销售商品、包装物等取得的收入，如旅游景区的商店销售旅游商品的收入。

（2）提供劳务收入，是指旅游景区提供劳务获得的收入，如旅游景区提供餐饮住宿服务、娱乐服务的收入。

（3）转让财产收入，是指旅游景区转让固定资产、生物资产、无形资产、股权、债权等取得的收入。

（4）股息、红利等权益性投资收益，是指旅游景区因权益性投资而从被投资方取得的收入。

（5）利息收入，是指旅游景区进行债权性投资取得的收入，如旅游景区存款、购买公司债券取得的利息收入。

（6）租金收入，是指旅游景区提供固定资产等的使用权取得的收入，如旅游景区出租设备、场地的收入。

（7）特许权使用费收入，是指旅游景区转让特许权取得的收入。

（8）接受捐赠收入和其他收入。

旅游景区实际发生的与取得收入有关的、合理的支出，包括成本、费用、税金、损失和其他支出，准予在计算应纳税所得额时扣除。

（1）成本，是指旅游景区在经营活动中发生的销售成本、业务支出以及其他耗费。

（2）费用，是指旅游景区在经营活动中发生的销售费用、管理费用和财务费用，已经计入成本的有关费用除外。

（3）税金，是指旅游景区发生的除企业所得税和允许抵扣的增值税以外的各项税金及其附加。

（4）损失，是指旅游景区在经营活动中发生的固定资产和存货的盘亏、毁损、报废损失，转让财产损失，坏账损失，自然灾害等不可抗力因素造成的损失以及其他损失。

（5）其他支出，是指除成本、费用、税金、损失外，旅游景区在生产经营活动中发生的与生产经营活动有关的、合理的支出。

按照现行企业所得税法的规定，旅游景区在计算应纳税所得额时，下列支出不得扣除：

（1）向投资者支付的股息、红利等权益性投资收益。

（2）企业所得税税款。

（3）税收滞纳金。

（4）罚金、罚款和被没收财物的损失。

（5）公益救济性以外的捐赠支出。

（6）赞助支出。

（7）未经核定的准备金支出。

（8）与取得收入无关的其他支出。

在计算企业所得税时，旅游景区纳税年度发生的亏损，准予向以后年度结转，用以后年度的所得弥补，但结转年限最长不得超过五年。

减免税额和抵免税额，是指依照企业所得税法和国务院的税收优惠规定减征、免征和抵免的应纳税额。如旅游景区来源于境外的应税所得已在境外缴纳的所得税税额，可以从其当期应纳税额中抵免，抵免限额为该项所得依照我国现行企业所得税法规定计算的应纳税额；超过抵免限额的部分，可以在以后五个年度内，用每年度抵免限额抵免当年应抵税额后的余额进行抵补。

三、旅游景区利润管理

利润是旅游景区在一定期间经营活动所取得的主要财务成果，是旅游景区在经营过程中收入扣除费用后的盈余。利润是旅游景区生存与发展的必要条件，也是评价一个旅游景区经营状况的重要指标。

1. 旅游景区利润构成

旅游景区的利润由营业利润和营业外收支净额组成。用公式表述为：

$$利润总额=营业利润+营业外收入-营业外支出$$

其中，营业利润是旅游景区在日常经营活动中所产生或期望实现的利润，包括旅游景区门票销售、餐厅、商店、康乐、投资等活动所实现的利润。其计算公式如下：

$$营业利润=营业收入-营业成本-税金及附加-销售费用-管理费用-研发费用-财务费用-资产减值损失+其他收益+公允价值变动净损益+投资净损益+资产处置损益$$

资产减值损失是指旅游景区根据资产减值等准则计提各项资产减值准备所形成的损失。如旅游景区计提的存货跌价准备、持有至到期投资减值准备、固定资产减值准备、无形资产减值准备等。

其他收益是指计入其他收益的政府补助等。

公允价值变动损益是指旅游景区的交易性金融资产等公允价值变动形成的

应计入当期损益的利得或损失。

投资净损益是指旅游景区的投资收益扣除投资损失后的数额。投资收益包括旅游景区对外投资分得的利润、取得的股利、债券利息、投资到期收回或者中途转让取得款项高于账面净值的差额。投资损失包括投资到期收回或者中途转让取得款项低于账面净值的差额等。

营业外收支净额是指营业外收入减营业外支出后的净额。营业外收入和营业外支出是指旅游景区发生的与日常经营活动无直接关系的各项利得和损失。营业外收入包括旅游景区各项捐赠利得、盘盈利得等；营业外支出包括旅游景区各项捐赠支出、盘盈损失等。

2. 旅游景区利润控制

利润是旅游景区新增加的财富，是旅游景区生存和发展的基础，追逐利润是旅游景区经营的根本动力。在经营过程中，旅游景区应对影响利润实现的各种因素进行管理，尽可能节约成本费用开支，并通过各种途径增加营业收入，提高旅游景区利润。一般而言，旅游景区进行利润控制主要包括以下方面：

（1）充分挖掘市场潜力，尽可能降低成本，节约各项费用开支，提高旅游景区的商品质量和服务质量，以增强旅游景区的市场竞争力。

（2）旅游景区要充分收集各种市场信息，了解市场的需求变化，积极调整经营策略，以保证旅游景区经营目标的实现。

（3）加强旅游景区各方面的管理，建立责任制，将责权利结合起来，充分调动旅游景区全体职工的积极性，以保证各项经营计划的实现。

（4）充分利用旅游景区的闲置资金对外投资，根据旅游景区自身财务状况，选择最佳投资组合，以增加投资收益，减少投资损失。

（5）加强旅游景区各项资产管理，充分利用各类资产，严格控制各项资产减值损失和各种营业外支出，尽量减少各类损失。

3. 旅游景区利润分配

利润分配是旅游景区财务活动的重要方面，是对旅游景区已实现利润或亏损进行分配和处理的过程。利润分配体现着旅游景区与国家、投资者及职工之间的经济利益关系。因此，旅游景区必须在遵守相关财务制度规定的基础上，兼顾各方利益对利润进行合理分配。

按照现行《企业财务通则》和《旅游、饮食服务企业会计制度》的规定，旅游景区缴纳所得税后的利润，除国家另有规定者外，按下列顺序分配：

（1）支付被没收财物损失和各项税收的滞纳金、罚款。

（2）弥补旅游景区以前年度亏损（指超过用所得税前的利润抵补亏损的期限，仍未补足的亏损）。

（3）提取法定公积金。按照旅游景区当年税后利润的 10%提取，法定公积金累计额达到注册资本 50%以后，可以不再提取。

（4）提取任意公积金。任意公积金提取比例由旅游景区的投资者决议决定。

（5）向投资者分配利润。旅游景区以前年度未向投资者分配的利润，并入本年度利润，在充分考虑现金流量状况后，向投资者分配。属于各级人民政府及其部门、机构出资的旅游景区，应当将应付国有利润上缴财政。

旅游景区当年无利润时，不得向投资者分配利润，但股份制旅游景区在用盈余公积金弥补亏损后，经股东会特别决议，可以按照不超过股票面值 6%的比率用盈余公积金分配股利，在分配股利后，旅游景区的法定盈余公积金不得低于注册资金的 25%。

第六节　旅游景区成本费用管理

一、旅游景区成本费用的内容

旅游景区成本费用是指旅游景区为获得经济效益，在经营管理旅游景区活动过程中所发生的各项耗费。根据《旅游、饮食服务企业会计制度》，旅游景区成本费用包括以下四部分：

1. 营业成本

营业成本是指旅游景区在经营过程中发生的各项直接支出，包括：

（1）旅游景区直接耗用的原材料、调料、配料、辅料、燃料等直接材料成本，如旅游景区餐厅耗用的食品原料、饮料、调料、配料及燃料成本等，旅游景区饭店洗衣房、照相馆、洗染店、修理店耗用的原材料、辅料成本。

（2）旅行社已计入营业收入总额的房费、餐费、交通费、文娱费、行李托运费、票务费、门票费、专业活动费、签证费、陪同费、劳务费、宣传费、保险费、机场费等代收代付费用。

（3）商品的进价成本，分为国内购进商品进价成本和国外购进商品进价成本。国内购进商品进价成本是指购进商品原价。国外购进商品进价成本是指进口商品在购进中发生的实际成本，包括进价、进口税费、购进外汇价差以及支付委托外贸部门代理进口的手续费。

（4）其他成本，如旅游景区转让无形资产、其他存货（商品以外的存货）的实际成本。

2. 管理费用

管理费用是指旅游景区为组织和管理经营活动而发生的费用以及由旅游景区统一负担的费用，具体包括旅游景区在筹建期间发生的开办费、董事费和旅游景区管理部门在经营管理过程中发生的或应由旅游景区统一负担的公司经费（含旅游景区管理部门职工薪酬、修理费、物料消耗、低值易耗品摊销、服装费、办公费、差旅费以及其他行政经费等）、工会经费、董事会费（包括董事会成员津贴、会议费和差旅费等）、聘请中介机构费、咨询费（含顾问费）、诉讼费、绿化费、业务招待费、技术转让费、矿产资源补偿费、排污费等。

3. 销售费用

销售费用是指旅游景区各经营部门在经营活动中发生的各项费用，包括旅游景区经营过程中发生的运输费、装卸费、包装费、保管费、保险费、燃料费、水电费、展览费、广告宣传费、邮电费、差旅费、洗涤费、清洁卫生费、低值易耗品摊销、物料消耗、经营人员的薪酬、工作餐费、服装费以及其他营业费用。其中，工作餐费是指旅游景区的餐厅或饭店按规定为职工提供工作餐而支付的费用。服装费是指旅游景区按规定为职工制作工作服装而发生的费用。

4. 财务费用

财务费用是指旅游景区为筹集经营所需资金而发生的各项支出，具体包括旅游景区经营期间发生的各项利息净支出（减利息收入后的支出）、汇兑净损失（减汇兑收益后的损失）、银行及金融机构的相关手续费、旅游景区发生的现金折扣或收到的现金折扣等。

二、旅游景区成本费用的类别

旅游景区成本费用多种多样，为了便于控制和管理，需要对旅游景区成本费用按管理要求的不同进行分类。

1. 按照成本费用的经济内容分类

按照成本费用的经济内容，旅游景区成本费用可划分为：

（1）外购材料，即旅游景区为经营而购进的原料及主要材料、半成品、辅助材料、低值易耗品等，如餐厅的食品、饮料等。

（2）外购燃料，即旅游景区为经营而购进的各种固体、液体和气体燃料，如旅游景区运营车辆消耗的汽油、餐厅消耗的天然气等。

（3）外购动力，即旅游景区为经营而购进的各种动力，如电力等。

（4）工资，即旅游景区支付给职工的应计入成本费用的劳动报酬。

（5）提取的职工福利费，即旅游景区根据规定按职工工资的一定比例计提的职工福利费。

（6）折旧费，即旅游景区按规定的固定资产折旧范围和折旧方法计提的折旧费用。

（7）利息支出，即旅游景区在筹资过程中所发生的各项利息支出减利息收入后的净额。

（8）税费，即应计入旅游景区管理费用的各项税费，如房产税、土地使用税、车船使用税、印花税等。

（9）其他支出，是指不属于上述各项费用支出，如职工差旅费、邮电通信费、租赁费、保险费等。

2. 按照成本费用的经济用途分类

按照成本费用的经济用途，旅游景区成本费用可划分为经营成本和期间费用两部分。经营成本是指旅游景区支出的各项直接材料、直接工资、其他直接支出和制造费用。期间费用则包括管理费用、财务费用和销售费用。

3. 按照成本费用与经营业务量的关系分类

按照成本费用额的变化与旅游景区销售量的关系，可将旅游景区成本费用划分为固定成本（或固定费用）、变动成本（或变动费用）、混合成本（或混合费用）。固定成本不随旅游景区经营业务量的变动而变动，如旅游景区各项固定资产的折旧费、保险费、广告费等。变动成本随着旅游景区销售量的增长而正比例增长，如旅游景区餐厅的食品原材料支出会随着就餐客人的增加而增加；旅游景区按照销售量多少支付的佣金、销售税金及附加等会随着销售量的增加而增加等。混合成本随着旅游景区经营业务量增长而增长，但与经营业务量增长不成正比例。混合成本介于固定成本和变动成本之间，可以将其分解为固定成本和变动成本两部分。因此，全部成本费用都可以分解为固定成本与变动成本两部分。

三、旅游景区成本费用管理的原则

1. 正确划分各项支出的性质，严格遵守旅游景区成本费用开支范围

旅游景区在经营活动过程中发生的成本费用支出的不同，性质不一样，应明确界限，分别加以管理。具体而言：

（1）划分收益性支出和资本性支出的界限。收益性支出的效益仅涉及旅游景区的某一会计期间或某一营业周期，资本性支出的效益涉及旅游景区几个会计期间或几个营业周期。

（2）划分经营性支出和营业外支出的界限。经营性支出是指旅游景区日常生产经营活动中发生的支出，如旅游景区耗用的食品、饮料、调料、配料及燃料成本等；营业外支出是指旅游景区发生的与生产经营活动无直接关系的各项

支出，如旅游景区处置固定资产的损失、捐赠支出、赞助支出等。

（3）遵守成本费用开支范围，要在划清各项费用支出界限的基础上，做到：属于成本费用开支范围的均应计入，不得少计、漏计，即不能虚降成本费用；不属于成本费用开支范围的均不应计入，不得多计、重计，即不能虚增成本费用。

为了正确处理好国家、旅游景区和职工之间的经济关系，保证国家对旅游景区经营利润的分配权得以实现，为了使旅游景区成本费用负担合理，《旅游、饮食服务企业会计制度》和《企业财务通则》对成本费用开支范围做了明确规定。旅游景区成本费用的开支必须按此规定进行控制。按此规定，下列支出不得计入旅游景区成本费用：

（1）为构建固定资产、无形资产和其他资产发生的支出；

（2）对外投资支出和分配给投资者的利润；

（3）被没收财物的损失；

（4）支付的各项赔偿金、违约金、滞纳金、罚款以及赞助、捐赠支出；

（5）国家法律、法规规定以外的各项付费；

（6）国家规定不得列入成本费用的其他支出。

旅游景区列入成本费用的职工福利费、职工教育经费、工会经费以职工工资总额为基数，分别按 14%、2% 和 2.5% 的比例计提。

2. 以权责发生制原则核算旅游景区成本费用

权责发生制原则是现代旅游景区会计核算的基本方法。权责发生制原则要求旅游景区在进行成本费用核算时，应分清本期成本费用和非本期成本费用，正确核算待摊、递延和预提费用。凡属于本期的成本费用不论是否已经支出，均应列入本期的成本费用；凡不属于本期负担的成本费用，即使在本期已经实际支出，也不应作为本期成本费用处理，而应由各受益期分摊。若本期支付应由本期和以后各期负担的费用，应计入待摊费用或递延费用，按照一定标准分配计入本期和以后各期成本费用；本期尚未支付，但已经受益应由本期成本费用负担的成本费用，应计入预提费用，预先分配计入本期成本。

3. 正确处理降低成本与保证质量和数量的关系

旅游景区借助于有形的设施、设备为游客提供面对面的服务产品，其产品质量很大程度上取决于游客的感受。这种服务产品的质量好坏，对旅游景区声誉乃至生存具有重要意义。从财务管理目标来看，旅游景区应利用一定的投入获取尽可能多的产出，即以较少的成本费用支出获取更大的利润，提高旅游景区价值。在旅游景区经营管理过程中力求成本费用的降低，并不意味着可以通过降低旅游景区旅游产品数量和质量的途径来实现，而要在确保旅游产品数量、服务质量的基本前提下通过多方面努力达到降低成本费用的目的。这就要求旅游景区应加强内部控制，挖掘经营潜力，厉行节约，减少浪费；同时，也可以通过扩大旅游景区旅游产品的销售量来达到相对降低旅游景区成本费用的目的，即以降低单位产品的成本费用的办法来实现旅游景区成本费用的降低。

4. 建立健全旅游景区内部控制制度，实施全员成本费用管理

成本费用的发生贯穿于旅游景区的整个经营期间，是在旅游景区的整个经营过程中逐步形成的，而且涉及旅游景区内部各个部门、班组和员工个人。旅游景区总成本费用的降低应通过各岗位成本降低来实现。因此，旅游景区成本费用的管理必须建立健全内部控制制度，制定相应的成本费用管理责任制，按成本费用计划指标分解落实到每一部门、每一班组和每一个人，并且和岗位目标责任制结合起来，将成本费用管理的权责利有机结合起来，健全旅游景区全员成本管理。通过各部门、各岗位成本费用的降低，有效地控制旅游景区总体成本费用。

5. 建立健全成本费用管理体系

旅游景区的全体员工对经营活动全过程进行成本费用管理要借助健全的成本费用管理体系进行。旅游景区成本费用管理体系是按照对旅游景区经营活动进行阶段性管理来建立的，包括事前的成本费用决策和计划、日常的成本费用核算和控制、事后的成本费用分析和考核。

（1）成本费用决策。旅游景区成本费用决策是对事前的成本费用目标和将采取的重大措施做出决策并选择最佳方案。成本费用计划是根据成本费用决策，制定实施的行动方案，动员旅游景区全体员工对经营过程进行全面的成本费用管理。

（2）成本费用核算。旅游景区成本费用核算是对旅游景区成本费用的发生进行登记、分摊及计算，所反映的是旅游景区经营过程的实际成本费用的消耗情况。

（3）成本费用控制。旅游景区成本费用控制是对旅游景区经营过程进行监督，在监督过程中贯彻厉行节约、反对浪费、挖掘潜力、拟定措施，促进旅游景区经营的顺利发展。

（4）成本费用分析。旅游景区成本费用分析是检查成本费用计划的完成情况，分析完成或未完成计划的原因，总结经验，找出缺点，提出办法，为进一步降低旅游景区成本费用提供资料。

（5）成本费用考核。旅游景区成本费用考核是在成本费用分析的基础上，评价旅游景区各部门、班组、员工个人在完成成本费用计划过程中的成绩或缺点，并给予应有的奖励或惩罚。

四、旅游景区成本性态与本量利分析

1. 旅游景区成本性态分析

按照成本费用额的变化与旅游景区销售量的关系，可将旅游景区全部成本费用分解为固定成本与变动成本两部分。在一定时期和一定的销售量范围内，固定成本不随旅游景区销售量的变动而变动，但就单位产品或劳务销售中耗费的固定成本而言，则与商品或劳务销售总额成反比，即单位固定成本是变动的。由于在成本总额固定的情况下，销售量小则单位产品或劳务所负担的固定成本就高，旅游景区单位固定成本与销售量之间的关系如图4-3所示。

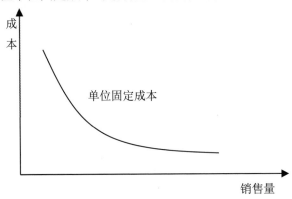

图4-3　单位固定成本与销售量之间的关系

旅游景区的变动成本随着销售量的变动而变动，但单位变动成本是一个固定的常数，不受销售量多少的影响，如图4-4所示。单位变动成本又可称为变动成本率，其计算公式如式（4.37）所示：

$$变动成本率 = \frac{变动成本}{销售收入总额} \times 100\% \qquad (4.37)$$

2. 边际贡献方程式

旅游景区边际贡献是指旅游景区的营业收入超过变动成本的差额，可以用式（4.38）描述：

$$边际贡献 = 营业收入 - 变动成本 \qquad (4.38)$$

在旅游景区的经营活动中，由于固定成本在销售量的一定范围内一般稳定不变，因此影响旅游景区盈利能力的主要是营业收入和变动成本的大小。边际贡献是扣除自身变动成本之后给旅游景区所做的贡献，它首先用于收回固定成本，如果还有剩余则成为利润，如果不足以收回固定成本则发生亏损。

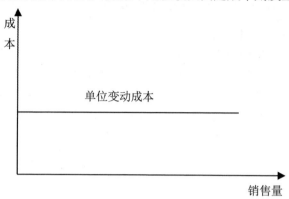

图4-4　单位变动成本与销售量之间的关系

（1）单位边际贡献

单位边际贡献是指旅游景区商品或劳务的销售单价减去其单位变动成本的差额，可以理解为每增加一单位营业收入所产生的贡献，反映了商品或劳务给旅游景区做出贡献的能力，可用式（4.39）描述：

$$单位边际贡献 = 单价 - 单位变动成本 \qquad (4.39)$$

（2）边际贡献率

边际贡献率是指边际贡献在营业收入中所占的百分比，其计算公式如式（4.40）所示：

$$边际贡献率 = \frac{边际贡献}{营业收入} \times 100\% = 1 - 变动成本率 \qquad (4.40)$$

$$或，边际贡献率 = \frac{单位边际贡献}{单价} \times 100\% = 1 - \frac{单位变动成本}{单价} \times 100\% \quad (4.41)$$

边际贡献只是反映旅游景区盈利能力的一个指标，它本身并不是旅游景区的盈利。当边际贡献 - 固定成本 > 0 时，才形成营业净利。

[例18] 某旅游景区有 5 种服务项目，其相关数据如表 9 所示。根据表 9 可以看出，丙服务亏损 2 000 元，按照传统观点，很容易做出停止经营丙服务的决策。但是通过分析可以发现，虽然丙服务亏损 2 000 元，但能够获得 28 000 远的边际贡献，从而为旅游景区分担固定成本做出了贡献，如果旅游景区停止

经营丙服务，固定成本不变，而边际贡献变为 94 800-26 000=68 800 元，旅游景区将亏损 83 000-68 800=14 200 元。因此，虽然丙服务亏损，但由于具有较高的边际贡献，不应停止经营。

表 4-9　某旅游景区服务情况相关数据

服务	甲	乙	丙	丁	戊	合计
单价（元/项）	200	240	260	300	200	1 200
单位变动成本（元/项）	120	140	160	180	100	680
单位边际贡献（元/项）	80	100	100	120	100	500
边际贡献率	40%	42%	39%	40%	50%	—
销售量（项）	200	160	260	140	200	960
边际贡献（元）	16 000	16 000	26 000	16 800	20 000	94 800
固定成本（元）	12 000	13 000	28 000	14 000	16 000	83 000
盈利或亏损	4 000	3 000	-2 000	2 800	4 000	11 800

3. 盈亏平衡分析

（1）盈亏平衡点

盈亏平衡点，是旅游景区的成本费用与营业收入相等的状态，或边际贡献与固定成本相等的状态。如图 4-5 所示。

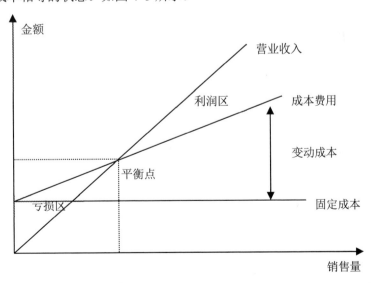

图 4-5　盈亏平衡点

（2）盈亏平衡点的销售量

根据利润的计算公式可以得出式（4.42）。

利润＝营业收入-变动成本-固定成本

　　　＝边际贡献-固定成本

　　　＝边际贡献率×营业收入-固定成本　　　　　　　　　　　　　（4.42）

令利润等于零，此时的销售量即为盈亏平衡点销售量。

$$0＝销售额×边际贡献率-固定成本$$

$$盈亏平衡点销售量 = \frac{固定成本}{单位边际贡献}　　　　　（4.43）$$

[例19]某旅游景区的饭店拥有客房280间，每天分摊固定成本费用98 000元，客房出租价240元，单位变动成本60元，则该旅游景区客房盈亏平衡点的销售量为：

$$盈亏平衡点销售量 = \frac{98000}{240 - 60} = 545（间）$$

（3）盈亏平衡点营业收入的确定

令利润等于零，此时的营业收入即为盈亏平衡点营业收入，即：

$$0＝边际贡献率×盈亏平衡点营业收入-固定成本$$

$$盈亏平衡点营业收入 = \frac{固定成本}{边际贡献率}　　　　　（4.44）$$

[例19]中该旅游景区盈亏平衡点的营业收入计算过程：

$$边际贡献率 = \frac{240 - 60}{240} × 100\% = 75\%$$

$$盈亏平衡点销售收入 = \frac{98000}{75\%} = 130666.67元$$

（4）安全边际

安全边际是指旅游景区正常营业收入超过盈亏平衡点营业收入的差额，计算公式如式（4.45）所示。即旅游景区的正常营业收入可以分为两部分：一部分是盈亏平衡点营业收入，另一部分是安全边际。如图4-6所示。

$$安全边际 = 正常营业收入 - 盈亏平衡点营业收入 \qquad (4.45)$$

根据利润的计算公式可以得出：

$$利润 = 边际贡献率 \times 营业收入 - 固定成本$$
$$= 边际贡献率 \times 营业收入 - 盈亏平衡点营业收入 \times 边际贡献率$$
$$= 安全边际 \times 边际贡献率$$

可以看出，旅游景区盈亏平衡点的营业收入扣除安全变动成本后只能收回固定成本，只有安全边际才能给提供利润。

若［例 19］中该旅游景区饭店正常营业收入为 25 万元，则有：

$$安全边际 = 250\,000 - 130666.67 = 119333.33\ 元$$

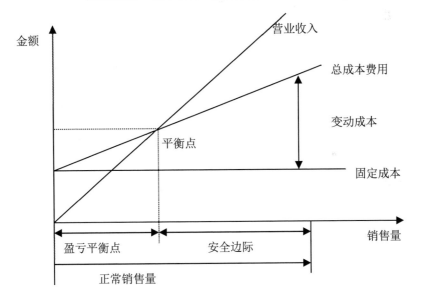

图 4-6　安全边际

（5）安全边际率

安全边际率是安全边际与旅游景区正常营业收入的比值，其计算公式如式（4.46）所示：

$$安全边际率 = \frac{安全边际}{正常营业收入} \times 100\% \qquad (4.46)$$

[例19]中该旅游景区饭店的安全边际率为：

$$安全边际率 = \frac{119333.33}{2500000} \times 100\% = 47.73\%$$

五、旅游景区成本费用控制

1. 旅游景区成本费用控制方法

要做好旅游景区成本费用控制，必须有一套系统化的控制方法。旅游景区成本费用控制的基本法方法包括以下四种：

（1）预算控制法。预算控制法是指以旅游景区预算管理部门制定的成本费用预算方案的指标为依据，在旅游景区经营的各个环节加以控制，并以此适时调整成本费用开支，保证成本费用预算顺利实现。预算控制法的控制效果，主要取决于旅游景区成本费用预算的准确性和各环节、各部门指标分解的合理性。

（2）制度控制法。制度控制法是指应用国家有关成本费用管理制度和旅游景区内部制定的成本费用管理制度来进行成本费用控制。现行《企业财务通则》和《旅游、饮食服务旅游景区财务制度》对成本费用进行了清楚的界定，对成本费用的开支范围和开支标准做出了明确规定，为旅游景区实施成本费用制度控制法做出了制度保证。此外，各旅游景区均有相应的财务机构和明确的内部分工，且建立健全了一系列内部控制制度，如采购审批制度、费用支出控制制度等也都为制度控制法的有效实施提供了制度保证。

（3）主要消耗指标控制法。旅游景区各项经营项目的开展都会伴随着一系列成本费用的开支。在这一系列的成本费用开支中必然有一种或几种成本费用的发生和控制起着决定性的作用。主要消耗指标控制法就是对成本费用的发生有着决定性影响的各种消耗指标实行重点控制，从而达到控制整个旅游景区成本费用的目的。如旅游景区餐饮成本控制可以选取食品原材料和餐具作为控制重点；旅游景区经营用车的成本控制可以将燃料的消耗作为主要控制重点等。为有效控制主要物资消耗和主要费用开支，在编制旅游景区成本费用计划时，应确定各类物质的消耗定额和支出控制数。

（4）标准成本控制法。标准成本控制法是先在成本费用预算中列出各项经营活动的单位成本费用消耗定额，再计算出每次经营活动实际支出的单位成本，将二者进行比较，以达到检查分析旅游景区成本费用计划执行情况的目的。

2. 旅游景区成本费用的日常控制

（1）旅游景区住宿设施中成本费用的控制

旅游景区住宿设施成本费用按成本费用习性可划分为变动成本（或变动费

用）和固定成本（或固定费用）两种。可变费用指被客人消耗掉的各种消耗品，如水、电、洗涤用品等；固定费用主要指固定资产折旧、管理人员和服务人员的工薪等。可变费用会随着游客的增加而提高，而固定费用不随客人入住量的变动而变动，是常数。

旅游景区住宿设施费用的控制包括绝对控制和相对控制。①成本费用总额绝对控制，即采用定额控制法如主要消耗指标控制法、标准成本控制法，按旅游景区住宿档次和不同规格实行消耗定额，将消耗定额指标落实到某一岗位或某一个人，以降低可变费用的支出，从而降低可变费用的绝对值。②成本费用额的相对控制。对于旅游景区某个营业部门而言，一定时期所应承担的固定费用总额是一个常数，虽然总额不能降低，但却可以提高设施利用率来降低。

（2）旅游景区餐饮成本费用的日常控制

旅游景区餐饮成本费用按成本习性同样可以划分为变动成本（或变动费用）和固定成本（或固定费用）。对餐饮部门来讲，变动成本费用又包括直接成本和营业费用，直接成本是指餐饮产品制作过程中的各项材料消耗；营业费用是指临时人工费、经营用品费、燃料动力费及其他消耗费用。

对旅游景区餐饮成本费用的控制同样包括绝对控制和相对控制。①餐饮成本的绝对控制。对于餐饮直接成本部分，可以采用"三标准"即标准分量、标准菜谱、标准采购规格的办法，重点做好消耗材料的定额管理。按不同规格、不同种类的菜单制定出用料定额，严格配菜，并编制出成本售价计算表；同时还要严把原材料质量关，确保能采购到质优价廉的原材料及原材料的利用率。对于餐饮营业费用部分，可以采取主要消耗指标控制方法，如餐饮燃料动力费可采用"每百元销售额燃料动力消耗额"指标来控制。②餐饮成本费用的相对控制。对于餐饮固定成本部分，虽然总额不能降低，但可以通过提高餐位利用率、翻台率和人均消费水平的办法使餐饮固定成本相对降低。

（3）旅游景区商店成本费用的日常控制

旅游景区商店成本费用主要包括销售商品的购进价格和商品销售费用，如运杂费、保管费、包装费、商品损耗费、保险费、职工工资和福利费、低值易耗品摊销等。商品成本费用控制的重点是商品的销售费用。可通过以下方式降低旅游景区商店的销售费用：①组织适合游客消费倾向和要求的商品，适时组织并开发货源，扩大销售额，相对降低商品销售费用。②应用存货管理的最佳订货量法或订货点量的方法核定每一商品的合理储备定额，减少资金的占用，降低存货成本。③做好和加强商品的保管，减少商品库存损耗，降低存货管理费用支出。

（4）旅游经区开办的旅行社成本费用日常开支

旅行社成本费用的控制主要是对其营业成本的控制。旅行社营业成本是指为游客提供旅游服务所支付的各项直接费用，包括旅行社已计入营业收入总额的房费、餐费、交通费、票务费、门票费、签证费、陪同费、劳务费、宣传费、保险费、机场建设费等代收代付费用。由于旅行社组团和接团的成本费用有一定差异，其控制方法也略有不同。①旅行社组团的成本费用构成：一是按标准向接团社拨付的综合服务费；二是旅行社从事组团业务中发生的各种费用，其中综合服务费（接团费）占绝大部分，组团费用占小部分。②旅行社接团成本构成：一是各旅游景区餐厅、汽车公司、旅游景点支付的房费、餐费、车费和杂费；二是经营接团业务发生的各项费用。旅行社营业成本中，代收代付成本比重较大，如组团社总支出中 80% 为代收代付，接团社总支出中 60% 为代收代付。因此，对旅行社成本费用控制的主要途径是扩大营业收入，减少相对固定费用；加强旅行社工作的计划性，减少损失；紧缩编制，避免劳动力浪费；提高清算率，避免坏帐损失。

第七节　旅游景区财务预算

旅游景区财务预算是一系列专门反映旅游景区未来一定预算期内预计财务状况和经营成果，以及现金收支等价值指标的各种预算的总称，具体包括现金预算、预计利润表、预计资产负债表等内容。

一、旅游景区财务预算的构成

1. 现金预算

现金预算是反映预算期内旅游景区现金流转状况的预算，是旅游景区全部经济活动有关现金收支方面的汇总反映。现金预算包括现金收入、现金支出、现金余缺和资金融通四项内容。

现金收入包括旅游景区预算期初现金余额和预算期内发生的各项营业现金收入和其他现金收入，如门票收入、住宿收入、餐饮收入、商品销售收入等。现金支出包括旅游景区预算期内发生的各项营业现金支出和其他现金支出，如商品采购支出、水电费支出、广告费和业务宣传费支出、税费支出等。现金余缺是指旅游景区预算期内每一分期（如季、月）可动用现金数与现金支出数的差额，根据现金余缺情况可采用适当的融资方式来调剂现金余缺。资金融通是指旅游景区预算期内可动用现金数小于现金支出数而引起的资金借入以及可动用现金数大于现金支出数而引起的归还借款及偿付利息等事项。

现金预算编制的方法主要包括收支预算法和调整净收益法两种。收支预算法是指将预算期内可能发生的一切现金收支项目分类列入现金预算表内，以确定收支差异，并采取适当财务对策的方法。在收支预算法下，现金预算主要包括四部分内容：预算期内现金流入、预算期内现金流出、对现金不足或多余的确定以及现金融通。调整净收益法是指运用一定的方式，将旅游景区按权责发生制计算的净收益调整为按收付实现制计算的净收益，在此基础上加减有关现金收支项目，使净收益与现金流量相互关联，从而确定预算期现金余缺并做出财务安排的方法。采用调整净收益法编制现金预算，首先应编制预计利润表，求出预算期的净收益，然后逐笔处理影响损益和现金收支的各种会计事项，最后计算出预算期内的现金余额。

2. 预计利润表

预计利润表用于综合反映旅游景区整个预算期间的经营成果和必须履行的纳税义务。预计利润表是财务预算中的一个重要环节，也是编制预计资产负债表的基础。预计利润表主要通过对预算期内旅游景区的营业收入、成本费用测算，提出预计利润表方案。

旅游景区营业收入预算是指对旅游景区经营活动中，由于销售商品或提供劳务等取得收入而做的预算。包括门票收入预算、住宿收入预算、餐饮收入预算、商品销售收入预算、康乐门票收入预算、洗衣收入预算和其他业务收入预算等。

旅游景区成本费用预算包括营业成本预算、销售费用预算、管理费用预算和财务费用预算。营业成本预算是指在旅游景区经营活动中，发生的各项直接支出的预算，包括各项原材料成本预算、商品进价成本预算、人力资源成本预算和其他成本预算等。销售费用预算是指旅游景区各部门在经营中发生的各项费用预算，包括运输费、装卸费、包装费、保管费、保险费、燃料动力费、广告费、业务宣传费、洗涤费、清洁卫生费、低值易耗品摊销、物料消耗、固定资产日常修理费、员工工资、福利费等。管理费用预算是指旅游景区为组织管理经营活动而发生的以及应由旅游景区同意负担的各项费用预算，包括旅游景区管理部门在经营管理过程中发生的或者应由旅游景区统一负担的公司经费（含旅游景区管理部门职工薪酬、修理费、物料消耗、低值易耗品摊销、服装费、办公费、差旅费以及其他行政经费等）、工会经费、董事会费（包括董事会成员津贴、会议费和差旅费等）、聘请中介机构费、咨询费（含顾问费）、诉讼费、绿化费、业务招待费、技术转让费、矿产资源补偿费、排污费等。旅游景区财务费用预算是指旅游景区经营活动中筹集资金所发生的各项费用预算，包括旅游景区经营期间发生的各项利息净支出、汇兑净损失、银行及金融机构的相关的手续费等。

利润预算是指对旅游景区一定时期内的全部收入、全部支出以及收支抵扣后的利润所编制的预算。包括部门收益预算、营业利润预算和利润总额预算三方面。

部门收益=营业收入-营业成本-税金及附加-销售费用

营业利润=部门收益-管理费用-研发费用-财务费用-资产减值损失+其他收益+公允价值变动损益+投资净损益

利润总额=营业利润+营业外收入-营业外支出

净利润=利润总额-所得税费用

旅游景区预计利润表可如表 4-10 所示。

表 4-10　预计利润表

项　目	金额		
	部门 1	部门 2	部门 3
营业收入			
减：营业成本			
税金及附加			
销售费用			
部门收益			
一、部门收益合计			
减：管理费用			
研发费用			
财务费用			
资产减值损失（损失以"－"号填列）			
加：其他收益			
公允价值变动收益（损失以"－"号填列）			
资产处置收益（损失以"－"号填列）			
二、营业利润（亏损以"－"号填列）			
加：营业外收入			
减：营业外支出			
三、利润总额（亏损以"－"号填列）			
减：所得税费用			
四、净利润（净亏损以"－"号填列）			

3. 预计资产负债表

预计资产负债表综合反映旅游景区在某一特定时期的资产占用总额、分布结构及负债与所有者权益等资金来源状况。预计资产负债表以预算期期初的资产负债表为依据，并考虑预算期的情况，根据预算期各项预算中的有关数据进行调整而成。旅游景区预计资产负债表如表 4-11 所示。

表 4-11　预计资产负债表　年月日

流动资产：	年末数	年初数	流动负债：	年末数	年初数
货币资金			短期借款		
交易性金融资产			交易性金融负债		
衍生金融资产			衍生金融负债		
应收票据			应付票据		
应收账款			应付账款		
预付账款			预收款项		
其他应收款			合同负债		
存货			应付职工薪酬		
合同资产			应交税费		
持有待售资产			其他应付款		
一年内到期的非流动资产			持有待售负债		
其他流动资产			一年内到期的非流动负债		
流动资产合计			其他流动负债		
非流动资产：			流动负债合计		
债券投资			非流动负债：		
其他债券投资			长期借款		
长期应收款			应付债券		
长期股权投资			长期应付款		
其他权益工具投资			预计负债		
其他非流动金融资产			递延收益		
投资性房地产			递延所得税负债		
固定资产			其他非流动负债		
在建工程			非流动负债合计		
生产性生物资产			负债合计		
油气资产			所有者权益（或股东权益）：		
无形资产			实收资本（或股东）		
开发支出			其他权益工具		
商誉			资本公积		
长期待摊费用			其他综合收益		
递延所得税资产			专项储备		
其他非流动资产			盈余公积		
非流动资产合计			未分配利润		
			所有者权益（或股东权益）合计		
资产总计			负债及所有者权益（或股东权益）总计		

二、旅游景区财务预算程序

1. 准备阶段

由旅游景区预算管理委员会召开财务预算动员会，对上一年旅游景区的财务成果进行分析，并开展市场调研，预算旅游景区游客人数、人均消费等，同时对财务信息资料进行整理。

2. 编制阶段

主要步骤如下：

（1）损益预测；

（2）确定经营目标；

（3）预算指标匡算；

（4）提出预算方案，将预算指标分解到各业务部门；

（5）各业务部门编制部门预算；

（6）财务部汇总各业务部门预算；

（7）对预算进行修正；

（8）编制预算报告、预算表及说明书。

3. 审批落实阶段

主要工作任务及步骤如下：

（1）旅游景区总经理审签预算报告，同时向各业务部门下达预算；

（2）各业务部门提出执行预算的措施；

（3）预算日常监督控制；

（4）预算考核分析；

（5）预算执行情况总结及奖惩。

三、旅游景区财务预算编制方法

旅游景区财务预算编制方法包括传统预算、弹性预算、零基预算和滚动预算。

传统预算是在旅游景区过去经营业绩的基础上考虑一定的增长率或节约率而编制下一年度预算。传统预算的编制形式使各项预算指标固定，便于协调解决预算执行中的问题，也便于考核预算执行结果，但缺乏科学性和先进性，若未来预算期实际情况和预算情况差距较大，将会造成预算执行和修改困难。

弹性预算时为了保障预算方案的可执行性和可控性，避免由于市场预算数据和实际执行的数据发生误差而导致整个预算方案的效用降低，对主要的业务量在其基准业务量的左右浮动70%-120%的情况下所做的预算。

　　零基预算是指不考虑旅游景区以前年度的经营业绩，按照该旅游景区的规模、类型等来考虑预算期应实现的收入、支付的成本和取得的利润而进行预算。零基预算由于不受以前预算的影响，从零开始，因此预算的编制工作量较大。

　　滚动预算是在前三种预算的基础上，为保证预算期总是在一年的时间而在执行预算时对预算方案进行的及时延续。

思考题

1. 如何理解旅游景区财务管理的目标？
2. 旅游景区投资决策的程序有哪些？
3. 旅游景区进行证券投资面临哪些风险？
4. 旅游景区计算资本成本的目的是什么？
5. 如何确定旅游景区最佳资本结构？
6. 如何进行旅游景区成本费用控制？
7. 旅游景区财务预算的内容包括哪些？

第五章 旅游景区营销管理

学习目的：

通过本章的学习，了解旅游景区营销管理过程、任务和在景区经营过程中的重要性，掌握旅游景区市场调查、分析与目标市场定位的方法，熟练掌握多种旅游市场预测的定性和定量方法，认识景区产品的定义和特点，掌握旅游景区产品设计与策划的各种方法。了解旅游景区形象设计、传播与管理的基本理论，能运用区域旅游形象理论，根据不同旅游景区的发展特点进行形象策划和系统管理。

主要内容：

- 旅游景区市场营销的定义、过程和任务
- 旅游景区市场调查的内容、类型、程序和方法
- 旅游景区市场调查工具及问卷设计
- 旅游景区市场分析
- 旅游景区市场细分与目标市场定位
- 旅游市场预测
- 旅游景区产品
- 旅游景区主题产品策划
- 旅游景区形象调查与测量
- 旅游景区 CIS 系统设计
- 旅游景区形象定位与口号设计
- 旅游景区形象传播

第一节　旅游景区营销管理的基本理论

一、旅游景区市场营销

旅游景区的市场营销是旅游景区组织为满足旅游者的需要并实现自身经营和发展目标,通过旅游市场实现交换的一系列有计划、有组织的社会和管理活动。

旅游景区市场营销的最终目标是满足游客的需求。旅游市场营销的核心是交换。没有交换过程,就无法满足游客需求,交换是主动、积极地寻找机会。

旅游景区是旅游者的旅游目的地,旅游活动的各个要素均可以在旅游景区部分或全部得以实现,因而旅游景区的营销过程是一个相对复杂和具有功能上的综合性的过程。

旅游景区营销管理是通过旅游市场分析、准确确定目标市场,为旅游者提供满意的产品和服务,为旅游景区产品实现交换的全过程的管理,是一种游客需求的管理。在旅游景区市场营销规划中,营销人员必须对目标市场、市场定位、产品开发、定价、配销渠道、实体分配、沟通和促销等做出决策。

二、旅游景区营销的过程和任务

1. 旅游景区营销管理的过程

旅游景区营销是一个复杂的过程,它遵循一般市场营销的原则和程序,同时具有自己的内容和特点,旅游景区营销管理程序及内容如表 5-1 所示。

表 5-1　旅游景区营销管理程序

	程　序	具体内容
1	分析市场机会	营销信息调研、营销环境分析、旅游者动机分析
2	目标市场细分与定位	预测需求量、市场细分、目标市场选择
3	设计营销战略	旅游景区开发战略、形象定位、市场定位、景区生命周期战略
4	策划营销方案	旅游景区产品组合、服务项目、门票方案、分销渠道、促销方案等
5	营销活动的组织、执行与控制	旅游景区营销组织部门设置、营销规划、营销政策等

2. 旅游景区营销管理的任务

旅游景区营销管理是一个过程，它包括分析、计划、执行和控制，在程序的每一个环节中可以看出所有的计划与执行活动都与需求相联系。旅游景区营销管理的本质是游客需求管理。旅游景区的营销管理任务就是针对不同游客的需求提出差异化的营销方案，以达到景区的营销目标。

科特勒将市场需求归结为八种状态，每种需求状态有不同的营销管理任务，如表 5-2 所示。

表 5-2　不同需求状态下的营销管理任务

序号	需求状态	营销管理任务	专门术语
1	负需求	开导需求	扭转性营销
2	无需求	创造需求	刺激性营销
3	潜在需求	开发需求	开发性营销
4	下降需求	再创造需求	再营销
5	不规则需求	平衡需求	同步营销
6	充分需求	维持需求	维持性营销
7	超饱和需求	降低需求	低营销
8	不健康需求	破坏需求	反营销

旅游景区营销管理的任务就是要针对游客的不同需求状态采取不同的方式来管理和开发游客的需求。

旅游景区的经营必须面向市场，以市场为导向，在市场调研的基础上进行旅游市场细分与目标市场的选择和定位，树立可持续发展的营销思想，采取合适的市场营销策略，确保旅游景区的良性发展。

第二节　旅游景区市场调查与分析

旅游景区市场调查是指就某个被明确限定的问题收集和分析有关信息，以提高营销人员的决策水平，它涉及与当前和潜在旅游者有关的信息，其中包括他们是谁（Who）（目标市场）、他们购买的原因（Why）（旅游动机）、他们来自什么地方（Where）（客源地构成）、什么时候来（When）（旅游的季节性）、购买什么（What）（旅游偏好）以及他们如何购买（How）（旅游方式），这些被称为5WH。除此以外，旅游景区营销调研还要处理有关营销组合变量，即产品（Product）、价格（Price）、分销渠道（Place）和促销手段（Promotion）（4P）以及政策（Policy）权利（Power）和公共关系（Public Relation）等。

一、旅游景区市场调查的内容

旅游客源市场的偏好、结构、规模及旅游客源市场运动的规律等决定了旅游景区发展的方向与发展的规模。由于旅游景区政府部门旅游统计资料积累较少，因此旅游景区市场调查更为必要。以正确的调查方法，主动搜集掌握与规划决策相关的旅游景区市场需求信息，摆脱个人有限的经验和主观臆断，广泛获取与市场有关的信息，为景区管理科学决策提供依据。

旅游景区市场调查内容极为广，主要包括以下内容：
（1）客源地的市场环境；
（2）游客的人口学社会特征；
（3）游客的消费特征及需求；
（4）旅游产品组合；
（5）游客评价。

二、旅游景区市场调查的类型

旅游景区市场调查的类型可按多种标准来划分，旅游景区规划所涉及的各种市场调查的分类标准及其特征、用途如表5-3所示。

表5-3　旅游景区市场调查类型对照表

	类型名称	形式	特点	主要用途	缺点
按调查目的的划分	探索性调查	有限访谈或查找资料	简便初步	用于了解现状，发现问题，制定调查方案	准确性低
	描述性调查	对对象基本情况的调查	客观性	广泛搜集基础性信息，准备深入研究工作	工作量大
	因果性调查法	设定和控制变量调查因变量	因果性	基于描述性调查，针对特殊问题证明因果关系	调查环境难以完全控制
	预测性调查	对对象未来趋势的调查	预测性	预测未来某一时期的发展趋势	定性与定量相结合

续表

	类型名称		形式	特点	主要用途	缺点
按选择对象的方法划分	全国调查		对所有对象进行调查	全面精确	用于旅游资源普查等	工作量巨大
	典型调查		选择典型代表	工作量较小	适用于对象庞大，且对该对象已经熟悉	难以选择典型
	抽样调查	随机抽样	系统抽样：排列对象，等距抽样	等距，简单易行	适用于对同类对象作一般分析	对异质分析不易深入
			简单随机抽样：完全随机地抽取样本	随机性	适用于一般分析	受条件制约，可能沦为任意抽样
			分层随机抽样：先按质归类，再在各同质层简单随机抽样	能增加代表性，工作量大	用于异质分异明显的场合，如按年龄段分层再研究各段分列特性	取决于设层的准确性
			分群随机抽样：先按空间分群，再在各块简单随机取样	空间针对性强	常用于客源地抽样调查	异质分析不宜深入
		非随机抽样	任意抽样：视条件方便取样本	任意性	对象同质性较高	偏差较大
			判断抽样：按专业人员的判断选择	取决于专业人员	对象个体极不相同，为避免误差而删除极端	受调查人员素质影响很大
			配额抽样：划分群体，规定每群体的样本数，再任意抽样	工作量小，较均，信度、效度较高	适用于一般性，小规模调查	调查人员素质对结果有一定的影响
按资料来源划分	第二手资料调查	外部资料	政府和专业出版物	较简便	宏观调查、背景调查	时效低，难以满足专业性要求
		内部资料	档案、文件等	简便	历史、内部情况调查	
	第一手资料调查		有计划地调查专门信息	时效性好，针对性强	调查本地特定问题	成本高
	观察调查法		旁观或借助仪器观察	间接性、客观性	调查游客的行为规律及其隐含态度	原因要靠主观推测

	类型名称		形式	特点	主要用途	缺点
按交流方式划分	询问调查法	面谈法	面谈，可间断询问、启发判断	灵活、亲切，较准确	常用于小组专题访谈	成本较高，受调查员影响
		电话询问法	通过电话征询意见	成本低、灵活性高	用于长途、补样本或大范围较简单问题调查	复杂问题不易配合
		邮寄调查法	问卷邮寄	较客观	常用于问题多、不便面谈，或易受调查者影响的问题	返回率低，受问卷设计质量影响
		留置问卷法	面交问卷，回家填写	较明确、客观性	可用于问题多且须仔细思考的问卷调查	周期长，返回率较低
	实验调查法		控制变量，了解变量间的关系	科学性、客观性	小规模实验，为推广做准备	难以完全控制实验条件

案例 5-1　Grand Teton（大提顿公园）斯内克（Snake）河调查

调查地点：Jackson Lk/Pacific Crk/Deadmans/WilsonBrdg/RIVER

调查日期：　　　　开始时间：

1. 您属于哪种类型的旅游团体？（选择一项）

（ ）商业性的游览观光 （ ）私人游览观光

（ ）商业性的垂钓 （ ）私人垂钓

2. 请给公园的拥挤程度分级（A+代表最不拥挤，…，F 代表最拥挤，0 代表未游览）：

停车场游客中心展示项目处——露营地

热门景点斯内克河人行小路——其他

3. 您是否由于拥挤而改变了游览计划？（ ）否（ ）是，改在何处

4. 公园应将哪些方面作为重点予以改进？（排列次序 1、2、3）

设施

保护

巡视服务

5. 对于 1#需要改进的重点（设施/保存与维护/巡视服务），您认为应包括哪些方面？

（ ）露营（ ）历史资源 （ ）教育活动

（ ）道路/停车场（ ）自然资源（ ）信息/方向指示

（）游径（）风景点　（）游览巡查

（）游览的出发地　其他＿＿＿＿

6. 为了减轻拥挤状况，您是否同意对您自己在公园的使用进行限制？

（）是　（）否

为了较好地保护资源，您是否同意限制对公园的使用？

（）是　（）否

7. 有以下几个控制游客人数的选择方案，请表明您的态度：

请评价下面各选项	非党赞同	比较赞同	不好不坏	不太赞同	强烈反对
提高使用费用	SF	MF	N	MO	SO
限定人数	SF	MF	N	MO	SO
许可证系统	SF	MF	N	MO	SO
限制未来的设施	SF	MF	N	MO	SO

8. 您如何评价您参加以下活动的技术：

项目	熟练	中等	初级
钓鱼			
漂流			

9. 您参加漂流活动的频率：

作为乘客 （次）		作为划桨者 （次）
9a. 哪些河段比较拥挤？ （）无 （）出发地点 （）停泊地点 （）河道	9b. 河段拥挤影响您的游览 了吗？ （）无影响 （）有利的影响 （）稍有不利影响 （回到9c） （）非常不利的影响 （回到9c）	9c. 于是您 （）缩短行程 （）到其他地方去

10. 您所在的旅游团是否有人因为身体方面的原因要求特殊的饮食或住宿服务？

（）否（）是

饮食或住宿是否适当？（）是　（）否

11. 您的出生年份？

三、旅游景区市场调查的主要程序

旅游景区市场调查要遵循目标明确、抽样适当、分析确切、节约成本的原则，工作流程如图 5-1 所示。

1. 确定问题和调查目标

旅游景区市场调查的第一个步骤，是确定区域旅游景区市场调查中存在的问题以及调查工作所要达到的目标。如果旅游调查人员对问题没有清楚的认识，在搜集信息时就极有可能盲目行事，最终搜集大量毫无价值的信息，并耗费大量的宝贵时间和研究费用。旅游调查人员在确定问题和调查目标时，对问题的陈述和定义应建立在反复研究的基础上，既不应过于宽泛，也不应过于狭窄。

2. 制定市场调查计划

在这一步骤中，首先要明确旅游调查决策需要搜集哪些信息，然后再确定如何有效地搜集这些信息，最后提交书面的调查计划。

（1）确定所需要的信息

对于旅游景区发展的市场调查来讲，所要搜集的信息主要可概括为以下几方面：

①旅游业发展的宏观环境，包括政治、经济、社会文化、技术及自然环境等；

②旅游业的发展水平（包括旅游景点的建设情况、旅游服务的完善情况和体现在交通、住宿、餐饮、娱乐、购物等方面的旅游收入）以及发展过程中存在的主要问题；

③旅游业发展的主要竞争者以及竞争者的发展现状；

④旅游客源市场的发展现状，包括旅游景区市场的地理区域划分、旅游者的社会人口学特征（如性别、年龄、家庭结构、文化程度、职业、收入水平等）以及消费行为和消费心理特征；

⑤旅游景区市场的主要发展趋势及其可能对旅游景区市场发展带来的机会和威胁。

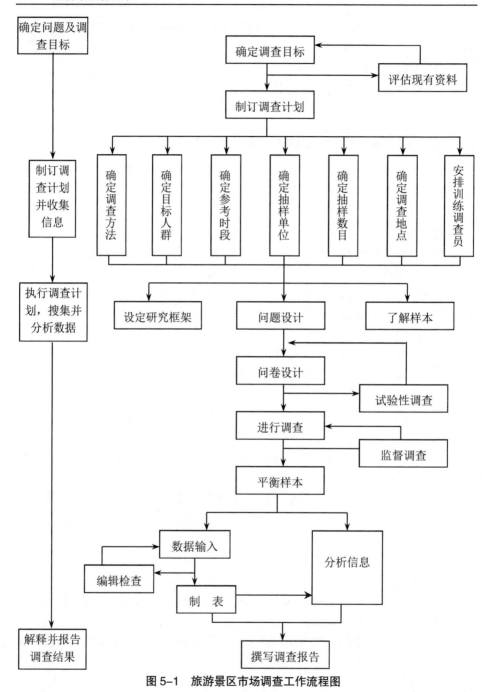

图 5-1　旅游景区市场调查工作流程图

（2）搜集二手资料

所谓二手资料，是指经别人搜集、整理过的资料。调查人员在一个项目开始时，一般是先搜集二手资料，即案头调查。二手资料主要有两个来源，一是外部资料，二是内部资料。内部资料包括旅游景区旅游组织和旅游企业保存的各种数据，如历年的旅游收入、接待的旅游人数、相关产业及服务设施的发展状况、主要竞争对手的旅游收入、主要竞争对手发展的经验及教训、有关旅游景区市场的各种数据等。外部资料主要是政府出版物，行业协会及政府间组织的出版物，关于旅游的专业期刊和书籍、各类旅游咨询公司和旅游中介机构提供的有关数据。其中，政府出版物主要包括旅游统计年鉴、经济及社会发展年鉴、有关旅游企业的统计报告及交通运输业的普查等；行业及政府间的出版物，如中国旅游协会、中国旅游饭店协会等行业组织的出版物和统计报告；专业期刊和书籍主要包括旅游组织、行业协会及研究机构的旅游出版物，如《中国旅游报》《旅游调研》以及中国旅游统计年鉴等出版物。另外，还可以进行网上查询相关网站得到国家、省、市有关旅游统计资料及方针政策。

调查人员一般可以较迅速地取得二手资料，而搜集原始资料的成本比较高，并且往往需要较长时间才能完成。

二手资料存在着可获得性、时效性和准确性等问题，为解决这些问题，使决策者能够得到足够的、及时的、准确的信息，调查人员必须进行实地调查，着手于原始资料的搜集。

（3）搜集原始资料

要想高效率地取得所需要的原始资料，必须由专业调查人员设计出原始资料的搜集方案。实地调查方案通常需要做出四个方面的决策：调查方法、联系方法、抽样设计、调查工具，如表 5-4 所示。

表 5-4　原始资料的搜集

调查方法	联系方法	抽样设计	调查工具
观察法	邮寄问卷	抽样单位	问卷
询问法	电话调查	样本大小	机械工具
实验法	面谈	抽样程序	

3. 实施调查计划

调查计划的实施主要包括搜集、整理和分析信息等工作。调查中的数据搜集阶段是花费巨大且又容易失误的阶段，因此调查人员在计划实施的过程中，要按计划去做，使得到的数据尽可能接近事实。

搜集来的信息必须经过分析和处理。调查人员应利用标准的计算程序和表格将这些数据整理好，如计算一些主要变量的平均值和离散程度等。

4. 解释并报告调查结果

旅游景区市场市场调查的最后一步是对调查结果做出解释，并得出结论，向管理部门提交调查报告。调查报告不能只是一系列的数据和统计公式，而是简明扼要的结论及说明，并且这些结论和说明应当对调查决策有直接意义。

四、旅游景区市场调查方法

旅游景区市场调查方法主要是指搜集第一手资料的方法，包括观察法、询问法和实验法等。

1. 观察法

观察法是指旅游调查人员到调查现场或借助仪器设备观察有关调查对象和事物的研究方法。观察法的特点是旅游研究人员以旁观的形式代替对调查对象的询问，避免了与被调查者之间的直接互动关系，从而能够得出更加客观的调查结果。观察法可以由旅游景区市场调查人员单独进行，也可以借助仪器设备进行观察。

2. 询问法

询问法是指旅游景区市场调查人员将事先拟好的调查问题以各种方式向被调查者提出，并通过其回答结果获取资料的方法。一般而言，观察法比较适合于探测性调查，而询问法则更适用于描述性调查。

依据旅游景区市场调查人员接触被调查者方式的不同，询问方法可分为面谈法、电话询问法、邮寄调查法和留置问卷调查法。

（1）面谈法

面谈法是指旅游景区市场调查人员直接访问被调查者，以递送问卷或面对面交谈的方式搜集第一手资料的方法。面谈法取得的资料往往比较真实可靠。这种方法的缺点是，调查成本高，调查过程难以控制，调查结果的可信性、准确性在很大程度上受调查人员访问水平的影响。面谈法可分为个别访谈和小组访谈。从访问频率上可分为一次面谈和多次面谈。

（2）电话询问法

电话询问法是指旅游景区市场调查人员用电话向被调查者征询意见的方法。这种方法的优点是可以在很短的时间内调查多数样本，而且调查的成本低，资料的获得迅速方便。电话询问的缺点是，旅游调查人员不容易获得对方的合作；由于受时间的限制，很难询问比较复杂的问题；有时市场调查人员很难判断被调查者回答问题的真实程度等。

（3）邮寄调查法

邮寄调查法常用于被调查者不愿面谈或调查结果易受调查人员影响的情况。采用这种方法时，旅游调查人员将事先拟好的调查问卷邮寄到被调查者家中、工作单位或在现场发给旅游者，请其回答后按时寄回。这种方法的优点是，调查成本低，抽样时可以完全根据随机抽样法抽取样本，问卷的回答时间比较充裕；其缺点是被调查者容易对问卷中的问题发生误解，问卷的回收率低，周期长，被调查人员有可能请人代答。

（4）留置问卷调查法

留置问卷调查法是指旅游调查人员将问卷当面交给被调查者，说明回答方式和注意事项之后，将问卷留置在被调查处，请其自行填写，再由调查人员定期收回的方法。

3. 实验法

实验法是将调查对象置于特定的控制环境之中，通过控制外来变量和检查结果之间的差异来发现变量之间的因果关系的调查方法。实验法适合于因果性调查。实验法的优点是，通过控制外来变量的变化，可以比较准确地获得变量之间的相关关系，从而较好地验证实验前对调查问题所做的不同假设；其缺点是时间较长，实验费用较高，各种变量有时难以控制，很难在纯粹的实验条件下进行。

五、旅游景区市场调查对象的选择

旅游景区市场调查规划不仅包括确定资料种类及资料的搜集方法，还应包括调查对象的选择、调查工具的确定和设计以及抽样设计。旅游调查研究人员应根据调查问题的性质、调查目标以及调查对象的特点与分布来选择调查对象。调查对象的选择共有三种方法：全面调查、典型调查和抽样调查。

1. 全面调查

全面调查是指对与旅游景区市场调查目标有关的所有调查对象进行的调查。其目的是搜集全面精确的第一手资料，如全国旅游资源普查等。通过全面调查取得的资料比较精确，但由于工作量大，费用、时间及人力方面耗费过多，而且需要严格而周密的组织协调工作，因此在旅游景区市场调查中很少使用。

2. 典型调查

典型调查是以现象总体中某些典型单位为对象进行调查的方法。典型调查的关键在于正确选择典型单位，选择出的典型单位具有充分的代表性。一般应选择中等发展水平的单位为调查对象。在一般情况下，如果现象总体的发展水平比较一致，选取一个或几个单位作为典型即可满足要求。在总体数量庞大，且个体发展水平相差很大时，应将总体按发展水平划分为几个类型组，然后在各个类型组中选取典型单位。典型调查相对省时并节约经费，对典型单位可以进行深入细致的研究，适用于总体庞大，旅游研究人员对总体了解较多的情况。从性质上讲，典型调查是抽样调查的一种特殊形式。

六、旅游景区市场抽样调查

抽样调查是从调查对象总体中抽取出一部分具有代表性的个体进行调查的方法。旅游调查人员能够通过对个体的调查结果推测总体的性质或发展水平。

抽样调查所需经费相对较少，节省时间和人力，而且调查结果与普查非常接近。虽然抽样调查会产生误差，但抽样误差可以用统计方法加以计算和控制。因此，抽样调查法在旅游景区市场调查中应用非常广泛。绝大多数旅游调查均采用抽样调查法搜集资料。

旅游调查研究人员在进行抽样设计时，应考虑抽样样本的确定、样本容量的确定以及抽样方法的选择等。

1. 抽样样本的确定

样本是指从统计总体中选择出来的小群体。确定抽样样本就是选择样本的过程。旅游调查人员应对总体进行仔细研究才能确立适当的抽样样本。

2. 样本容量的确定

样本大小的确定，应依据调查对象的特征、调查问题的性质以及要求误差的大小来进行。在一般情况下，样本越大，调查结果的准确程度也就越高。但实际上它不可能无限大，要受到时间、人员和费用等各方面的限制。因此，确定合适的样本规模是调查准备过程的一个关键环节。设计样本容量的大小，是一个关键环节。计算样本容量的大小，是一个复杂的过程，为了达到调查的要求，应对调查样本的容量进行精确的计算。其计算方法如下：

对于有限的含 N 个单元的总体 X，如果总体具有某种特征的单元总数为 ϕ，则总体中含有这种特征的单元比例为：

$$\pi = \frac{\phi}{N} \qquad (5.1)$$

对于样本含量为 n 的简单抽样，如果样本中具有所考虑特征的单元数为 f，则可以用

$$p = \frac{f}{n} \qquad (5.2)$$

作为总体比例 π （调查的目标量）的估计量。

对于随机抽样，样本比例 p 的方差为：

$$\sigma_p{}^2 = \frac{N-n}{N-1} \times \frac{\pi(1-\pi)}{n} \qquad (5.3)$$

式中 $\frac{N-n}{N-1}$ 为修正系数。

总体比例 π 一般都是未知的，通常用样本比例 p 来估计，因此，$\sigma_p{}^2$ 的无偏估计量为：

$$S_p{}^2 = \frac{N-n}{N-1} \times \frac{p(1-p)}{n} \qquad (5.4)$$

在各类调查中，样本含量 n 一般都比较大，因此 t 分布分位数据可以用正态分布的 $Z_{\alpha/2}$ 来代替。

$$t_{0.025} = Z_{0.025} = 1.96$$

称 $\Delta_x = t_{\alpha/2} \times S_x$　（或 $\Delta_p = t_{\alpha/2} \times S_p$） $\qquad (5.5)$

为样本均值（或样本比例 p）在置信度（$1-\alpha$）下的最大允许绝对误差，常常称为最大容许误差。

对于非常简单随机抽样，即无限总体的无放回抽样或有限总体的有放回抽样，由

$$\Delta_x = t_{\alpha/2} \times S_{\bar{x}} = t_{\alpha/2} \times \frac{S}{\sqrt{n}}$$

可以得到 $\qquad n_0 = \left(\frac{t_{\alpha/2}}{\Delta \bar{x}} \right)^2 \qquad (5.6)$

在估计总体比例时，由

$$\Delta_p = t_{\alpha/2} \times S_p = t_{\alpha/2} \sqrt{\frac{p(1-p)}{n_0}}$$

得到 $$n_0 = \left(\dfrac{t_{\alpha/2}}{\Delta_p}\right) p(1-p)$$ （5.7）

一般情况下，由于非常简单随机抽样的总体方差 $\sigma_p{}^2 = \dfrac{\pi(1-\pi)}{n_0}$ 的最大值在 $\pi = \dfrac{1}{2}$ 时得到，如果总体比例 π 不是很接近 0 或 1，则可求出 $\pi = \dfrac{1}{2}$ 时的比较保守的 n_0 为：

$$n_0 = \left(\dfrac{t_{\alpha/2}}{2\Delta_p}\right)^2$$ （5.8）

事实上，当抽样总体较大时，公式（5.8）最常被调查者使用。

3. 抽样方法的选择

抽样方法分类如图 5-2 所示。

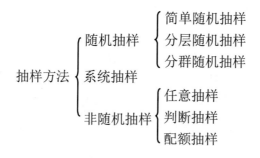

图 5-2　抽样方法的分类

（1）随机抽样

随机抽样就是从调查对象总体中完全按概率原则抽取样本的方法。运用随机抽样方法时，调查对象总体中每一个个体被选出的机会完全相等。随机抽样完全排除了调查人员的主观判断和个人选择，包括简单随机抽样、分层随机抽象、分群随机抽样三种。

（2）系统抽样

系统抽样法又称等距抽样法，是指先把调查对象总体按一定标志排列，然后根据一定的抽样距离从总体中抽取样本。抽样距离是由总体总数除以样本数得到的。系统抽样介于随机抽样与非随机抽样之间，可以属于前者，也可以属于后者，主要看第一个样本是如何抽取的。如果第一个样本是判断抽取的，则系统抽样属于非随机抽样；如果第一个样本是随机抽取的，则本次抽样属于随机抽样。

（3）非随机抽样

非随机抽样是根据调查人员的需要和经验，凭个人判断进行抽样的方法。在非随机抽样调查中，研究人员选择具有代表性的个体作为样本，通过对这些样本的调查达到推测总体特征的目的。常用的非随机抽样方法有任意抽样、判断抽样和配额抽样三种。

七、旅游景区市场调查工具及问卷设计

旅游调查人员用于搜集第一手资料的工具主要有两种：仪器设备和调查问卷。

1. 仪器设备

由于市场调查仪器设备设计科学且能大大提高研究效率，因此调查人员应了解如何根据市场调查方法、调查对象的特征以及经费的情况选择并使用调查仪器设备。

市场调查人员除利用照相机、摄像机、录音机等仪器观察记录调查对象的运动过程外，还可利用电流计、速示器等仪器设备观察被调查者对广告图像、声音及色彩等的反映情况。

此外，计算机的应用使市场调查工作发生了很大的变化。计算机不但可以用来进行数据处理，还可应用于电话询问等领域。

2. 问卷调查

问卷是旅游景区市场调查工作最常用的工具。问卷又称调查表，是为调查目的而专门设计的带有问题的询问表格。

（1）问卷的询问方式

问卷的询问方式分为四类：

①直接与结构性询问

旅游景区市场调查问卷大多属于此类，例如对旅游者社会人口学特征的调查中，家庭结构这一项，可在问卷中做如下询问：

您的家庭结构为？

a. 未婚

b. 已婚无子女或子女不在身边

c. 子女在 6 岁以下

d. 子女在 6—18 岁之间

e. 与成年子女共同生活

f. 其他

这种询问方式的优点是：问题可以事先选定；每个问题的发问次序都已排定，减少了不同调查员对被调查者的影响；调查结果易于整理、编表和说明。

其缺点是被调查者可能不愿回答或无力正确回答，而且某些字句易被误解。

②直接与非结构性询问

用结构性的问题询问时，问题过于直接人们可能不愿表达自己的真正动机，或者不能确定自己的动机。在这种情况下，答案的准确性会受到影响。为解决这一问题，市场调查人员借用心理学家常用的询问方法，例如采用自由交谈方式提出问题，如果被调查者对某些问题愿意详细讨论，则调查人员可了解其真正动机所在，这种方式又叫深入面谈法。采用这种方式时，无须正式问卷，因此比较被调查者答案时，"平均数"与"百分数"等数据计算有困难，准确性不高。

③间接与结构性询问

所谓间接与结构性询问是指在询问被调查者时，他本身并不知道询问的真正目的，但询问的问题具有结构性。采用这种询问方式的主要目的是为了避免被调查者预先知道询问目的仍故意不做回答，减少在交谈中调查人员对被调查者的影响。

④间接与非结构性询问

有许多人不愿在询问时表明他的真正态度或动机，市场调查人员可采用投影法来探测被调查者的真正动机。采用这种调查方法可使被调查者非自觉地表现其个性、态度与动机。

（2）问题的设计方法

问题的设计方法有许多种，下面主要介绍旅游景区市场调查中常用的问题设计方法。

①二项选择法

二项选择法又称非回答法。问题的答案分为"是"与"否"，或者"有"与"无"两种，由被调查者选择其一。二项选择法的优点是旅游调查人员可以在短时间内得到明确的判断，或者使中立者的意见偏向一方。但本方法不能表示意见程度的差别。大多名义量表都以二项选择法的形式出现。

②多项选择法

多项选择法是指一个问题可提出三个或更多的答案，由被调查者从中选择一个或几个答案。使用多项选择法时，一般应将答案进行编号。选择答案必须包括所有可能的情况，要求被调查者选择的答案不宜过多。

③顺位法

顺位法是要求被调查者从所列问题的答案中，按照一定标准进行先后选择或排序的方法。顺位法可以要求被调查者选择最重要的一项答案，也可以要求其选出认为最重要的两项、三项或更多项，还可要求被调查者将各项答案按重要性顺序排序。

④数值尺度法

数值尺度法要求被调查者就某一现象的发展水平或被调查者与某现象或事物的关系进行程度上的判断。旅游研究人员对每个答案分配分值，以便于统计测算。本法简单易行，应用非常广泛。例如：

您认为本景区的服务质量？

□非常好　　　□比较好　　　　□一般　　　　□较差　　　　□很差

⑤项目核对法

运用项目核对法时，旅游调查人员应列出某一服务或其他现象的各种特性，针对每项特性测量被调查者的意见。

⑥自由回答法

自由回答法是开放式问题中重要的一种，回答者可以不受约束回答问题。自由回答法的优点是设计问题时比较容易，可获得的信息多种多样。由于没有提示，因此自由回答法的结果受被调查者的素质影响很大。

⑦回忆法

在旅游调查项目中，回忆法一般用于测量服务项目、企业名称以及广告等的印象强度。回忆法通过测量被调查者记忆的强度来推测印象强度。拟定问题时，旅游调查人员应明确划定回忆的范围，避免使被调查者产生误解。

八、旅游景区市场分析

旅游景区市场分析是通过旅游景区市场调查所获得的数据，分析旅游景区客源市场的范围、时空结构及细分市场结构。

1. 旅游景区市场空间结构分析

旅游客源市场的空间分布结构主要是指旅游者的地理来源和强度。

（1）旅游景区市场范围的确定

①空间距离

旅游景区市场范围与旅游目的地吸引力及旅游客源地的出游能力有关，旅游景区市场的范围可以用引力模型来确定。克朗蓬（Crampon L J，1966）首次将万有引力定律应用于旅游研究，提出如下基本公式：

$$T_{ij} = G\frac{P_i A_i}{D_{ij}} \tag{5.9}$$

式中，T_{ij} 为客源地 i 与目的地 J 之间旅游次数的某种量度；

P_i 为客源地 i 的人的规模、财富或旅行倾向的量度；

A_i 为目的地 j 吸引力或容量的某种量度；

D_{ij} 为客源地 i 与目的地 j 之间的距离；

G 为经验参数。

根据距离衰减法则，旅游者的行为（活动）空间呈距离递减的规律，距离愈近活动的机会愈多，随距离增加则活动机会减少。为此可以分别得到以旅游地为中心的周边地区客源地的旅游行次数或旅游流量的度量值，根据其随距离变化曲线的拐点划分出一级市场、二级市场三级市场的范围。

根据旅游客源地出游的距离规律也可以划分旅游景区市场，吴必虎、唐俊雅、黄安民等运用抽样调查的方法在上海、成都、西安、长春等城市进行了实证研究，发现中国城市居民出游客源市场在距离上的分配规律：一个城市出游市场 37%分布在距离城市 15 千米的范围内，24%的市场分布在 15—50 千米范围内，21%分布在 50—500 千米以内。500 千米以外的广大空间仅分割了城市出游市场的 18%，即中国城市居民旅游和休闲出游市场随距离增加而衰减，80%出游市场集中在距离城市 500 千米以内的范围。而来本城的非本城的居民的出游范围则主要局限于距城市 250 千米范围，即大中城市客源市场距离分配的基本规律是：城市一级客源地（本城居民）的出游空间 80%集中在距离城市 500 千米范围内；二级客源地（来本城的非本城的居民）的出游范围主要在距离城市 250 千米范围。

②时间距离

时间距离即旅游者从客源地到旅游目的地所需的时间，是空间距离在时间上的表达。可用具体的时间单位来表达，旅游者在不同的情况下能忍受的旅途时间是有限的，旅游者闲暇时间也是有限的，因而可以旅游目的地为中心，旅途所需时间相等的旅游客源地连接起来绘制成旅游等时线图。一般的情况下时间距离越近旅游的机会越大，在这一规律指导下，旅游目的地的客源市场集中在交通沿线，客源市场等时线图往往沿交通线向旅游目的地突进。

根据不同的交通方式可以绘制不同的等时线图，如以火车、汽车、飞机为交通方式的旅游等时线图，不同交通方式存在选择时间距离的旅游客源市场具有不同的特征。

（2）旅游客源市场空间分布的集中性

旅游客源市场空间分布的集中性可用地理集中指数来定量分析，其计算公式为：

$$G = 100 \times \sqrt{\sum_{i=1}^{n} \left(\frac{x_i}{T} \right)^2} \qquad (5.10)$$

式中，G 为客源地的地理集中指数；

x_i 为第 i 个客源地游客数量；

T 为旅游地接待游客总量；

n 为客源地总数。

游客来源越少越集中，G 值越接近 100；G 值越小，则客源地越多越分散。对于任何一个旅游地来说，客源地越分散旅游经营越稳定，如客源太集中，易受到客源地（国）社会、经济、政治等变化的冲击。

2. 旅游景区市场时间结构分析

旅游需求随时间变化使得旅游客源市场也随时间而有规律的变化，对旅游景区市场时间分布结构进行分析，对旅游景区管理和经营决策有着十分重要的意义。

旅游客源市场的时间结构表现在市场时间分布的集中性，包括季节性、节律性和高峰性。

（1）季节性

气候的季节变化使得旅游客源市场具有季节性。中国特殊的季风气候使得每年的春秋两季具备良好的出游条件。对中国不同地区的调查显示，居民出游大都是在春季和秋季。夏季因天气炎热，总体上出游人数较少，形成一个低谷，但由于学校学生有长达 40 天的暑假，教师、学生及家长旅游比例较高，局部地区可能形成高峰。

旅游客源市场时间分布的集中性可以用季节性（时间）强度指数 R 来定量分析，其计算公式为：

$$R = \sqrt{\sum_{i=1}^{12} (x_i - 8.33)^2 / 12} \qquad (5.11)$$

式中，R 为旅游客源市场时间分布强度指数；

x_i 为各月游客量占全年的比重；

R 值越接近于零，旅游客源市场的时间分配越均匀；R 值越大，时间变动就越大，旅游淡、旺季的差异也就越大。

（2）节律性

人们以 7 天为一个星期的生活节律，更为明显地改变着人们的出游节律。特别是双休日的周末旅游以其游客人数多对城市附近的旅游景点产生深刻的影响。

旅游的周末集中性可用时间集中的强度来计算，时间集中度可用星期天旅客的分日集中指数来表示，公式如下：

$$R = \sqrt{\frac{\sum_{i=1}^{7}(x_i - 14.29)^2}{7}} \qquad (5.12)$$

式中，R 为出游人数分时间集中指数；

x_i 为一周内各日游客人数占本周游客总人数的比重；

i 为某日。

R 值越接近于零，游客出游时间分布越均匀；R 值越大，出游时间集中强度越大，旅游人数差异越明显。

一日之内游憩设施使用的游客人数也呈周期性的变化。游憩者流动实地观测记录表明：一日内周期中有上午 9 时、下午 3 时两个高峰期，而在东北寒冷的冬季上午的高峰期滞后，而下午的高峰期则提前。

（3）高峰性

在一年中有一些特定的时期旅游出游率高，旅游地接待游客人数高，在这一时期内接待的游客数占全年游客总数相当大的比重，如"十一"黄金周形成了全年旅游的高峰期。

客源市场高峰性的特征可以用高峰指数来度量，高峰指数可以度量游客某一时期相对于其他时期利用旅游设施游览某旅游地的趋势。其计算公式为：

$$p_n = \frac{v_1 - v_n}{(n-1)v_1} \times 100 \qquad (5.13)$$

式中，p_n 为高峰指数；

v_1 为最繁忙时期的游客数数；

v_n 为在第 n 个时期内的游客数；

n 为参照时段（1＝最繁忙时期）。

当游客人数在所有时期都相同时，P 等于 0。当游客集中于某些时期时 P 值会增大。

3. 旅游景区市场结构分析

旅游景区市场结构分析，主要是对游客构成特征进行分析，旅游景区市场结构分析是市场细分和定位的基础。旅游景区市场结构分析主要包括以下方面：

地域构成：本地、周边、本省、省外。

人口学特征构成：性别、年龄、文化程度、职业、收入等。

消费行为构成：出游目的、出游方式、交通工具、餐饮、住宿类型等。

市场结构分析要根据出游次数、购物行为、餐饮住宿等游客抽样调查统计资料和当地统计数据进行分析。

第三节　旅游景区市场的细分与定位

旅游景区市场细分是旅游景区营销管理的依据，细分旅游景区市场便于旅游景区市场定位和制定旅游景区市场策略。

一、旅游景区市场的细分与定位

1. 旅游景区市场细分的概念

旅游景区市场细分是从旅游消费者的需求出发，根据旅游消费者消费行为的差异，将整个旅游景区市场划分为具有类似性的若干不同的消费群体——子市场。

对旅游景区市场进行细分的好处在于：有利于旅游企业发现市场机会，制定正确的市场调查战略。通过市场细分，选择具有发展潜力的子市场，作为景区发展的目标市场。

2. 旅游景区市场细分的原则

（1）可衡量性

用来划分旅游景区市场的标准必须是确切可衡量的，必须对游客消费需求作全面、准确的了解，以使划分标准的确定能求得准确的答案。

（2）可接受性

要发展区域旅游，必须根据旅游区域有能力采取的调查活动的范围，选定目标市场。

（3）实效性

旅游景区市场细分的范围大小必须合理，即细分市场的规模大小必须适当，既要保证有利可图，又要具有相当的发展潜力。

（4）稳定性

旅游景区市场细分必须在一定时期内保持相对稳定，不可经常变化，以便能在较长的时期内制定有效的调查策略。

3. 旅游景区市场的细分标准

对旅游景区市场的细分主要是根据旅游者需求特性的差异来进行的，而造成旅游者消费特性差异的主要因素就是旅游客源市场细分的标准。

4. 旅游景区市场细分的方法

对旅游景区市场进行细分，就是确定规模适当、内部消费群体具有相似特性的子市场。细分的方法主要有两类，一类是定性细分，另一类是定量细分。

（1）旅游景区市场定性细分

定性细分主要是根据对旅游景区市场现状进行分析的结果，选择有代表性的细分标准，通过经验和判断，将旅游景区市场分成不同的、具有一定规模和代表性的子市场。从定性的角度来讲，影响旅游者消费需求的因素主要有四大类，即地理环境、人口特征、心理因素和消费行为。

①地理环境细分

所谓地理环境细分，就是按照旅游消费者所在的地理位置作为细分市场的基础，然后选择其中一个或几个作为目标市场。

②人口特征细分

人口特征细分就是按照人口的特征（如年龄、性别、家庭人数、收入、职业、教育、民族等）来细分市场。人口特征向来是细分市场的重要基础。旅游者的消费欲望、兴趣、爱好和旅游频率往往和人口特征有密切关系。

③心理因素细分

心理因素细分就是按照旅游者的个性、兴趣、爱好等心理因素来划分市场。旅游消费者的消费欲望与需求往往受到个性、生活方式的影响。

④消费行为细分

消费行为细分就是按照旅游者出游时间、旅游动机、旅游频率、旅游后的感受等行为来细分市场。

按旅游者的人口社会经济学特征来划分，旅游分析中应考虑的社会经济变量及其测定，如表5-5所示。根据旅游者的出游目的、旅行方式、旅行时间和旅行距离可进行出游中的旅游景区市场细分，如表5-6所示。在旅游客源市场分析中常用的细分市场类型主要是根据游客出游目的类型和空间区域来划分旅游景区市场，因为不同出游目的旅游景区市场其特征较明显，此外，我国现阶段交通条件也是影响游客出游的重要因素之一，如表5-7、表5-8所示。

表 5-5　旅游景区市场的社会经济变量划分

变　量	细分的水平
1. 性别	男性　　女性
2. 年龄	按年龄组分析
3. 受教育水平	初中以下　　高中（含中专） 大学（含大专）　　研究生及以上
4. 收入	个人年收入（或月收入）　　全家平均月收入
5. 职业	农民　　公务员　　科技人员/教师 商业服务业者　　企业公司职员　　个体经营者 军人或警察
6. 家庭结构	独身（独自一人生活者）　　夫妻二人家庭　　子女为学龄前儿童者 子女为中小学生者　　子女不在身边者

表 5-6　出游中的旅游景区市场划分

变量	细分的水平
1. 季节性市场	12 月—次年 2 月（冬季市场）　　3—5 月（春季市场） 6—8 月（夏季市场）　　9—11 月（秋季市场） 周末市场　　工作日市场
2. 旅行时间细分	一日内休闲市场 一日游　　二日游　　三日游 一周游 其他时段
3. 旅行距离（千米）（括号内以国家级目的地为例给出大致的距离市场份额）	0—500 千米（约 60%市场）　　500—900 千米（约 20%市场） 900—200 千米（约 16%市场）　　>2000 千米（约 4%的市场）
4. 出游目的	会议与商务会议市场　　采购、销售、其他商务市场 休闲、度假市场　　观光、游览市场 文化节、体育节旅游市场　　探亲访友市场 其他家庭或个人事务市场　　购物市场 修学市场　　疗养康体市场 综合目的的市场
5. 旅行方式	汽车旅游市场　　火车旅游市场　　飞机旅游市场 轮船旅游市场　　单位交通工具市场　　自行车旅游市场 步行旅行市场　　其他、综合交通方式市场
6. 组织方式	散客　　团队

表 5-7 旅游景区市场细分术语

按因子分		细分亚标准	细分类型	优点
按人口统计分	年龄 教育程度	年龄细分法	学龄市场、青年市场、中年市场、老年市场等	便于研究消费结构
	性别 家庭 年龄结构 收入 等	家庭结构细分法	情侣市场、蜜月旅游市场、老年夫妇市场等	便于开展针对性服务
	职业 文化圈	职业细分法	公务旅游、商务旅游、职业旅游、农民旅游、学生团体旅游	
按地理分	常住地	区域细分法	欧洲市场、亚洲市场、东北市场、华南市场	便于研究促销地、旅行社定点
	城市市场规模	距离细分法	近时距市场、中时距市场	便于研究时间、费用的支付能力
	气候 人口密度	气候细分法	避暑市场、避寒市场、冬季（滑雪）市场、夏季（游泳）市场	便于研究季节人流特征
按心理分	性格	心理需求法	安逸者市场、冒险者市场、廉价购物市场	便于安排项目内容
	习惯 价值观	生活方式法	基本需求者、自我完善者、开拓扩张者	便于探索"满意经历"的内在机理
按消费行为分	消费动机 频率	旅游目的法	度假市场、观光市场、会议商务市场，福利旅游、教育旅游、探亲访友旅游市场	便于研究供给布局
	品牌信赖度	组织方式法	组团旅游市场、散客旅游市场	安排组织工作
	消费水平 广告敏感度	价格敏感度法	豪华型旅游、工薪层旅游、节俭型旅游、温和型旅游市场	便于研究价格策略
	服务敏感度 价格敏感度	频率分类法	随机性、选择性、重复性市场	便于安排促销重点

表 5-8 赤壁旅游景区市场的空间区域细分

空间半径	覆盖区域 （城市）	交通方式	接近时间 （小时）	客源比重 （%）	合计比例 （%）
≤100公里	赤壁市	公路、水路	<1.5	16.3	37.2
	咸宁市（接壤）	公路、铁路		6.7	
	荆州市（接壤）	公路、水路		5.3	
	湖南省（接壤）	公路、水路、铁路		7.5	
	江西省（接壤）	公路、铁路		1.4	

续表

空间半径	覆盖区域 （城市）	交通方式	接近时间 （小时）	客源比重 （%）	合计比例 （%）
100—250 公里	咸宁地区	公路、铁路	<2.5	2.1	40.8
	黄石地区	公路、水路	<2.5	4.2	
	武汉市	公路、铁路、水路	<2	20.5	
	黄冈地区	公路、水路	<2.5	1.6	
	荆州地区	公路、水路	<2.5	4.5	
	湖南省	公路、铁路	<2.5	7.2	
	江西省	公路、铁路	<2.5	0.7	
250—350 公里	宜昌地区	公路、水路	<3.5	0.6	2.5
	湖南省	公路、铁路、		1.6	
	江西省	铁路、公路		0.3	
350—500 公里	湖南省	公路、铁路	>4.5	5.7	10.7
	广东省	公路、铁路		2.6	
	四川省	公路、水路、铁路		0.8	
	河南省	公路、铁路		1.6	
>500 公里	其他省	公路、铁路、水路	>5	10.4	

（2）旅游景区市场的定量细分

定量细分实际上就是对旅游景区市场进行系统聚类的过程。系统聚类分析的基本原理是将一定数量的样品或指标各自看成一类，然后根据样品或指标的亲疏程度，将亲疏程度最高的两类进行合并，再考虑合并后的类与其他类之间的合并，直至得到规模、结构均令人满意的分类结果为止。

5. 区域旅游景区市场细分的基本步骤

对区域旅游景区市场的细分，主要遵循以下步骤：

（1）认清区域旅游业的经营目标

了解区域旅游业的经营目标和经营范围，也就是确定区域旅游业能为旅游者提供什么样的旅游产品或提供何种服务，是进行区域旅游景区市场细分的基础。

（2）了解游客的愿望和需求

针对区域旅游业的经营目标，列出经营范围内旅游消费者的现实需求及潜在需求的情况，这是对区域旅游景区市场进行细分的原始依据。

（3）选定恰当的细分标准，对区域旅游景区市场进行初步细分

在游客消费特性差异的各种因素中，要选出具有现实性且能反映市场特点

的因素，作为初步细分旅游景区市场的主要标准。

（4）对初步细分的旅游景区市场进行合并或分解

进一步检查区域旅游景区市场的初步细分结果是否符合实际情况，有无可行性，对各个可能存在的旅游细分市场进行合并或分解。

（5）细分旅游景区市场的主要特点分析

对合并后各细分旅游景区市场中消费群体的主要消费特点，给以形象化的概括和描述，以确定各细分子市场的特点。

（6）估计各细分市场的潜力，选定目标市场

将各细分子市场与该市场中游客的消费特性相联系，估计市场潜力，确定每个细分市场的规模，根据区域旅游业的发展目标，进行目标市场的选择。

二、旅游景区目标市场定位

旅游景区目标市场定位要在旅游资源、旅游客源、旅游品牌研究的基础上进行，主要逻辑流程如图 5-3 所示。

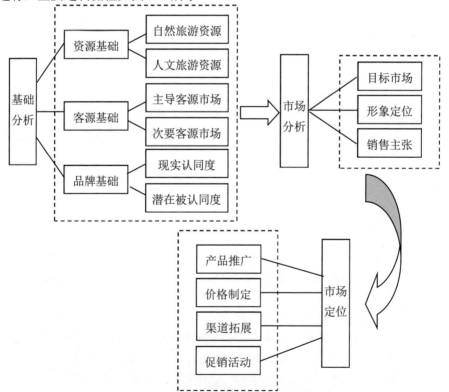

图 5-3　旅游景区目标市场定位的逻辑流程

目前市场定位一般可分为一级目标市场、二级目标市场、三级（或机会）目标市场。

第四节　旅游景区市场预测的方法

旅游景区市场预测是在市场调查的基础上，运用科学的方法对市场供需发展趋势和未来状况做出预见和判断，从而为经营决策提供科学依据。

一、旅游景区市场预测的方法分类

从确定旅游景区市场预测量的角度，可将旅游调查预测方法分为定性预测和定量预测。

1. 定性预测

定性预测是指旅游调查人员依据个人的经验和分析能力，对调查变量之间的关系进行逻辑推理，并估测调查变量未来发展趋势的方法。相对而言定性预测简单易行，对数据资料的要求很低，但定性预测并不能提供精确的预测结果，受预测者个人背景和水平的影响很大。

2. 定量预测

定量预测是指运用一定的数值信息，通过数学模型来确定旅游调查变量间未来发展趋势的数量关系的预测方法。定量预测的结果表明未来的发展水平，为决策提供精确的数字依据。但这种方法对现有信息的数量和质量要求高，而且假设条件较多，对无法量化的社会政治、经济、文化等因素不能全部囊括和控制。

二、旅游景区市场预测方法的影响因素

选择旅游景区市场预测方法或模型时，应考虑以下四方面的因素：

1. 预测目标和预测对象的性质

旅游调查人员应依据预测目标和预测对象的性质选择预测方法与模型。例如，对旅游景区市场需求的预测一般应采取定量的方法，但对旅游环境的调查中，社会文化因素的预测就很难采用数学模型，必须采用定性的方法。

2. 预测结果的用途

当预测结果用于旅游战略决策时，预测选择的模型应注重精确性。而日常决策的小范围预测，则没有必要选择复杂而精密的数学模型。

3. 现有信息

现有信息的数量与质量是约束旅游预测方法和模型选择的一个客观因素。特定模型的使用对信息的数量和质量应有一定的要求，这样可以保证预测的准确性和精确度。在旅游调查预测中，许多方面缺乏足够的准确数据，甚至缺乏足量的信息，使得调查人员不得不放弃一些对信息要求很高的精确模型。

4. 预测的时间和经费限制

不同的调查预测方法对时间和经费的要求差别很大。时间和经费在很大程度上制约了预测方法的选择。

三、旅游景区市场的定性预测法

旅游景区市场的定性预测方法主要有旅游者意图调查法、管理人员判断法、营销人员意见综合法、专家意见法及人工趋势递增预测法。

1. 旅游者意图调查法

旅游者意图调查法就是向潜在的旅游者了解预测期内旅游意图的方法。采用这种方法时，旅游调查人员一般应通过抽样的方法列出一份潜在旅游者的名单，然后依据名单分别与每个旅游者接触，用调查表（或当面）询问旅游计划和旅游意图。旅游调查人员可以比较详细地询问每位旅游者的计划旅游花费、旅游活动安排、交通住房设施的选择等方面的情况。

旅游意图调查法往往会耗费大量的时间和精力，调查费用也比较高。

2. 管理人员判断法

管理人员判断法在实际工作中有两种不同的形式，一种是旅游调查管理人员依据目前已有的信息，凭借逻辑推理或直觉进行判断的预测方法；另一种是高层调查管理人员可召开下级有关管理人员的会议，听取他们对相关事情的看法，在此基础上，依据个人经验进行判断。

管理人员判断法在实际工作中应用非常广泛。此法简便易行，对时间和费用的要求很低。日常性的预测大多可采用这种方法。

3. 营销人员意见综合法

营销人员意见综合法是指旅游预测人员召集有关营销人员进行预测，然后对预测结果进行综合分析的方法。此法适用于对旅游景区市场需求的测量和竞争对手情况的预测。

4. 专家意见法

专家意见法是旅游调查人员通过专家分析判断而进行调查预测的方法。专家意见法主要有专家个人预测法、专家会议法、特尔菲法。

5. 人工趋势递增预测法

根据历史资源和开发后可能增长的幅度来预测旅游客源市场的规模，一般可用公式为：

$$Q_i = \alpha(1+\beta)^i \qquad\qquad (5.14)$$

其中，Q_i 为第 i 年的客源人数规模，α 为预测基年值，β 为年增长率，判断出 β 值就能预测客源人数，β 值随着客源人数的基数增加而逐渐减小，并稳定在一个区间。在旅游景区发展中旅游接待人数的预测常用此法。

四、旅游景区市场的定量预测法

定量预测法主要包括时间数列预测法、回归模型分析法。

1. 时间数列预测法

时间数列预测法是旅游调查常用的定量预测方法，主要包括简单模型法、长期趋势模型法以及循环变动模型。

旅游调查预测中常用的模型主要包括简单平均法、移动平均法、指数平滑法和灰色模糊预测法，主要用于近期预测。

长期趋势模型法是利用描述事物长期趋势的数学模型进行外推预测的方法，其中包括二次抛物线趋势模型法、指数曲线法以及龚配资（Gompertz）曲线法。利用统计分析软件包——社会科学统计软件包 spss/pct 可进行各种定量预测。

（1）灰色模糊预测法

邓聚龙教授于 1982 年首先提出灰色系统理论，自提出以来，引起了国内外很多学者的重视，得到了较深入的研究，在众多方面获得了成功的应用，特别是在对社会经济系统的状态和行为的的描述与预测领域，灰色系统理论更是独具特色。灰色模糊预测方法以灰色模块为基础，以微分拟合法建立累加变量，主要用于单变量时间序列的预测。

灰色预测模型称为 GM 模型，GM（1，1）表示一阶的、一个变量的微分方程预测模型。GM（1，1）是一阶单序列的线性动态模型，主要用于时间序列预测。灰色模型预测的建模过程如下所示：

设数列 $x^{(0)}$ 共有 n 个观察值：$x^{(0)}(1), x^{(0)}(2), \cdots, x^{(0)}(n)$

对 $x^{(0)}$ 作累加生成，得到新的数列 $x^{(1)}$，其元素为：

$$x^{(1)}(i) = \sum_{m=1}^{i} x^{(0)}(m) \qquad (i=1,2,\cdots,n) \qquad (5.15)$$

其中：

$x^{(1)}(1) = x^{(0)}(1)$

$x^{(1)}(2) = x^{(0)}(1) + x^{(0)}(2) = x^{(1)}(1) + x^{(0)}(2)$

$x^{(1)}(3) = x^{(0)}(1) + x^{(0)}(2) + x^{(0)}(3) = x^{(1)}(2) + x^{(0)}(3)$

……

$x^{(1)}(n) = x^{(1)}(n-1) + x^{(0)}(n)$

对数列 $x^{(1)}$，可建立预测模型的白化形式方程，即

$$\frac{dx^{(1)}}{dt} + ax^{(1)} = u \tag{5.16}$$

式中，a、u 为待估计参数，分别称为发展灰数和内生控制灰数。

设 $\hat{a}$ 为待估计参数向量，则：

$$\hat{a} = \begin{bmatrix} a \\ u \end{bmatrix}$$

按最小二乘法求解，得出：

$$\hat{a} = (B^T B)^{-1} B^T y_n \tag{5.17}$$

式中：

$$B = \begin{bmatrix} -\frac{1}{2}(x^{(1)}(1) + x^{(1)}(2)) & 1 \\ -\frac{1}{2}(x^{(1)}(2) + x^{(1)}(3) & 1 \\ …… & \\ -\frac{1}{2}(x^{(1)}(n-1) + x^{(1)}(n)) & 1 \end{bmatrix}$$

$$y_n = \begin{bmatrix} x^{(0)}(2), x^{(0)}(3), \cdots, x^{(0)}(n) \end{bmatrix}^T$$

将（5.17）式求得的 $\hat{a}$ 代入（5.16）式，并求解微分方程，得 GM（1，1）预测模型为：

$$\hat{x}^{(1)}(i+1) = (x^{(0)}(1) - \frac{u}{a})e^{-at} + \frac{u}{a} \qquad (5.18)$$

与其他模型相同，在 GM（1，1）模型建立后，必须经过模型检验才能进行预测。灰色预测模型检验有残差检验、关联度检验和后验差检验三种。

（2）三次指数平滑预测的理论模型

指数平滑法是利用过去的统计资料，以平滑系数来进行预测的一种方法。其特点是以前期的实际值和预测值为基础,经过修匀处理后得到本期的预测值。指数平滑又称指数修匀，可以用来消除时间序列的偶然变动。具体做法是：将上期的实际统计数据与上期预测值的差额用平滑系数来加权，然后加上上期的预测值，即为本期的预测值。

①一次指数平滑法

一次指数平滑法是利用本期的实际值与紧前期的估计值，通过对它们不同加权的分配，求得一个指数平滑值，作为下一期预测值的一种方法。

其计算公式为：

$$s_t^{(1)} = ax_t + (1-a)s_{t-1}^{(1)} \qquad (5.19)$$

式中，$s_t^{(1)}$ 为第 t 期一次指数平滑值；

x_t 为第 t 期的实际值；

$s_{t-1}^{(1)}$ 为紧前期一次指数平滑值；

a 为平滑系数，其取值范围为 $0 \leqslant a \leqslant 1$。

②二次指数平滑法

二次指数平滑是在一次指数平滑的基础上，再做一次指数平滑，然后利用二次指数平滑值，通过求解平滑系数建立数学模型并进行预测的一种方法。此方法适用于具有线性趋势的时间数列资料。

二次指数平滑法的基本计算公式为：

$$s_t^{(2)} = as_t^{(1)} + (1-a)s_{t-1}^{(2)} \qquad (5.20)$$

式中，$s_t^{(2)}$ 为第 t 期二次指数平滑值；

$s_t^{(1)}$ 为第 t 期一次指数平滑值；

a 为平滑系数，其取值范围为 $0 \leqslant a \leqslant 1$；

下标 t-1 为前期。

③三次指数平滑法

三次指数平滑法是在二次指数平滑的基础上进行第三次指数平滑，求取三次指数平滑值的一种方法。三次指数平滑几乎适用于所有的时间序列分析应用问题。

三次指数平滑法的基本计算公式为：

$$s_t^{(3)} = as_t^{(2)} + (1-a)s_{t-1}^{(3)} \qquad （5.21）$$

用三次指数平滑法建立抛物线预测模型为：

$$\hat{Y}_{t+T} = a_t + b_t T + c_t T^2 \qquad （5.22）$$

方程中 a_t、b_t、c_t 三个系数的计算公式为：

$$a_t = 3s_t^{(1)} - 3s_t^{(2)} + s_t^{(3)}$$

$$b_t = \frac{a}{2(1-a)^2}\left[(6-5a)s_t^{(1)} - 2(5-4a)s_t^{(2)} + (4-3a)s_t^{(3)}\right]$$

$$c_t = \frac{a^2}{2(1-a)^2}(s_t^{(1)} - 2s_t^{(2)} + s_t^{(3)})$$

式中，$s_t^{(3)}$ 为第 t 期的三次指数平滑值；

$s_t^{(2)}$ 为第 t 期二次指数平滑值；

$s_{t-1}^{(3)}$ 为第 t-1 期的三次指数平滑值；

a 为平滑系数；

a_t、b_t、c_t 为参数；

t 为目前的周期序号；

T 为预测超前周期数；

$\hat{Y}_{t+T}$ 为第 t+T 期的预测值。

运用三次指数平滑法进行预测的步骤如下：

第一步，根据预测目标的样本数据资料，利用一次指数平滑的基本公式，计算一次指数平滑值；

第二步，以一次指数平滑值为时间序列，利用二次指数平滑的基本公式，计算二次指数平滑值；

第三步，以二次指数平滑值为时间序列，利用三次指数平滑的基本公式，计算三次指数平滑值；

第四步，利用时间 t（本期）的一次、二次、三次指数平滑值，求得预测方

程的参数 a_t、b_t 和 c_t 的值，建立可用于预测的方程式；

第五步，根据预测值同本期相隔期数确定 T 值，将 T 值代入预测方程式，即可计算出相应的预测值。

（3）二次抛物线模型预测法

当预测各历史时期数值的逐步增长量大致相同时，就可以利用二次抛物线趋势模型进行外推预测。其公式为：

$$y = a + bx + cx^2 \qquad (5.23)$$

用最小二乘法配合二次曲线，解得参数 a、b 和 c，即可建立起二次抛物线模型。

（4）指数曲线模型法

指数曲线模型可分为简单指数曲线模型和修正指数曲线模型两种。

当预测事件在各历史时期的环比发展速度大致相同时，可按简单指数曲线建立趋势模型并进行外推预测，其公式为：

$$y = ab^x \qquad (5.24)$$

当预测事件在各历史时期的逐期增长量的发展比例大致相同时，可用修正指数曲线模型进行外推预测。此法适用于发展极限的确定，并且可以预测历史事件由高速增长逐渐下降至低速增长的情况。修正指数曲线可用来预测在一定时期内特定旅游客源市场的开发情况。其公式为：

$$y = k - ab^x \qquad (5.25)$$

（5）龚柏兹曲线模型

龚柏兹曲线模型用于预测初期发展较为缓慢，随后逐渐加快，到一定程度后发展速度趋缓，最后呈平缓发展的情况。在旅游调查预测中，可用于旅游产品的生命周期预测，如图 5-4 所示。

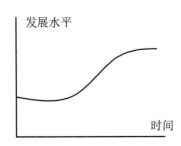

图 5-4　龚柏兹曲线

当预测事物各历史时期数值的对数增长量的发展比例大致相同时，可用该模型进行预测。其基本公式为：

$$y = ka^{bx} \qquad (5.26)$$

以上介绍了时间数列预测的基本方法。利用以上模型进行预测时，所需历史数值较多，一般应有 10—20 个以上的历史数据，预测期一般应为 2—4 年，不宜过长。对某些发展情况多变的旅游调查变量不宜用趋势曲线模型进行预测。

2. 回归模型预测法

上述趋势外推预测法是就事物本身的发展趋势进行外推预测，并未考虑其他相关因素的影响，可靠性有一定的限制。回归模型预测法则是通过对具有相关关系的变量建立回归模型的方法进行预测，它克服了时间数列模型的不足。回归模型预测主要有一元回归模型预测和多元回归模型预测。一元回归模型预测是在确立一个自变量和一个因变量之间具有显著相关关系的基础上，配合回归线进行预测的方法。多元回归模型中则存在一个因变量和多个自变量的关系。

运用回归模型进行预测的程序：一是利用相关图判定变量之间的相关类型，确定采用何种相关模型；二是计算相关系数，判定变量之间的相关程序；三是如果变量显著相关，则配合回归线建立模型进行预测；四是在必要时应予以检验。

（1）一元回归模型预测

一元回归即直线回归，其模型为：

$$y = a + bx \qquad (5.27)$$

相关系数的计算公式为：

$$r = \frac{n\sum xy - \sum x \sum y}{\sqrt{n\sum x^2 - (\sum x)^2} \cdot \sqrt{n\sum y^2 - (\sum y)^2}} \qquad (5.28)$$

如果相关系数 $r \geqslant 0.5$，则可用最小平方法配合回归线，求解参数 a、b 后，得到直线回归方程。最后通过计算估计标准误差来评价预测结果。

（2）多元回归模型预测

利用多元回归模型预测时，应注意筛选自变量，建立模型时要保留与因变量关系最为密切的自变量。假设因变量 y 与自变量 x_j（j=1，2，…，m）之间的关系可表示为：

$$y_i = b_0 + b_1 x_{1i} + b_2 x_{2i} + \cdots + b_m x_{mi} + \varepsilon_i \quad (i = 1, 2, \cdots, n) \qquad （5.29）$$

其中，b_0、$b_j (j = 1, 2, \cdots, m)$ 为模型回归系数；ε_i 为除自变量 $x_j (j = 1, 2, \cdots, m)$ 的影响之外对 y_i 产生影响的随机变量，即随机误差。该结论基于以下的基本假设：

设随机误差 x_j 的期望值为 0，$E(\varepsilon_i) = 0$ （$i = 1, 2, \cdots, m$）；

方差的期望值为一常数 σ^2，$E(\varepsilon_i^2) = \sigma^2$ （$i = 1, 2, \cdots, m$）；

各随机误差项是互不相关的，即协方差的数学期望值为 0，$E(\varepsilon_i, \varepsilon_j) = 0$ （$i, j = 1, 2, \cdots, n; i \neq j$）。

当以上的假设条件得到满足时，式（5.29）就称为多元线性回归预测模型，这时可写为：

$$\hat{y} = b_0 + b_1 x_{1i} + b_2 x_{2i} + \cdots + b_m x_{mi} \quad (i = 1, 2, \cdots, n) \qquad （5.30）$$

和一元线性回归预测模型一样，建立多元线性回归预测模型时可采用最小二乘法估计模型参数。

回归预测模型建立以后，是否与实际数据有比较好的拟合度，其模型的线性关系的显著性如何还必须通过数理统计和经济意义的检验。常用的统计检验有标准离差（s）检验、相关系数（r）检验、显著性（F）检验和随机检验等。

案例 5-2　乔治亚湾群岛（Georgian Bay Islands）　国家公园游客调查

——1997 年夏季

白天活动区域的调查

简介

这个报告代表了于 1997 年 7 月、8 月在乔治亚湾群岛国家公园对有关当事人的调查结果。该调查是在两个白天活动区域内进行的：Cedar Springs（锡达春天）白天活动区域和 Primitive（原始的）白天活动区域。这一研究的目的是：

● 　搜集游客的人口统计学方面的有关信息；

● 　调查游客对服务和设施的满意度；

● 　确定游客的消费模式，包括他们对购买与公园有关的纪念品的兴趣；

● 　调查提供现场服务和设施的重要性。

游客随机选取，向他们提供调查问卷，要求他们在离开白天活动区域前完成并交回问卷。

完成的调查问卷数目（n=483）到达 95%的置信水平，有±5%的误差。换句话说，如果这一调查问卷在同一游客群体中针对来乔治亚湾群岛的不同旅游团反复进行调查，那么在 20 次调查中会有 19 次具有相同的结果，误差在±5%以内。

关于游客

为了搜集公园白天活动区域游客的信息，被调查者要求回答有关他们的居住地、旅游团体的大小和构成、年龄以及以前是否游览过本公园等问题。同时，调查问卷有英文和法文两种语言版本，这也向公园提供了游客交流时使用的首选语言的信息。调查结果表明，98%的受调查者使用英文填写问卷，使用法文的占 2%。

表 5-9 列出了主要的调查结果。

表 5-9   乔治亚湾群岛白天活动区域的游客概况

项目	百分比
居住地（n=441）	
安大略	91
大西洋	0
魁北克	2
加拿大西部	0
育空（Yukon）及其西北地区	0
美国	4
其他国家	3
游客年龄（n=466）	
小于 6 岁	10
6—16	21
17—34	18
35—54	36
55—64	10
65 岁及以上	5
团体组成（n=466）	
有 16 岁及以下儿童的团体	51
17 岁至 64 岁的成年人团体	44
65 岁及以上的老年人团体	2
其他	3
首次游览公园（n=416）	

项目	百分比
否	77
是	23
在过去两年内游览公园的次数（n=357）	
0	4

续表

项目	百分比
1	8
2—3	28
4—5	9
5 次以上	51
回答调查问卷时所用的语言（n=252）	
英文	98
法文	2
旅游团的平均人数	4.7

游客来源

图 5-5 表明，到乔治亚湾群岛白天活动区域旅游的旅游团十分之九来自安大略省，只有 2%来自加拿大的另一个省（魁北克）；其余的游客来自美国（4%）或其他国家（3%）。安大略省的游客中，主要来自安大略省的中心地区（69%），包括米西索加（Mississauga）、大多伦多（Metro Toronto）、奥沙瓦（Oshawa）等。

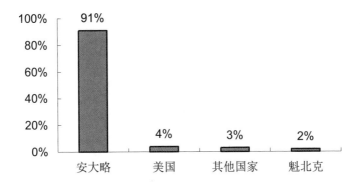

图 5-5　游客来源

游客的年龄和旅游团的组成

　　从各旅游团员年龄的调查中可以获取一个重要信息，即带着孩子、陪伴老人和全是成年人出游的 3 类游客的比例。数据显示，超过半数的白天活动区域旅游团是由家庭构成的，64%的团体由 17 岁至 64 岁之间的成年人构成，由老年人组成的团体仅占 5%。

　　由家庭组成的旅游团到白天活动区域游览，因此 16 岁以及不满 16 岁的儿童大约占全部游客的三分之一，即 31%。

　　得到上述信息并不令人感到意外，乔治亚湾群岛的白天活动区域提供的是户外活动，并且大部分是体育活动（如划船、散步、游泳）或专门为家庭设计的活动（如游乐场、野餐、湖滨）。

　　上述信息还说明白天活动区域旅游团的平均人数是 4.7 人，这反映了带有儿童的家庭在旅游团中占很高的份额。相比较而言，带有儿童的团体的平均组成人数是 5.5 人，而不带儿童的团体平均有 2.6 人。

以前来公园的游览情况

　　受调查者团体组成情况如图 5-6 所示。

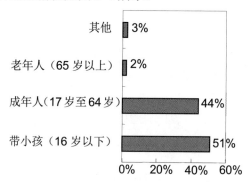

图 5-6　旅游团的组成

　　受调查者还被问及这次是否是他们首次游览乔治亚湾国家公园，如图 5-7 所示，结果表明，相当一部分游客以前曾经来过（23%）。

图 5-7　首次游览公园游客的比例

当调查游客在过去两年中游览本公园的次数时，其中 51% 的游客的游览次数多达 5 次以上，9% 的游客曾到公园游览 4—5 次，28% 的游客游览过 2—3 次，8% 的游客仅来过 1 次，只有 4% 的游客在过去的两年内没有来过。

这些数据说明了游客回头率很高，这是关于游客忠诚与持久的关键指标。因此，应当调查游客不断重复游览白天活动区域的原因。这一信息有助于公园保持高水平的游客满意度，并且确保我们满足游客的要求，向游客提供他们需要的服务与设施。另外，了解游客所看重和需求的服务与设施，公园就能够以一种更加受游客关注的方式管理某些过度使用的白天活动区域。

关于游客的行程

我们询问了有关游客行程的各种问题，搜集到的信息包括到公园旅游的月份、在景点停留的时间、行程的时间、膳宿的类型以及游客是如何得知这一景点的。

尽管 7 月份受调查的游客所占的比例比 8 月份的大，我们对数据进行了关键的统计检验，结果表明，从游客的反映来看，7 月份的样本与 8 月份的样本没有显著的差别。

信息来源

到目前为止，游客了解白天活动区域的最重要的渠道是来自家人和朋友的口头介绍（65%），这对公园是非常有益的，因为口头介绍对于宣传如白天活动区域这样有吸引力的景点是最有效、最经济的方法。其他的信息来源不是那么重要，包括公园的出版物、旅游指南和手册，以及公园的工作人员等，如图 5-8 所示。

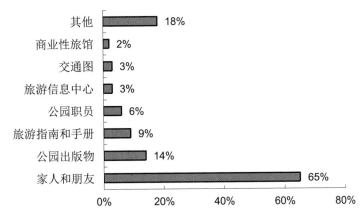

图5-8　促进公园旅游的信息来源

交通方式

在白天活动区域游览的游客中，90%以上乘坐私人船只，3%乘坐出租船只。考虑到乔治亚湾群岛国家公园是具有完备设施和服务的岛屿公园，因此必须明确以其他交通方式（带卧室拖车的汽车、卡车、货车等）前来的游客，他们所指的交通方式是在前往海岛之前到达公园陆地部分的方式。

在白天活动区域停留的时间

如图 5-9 所示，大多数游客（62%）在白天活动区域停留的时间超过 4 小时，仅有 4%的游客停留的时间不足 1 小时，25%的游客花了 2~4 小时。因此在白天活动区域的平均停留时间长度是 4.3 小时。

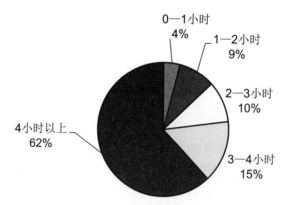

图5-9　在白天活动区域停留的时间

游览期间参与的活动

我们要求游客确认在游览期间所参与的公园活动。最普通的活动是游泳/沙滩、划船、散步/徒步旅行、野餐，如图 5-10 所示。仅有 15%的游客去了游客中心，6%的游客观看了展示项目，观看遗迹展示的游客较少，可能是对这些服务项目了解有限的结果，也可能是由于白天活动区域距离展示场所较远，在某些情况下需要半个小时的行程，由此可以考虑进一步开展工作，确定游客的兴趣和需要，以便鼓励游客更多地参与遗迹展示这项活动。

在外停留的夜晚数及所用的膳宿设施

有 16%的游客不打算在外住宿过夜，23%的游客计划住 1 至 3 个晚上，15%的游客计划住 4 至 6 个晚上，46%的游客计划至少居住 7 个夜晚。计划在此停留过夜的游客有 86%在离公园 1 小时的距离范围内选择膳宿设施。调查表明，最普通的住宿形式是选择在船上（71%），接下来是露营（11%），以及在游客自己的小屋住宿（7%）。

我们做得怎么样

我们要求接受调查的游客根据当时的游览情况，在一张白天活动区域的设施和服务清单上，对加拿大国家园林局（Parks Canada）在乔治亚湾群岛的服务进行打分。评价要求采用 5 分制，即 1 代表非常差，5 代表非常好。表 5-10 勾勒了调查的大致结果。请注意，表中的百分比不包括没有使用服务或设施的受调查者。

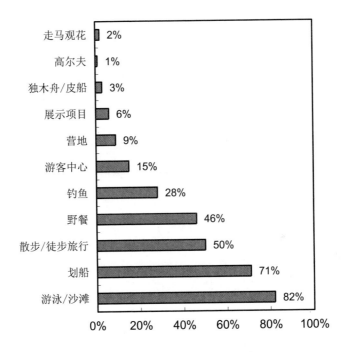

图5-10　游览期间参与的活动

表 5-10　满意程度

项目\得分\评价	非常好	很好	好	一般	非常差	
	5	4	3	2	1	N
服务和设施						
该区域的小路	49	38	12	1	0	358
野餐区	49	40	10	1	0	404
观景点与路边停车观景点	47	37	13	2	1	315

该区域导向标记	33	30	24	8	5	363
展览	32	33	27	7	1	344
地面清洁	53	34	10	2	1	452
盥洗室清洁	38	38	16	5	3	422
登记的容易程度	56	29	10	20	5	432
公园的基本信息	43	35	17	3	2	440
工作人员						

续表

项目\得分\评价	非常好	很好	好	一般	非常差	
友好态度	68	24	7	0	1	463
工作效率	27	30	25	12	6	437
对游客要求的响应	42	33	18	4	3	424
总体评价						
教育性	24	39	27	8	2	315
娱乐性	57	34	7	2	0	438
儿童的趣味性	56	31	11	1	1	326
物有所值	41	30	17	8	4	421

游客满意度等级

顶级盒子（Top Box Analysis）分析

顶级盒子理论认为只有那些在调查中选择"顶级盒子"（例如 5 分制中的"5"）的客人才是完全满意的。任何低于顶级盒子的选择都意味着受调查者对某些东西不满意。顶级盒子理论还认为，如果一个公司的客户工作做得好，应该有 40%至 60%的得分为满分。

游客对乔治亚湾群岛白天活动区域服务和设施的满意度，如图 5-11 所示，40%多的游客对登记的容易程度、地面清洁、小路和野餐区、观景点与路边停车观景点以及公园的基本信息非常满意（在 5 分制中给这些服务和设施打了 5分）。但是，有 32%的游客对公园的展览表示完全满意。

乔治亚湾群岛国家公园的工作人员对游客的友好态度是值得称赞的，正如受调查的游客的反映，工作人员的友好态度受到了最高的评价，42%的游客非常满意工作人员对他们关心的事情和提出的询问所做出的反应（打了 5 分）。

遗憾的是，只有 1/4 的游客对工作人员的工作效率表示完全满意。这一情况也许是因为工作人员的人数有限和公园及其服务布局方面的原因，我们会进一步调查研究其中的原因，并寻找提高工作人员工作效率的办法。

总体满意度

如图 5-12 所示，白天活动区域的娱乐性及儿童趣味性得到半数以上受调查游客的高度评价。由于该区域半数的游客是带有 16 岁以下儿童的家庭，因此，这些高度评价具有重要意义。接受调查的游客对所付金钱的价值的评价也非常高，说明他们认为物有所值。为了保证这种高水平，公园必须瞄准那些受游客青睐的服务和设施。在考虑提高价格时，这一点尤其重要。

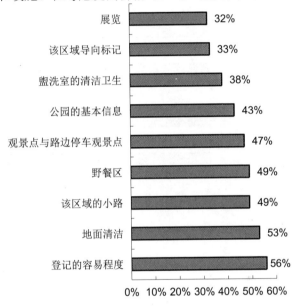

图5-11　顶级盒子分析设施与服务

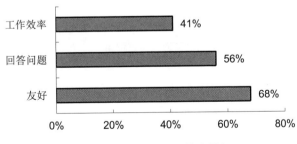

图5-12　顶级盒子分析工作人员

对于旅游的总体感受，如图 5-13 所示，游客对教育功能的评价要比对其娱乐功能的评价低很多，只有 24% 的游客对教育功能很满意。这个指标表明到白天活动区域的游客对教育功能感兴趣，而且他们对现有的教育服务和设施并不满意。正如以前调查表明的，这也许是对已经存在的服务和设施缺乏了解，或游客的需要没有得到满足。我们必须对这个项目进一步开展工作，以便弄清游客对实现旅游的教育功能的需要和评价。

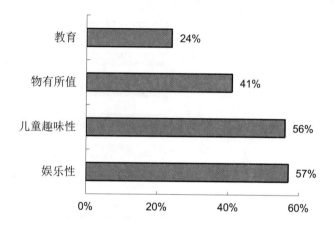

图 5-13   顶级盒子分析总体情况

各种服务和设施的重要性

令游客满意的一个关键因素是确保向游客提供他们认为重要的服务和设施。因此，在努力了解哪些服务和设施对乔治亚湾群岛的游客十分重要的过程中，接受调查的游客被要求对白天活动区域中向他们提供的设施和服务的重要性按照 5 分制从 1（根本不重要）到 5（非常重要）予以打分。表 5-11 列出了这些结果。

表 5-11   乔治亚湾群岛白天活动区域提供的服务和设施的重要性水平

项目	非常重要	重要	比较重要	一般	不重要	
赋值	5	4	3	2	1	N
设施						
更衣室	21	11	13	10	45	417
野餐棚	38	21	18	7	16	415
野餐桌	67	20	8	2	3	450

壁炉	40	19	16	10	15	429
船坞设施	79	8	6	2	5	452
步行小道	42	29	20	4	5	425
有浮标指示的游泳区域	29	16	19	12	24	423
服务						

续表

项目	非常重要	重要	比较重要	一般	不重要	
儿童嬉戏场所	27	17	20	1	25	419
解说服务	13	16	26	12	33	409
游客中心	18	24	29	12	17	416
室外剧场项目	14	18	25	15	28	411
导游带领的徒步游览	11	13	26	16	34	413
工作人员在现场的时间	29	17	21	11	22	423
为儿童解说	17	15	22	15	31	408
公园提供的基本信息	34	25	29	7	5	425
关于加拿大国家园林局的资料	22	23	28	13	14	411

设施

对游客而言最重要的设施是船坞设施和野餐桌，其他需要提供的重要设施包括散步的小路、壁炉和野餐棚等。游客认为有浮标指示的游泳区和更衣室并不重要。

提供的服务

游客最为关心的是能否向他们提供公园的基本信息，他们还觉得现场工作人员的有效服务也是非常重要的。考虑到游客对工作人员的服务效果并不满意，那么加拿大国家园林局必须就此进行深入研究，找到提高工作人员服务有效性的方法。

历史遗迹展览项目和服务，例如室外剧场、解说服务、导游带领的徒步游览等显得并不重要。应当进一步开展工作，以确定为什么游客对这些服务项目不感兴趣，以及如何改善。

购买纪念品的兴趣

我们向游客提供了一张列有与乔治亚湾群岛国家公园有关的纪念品以及它们相应售价的清单，要求游客指出如果在公园里出售，他们可能会买些什么。

纪念品选项

明信片（0.5 加元）　　　　　　　纪念羹匙（10 加元）

大幅景点地图（5 加元）　　　　　航海图（20 加元）

地形图（5 加元）　　　　　　　　招贴图（4 加元）

书籍（10 加元）　　　　　　　　　CD 光盘（50 加元）

　　调查表明，接近 1/3 的受调查者不想买任何纪念品如图 5-14 所示，那些有购买欲的人倾向于明信片（24%）、航海图（23%）、大幅景点地图（18%）和地形图（17%），也有人对招贴画和书籍感兴趣，但纪念羹匙和 CD 光盘的吸引力非常低。

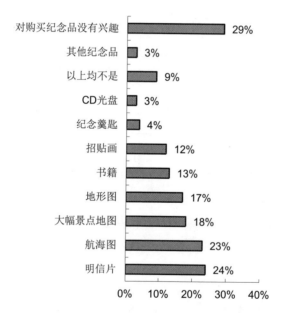

图 5-14　游客可能购买的与乔治亚湾群岛有关的纪念品

在本地的总开销

　　30% 的游客在本地的开销不足 50 加元，在调查中这是指在公园游览 1 小时以内的花费。但是，有 28% 的游客在本地的开销超过 300 加元，如图 5-15 所示。因此，乔治亚湾群岛的游客为当地经济发展做出了重要贡献。

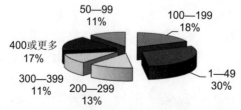

图 5-15　游客旅游期间在本地的总开销（加元）

顺理成章，下一步将研究这些钱都花在了什么地方，加深我们对游客对本地区经济影响的理解。

重要结果总结

在乔治亚湾群岛白天活动区域的游客中，来自安大略省的游客比例非常高（91%），而且 70%以上的游客多次来这里游览。因此，确保游客在游览中得到高度的满足极其重要。此外，口头介绍是引导公众到白天活动区域游览的最有效的渠道。以游客高度满意的方式给他们以所期望的旅游体验，有助于游客向其家人及朋友对公园进行介绍。

非安大略省的加拿大游客很少，加拿大国家园林局也许有机会促进其他省份的游客前来观光，这样加拿大人将参观并更多地了解国家公园和国家历史遗迹体系。为了保证公园做好扩大市场份额的准备，必须努力保障那些对现有游客非常重要的设施和服务能够到达令人满意的高水平（报告中包括了受调查游客所反应的有关各种服务和设施的重要性的信息）。在投资吸引新的市场，以保证向初到的游客提供顶级的服务之前，先要做好这件事。如不能达到游客的期望，则可能会带来负面的口头宣传（注意：非安大略省的加拿大游客对公园其他地方的访问可能比较多，但本调查限制在白天活动区域）。

半数游览白天活动区域的旅游团里有 16 岁或更小的孩子。按照这一比例，由于游客对公园作为娱乐和儿童嬉戏场所的评价很高，加拿大国家园林局的工作是值得称赞的。

有 16%的游客不打算在家外过夜。86%计划过夜的游客选择在距公园 1 小时的距离范围内的膳宿设施，最受欢迎的住处是在船上。由此，游客对本地区经济发展有重大贡献，其中 28%的游客在一次游玩中的开支超过 300 加元。

游客对展览、白天活动区域的导向标识及盥洗室的卫生状况评价不高，进一步调查这些服务是否应当改进十分重要。

总的来说，工作人员的友善态度和灵活反应受到好评。但游客对能否随时随地得到工作人员的服务并不满意，这应当引起重视。因为对游客而言，需要时能及时地得到工作人员的帮助是非常重要的。同工作人员和管理人员交流将有助于发现问题所在，有助于提高工作人员服务的有效性。

向游客提供他们希望得到的设施，如提供船坞设施、高质量的野餐桌和野餐棚、维护良好的小路壁炉是重要的。就服务而言，提供关于公园的信息、搞好儿童游戏场所、提高工作人员的现场服务应当是优先考虑的。

在乔治亚湾群岛国家公园出售纪念品有一定的市场。游客最感兴趣的纪念品是明信片、航海图、大幅的景点地图和地形图。调查中并未声明这些物品的销售地点，因此我们无法确定它们的销售地点是否会影响游客的购买行为，这一点可能需要进一步调查和研究。

由于公园观光具有很高的回头率，加拿大国家园林局需要认真计算出售纪念品的预期收入，因为回头客不太可能再买纪念品。

第五节　旅游景区产品的创新开发

一、旅游景区产品的概念和特点

1. 旅游景区产品的概念

旅游景区产品是一种服务业的产品，目前人们已普遍认识到服务业的产品实际上是有形的制品和无形的服务的组合，因此，服务产品被称作为制品服务组合。制品服务组合是以满足目标市场的需求为目的的有形产品与服务的组合。

旅游景区产品是一种有形产品与无形服务的组合，如游乐园一类的主题公园就是由游乐项目这样的有形成分和乘坐游乐项目产生的刺激、害怕等感受所组成的。博物馆产品则是对展品欣赏和通过展品游客形成回顾历史的感受。参观建筑物的乐趣不仅由于建筑物有形的建筑样式、颜色、装饰、雕塑等对旅游者产生影响的具体特点，还有气氛、精神感染对建筑历史的共鸣等无形成分的影响。自然景观同样也是有形与无形的组合，如海滨是有形的，与同伴漫步在海滩的浪漫是无形的，同样的海滩，不同的时间和不同的同伴，感觉和经历是不一样的，其无形的成分也不一样。

2. 旅游景区产品构成的三个层面

旅游产品的规划者需要从核心产品、有形产品、扩展产品三个层面对自己的产品做出分析，如图5-16所示。

核心产品是顾客购买的基本对象。它是由对顾客核心利益的满足而构成的，即购买者认为能够通过所购产品来满足的个人所追求的核心利益，很大程度上是与主观意愿有关的，如气氛、过程、松弛、便利等。顾客所寻求的是能够解决他们的问题或满足他们的需求的产品，顾客的陈述可能无法反映他们购买产品的真正原因，也可能不想说出购买产品的真正意图，或者他们还没有意识到较深层次的原因是什么。对于旅游景区产品来说，此种现象是很少见的。人们可能说，他们是为了消遣和享乐才游览旅游景区的，但所追求的核心利益可能是受更复杂的动机和需求驱使的。营销人员需要使核心产品有形化，使之成为有形产品，即一个能够满足顾客需求的实实在在的消费对象。有形产品应该具有五个特征：特色、品牌、质量、设计和包装。扩展产品包括顾客可以得到的所有的有形和无形的附加服务与利益。扩展产品是"解决顾客的所有问题的组合产品"，甚至要把顾客还未想到的问题纳入其中。但拓展产品中的一些因素是服务提供者无法控制的，如天气等。这说明扩展产品虽然顾及了顾客利益，但仍会受潜在的不利因素的影响。因此，在管理上就要设法化解不利因素。比如，户外旅游景区应为顾客提供防雨用品等。

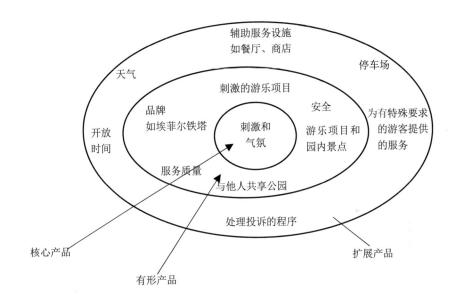

图 5-16　产品的三个层面——以主题公园为例

3. 旅游景区产品的特点

旅游景区产品具有以下特点：

（1）生产和向顾客提供产品的员工本身就是产品的一部分，因此，员工的服务态度、行为举止和形象，游客的旅游经历，这些都影响游客对旅游景区产品的看法。

（2）顾客参与产品的生产过程。旅游景区产品在某种程度上按照顾客的具体要求来生产的，如不同年龄段的游客有不同的经历，他们对历史的感情不一样，因而对旅游景区产品的感知是不一样的，游客对产品的看法与其本身的经历、知识水平、爱好等方面的不同而各异。

（3）旅游景区产品没有严格绝对的标准。

（4）旅游景区产品具有不可储存性。

（5）旅游景区产品是不可试用的产品。

（6）旅游景区产品只是向购买者提供共享使用权。

（7）旅游消费者只享有旅游景区产品的暂时使用权。

（8）旅游景区产品具有不可移动性。

（9）旅游景区产品的实质是一种经历。这种经历是从访问旅游景区的打算和旅行的计划开始。接下来是访问的过程，包括前往旅游景区和离开旅游景区的旅行，以及在旅游景区的活动，最终形成旅游的整体印象。对经历构成影响的因素，有以下几点：产品的有形成分，主题公园中的有形成分包括游乐项目、商店、餐厅和旅游景区的整洁；提供服务的要素，包括员工的仪表仪容、态度、行为和能力；顾客的期望、行为和态度；旅游景区经营者和顾客都控制的一些因素，如在某一特定时间使用旅游景区的游客的构成，到旅游景区来的交通状况，以及天气情况等。上述因素之间的关系很复杂，致使每个顾客的旅游经历都不一样。

尽管旅游景区产品是经历型产品的绝好例子，但并不是惟一的经历型产品。许多服务项目也具有经历型产品的属性，如餐厅的饭菜等。

二、旅游景区产品的发展

1. 旅游景区产品的功能类型

从旅游景区产品的功能来看，可以将其分为三个类型，如表 5-12 所示。

表 5-12　旅游景区产品类型的划分

层次	特征	项目内容	产品功能	举例
基础层次	陈列式观光游览	自然风景名胜与人文历史遗迹	属于最基本的旅游形式，是旅游规模与特色的基础	深圳锦绣中华、黄山、泰山等
提高层次	表演式展示	民俗风情与游乐	满足游客由"静"到"动"的多样化心理需求，通过旅游文化内涵的动态展示，吸引游客消费向纵深发展	深圳民俗文化村景区等
发展层次	参与式娱乐与相关活动	亲身体验与游戏娱乐	满足游客的自主选择、投身其中的个性选择，是形成旅游品牌特色与吸引游客持久重复消费的重要方面	深圳欢乐谷等

2. 旅游景区产品的阶段模式

从旅游景区产品的发展阶段来看，旅游景区产品发展可分为三个阶段，如表 5-13 所示。

表 5-13 旅游景区产品发展的三阶段模式

阶段	产品类型	主要特征	
第一阶段	人文自然景观型旅游	①以名胜古迹、自然山水景观为载体，具有明显的地域特色和局限性 ②是早期旅游的主要形式并延续至今 ③借助本地特色，开发成本较低	黄山、平山、泰山武夷山、风景区、曲阜三孔景区等
第二阶段	人造景观型旅游	①对世界各地自然人文景点的移植荟萃，突破时空局限 ②是目前旅游景区发展的主流 ③主要借助大投入产生轰动效应，但人工痕迹明显难以产生持续吸引力	河北正定大观园深圳华侨城主题公园群。
第三阶段	科技参与型旅游	①在旅游中引入高科技的休闲娱乐项目，强调游客的高度参与 ②代表未来旅游景区发展的潮流 ③突破时空局限，营造一个崭新的、虚拟的文化空间	苏州乐园景区、深圳华侨城欢乐谷景区

三、旅游景区产品的设计与策划

1. 旅游景区产品设计与策划原则

旅游景区产品的设计与策划应遵循依托资源、面向市场、突出主题、注入文化、形成系列、塑造品牌的原则。

（1）依托资源

旅游景区产品的规划设计要依托本地资源，充分挖掘和利用资源优势。

（2）面向市场

旅游景区产品的规划设计要面向市场，在对市场进行充分研究的基础上，根据市场的结构和偏好设计旅游景区产品,如面向年轻人开发刺激的游乐项目、面向城市学生开发农业体验旅游项目等。

（3）突出主题

旅游景区产品的规划设计要围绕某一主题体现出鲜明的特色，这样才容易吸引目标客源。特色鲜明、主题突出的旅游景区产品便于形成规模化的旅游景区产品，提供专业化的服务、促进持续的品牌建设，获得永续的营销推广，从而引起市场的持续关注，产生较大的市场影响。

（4）注入文化

一种文化的表现形式就是一种文化产品，如茶文化节是一种表现形式，也可而建造茶树、人物雕塑园，建茶壶型旅馆、茶杯型茶亭则是茶文化的另一种表现形式。旅游景区产品的设计要注重文化内涵，要在整个旅游活动中（设施和服务）体现出一种主题文化，在旅游景区产品中营造浓郁的文化氛围，体现旅游景区产品的文化品位。因此，在旅游景区产品的设计中要充分挖掘地方文化内涵，或根据旅游景区产品的主题注入相关的文化内涵，并对旅游景区产品进行文化包装。

文化注入包括三个方面：一是文化内涵的挖掘与丰富；二是注重文化的表现形式；三是注重过程的文化性，如建筑小品、绿化小品等细节。

（5）形成系列

旅游景区产品的设计要依托地方旅游资源，面向市场设计出系列旅游景区产品。系列旅游景区产品要围绕旅游景区产品主题设计出系列化的旅游活动，如在茶园中开展旅游活动，喝茶（品茶、学茶艺）、吃茶（茶糖、茶菜、茶蛋、茶鸡、茶鱼）、洗浴（茶浴）、玩茶（听茶歌、玩茶具）等。

（6）塑造品牌

目前人们的消费已从实物消费进入到品牌消费的时代，品牌具有很强的心理定势，是一种购买导向，品牌也是一种精神境界和心理享受，所以，旅游景区产品的设计要突出主题、注入文化，进行品牌建设和塑造品牌，实行品牌运营。

2. 旅游景区产品的创意策划方法

（1）文化差异与文化认同

从文化学的角度来看，旅游动机有两类，一是文化差异，二是文化认同。文化差异形成旅游吸引力和旅游动机，如异国情调与民族风情旅游项目、各种民俗节庆旅游活动等，吸引大量游客。文化认同形成旅游动机，如寻根谒祖游等。

（2）典型集中

有特色的项目、分散的项目经过整合与包装，形成规模较大、水平较高的旅游项目，如深圳的主题公园锦绣中华民俗村、欢乐谷等；大型的节庆活动，往往也是整合和集中了地方文化旅游资源包装推出的。

（3）逆向思维

逆向思维是指与旅游者一般的思维习惯逆向而行的策划方法，如深圳野生动物园就是属于逆向思维法。人们所熟识的动物园一般为笼式动物园，动物在笼内，可称为封闭式动物园。深圳野生动物园的动物不在笼内，而在笼外，人却在笼（车）中，是开放式的动物园，这成为国内第一个城市野生动物园。这一项目新奇并且还向游客宣传保护动物的理念。

（4）借鉴与引进

旅游产品具有不可移动性。因此，可根据市场需求借鉴和引进一些旅游项目，如城市和城市近郊的生态旅游项目。

（5）时空搜索法

时空搜索法是从空间轴和时间轴两个向量上搜寻与本地区位、市场及资源条件的最佳交叉点的方法，如表 5-14、图 5-17、图 5-18 所示。

表 5-14　华侨城主题公园群创意表

	空间		时间		文化		形态		主题内容	
	中国	世界	古老	现代	认同	差异	静态	动态	自然	人文
锦绣中华	√				√		√		√	
世界之窗		√				√	√		√	
民俗文化村	√		√			√		√		√
欢乐谷		√		√	√			√		√

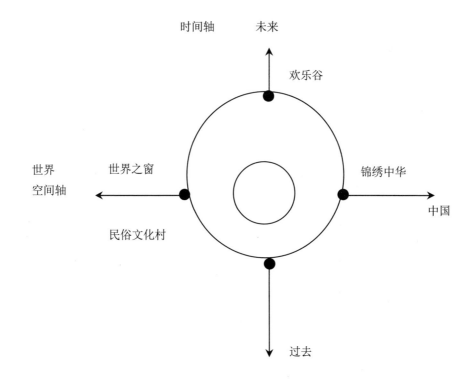

图 5-17   深圳华侨城主题公园群主题文化时空搜寻

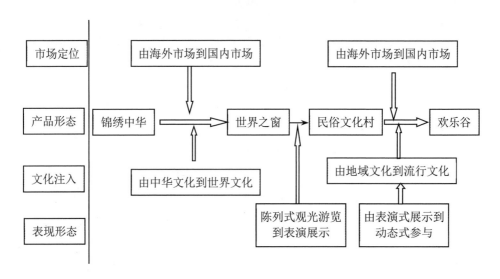

图 5-18   华侨城主题公园群创意策划图

在两个轴上的极端方向的旅游项目往往能吸引更多的旅游者，如旅游在时间轴上的两大趋势：古和今，追求返璞归真的复古思想和追求高科技的发展思想在目前旅游界占据重要地位，如民俗街区传统建筑的保护，农家乐旅游、农舍旅馆及现代高科技的游乐项目，受到广大游客欢迎，这是一种回顾传统文明、享受现代文明的两种趋势。

在空间轴上寻找的是空间差异性，如城市人下乡、农民进城、国人出境也是目前旅游发展的空间移动规律，要据此来策划一些旅游项目。例如，在城郊建立面向城市儿童和青少年的生态观光农园或体验农园，开展"当一天农民，当一天果农，当一天渔民"等活动，而农村儿童到城市游乐园旅游，农民进城购物游览，城市市民下乡，两个方向上都可以策划很多旅游项目。

四、旅游景区主题产品策划

主题活动具有渲染娱乐气氛、促进游客参与、丰富游客经历、增强旅游景区亲和力和强化旅游景区产品的营销效果，以及形成市场的冲击力、营造商业卖点、推广旅游景区形象等优越性。因此，旅游景区要根据景区的性质开展主题活动，策划四季旅游主题产品。

旅游景区活动主要包括节庆活动、庆典活动、趣味活动、表演活动和综合性的主题旅游线路五大类。

1．旅游景区的旅游节庆主题产品

旅游景区节庆产品是一项影响面大、参与人数多、经济效益明显的旅游产品。同时，节庆还是塑造和推广旅游景区旅游形象和旅游产品的有效手段，景区节庆活动能扩展景区知名度，增加旅游景区的文化内涵，提高景区品牌含金量，同时能整合旅游景区的项目资源，因而受到越来越多的旅游景区的重视，发展前景十分广阔。旅游景区节庆活动产品的设计应注意以下几个方面：

（1）主题突出

旅游景区节庆活动要有明确的主题，主题要体现出深刻的文化内涵，以便推广主题旅游形象，节庆旅游产品通过每年举办而逐步深入，走向深化。同时，节庆主题设计要与国家文旅部每年推出的旅游主题相联系。

（2）根植地方文化

旅游景区旅游节庆活动要根植地方文化，体现地方文脉，才能使主题旅游活动具有生命力。节庆活动可以结合我国丰富的节日，如春节、五一节、儿童节、国庆节，以及各民族节日等。

（3）固定化和规范化

旅游节庆活动的固定化和规范化有利于旅游形象和节庆产品的持续建设与推广，有利于节庆产品品牌形象的持续建设与推广，并逐步固定化和规范化。

（4）运作商业化

旅游节庆活动应采用商业化的运作模式，如可以采取以拍卖的方式由专业会展机构与赞助商来承办等。

（5）规模化

旅游节庆活动前期的推广、组织要耗费一定的人力和物力，节庆活动有一定的规模才能产生效益，同时，节庆活动只有规模才能产生较大的影响，如旅游景区能主办或承办一些全国性和地方性的节庆活动，则更有规模化和市场影响力。

案例 5-3　旅游节庆主题活动

哈尔滨国际冰雪节。哈尔滨国际冰雪节是我国历史上第一个以冰雪活动为内容的国际性节日，持续一个月，也是世界上活动时间最长的冰雪节，它每年的 1 月 5 日开幕，没有闭幕式，最初规定为期一个月，事实上前一年年底节庆活动便已开始，一直持续到 2 月底冰雪活动结束为止，期间包含了新年、春节、元宵节、滑雪节四个重要的节庆活动，可谓节中有节，节中套节，喜上加喜，多喜盈门。

青岛国际啤酒节。青岛国际啤酒节始创于1991年，是以啤酒为依托的一场休闲旅游盛会。啤酒节上不仅本地啤酒大放异彩，更有1000多种国外啤酒，不必出国就可品尝到世界各地的美酒珍馐。除了啤酒展示销售，还有各种表演活动，吸引国内外的大量游客。

山东潍坊风筝节。早在20世纪30年代，潍坊就曾举办过风筝节。中华人民共和国成立以后，特别是改革开放以来，潍坊风筝又焕发了生机，多次应邀参加国内外风筝展览和放飞表演。1984年4月1日，在美国友人大卫·切克列的热心帮助和山东省旅游局及潍坊工美的大力支持下，首届国际风筝节拉开帷幕。从此，一年一度以"赛风筝、看风光、察风情"为主题的潍坊国际风筝节经久不衰，潍坊市被誉为"世界风筝之都"，"国际风筝联合会"的会议总部也定在了潍坊，成为世界风筝文化交流的中心，世界上70%以上的风筝都出自潍坊；同时，潍坊风筝也被列入了第一批国家级非物质文化遗产名录。

2. 旅游景区的旅游庆典活动

旅游景区庆典活动的规模一般仅次于节庆活动，是旅游景区的一种主题活动，也可以将其规模升格为节庆活动。如深圳世界之窗景区在2000年推出了庆典活动月：世纪宝宝爬行大赛、千禧婚礼大典、千禧狂欢夜、喷泉激光表演秀、世纪婚礼婚俗表演、迎千禧焰火晚会、流金岁月歌舞专场、影视每日一景。又如1998年北京世界公园精心策划推出了"幸福98"的系列节庆活动，如表5-15所示。

表5-15　北京世界公园"幸福8"全年主题旅游活动一览表

日　期	时间	活动主题	活动内容	备注
3月8日	1天	"三八"妇女节，轻松一日游	歌舞，艺术团抽奖等	五折优惠24元/人
5月—10月	6个月	地久天长，金婚、银婚游世界	歌舞，赠送纪念品	免费
8月1日	1天	向军旗敬礼	歌舞，彩弹枪免费娱乐	五折优惠24元/人
9月10日	1天	寸草心，献园丁	歌舞，艺术团抽奖	五折优惠24元/人
10月1—3日	3天	"与祖国共命运"生日游	游园活动，艺术团抽奖	五折优惠24元/人
10月28日	1天	"人间重晚情"九九重阳节登高	代表参加"电视红娘"	五折优惠24元/人
5月—10月	6个月	"三代合家欢"	歌舞，合家欢留影	持身份证24元/人
5月—10月	6月	"好事成双"双胞胎大聚会	歌舞，电脑画像留影	五折优惠24元/人
5月—10月	6个月	"乘虎威游世界"	歌舞，抽奖，送虎卡通	五折优惠
5月—10月	6个月	"特别关爱"给下岗职工	游园活动，歌舞，抽奖	持证件10元/人

日　期	时间	活动主题	活动内容	备注
5月—10月	6个月	天天惊喜	歌舞，抽奖	常设项目
5月—10月	6个月	好运伴你游世界	艺术团抽奖	常设项目
以上活动参与部门：经营策划部、财务部、综合服务部				

3．旅游景区的趣味活动

旅游景区的趣味活动可以增加旅游景区的亲和力，调动游客的旅游情绪。

旅游景区的趣味活动参与性强，对游客的吸引力大，能延长游客在旅游景区的逗留时间，取材丰富，成本低廉，组织容易，应用面广。趣味活动也可与各种节庆活动相结合，成为庆活动的组成部分。趣味活动可分为三种类型：竞赛活动、游戏活动、抽奖活动。

4．旅游景区的表演活动

表演活动可根据一定的主题在固定的时间内进行，表演活动往往成为旅游景区吸引游客的重要因素。如湖北省洪湖市蓝田旅游景区根据人们熟悉的电影《洪湖赤卫队》聘请洪湖市歌舞剧团的演员表演，每天上、下午各表演一场电影中活捉彭霸天的片段，游客可以租借服装扮演电影中的人物随演员一起上船参与活动，表演结束后游客可以与演员拍照。这一表演活动不仅延长了游客的逗留时间，增加了游客的消费，还给游客留下了深刻的印象。

深圳民俗文化村的村寨表演活动也成为文化村的品牌产品，备受游客喜爱。在民俗文化村，有"明星村寨"之称的佤寨以剽悍、粗犷的表演"神奇的阿佤山"，讲述了原始部落的神秘故事，彝族实景表演"阿诗玛的故乡"以诙谐、幽默的情节演绎了质朴的农家风情。入夜，大型民族服饰舞蹈"东方霓裳"等表演以恢宏的气势将全天的活动推向高潮，营造了一个"中国红磨坊"的狂欢之夜。民俗文化村以"二十四个村寨，五十六族风情"的丰厚意蕴赢得了"中国民俗博物馆"的美誉。

以上四种旅游景区的主题旅游活动也往往是结合在一起进行的。

五、旅游景区综合性的旅游主题线路

旅游景区可以将各种活动结合在一起推出突出某一个主题的旅游线路，主题旅游线路能够树立鲜明的产品形象，开拓固定的个性化的客源市场。

案例 5-4　深圳海上田园旅游景区主题旅游产品策划

深圳海上田园旅游景区位于深圳市西部，地处沙井镇，为深圳市政府重点投资建设的大型生态旅游景区。旅游区总控制面积为 24 平方公里，建成的中心旅游度假休闲景区为 1.73 平方公里，是一个集体休闲度假、观光娱乐以及生态农业示范功能为一体的大型文化主题旅游景区。

深圳海上田园旅游景区推出4条旅行团线路。

1．常规团

（1）香港（深圳）—福永码头—海上田园（或：皇岗口岸——海上田园）

主题：海上田园美食乐

旅游套票：门票+风味餐+园内游览+水上木屋+田园早餐

游览内容：参观生态文明馆、基塘田园景区（一菜居、耕渔居、天蚕居）、戏水乐园景区、绿色文化雕塑区

餐饮：食鱼人家餐厅风味餐

住宿：水上木屋

早餐：田园早餐

（2）香港（深圳）—福永码头—福永码头—海上田园

主题：海上田园渔农乐

旅游套票：门票+风味餐+园内游览

旅游内容：参观生态文明馆、基塘田园景区（一菜居、耕渔居、天蚕居）、戏水乐园景区、绿色文化雕塑区

餐饮：田园餐厅风味餐

2．学生团

线路：香港（深圳）—福永码头—海上田园

主题："海上田园，美丽的家园"——2001年海上生态环保秋游活动

内容：了解生态环保的过去、现在和未来

（1）基塘田园景区：参与性活动（"渔家乐""农家乐"等），了解海上田园的过去（参观一菜居、耕渔居、天蚕居，有专人讲解并亲手参与制作）。

（2）金色年华景区（包括戏水乐园景区）：在草坪上举办各种主题活动（如歌咏比赛等），在戏水乐园景区开展各种游戏竞赛，享受大自然的恩赐（如每位学生发一个小竹篓，比赛摸小鱼小虾、抓泥鳅等），举办体能竞赛，如滚铁环、放风筝、跳绳、拔河等。

（3）生态文明馆：全面了解人与自然和谐发展的过程，重点了解生态环保的意义，展望人类珍惜生存环境，保护生态文明的美好未来。

（4）观看大型歌舞晚会：丝海彩浪。

（5）住宿：露营区。

（6）全包价式旅游：包括海上田园的交通、门票、园内导游讲解、晚餐、活动费用、露营区住宿、次日早餐等。

（7）为每位学生准备一本"田园日记"：园内含海上田园各景点的简介、照片，贴集体照及个人照片处，空白日记等（设计生动可爱，费用另计）。

（8）举办"我与海上田园"（暂定名）主题征文比赛，获奖者文章在有关报刊上发表，并获得由海上田园赠送的家庭自助游套票。

注：以上内容可根据不同团体的消费层次，灵活组合。

3．老年团（主要针对深圳及周边地区）

主题：海上田园金秋保健一日游

借农历九月初九重阳节（也是中国传统的敬老节），安排老年团体及离退休老干部游览园区，时间可安排在节假日之外，旨在避免游客多时老年人活动不便，同时也可以弥补节假日之外的游客量。

具体活动：田园保健医生介绍饮食保健知识，基塘田园景区的水上垂钓比赛，傍晚欣赏田园落日及歌舞演出等。

景区内游览线路：以乘电瓶车游览为主，在重点景点停留。

4．家庭式自助游及休闲度假客人

主题：提供"世外桃源"式的休闲度假一日或二日游

销售形式：旅游全包式套票（预售酒店住房，其中含门票、餐饮、水上游览船票、晚会票、次日早餐等），同时发放"意见表"及"海上田园会员卡预定单"，为使此类客人成为今后的海上田园会所会员做好前期联络工作。

推介重点：推出园区内的仿生态度假村套房及水上木屋度假区，以少数高额消费为重点销售方式，旅行社可代售此类套票。

内容：在为此类游客提供充分休闲度假场所的同时，重点推出"海上田园式"的特色优质服务。具体如下：

（1）一台小型歌舞表演：为居住在仿生态度假村的客人专门准备一台小型歌舞表演，整场演出节目为5个左右，演员为大型歌舞表演中的优秀者，身着渔家特色服装，节目短小精致，如独舞、渔家小唱、乐器独奏等，配合海上田园牧歌式休闲主题（此项为自选性项目，费用另计）。

（2）一盏渔火灯笼引路：夜幕降临，住在仿生态度假村或水上木屋区的客人，由景区服务人员用仿渔家式灯笼引导客人游览。

（3）一场家庭自助式烧烤：由景区内服务人员指导，在指定的烧烤区域内，举办烧烤自助餐（费用另计）。

（4）一份小纪念品：由海上田园赠送给游客，留作纪念。

第六节　旅游景区形象设计

一、旅游景区形象策划的理论

旅游产品的不可移动性、生产和消费的同时性，决定了旅游产品的不可试用性，也决定了旅游产品的营销要靠形象的传播，使其为潜在旅游者所认知，从而产生旅游动机，并最终实现出游计划。国外旅游研究表明，旅游地的形象是吸引旅游者最关键的因素之一，"形象"使旅游者产生一种追求感，进而驱动旅游者前往。因此，要使旅游景区旅游的可持续发展，保持旺盛的生命力，关键是要树立与维持旅游景区在旅游者心目中的良好形象。在当今激烈的旅游市场竞争中，形象塑造已成为旅游景区占领市场制高点的"秘密武器"。

1. 旅游景区形象策划意义

旅游景区形象策划的理论来源于区域旅游形象理论（Tourist Destination Identity System，TDIS），区域旅游形象成功地移植了企业形象设计（CIS）的理论和方法，在广告业的影响和旅游市场发展迅猛、竞争激烈等因素的共同作用下，形成一套全新的对旅游地和旅游景点进行形象识别和营销的系统。目前，我国很多县市都在对旅游景区进行资源、市场、产品一体化综合开发的基础上，导入了该形象策划方法，更加重视旅游形象设计在旅游业发展中的作用，构造完善的视觉识别系统，强化景点的营销功能，增加其在旅游市场的竞争力。

2. 旅游景区形象 CIS 系统

CIS（Corporate Identity System），英文直译为企业识别系统，是 20 世纪 70 年代由经济发达国家新开发出来的一种旨在表现企业鲜明个性和经营特色，传达企业战略与精神，给顾客以新鲜感和独特感的经营技法。后来有学者将其引入旅游形象策划中。该系统由三个方面组成：理念识别系统（MI，Mind Identity）、行为识别系统（BI，Behavior Identity）和视觉识别系统（VI，Visual Identity）。三者既有特定的内容，又相互联系、相互作用。旅游景区 MI、BI、VI 之间的关系如图 5-19 所示。

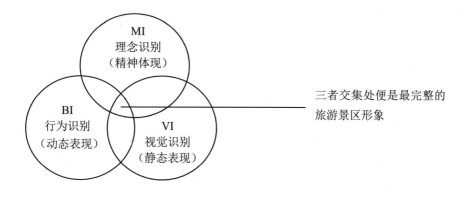

三者交集处便是最完整的
旅游景区形象

图 5-19 旅游景区 MI、BI、VI 之间的关系

（1）旅游景区理念识别系统

理念识别系统是旅游景区形象系统的核心和灵魂，旅游景区旅游理念是指旅游景区的组织理念和经营管理理念，即指导思想，属于思想意识范畴，主要由企业使命、经营观念、行为规程和活动领域四个部分组成。

①旅游景区使命

旅游景区使命是指旅游景区开展经营活动所依据的社会使命，旅游景区使命反映了社会的要求，也体现旅游景区的不同的社会价值观，旅游景区的使命是旅游景区理念最基本的出发点。

②经营观念

经营观念是指旅游景区开展经营活动所依据的一定的思想观念，反映了旅游景区管理者的价值观和思想水平，它具体表现在高层管理者的经营方针、服务理念和指导思想上，旅游景区经营观念的具体内容主要包括企业精神、质量意识、服务意识、职业道德、组织的凝聚力等。

③行为规程

行为规程是指旅游景区在制定员工行为规范时所应遵循的原则性要求，是必须在正确的经营观念指导下，对旅游景区员工的言行提出具体的规定与标准，如员工手册、岗位职责说明书、岗位操作规范、质量标准、劳动纪律等员工行为规范中的原则性要求。

④活动领域

活动领域是指旅游景区开展接待服务活动的设施水平，向游客提供的产品类型和服务标准。

旅游景区理念识别系统指出了旅游景区在特定的时段内表现的特征、规格和类型，理念定位是旅游景区旅游形象设计的前提，决定着旅游景区形象设计的方向，一般的旅游景区往往都会制定出反映旅游景区理念，显示旅游景区使命、经营观念和行为规程的口号，以鼓励全体员工为树立旅游景区良好的形象而不懈努力。形象口号是旅游者易于接受的了解旅游地形象最有效的方式之一，这种口号一般寓意深刻，便于传播，同时体现出旅游景区的特点，起到一种识别作用，它用精辟的语言，绝妙的创意，构造出一个富于吸引力与魅力的旅游形象，产生强烈的广告效果。

（2）旅游景区行为识别系统

旅游景区行为识别系统是传播旅游景区组织理念的一种动态识别方式，它规划着旅游景区内部的组织、管理、教育以及对社会的一切活动，它是支撑旅游景区形象系统的第二大支柱，行为识别系统一般由服务行为识别和社会行为识别两部分组成。

①服务行为识别

服务行为识别是指企业对员工进行教育、培训以及为员工创造良好的工作环境，以保证员工有条件提供最佳的产品和服务的一种对内的行为识别。

②社会行为识别

社会行为识别是指旅游景区为塑造良好的旅游景区形象，促进旅游景区产品销售而面向社会开展一系列活动的一种对外的行为识别。它主要包括旅游景区公共关系对外的行为识别，如旅游景区公共关系活动、社会公益活动、专题活动、形象广告活动，通过社会行为识别，可使公众了解旅游景区传播的信息，认同旅游景区组织的行为，对旅游景区产生好感和信赖，在社会公众中树立良好的形象。

（3）旅游景区视觉识别系统

旅游景区形象不同于一般的企业形象，旅游景区内的景观形象是重要的识别形象，为此吴必虎、李蕾蕾等人提出人地感应系统的概念。

人地感应系统是指人们对旅游景区单纯的感官感受，包括第一印象区、最后印象区、光环效应区、地标区、典型镜头区、视觉识别符号、应用识别符号、光环效应识别符号等，如表 5-16 所示。

表 5-16　旅游景区视觉识别形象系统内容

形象构成	主 要 说 明
第一印象区	是游客最先进入旅游景区的视域空间，一般为旅游景区门景区，第一印象区给游客良好的印象将会对游客产生良好的、先入为主的印象

形象构成	主　要　说　明
最后印象区	指游客最后离开旅游景区的景点或地方，如旅游景区的出口，最后印象区如果给游客留下不良的印象（如叫卖等），将产生 100－1=0 的印象效果
光环效应区	指整个旅游景区形象中具有决定性意义的地方。光环效应区往往也是旅游景区的标志性的地段，只要这些地点具有良好的形象，会给旅游者产生"爱屋及乌"的印象效果
地标区	指能够作为整个旅游景区形象代表的地段或景点，如旅游景区的游客中心、标志性景点等
典型镜头区	适用于拍摄标准图片对外进行旅游营销的视域空间，是旅游景区的形象或标志性的旅游景区，这些镜头区具有独特性，广泛用于视觉广告、宣传画、导游手册、网络主页、旅游景区介绍书籍和光盘等出版物及明信片的制作

续表

形象构成	主　要　说　明
视觉识别符号	主要用以引导和帮助旅游者方便、快捷、明确地完成旅游活动，消除其进入陌生环境而产生的紧张心理；另一方面通过标准化的设计，使众多分散的视觉符号形成统一、鲜明的形象特征，从而更清晰地表达旅游景区形象，它一般由标徽、标准字体、标准色、象征性吉祥物、象征性人物等形成基本符号系统
应用识别符号	在具有使用价值的物品上标识具有宣传意义的旅游景区符号，主要包括：旅游纪念品、办公及公关用品、指示类应用设计（路牌、方向牌、旅游接待设施、景区内标志牌）、景区门口处或交通路口导游图、展示类应用设计（为开展招商及展览活动而进行的设计，包括会场、展台、展板等）、广告设计及服务人员的服饰等
光环效应识别符号	通过有关组织的认证或授予的标志，这些标志能提升旅游景区形象，如世界遗产地、国家风景名胜区、AAAAA 级景区、国家级旅游度假区、国家地质公园、国家森林公园等

二、旅游景区形象调查与测量

旅游景区形象是影响游客出游目的地的重要因素，因此，旅游地形象的现状调查首先要调查旅游者对目的地了解的程度、对目的地喜欢的程度，即调查旅游地的知名度和美誉度。

知名度是指公众（或旅游者）对社会组织（旅游地）识别、记忆的状况。知名度自身并无好恶之分，但好与恶都可以提高知名度。

美誉度是指公众（或旅游者）对社会组织（旅游地）的褒奖、赞赏情况。

知名度与美誉度的组合构成旅游地形象的 4 种状态，如图 5-20 所示。

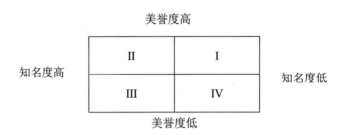

图 5-20　旅游景区形象状态图

由图 5-20 可以看出：

I表示众人皆知的好形象（美名远扬）。

II表示形象好，但不出名（知道的人都说好，只是知道的人不多）。

III表示形象不好且不出名（知道的人都说不好，幸亏知道的人不多）。

IV表示众人皆知的差形象（臭名远扬）。

在实际的应用中，各旅游地所选用的具体形象因素是不同的，一般来说，通过设计调查问题，可以测量出旅游地实际形象的构成元素，从而帮助确定目标形象。以下列举了加拿大国家公园所做的景区顾客调查与反馈表。

案例 5-5　游客满意度测量反馈

向参与服务满意度研究的游客提供反馈信息是重要的。这些反馈信息向游客表明在游客中进行的调查是严肃的，并对有关方面的运作产生了切实的改变。这些反馈信息也鼓励游客参与下一轮的服务监测。

下面是在加拿大西部的国家公园中对露营者进行调查后的一页反馈信息，它张贴在露营地的布告栏上，以便露营者阅读。

露营者满意情况调查

——1996 年夏季

在过去的几年里，加拿大国家公园一直在对公众保持高水平服务的同时，寻找降低运行费用的途径。自 1993 年以来，我们采用一种长篇幅的详细的标准露营者满意情况调查表，对在阿尔伯塔和不列颠哥伦比亚露营地的露营者进行调查。在 1996 年，我们代之以一种简短的信息反馈卡，可以及时地提供反馈信息并减少了调查费用。使用该种信息反馈卡，我们调查了露营者对阿尔伯塔 9

个露营地的工作人员、服务和设备的满意情况。通过调查，露营地的管理者能够识别出需要改进的地方并采取相应措施。下面是您反馈给我们的信息：

满意度概要

友好而礼貌的接待　5.5

营地工作人员的帮助　5.32

总体的清洁情况　5.97

总的停留比例　5.86

公园信息的提供情况　5.7

木柴的质量　5.51

露营地费用　5.15

木柴费用　4.97

平均=5.497

您告诉我们……	我们的措施
淋浴 您希望看到对淋浴设施进行维护改进	淋浴 我们将提高淋浴设施的维修与保养，将会修建一个供残疾人使用的卫生间和淋浴设备，我们已经张贴了有关淋浴设备的使用和费用的说明
信息 您希望在营地得到更多的关于公园的信息	信息 我们将张贴更多的公园信息，您也可以从服务人员那里获取更多的信息
营地费用 您不希望再涨价	营地费用 所有的服务费用将维持在 1996 年的水平
木柴 您对木柴的质量不满意	木柴 为了提高木柴的质量，今年我们将从不同的木柴供应商那里购买木柴
野餐桌 您不喜欢水泥制的桌子	野餐桌 我们将用木板覆盖水泥桌面，并且不再建造水泥桌

资料来源：霍恩巴克，伊格尔斯. 保护区公众使用管理指南. 李文军，等译. 北京：科学出版社，2000.

三、旅游景区形象定位与口号设计

1. 旅游景区形象定位

旅游景区形象定位是旅游景区形象设计的前提与核心。形象定位就是要使旅游景区深入到潜在的游客心中，使旅游景区在游客心中形成生动、形象、鲜明而强烈的感知形象。

旅游景区形象定位必须以形象调查为基础，以旅游景区特色为基础，以客源市场为导向，塑造富有个性、独特鲜明的形象。旅游景区形象定位的方法可采用领导定位、比附定位、逆向定位、空隙定位和重新定位等。

2. 旅游景区形象口号

形象定位的最终表述往往以一句主题口号加以概括，口号是旅游者易于接受和容易传播的了解旅游景区形象的最有效的方式。李蕾蕾总结出旅游景区形象定位的基本原则。

（1）地方性——内容源自文脉。

（2）行业特征——表达针对顾客。

（3）时代特征——语言紧扣时代。

（4）广告效果——形式借鉴广告。

同时，形象口号要反映出旅游景区的理念。例如：

华侨城主题公园的总体口号为：中国心、世界情、华侨城。

华侨城内部口号为：寸草心、手足情、华侨城。

华侨城企业文化口号：同根同心、求实求精。

各主题公园的主题口号为：

锦绣中华：一步迈进历史，一日畅游中国。

中国民俗文化村：二十四个村寨，五十六族风情。

世界之窗：世界与您同欢乐；给我一天，我给你一个世界。

欢乐谷：奇妙的欢乐之旅。

北京世界公园的服务宗旨是：圆您一个梦、送您一片情。

武夷山的口号为：千载儒释道，万古山水茶；世界遗产地，中国武夷山。

四、旅游景区理念识别系统策划

理念识别系统贯穿于旅游景区形象的三个支柱系统中，是整个形象系统的灵魂和基石，视觉识别系统和行为识别系统是由静态展示和动态活动来体现旅游景区组织理念，旅游景区形象系统识别的根本就是要旅游景区具有个性的、独特的理念识别，通过行为识别、视觉识别、综合感觉识别以及信息传播识别等系统表现出来。旅游景区理念识别对内可影响旅游景区组织价值观念、规章制度、方针决策、组织管理、员工培训等，对外可影响旅游景区的社会形象、公益活动、广告宣传、消费者利益保护、环境保护等。另一方面，旅游景区理念识别所支撑的旅游景区组织形象，要经过组织化、系统化、统一化的景区行为识别、视觉识别、综合感觉识别与信息传播识别，进而达到旅游景区形象识别的目的。

1. 旅游景区理念识别策划的基本内容

（1）旅游景区远景目标策划；

（2）旅游景区经营使命确认；

（3）旅游景区经营使命的设定；

（4）旅游景区经营思想；

（5）旅游景区的理念群，如市场观念、宾客观念、竞争观念、创新观念、开发观念、效益观念、经营哲学、目的观、质量观、服务观、人才观、政策观、法律观、纳税观；

（6）经营战略、经营环境与服务范围；

（7）旅游景区发展目标；

（8）旅游景区经营结构与竞争优势。

2. 旅游景区理念识别系统的策划步骤

旅游景区理念识别策划的一般步骤如图 5-21 所示。

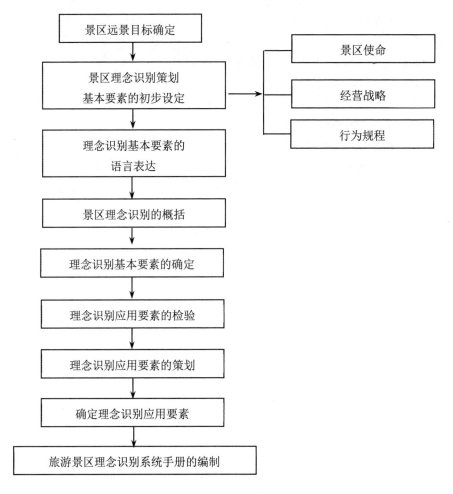

图 5-21   旅游景区理念识别策划的一般步骤

五、旅游景区行为识别系统策划

旅游景区行为识别系统把旅游景区理念识别化作饭店日常经营管理与接待服务工作中具体可操作的行为规范，并由此营造出饭店内部与外部良好的经营环境。

旅游景区行为识别系统策划包括旅游景区服务行为识别系统策划和旅游景区社会行为识别系统策划两个方面。

1. 旅游景区行为识别系统策划的基本内容

旅游景区服务行为识别系统和社会行为识别系统的基本内容如表 5-17、表

5-18 所示。

表 5-17　旅游景区服务行为识别系统的基本内容

内容体系	基本内容构成	目标
1.旅游景区组织结构策划	1.集中决策结构模式（垂直结构模式、扁平结构模式）分散决策结构模式（部门分权结构模式） 2.制定员工手册 3.制定岗位责任说明书 4.制定服务规程	1.通过 ISO9000：2015 国际体系质量认证 2.通过 ISO14000 环境国际体系质量认证
2.旅游景区人力资源管理策划	1.旅游景区人事任用规程策划 2.员工培训规程策划 3.员工薪资制度策划 4.员工绩效评定规程策划	
3.旅游景区质量管理策划	1.市场调研 2.制定质量标准 3.确定质量评价项目与内容 4.制定质量问题处理程序	
4.旅游景区岗位责职策划	1.各职能部门岗位职责策划 2.旅游景区业务部门岗位现职策划	
5.旅游景区服务规程策划	1.旅游景区环境服务操作规范 2.旅游景区游览服务操作规范 3.旅游景区服务人员管理规范	

表 5-18　旅游景区社会行为识别系统的基本内容

内容体系	基本内容构成
1.旅游景区公共关系活动策划	1.宣传型公共关系活动策划 2.交际型公共关系活动策划 3.社会型公共关系活动策划 4.征询型公共关系活动策划 5.建设型公共关系活动策划 6.维系型公共关系活动策划 7.防御型公共关系活动策划 8.矫正型公共关系活动策划 9.进攻型公共关系活动策划

续表

内容体系	基本内容构成
2.旅游景区社会公益活动策划	1.举办隆重的赞助仪式 2.举办各种新闻发布会 3.传播传奇故事 4.邀请社会名流给予评价。
3.旅游景区专题活动策划	1.旅游景区庆典活动专题策划 2.旅游景区销售专题活动策划 3.旅游景区危机处理专题活动策划 4.旅游景区赞助型专题活动策划。
4.旅游景区形象广告活动策划	1.旅游景区形象广告 2.旅游景区理念广告 3.旅游景区产品形象广告 4.旅游景区信誉广告 5.旅游景区声势广告 6.旅游景区致谢广告 7.旅游景区解释性广告 8.旅游景区公益广告 9.旅游景区响应广告 10.旅游景区倡议广告

2. 旅游景区行为识别系统策划步骤

旅游景区行为识别系统策划步骤如图 5-22 所示。

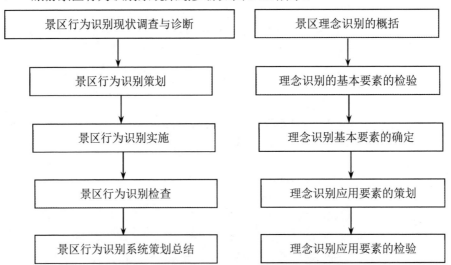

图 5-22 旅游景区行为识别系统策划步骤

六、旅游景区视觉识别系统策划

1. 旅游景区视觉识别系统策划原则

（1）体现旅游景区经营理念；

（2）注入旅游景区文化内涵；

（3）突出旅游景区景观特色；

（4）满足游客审美需求；

（5）体现人性关怀；

（6）尊重游客民族习俗。

2. 旅游景区视觉识别系统策划的内容

旅游景区形象系统不同于一般的企业形象系统，景区内各种景观形象是景区形象的基础，因此此在旅游景区视觉形象的策划中首先应包括旅游景区内的建筑景观形象。吴必虎、李蕾蕾提出的人地感应系统可以应用到旅游景区视觉识别形象中，旅游景区视觉识别形象系统的内容如表 5-19 所示。

表 5-19　旅游景区视觉识别系统基本要素的内容

要素	主要内容
旅游地标志	与特有景点和文化背景相联系，建设标志性的旅游景点形象
旅游组织名称	要好认、好读、好记、好看，做到音、意、形的完美统一
旅游景区标徽	设计上应与本地文化相联系，紧扣景点文化内涵，与特有事物相联系，与旅游地标志大同小异
旅游景区标准字	用中英文对照，既可专门设计，又可请名人题写，注意符合国家关于语言文字的规范标准
标准色	不同的颜色有不同的象征意义，能使人产生不同的心理效应，标准色的选择要与旅游景区的性质和主题定位相吻合
旅游景区象征性吉祥物	旅游景区形象吉祥物，要人格化且生动有趣
旅游景区纪念品	首先要体现地方特色和旅游景区、旅游企业的特色；其次要注意迎合旅游者的购物心理：高档的适合收藏，如手工艺品、金银纪念币（章）等，中档的实用，如 T 恤、背包、玩具、明信片、扑克、画册等
旅游景区象征性文化	挖掘当地的历史名人文化，制造名人效应；聘请文艺、体育明星作为旅游使者；举办旅游宣传大使（小姐、先生）的评选；聘请明星作为"荣誉员工"等

续表

要素	主要内容
办公及相关用品	旅游景区（旅行社、宾馆、饭店等）以及相关部门使用的信封、信笺、传真纸、礼品袋及礼仪待客用品、工作人员名片等办公用品及公关用品设计应尽量做到各部门间统一协调，并使用标徽、标准字和标准色，以形成系列配套
指示类应用设计	包括路牌、方向牌、标志牌、景点导游图等，城市内的指示类应用设计应符合国家公用信息图形标准，景点内的指示类应用符号要符合公用旅游信息标准。信息的载体可以多种形式，但须与景点内容相协调，并与自然环境和文化环境相互和谐
广告设计	包括电视、广播、报纸、杂志、网络广告及旗帜横幅、灯柱模型、大型气球等户外广告，一般由专业广告公司制作完成
展示应用设计	为开展招商及展览活动、旅游节庆活动而进行的设计，包括会展场地、展出展板等

3. 景区人地感应系统策划

（1）我国旅游景区视觉景观形象策划的原则

旅游景区视觉景观形象策划的原则包括：人天合一；依山傍水；若隐若现；虽为人作，宛自天成；第一印象区；最后印象区；光环效应区；地标区；典型镜头区。

例如福建省泉州市东湖公园的典型镜头区为：七星拱月、星湖荷香、祈风阁、二公亭、儿童乐园。

4. 旅游景区视觉识别基本要素策划

（1）旅游景区视觉识别系统策划步骤

旅游景区视觉识别基本要素策划步骤如图 5-23 所示。

5. 旅游景区视觉识别应用要素策划

旅游景区视觉识别应用要素策划主要内容如表 5-20 所示。

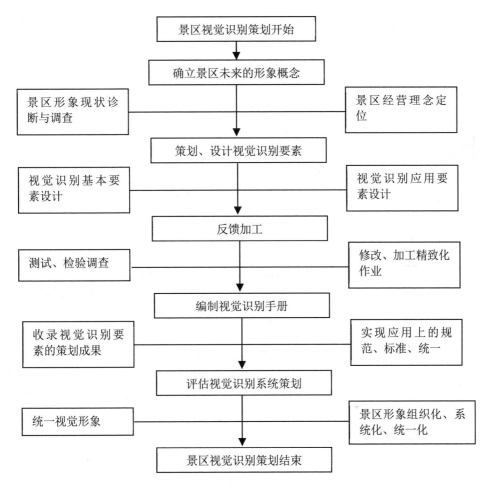

图 5-23　旅游景区视觉识别系统策划步骤

表 5-20　旅游景区视觉识别应用要素策划内容

类别	主要内容
旅游景区建筑类	旅游景区建筑外形、风格、体量、颜色，以及旅游景区建筑小品、绿化小品、清洁箱设计、休息设施、厕所、休息亭等
一般事务用品类	信纸、信封、便笺纸、文件袋、包装等
旅游景区招牌类	造型、字体、颜色
文具用品类	文具盒、笔、文件夹等
生产管理用图表类	住宿登记表、宾客意见征询表、各类服务价格表

类别	主要内容
财务图表类	账单、收据、发票等
员工身份证明类	店徽、胸卡、名片
员工制服类	工服的质地、颜色、款式、饰物等
旅游景区交通工具类	电瓶车、自行车、马车等
旅游景区印刷品、宣传品	门票、各种宣传小册子、导游图、服务指南、指示牌、景区图册等
旅游景区广告类	策划广告文类、设计广告画面时，策划和设计人员要充分利用景区视觉识别的基本要素
旅游景区网站	建立图文并茂的动态网页

案例 5-6　旅游景区视觉识别设计说明

武夷山素以碧水丹山著称，是驰名中外的旅游风景胜地和自然生物宝库，境内有著名的武夷山国家首批重点风景名胜区和被联合国列入"人与生物圈"的国家重点武夷山自然保护区。自然保护区总面积约 567 平方公里（85 万亩），是我国华东地区保存最完整的和典型的中亚热带森林生态系统，有"世界生物之窗""蛇的王国""昆虫的世界"等美誉。风景名胜区素有"碧水丹山""奇秀甲于东南"之美称。自然山水奇秀，构成了奇幻百出的无限景观。保护区与风景区紧密相连，珠联璧合，形成了旅游风光、科考探奇、避暑疗养的理想胜地。

6. 旅游景区旅游形象系统导入程序

（1）确认导入旅游景区形象系统；

（2）建立旅游景区形象系统委员会和执行委员会；

（3）确定旅游景区导入企业形象系统的方针政策；

（4）旅游景区员工企业形象系统启蒙教育；

（5）旅游景区经营环境诊断；

（6）旅游景区外部经营环境调查；

（7）调查表设计；

（8）实施调查计划；

（9）编写调查报告；

（10）旅游景区标识系统审查；

（11）分析诊断报告与调查报告；

（12）递交导入旅游景区形象系统报告书；

（13）审议旅游景区形象系统报告书；

（14）旅游景区理念识别系统策划；

（15）旅游景区行为识别系统策划；

（16）旅游景区视觉识别系统策划；

（17）饭店综合感觉识别系统策划；

（18）旅游景区信息传播识别系统策划；

（19）旅游景区标识司法认定；

（20）制定旅游景区精神标语；

（21）编写旅游景区企业形象设计（CIS）手册；

（22）编写旅游景区形象系统宣言；

（23）旅游景区企业形象系统对内发表；

（24）旅游景区企业形象系统对外发表；

（25）策划布置与企业形象系统相关的计划；

（26）定期评价。

第七节 旅游景区形象的传播策划

一、网络传播策略——Internet 媒体

随着社会的发展，人们获取信息方式的多元化，媒体在旅游景区旅游形象的塑造和传播中发挥着日益显著的作用。网络媒介作为一种新的信息传播渠道和方式，无论是在速度、覆盖范围、效果呈现、宣传成本上都优于传统媒体，已经成为旅游景区形象传播的重要媒介。旅游地政府和旅游景区作为旅游形象传播的主导者，也顺应这一趋势，纷纷建立政府官方旅游网站，作为旅游信息发布和形象展示的平台。

Internet 从 20 世纪 70 年代的电子邮件阶段（取代传统的信件、邮寄、电话、传真）到 1995 年开始的以 Web 技术为代表的信息发布阶段（取代报纸、电台、电视台），目前进入电子商务阶段 EC（Electronic Commerce），企业的商务信息活动主要是通过互联网传递，互联网已经成为商业信息社会的信息神经中枢。旅游信息最符合网上传播，随着个人计算机的普及，未来将有越来越多的人利用国际互联网来安排自己的旅行。

1. 我国主要的旅游网站

目前我国主要的旅游网站，既是旅游者出游的信息搜索、咨询和预定平台，也成为旅游景区形象展示和销售平台，一般的旅游景区都会选择这些旅游电子商务网站，如携程旅行网（Ctrip.com）、同城旅游网、艺龙旅游网等，旅游景区要充分利用网络平台推出旅游景自己的形象。

2. 旅游景区网络传播策略

在互联网和移动互联网时代，旅游景区的网络传播方式十分重要，旅游景区要建设好自己的网络平台，还需要充分利用一些公共的网络传播平台，以及自媒体和新媒体的网络传播平台，构建旅游景区的网络传播体系。

（1）建立景区的官方网站。景区官方网站既是景区的宣传平台，也是与游客互动的平台，游客可以通过网站了解景区概况，既能够吸引潜在游客，也有利于游客预订及购买景区门票、住宿、餐厅、纪念品等，是重要的交易平台。

（2）要充分利用各旅游门户网站平台，如携程、艺龙、驴妈妈等。专业的旅游门户网站不仅能够提供专业的营销平台，还能够利用自身的流量，为景区引流，提高景区的知名度。

（3）建立景区的以"两微一抖"（微博、微信公众号、抖音）为主体的新媒体营销账号。新媒体是区别于传统媒体的一种线上营销，具有传播范围广，不受地域限制、互动性强、投放更有针对性、可监控效果、投放灵活、成本低、感官性强等特点。自媒体时代，每个人都是信息的传播者，通过新媒体营销，信息会得到更加广泛的传播和讨论，使传播效果得到极大的提升。

二、社会传播

社会传播是指形象信息的非商业传播。例如金庸先生的武侠小说中涉及许多名山大川，对读者建立旅游景区的印象有相当的影响，如表 5-21 所示。

表 5-21   金庸小说对人们出游行为的影响

项目		人数（人）	占样本总数比例（%）	其中			
				男生（人）	占男生（%）	女生（人）	占女生（%）
能从看过的书中列举一些景点	大学生	113	58.8	55	52.9	58	65.9
	中学生	58	40.6	28	41.8	30	39.5
对书中出现的地方有旅游兴趣	大学生	138	72.4	68	65.8	70	79.6
	中学生	120	83.9	51	76.1	69	90.8
在旅途中能回忆起小说中的地方	大学生	106	55.2	60	57.7	46	52.3
	中学生	75	52.4	37	55.4	38	50.0

李蕾蕾总结了其他有关旅游景区的信息：

新闻发生地：发现奇特景观的报道。

游记：如《徐霞客游记》等。

文学作品描述地或故事发生地：如英国古典文学作品，金庸武侠小说等。

电影或电视剧拍摄地：如《红高粱》《大红灯笼高高挂》《廊桥遗梦》等。

口头文学：神话与传说的发生地成为旅游点，故事内容构成旅游点的导游解说词。

课本信息：特别是中小学的语文课本。

邮票、纸币、烟盒、火柴盒、门票等各种消费品及其包装上所留下的图案信息。

名人出生地：如毛泽东的故乡韶山。

历史事件发生地：如柏林墙、奥斯维辛集中营。

随着市场经济的发展，旅游资源开发类和景点景区经营服务类的旅游企业不断上市，例如张家界、泰山旅游、黄山旅游、中视股份、华侨城、峨眉山、京西旅游等，这些旅游上市公司不仅为本公司的发展开辟融资渠道，同时也可极大地提升相关旅游景点和旅游景区的知名度，传播良好的旅游形象。

三、公关活动传播

公关活动如政府间的交流和外事活动的宣传，召开旅游新闻发布会，举办系列旅游节庆活动和相关的学术会议等。此外，在各种招商引资会上还可以将本地旅游形象作为投资环境的一部分加以介绍。

四、文化传播

1. 设计与当地旅游资源相关的宣传画册、明信片、挂历、邮票、首日封、风景片等。

2. 出版与旅游资源有关的书籍和小说，整理有关的民间传说、民间故事、旅游景点介绍导游图等。

3. 创作推广地方戏曲和音乐。

4. 拍摄以当地旅游资源为背景的电影、电视剧及有关专题片，或争取电视台旅游栏目以当地的旅游景区为外景现场直播综艺节目。

五、人际传播

人际传播是指通过人际间的相互宣传来有效地影响公众的消费观念和消费方式，包括邀请专家学者、权威人士参观访问，组织影视、体育明星协助宣传，景区内部的宣传表演队，旅游经营管理人员和普通员工的精神风貌等。

六、自媒体营销方式

随着互联网的发展，媒体生态已经发生了巨大变化，微博、微信等自媒体的功能不再局限于信息传播与社会交往，其附加的商业价值日益显现，并且衍生成一种重要的"长尾"市场。

1. 旅游网络宣传

移动互联网客户端的阅读趋于碎片化、时间趋于短频化，所以对景区的品牌营销、新闻策划、内容推送提出了更高的要求，如果不能在第一时间内吸引用户的关注，营销费用也就打了水漂。其中，搜狐新闻、今日头条、凤凰新闻等新闻资讯聚合类 APP，以及蚂蜂窝、百度旅游、乐途旅游网等个性化的旅游网络社区成为用户了解旅游景区品牌信息的入口。特别是这些旅游网络社区，突出了新媒体娱乐性和参与程度高的特点，容易把拥有共同兴趣爱好的旅游者聚集在一起，加强用户间的情感交流，并且在互动中形成口碑传播，"领袖"也在整个网络社区中扮演着重要角色。

"抖音+景区"的这种营销模式自带流量、自带粉丝、自带传播效应，通过抖音拍摄景区的短视频可以放大景区的核心优势，这已经成为新的口碑传播渠道。通过抖音模式景区营销周期也将大大缩短，按照过去营销思维，景区推出一个新的旅游产品，一般至少要提前 1 个月的时间进行营销宣传与推广。但是抖音却能够在短时间内将景区的新开发的旅游产品瞬间传递开来，并且也能节约不少费用。

2. 旅游电子商务

移动端产品预订正在成为越来越多用户出行的选择方式，年轻人成为使用移动端产品预订人群的主力军。目前，移动端的订单已经远远超过电脑端和电话端的总和。2018 年，中国在线旅游市场交易规模将近 12000 亿元人民币。

新媒体营销需要同区域的其他景区或行业一起整合营销，优势互补，互推抱团发展，甚至在营销资金充裕的情况下，可以与传统媒介营销相结合，形成立体式营销。事实上，每个垂直行业或其他景区的粉丝，是景区重要的潜在消费群体，整合的立体式营销会是一个庞大的景区宣传与互动平台。

3. 线上线下活动相结合

结合新媒体重创造、重体验、重沟通的特点，旅游景区自媒体需要向用户输送源源不断的信息内容。仅仅有空壳子，没有充实内容的自媒体是不会吸引用户长期关注的。景区自媒体运营人员需要通过研究文章的阅读率来寻找粉丝的兴趣点，根据粉丝的兴趣来编排相应的文章和活动。景区是天然的活动场地，分析景区产品的特点、优势以及游客的需求，举办有意义、有宣传力度的活动，增强用户平台的黏性。

思考题

1．旅游景区营销的内涵是什么？
2．简述旅游景区营销管理的过程和任务。
3．如何制定一个旅游景区市场研究计划？
4．如何根据不同旅游景区的不同需要制作景区市场调查表？
5．简述旅游景区的市场调查的组织程序和不同阶段的具体要求。
6．如何确定旅游景区市场调查的样本数量？
7．旅游景区市场细分与定位中应注意哪些问题？
8．旅游景区市场预测的方法有哪些？
9．景区产品设计与策划中应注意哪些问题？
10．举例说明如何根据客源市场的变化来设计和开发旅游产品？
11．什么是景区形象及景区形象的系统构成？
12．如何开展旅游景区的形象调查与测量？
13．旅游景区形象定位与口号设计中应注意哪些问题？
14．如何做好旅游景区的视觉识别系统设计？
15．如何做好旅游景区的行为识别系统设计？
16．如何做好旅游景区的理念识别系统设计？
17．如何有效传播旅游景区的形象？
18．旅游景区形象系统的导入程序是什么？
19．简述网络传媒在旅游景区形象传播中的应用。
20．简述节庆活动在旅游景区形象推广中的作用。
21．旅游景区市场营销的趋势有哪些？请逐一简要陈述。
22．旅游景区形象传播的途径有哪些？
23．旅游景区 IP 如何打造一个独特的旅游形象？
24．新媒体语境下旅游景区形象传播的策略有哪些？

第六章 旅游景区人力资源管理

学习目的:

通过本章学习，了解旅游景区人力资源管理的基本理论，熟悉旅游景区人力资源管理的内涵、基本原理和职责,深入了解旅游景区人力资源管理系统的各个方面，掌握旅游景区人力资源规划、职务分析与设计、员工招聘与选拔、绩效考核、人力资源培训与开发、人力资本管理的基本策略和方法。

主要内容:
- 旅游景区人力资源管理的基本理论
- 旅游景区人力资源管理系统分析
- 旅游景区人力资源规划
- 旅游景区职务分析与设计
- 旅游景区员工招聘与选拔
- 旅游景区绩效考核与薪酬激励
- 旅游景区人力资源培训与开发
- 旅游景区人力资本管理

第一节 旅游景区人力资源管理的基本理论

人力资源是与自然资源、物质资源或信息资源相对应的概念，有广义与狭义之分。广义的人力资源是指以人的生命为载体的社会资源，凡是智力正常的人属于人力资源。狭义的人力资源则是智力和体力劳动能力的总称，也可以理解为是为社会创造物质文化财富的人。作为最重要最活跃的生产要素，人力资源在旅游景区发展中起着越来越重要的作用。

一、旅游景区现代人力资源管理的内涵

旅游景区人力资源管理是指一个旅游景区为有效利用其人力资源而制定的人力资源管理战略和人力资源计划，并在其指导下，进行人员安排、业绩评定、员工激励、管理培训以及决定报酬和劳资关系等一系列活动。根据阿姆斯特朗对人力资源管理体系目标的规定，旅游景区的战略发展目标最终将通过其最有价值的资源——景区员工来实现。为了提高旅游景区员工的整体业绩，必须制定与景区整体战略发展目标紧密相连，具有连贯性的人力资源方针和制度，努力寻求旅游景区人力资源管理制度和政策与景区战略发展目标之间的匹配和统一，同时创造合理的旅游景区管理环境，鼓励景区员工进行创造和创新，培养员工积极向上的作风，制定反应灵敏、适应性强的旅游景区组织管理体系，帮助旅游景区实现竞争环境下的具体目标，提供相对完善的工作和组织条件，为景区员工充分发挥其潜力提供所需要的各种支持。

二、旅游景区人力资源管理的最新趋势

人力资源是旅游景区最重要的资源。人力资源管理的发展趋势主要体现在人力资源资本化、职业教育终身化、管理方法人性化、管理手段科学化、薪金报酬绩效化、人力资源共享化，这些变化应引起我国旅游景区人力资源工作者的高度重视。旅游景区的发展要适应人力资源管理的最新趋势。

1．人力资源资本化

根据舒尔茨的理论，人力资本是相对于物质资本或非人力资本而言的，是体现在人身上的可以被用来提供未来收入的一种资本，是指个人具备的才干、知识、技能和资历，是人类自身在经济活动中获得收益并不断增值的能力。人力资源资本化表明人力资源投资是一种资本化投资，同时，它是以追求收益和增值最大化为目标的。旅游景区人力资本收益水平的高低主要取决于两个因素：一是人力资本存量，二是人力资本效率。景区人力资本收益的提高，有赖于扩大人力资本存量和提高人力资本效率。

2．职业教育终身化

对景区员工进行终身培训是未来人力资源管理的一项重要内容。无论是从知识的重要性还是从知识的创新速度来看，景区员工都面临着需要不断更新知识和技能的压力。旅游景区只有不断加强对员工的培训，并促进员工自觉学习，才能适应社会的发展要求。学习将成为景区员工的终身需要。旅游景区应认识到对员工进行培训的重要性，并制定详细的培训计划，将员工的学习情况纳入员工的工作绩效考核中。

3. 管理方法人性化

未来经济的发展取决于人的智能的开发、创新能力的发挥和活力的激发，旅游景区必须实行人性化管理。景区的人力资源管理人员要转变工作观念和工作方法，要充分了解员工的心理需要、价值观的变化及自我实现的需要；要给员工足够的自由度，充分调动他们的工作积极性和主动性。景区人力资源管理人员的工作职责，应该由过去的严加控制、发布命令，转变为对员工的充分授权和服务。

4. 管理手段科学化

科学技术的飞速发展，为管理工作带来了一场前所未有的革命。人力资源管理将由过去的被动式、经验式的人事管理，步入科学化、专业化、技术化的人力资源管理时代。与其他专业一样，人力资源管理也有许多专门技术知识，如人才预测规划技术、人员招聘面试技术、员工培训与开发技术、员工考核技术、职业生涯规划技术、人事诊断技术、激励管理技术等。如果一个人事工作者缺乏这方面的知识和技能，不懂得有关的技术与方法，将难以胜任本职工作。这应引起我国旅游景区人力资源管理者的高度重视，以适应时代发展的客观要求。

5. 薪金报酬绩效化

随着旅游景区管理理念和管理模式的不断进步，景区员工的工作模式也在不断进步，景区员工薪资报酬的分配模式也应随之不断改变。旅游景区的组织模式是由全职职工和临时工、兼职工、景区以外的工人等多种形式构成的。在这种职工构成多样性的组织中，为保留核心竞争力，在薪资报酬方面，全职职工和其他员工应该享有不同的待遇。全职职工的薪资报酬，除考虑工作岗位和工作责任之外，还应考虑实际工作的绩效及给景区创造的实际价值。这种景区分配模式的特点是基本工资占总收入的比例较少，各种奖励所占的比例较大。优点是可以把员工的工作绩效与景区的整体业绩联系起来，激发景区员工的工作热情和工作责任感，为景区发展做出贡献。

6. 人力资源共享化

共享经济是时代发展的新模式，有效促进了资源优化整合。对此，作为旅游景区核心竞争资源的人力资本，需要迎合新时代发展需要，尝试并推行共享机制，围绕新战略思维，以人力资本增值为导向，创新管理体系及方法，促进旅游景区乃至社会提质增效。旅游景区需要与人才建立共创、共担、共享的关系，全面激发人才活力，化被动为主动，使人才在旅欧景区中实现真正意义的参与感和主人翁感，形成长效机制。具体措施包括：进行人力资源价值再评估，增强岗位之间、专业之间的跨界交流，突破岗位专业的局限性，全面开发人力资本；以旅游景区发展战略及目标为方向，积极探索智慧租借，形成智慧需求菜单，找准合作方，建立智慧租借机制和合作评价体系，以最经济的人工成本实现最优的管理效益。

三、旅游景区人力资源管理的基本原理

1．旅游景区人力资源系统优化原理

旅游景区人力资源系统优化原理，是指人力资源系统经过组织、协调、运行、控制，使其整体功能获得最优功效的过程。景区人力资源系统面对的主要要素是人，景区管理者、景区员工和旅游者都是具有复杂性、可变性和社会性的人。景区人力资源系统具有相关性、目的性、整体性、社会性、有序性等系统共性。因此，要达到景区员工的群体功效最优，必须注意协调，提倡理解，反对内耗，通过系统优化，达到整体的最优化。

2．旅游景区人力资源系统动力原理

旅游景区人力资源系统动力原理，强调通过物质鼓励，满足景区员工对基本物质的需要和物质享受的追求，以达到激发景区员工工作热情的目的。景区可以通过表扬、精神鼓励、提职等各种形式，表达组织的友爱、信任和对员工能力、工作业绩的肯定，以激励员工内在的工作动力和热情，促使其朝预定的期望目标努力。

3．旅游景区人力资源能级对应原理

旅游景区人力资源能级原理，是指景区人力资源管理的能级必须按层次形成稳定的组织形态，不同能级应表现为不同的权利、物质利益和荣誉。景区能级对应原理承认能级本身的动态性、可变性和开放性。景区员工的能级与管理级次相互间的对应程度，标志着景区人才的使用状态。旅游景区稳定的组织结构，必须达到景区各级管理人员的权级和能级相互对应。

4．旅游景区人力资源弹性冗余原理

人的劳动能力是有限的，劳动强度要适度有弹性，以保持旺盛的精力、清晰的智力、敏捷的思维和身体健康。景区人力资源弹性冗余原理，要求景区根据员工的体质和智力水平等因素，适当安排工作强度，合理进行工作强度分工。根据景区员工的年龄、性别等特征，景区员工的工作时间、工作强度应该具有弹性。弹性冗余原理是景区每一位领导者在安排工作时间、工作强度、进行岗位调整、制定目标等各方面时都必须考虑的因素。

5．旅游景区人力资源互补增值原理

景区人力资源互补增值原理，强调景区员工之间的知识互补、气质互补、能力互补、性别互补、年龄互补和技能互补。通过互补增值，能使景区人才系

统的功能达到最优。具有互补性的景区员工必须有共同的理想、事业和追求，必须诚意待人，对周围的合作者能够互相理解与沟通，有共同的发展目标。人力资源的增值互补原理，要求景区的人力资源系统实现动态的平衡，允许人才的流动、相互选择和重新组合，允许人才的更新和彼此职位的变换，在动态中去追求平衡和完美。

6. 旅游景区人力资源竞争强化原理

景区人力资源系统的竞争，包括景区之间人力资源的竞争、景区内各类员工之间的竞争和景区人才所拥有的各种专业技能的竞争。景区管理者使用竞争强化原理，必须注意竞争优胜的相对性。员工竞争失败，要鼓励员工检查自身不足，摆正心态；员工竞争获胜，要鼓励员工继续充实自己，以获取更好的职位和更强的工作能力。旅游景区竞争的阶段性表现为竞争—失败—再发展—竞争胜利的过程。景区的管理者要注意对竞争的引导，促进竞争双方改进自己、增强自身继续竞争的能力，使得双方真正在竞争中强化自己。

7. 旅游景区人力资源利益相容原理

旅游景区人力资源利益相容原理，是指当双方利益发生冲突时，需寻求一种方案，该方案在原有的基础上，经过适当的修改、让步、补充，使冲突双方均能接受进而相容。当景区员工在某项工作方案上产生冲突、彼此对立时，需要以景区管理者为主导，对工作方案进行多次修正，使有冲突的员工能够在方案修正的过程中彼此相容于一个统一体中，为实现共同的目标而努力。

8. 旅游景区人力资源反馈控制原理

控制是指按照给定的条件和预定的目标，对其中一个过程或一个序列事件施加某种影响的行动。反馈是指一个系统将信息输送出去，又将其作用的结果返送回来，并对信息的再输出产生影响的过程。控制与反馈相互作用，互为前提，同时并存。反馈是实现有效控制的必要条件。旅游景区人力资源管理系统是一个控制反馈系统。运用控制反馈原理，可以使景区人力资源管理的调节工作科学化、高效化，缩小与目标值的偏差，排除外部因素干扰，使景区人力资源管理系统处于稳定状态。

四、旅游景区人力资源管理的功能

人力资源管理是旅游景区的基本管理职能之一，其基本功能就是吸引、保持、激励与开发旅游景区发展所需的人力资源，促进旅游景区战略发展目标的实现。旅游景区的人力资源管理涉及以下五种基本功能：

1. 获取功能

旅游景区的人力资源获取功能，主要是通过景区对人才的综合吸引力来实现的。旅游景区的形象、景区知名度、景区的宣传力度等都对景区的人才吸引力具有重要影响。旅游景区应制定鲜明的人力资源管理理念、政策和战略，培养和塑造和谐统一的景区文化氛围，据此来凝聚景区的人力资源。根据战略发展目标，旅游景区应该确定目前和未来所需员工的条件，通过人力资源规划、招聘、考试、测评、选拔等一系列过程，获取景区所需的人才。

2．整合功能

旅游景区人力资源管理的整合功能，主要是指通过人力资源管理的理念和价值观，把景区员工的目标、行为、态度统一起来，在景区员工之间建立良好的信息沟通机制，使景区员工建立和谐的人际关系，有效化解员工之间的矛盾冲突，使之形成一个高度合作与协调的群体，充分发挥集体优势，提高旅游景区的整体运作效益。

3．保持功能

旅游景区人力资源管理的保持功能，主要是通过招聘适合景区岗位的员工、为员工提供良好的工作环境、制定有吸引力的职位体系、加强对员工的培训、促进员工工作能力的持续提高等一系列措施来实现的。景区人力资源管理的保持功能，可以为景区员工的发展提供一个有效的平台，激发景区员工的积极性、主动性和创造性，使优秀的人才能够留在景区。

4．评价功能

旅游景区人力资源管理的评价功能，主要是指通过对景区员工工作成果、工作态度、技能水平以及其他方面做出全面考核、鉴定和评价，为相应的奖惩、升降、去留等决策提供依据。通过评价功能，可以使景区员工的贡献与收益、责任与收益、风险与收益相对称，把景区的整体利益和广大员工的个人价值融成一体，建立景区的长期激励机制，把景区打造成一个人才成长与发展的有效平台，促进景区整体运营效率的提高。

5．发展功能

旅游景区人力资源管理的发展功能，主要是通过景区员工培训、工作丰富化、职业生涯规划与开发等一系列措施来实现的。这一系列措施，有助于促进景区员工知识、技巧和其他方面素质显著提高，最大限度地实现个人价值以及对景区的贡献率，达到员工个人和景区共同发展的目的。

上述旅游景区人力资源管理的五项功能，是密切联系、相辅相成、彼此配合的。旅游景区在某一方面的决策常常会影响到其他方面。职务分析能确定景区每一岗位应有的权责和资格要求，并能对景区人力资源的获取提出明确要求，为保持与发展规定明确的目标，为评价提供明确的标准，为整合提供客观依据。旅游景区人力资源管理五项功能的关系如图 6-1 所示。

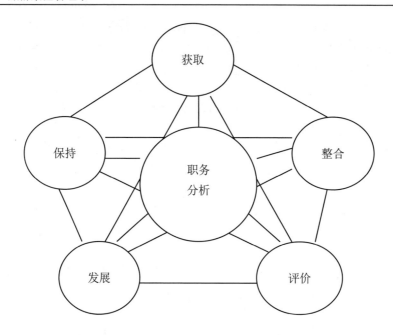

图 6-1　景区人力资源管理各项功能之间的关系

五、旅游景区人力资源管理的职责

旅游景区人力资源管理的职责，是指景区人力资源管理者需要承担的责任和任务。旅游景区人力资源管理的主要职责，就是把景区所需的人力资源吸引到景区中来，并通过各种政策和措施把有用的人才保留在景区之中，努力调动景区员工的工作积极性，高效合理利用景区人力资源。景区人力资源管理的具体职责包括：把员工配置到适当的工作岗位上；根据景区发展的需要招募新员工，并通过培训使新员工适应新的工作岗位；通过建立和谐的工作关系，合理进行岗位职责界定和工作分工，制定有竞争力的薪酬标准、高效的绩效管理制度，有效安排培训等各种方式，提高景区员工工作绩效；创造并维持景区员工高昂的工作士气，保护员工的健康并努力改善员工的工作环境等。

六、旅游景区人力资源管理的基本任务

1. 对旅游景区人力资源量的管理

旅游景区人力与物力比例配置的合理与否，直接影响旅游景区经济效益的高低，所以要从外在的数量方面对景区人力资源进行科学管理，并根据人力与物力的变化及时进行调整，使二者的有机结合保持最佳比例，使景区的人力和

物力资源都能够充分发挥最佳效应。旅游景区人力资源量的管理涉及景区的人力资源规划与预测、人力资源配置、人力资源保护等。

2. 对旅游景区人力资源质的管理

人力资源是一切资源中最宝贵的资源。旅游景区员工智力和体力的全面发展，既是景区发展的手段，又是景区发展的目的。旅游景区人力资源管理，要使组成人力资源的每个个体的潜在价值转化为现实价值，帮助景区员工实现他们的期望价值。旅游景区人力资源质的管理主要涉及人力资源的配置与考核、人力资源的投资与效益、人力资源的教育与培训、人力资源的开发与利用等。

第二节　旅游景区人力资源管理系统分析

一、旅游景区人力资源管理系统的构成

随着现代人力资源管理理念的发展，旅游景区人力资源管理的目的、任务、内容和方法等也都在不断发生变化。表6-1描述了旅游景区人力资源管理的理念、目标、任务、内容和方法等随着管理理念变化发生演变的过程。

表6-1　人力资源管理发展阶段及特征

人力资源发展阶段	经济人阶段	社会人阶段	知识人阶段
对人的认识	厌恶工作 回避责任 贪图金钱	热爱工作 愿担责任 需要社交	最求人生价值 追求自我实现
人力资源管理理念	以利润为本	以利润为本	以人为本
人力资源管理目标	追求利润最大化 忽视员工需求	降低劳动力成本 提高劳动生产率	企业实现发展 员工实现价值
人力资源管理任务	迫使员工 努力工作	努力调动员工的工作积极性	为员工创造施展个人才华的平台
人力资源管理内容	业绩考核 遵守纪律 情况考评	协调人际关系 使用激励手段	开发员工潜能 激励员工积极性
人力资源管理方法	物质刺激 奖惩严明	改善工作环境 改变工作形式	工作自主 双赢激励

旅游景区人力资源管理系统通常由以下子系统构成，如图 6-2 所示。

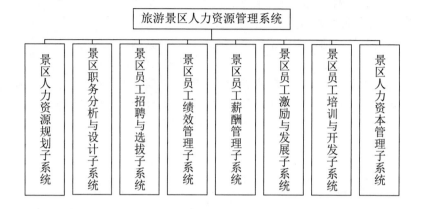

图 6-2　旅游景区人力资源管理系统构成

1. 旅游景区人力资源规划子系统

旅游景区人力资源规划，是指通过检查人力资源需求，确保景区在需要的时候拥有能够满足要求的合适员工。景区人力资源规划要求把景区的人力资源战略，转化为景区的中长期目标、计划和政策措施，具体内容包括对旅游景区人力资源现状的分析、对景区未来人员的供需预测与平衡等。

2. 景区职务分析与设计子系统

旅游景区的职务分析与设计子系统，主要由岗位及编制确定、工作分析与职位描述、任职资格确定三部分组成。岗位及编制确定，是指根据景区的组织结构和业务流程，明确景区各个管理部门的职责，对景区关键流程进行梳理，确定岗位职责及特定岗位所需员工的数量。工作分析与职责描述，是景区基础管理体系的重要内容和实现人岗匹配、提高景区管理有效性的主要前提。景区员工的任职资格确定，主要是对胜任该岗位员工的素质、知识、技能等的描述。

3. 景区员工招聘与选拔子系统

旅游景区员工的招聘与选拔，主要依据的是景区的人力资源规划和岗位职责分析，任务是通过了解人才，发现人才的价值，让合适的员工处于合适的工作岗位上。景区员工招聘的效果主要体现在：能否及时招聘到所需人才来满足景区战略发展需要，能否以较少的投入招到合适的人才。景区员工的选拔，主要是根据景区的发展需求，选拔所需要的人才并将其安排在合适的工作岗位上。

4. 景区员工绩效管理子系统

景区员工的工作绩效，是指员工经过考评的工作行为、工作表现和工作结果。旅游景区员工的绩效管理，主要指的是通过一套系统化的管理活动来建立景区或者个人完成目标的共识，绩效管理以目标为导向，员工和管理者均需要确立具体的目标和努力方向，最终达成责任和利益的共同体，实现相应目标。绩效管理主要包括绩效计划、绩效沟通、绩效诊断和绩效考评四方面的内容。绩效管理能够创造良好的组织环境，注重开发和提高员工能力，使员工的贡献与收益、责任与收益、风险与收益、成长与收益相对称，把旅游景区的整体利益和广大员工的个人价值融成一体，建立旅游景区的长期激励机制，促进旅游景区整体运营效率的提高。

5. 景区员工薪酬管理子系统

薪酬管理是旅游景区人力资源管理中最为敏感的话题，因为它不但涉及每个员工的利益，也是员工自我价值的一种体现，更是旅游景区对员工价值认可程度的一种表现形式。旅游景区员工的薪酬管理，包括对基本薪酬、绩效薪酬、奖金、津贴以及福利等薪酬结构的设计与管理，以激励员工更加努力的为景区发展做出贡献。

6. 景区员工激励与发展子系统

所谓激励是指通过一定的手段，使员工的需要和动机得到满足，以调动他们的工作积极性，使他们积极主动地发挥个人潜能，从而实现组织目标的过程。根据激励理论和方法，景区员工的激励与发展，主要是指景区根据员工的需要设置某些目标，通过目标引导员工产生实现景区目标的动机，并依据景区发展所需要的行动和方式，对员工的各种需要予以不同程度的满足或限制，引起景区员工心理状况的变化，激发员工向景区所期望的目标而努力。

7. 景区员工培训与开发子系统

员工的培训与发展，是旅游景区人力资源管理的一项重要内容。培训是指通过讲座、报告、座谈等各种方式，使景区员工在知识、技能和工作态度方面有所改进，以达到景区工作要求，培训强调即时成效。发展则是指努力增进景区员工的知识和能力，以满足旅游景区目前和将来的工作需求，强调旅游景区长期发展的需要。

8. 景区人力资本管理子系统

员工不仅是景区的重要资源，而且是景区的重要资本。景区的人力资本，是景区财富增长的源泉，是体现在景区员工身上的知识、技能、资历和经验等。人力资本管理，要求旅游景区重新审视和景区员工之间的关系，综合考虑景区利益与员工利益，形成利益共同体，对员工采取具有长期导向的激励措施，努力促进景区人力资本的增值。

二、旅游景区人力资源管理系统分析

对旅游景区人力资源管理系统的分析，是指对景区人力资源管理各个子系统之间相互作用关系的理解和描述，其目的在于解决景区人力资源管理各个子系统之间有效衔接的问题。旅游景区人力资源管理系统各组成部分之间的相互关系如图 6-3 所示。

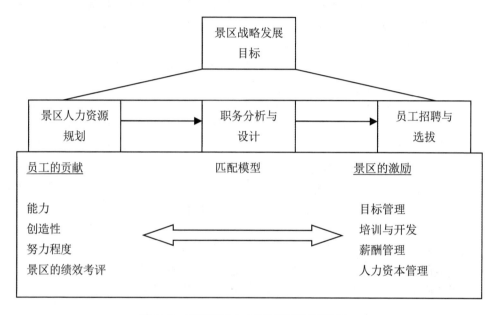

图 6-3　旅游景区人力资源管理系统分析

三、旅游景区人力资源管理系统特性

从系统科学的角度来看，旅游景区的人力资源管理系统是一个开放系统，具有开放系统的一般特性。

1. 整体性

旅游景区人力资源管理系统是由各个相互联系和彼此影响的子系统组成的统一整体；各个子系统独立机能和相互关系只能统一和协调于人力资源管理系统的整体之中；同时，人力资源管理系统又是旅游景区这个大系统的一个组成部分。人力资源管理系统中的各个子系统，即使功能还不很完善，但通过系统整体的综合和统一，很可能成为具有良好功能的系统。

2．相关性

在旅游景区人力资源管理系统中，人力资源规划、职务分析与设计、招聘与选拔、绩效考评、薪酬管理、激励与发展、培训与开发、人力资本管理等各个子系统之间存在着相互联系、相互依存、相互制约的关系。它们通过特定的关系结合在一起，形成一个具有特定功能的景区人力资源管理系统。

3．结构性

结构性是旅游景区人力资源管理系统内部的各个子系统之间有机联系的反映。景区人力资源管理各子系统之间本质的联系决定着该系统发展和变化的规律。当相同的子系统具有不同的结构形式时，整个人力资源管理系统就会产生不同的功能和效果。因此，对旅游景区人力资源管理系统整体结构的优化和不同子系统之间关系的有效协调，是使该系统形成良性循环的重要手段。

4．动态性

旅游景区人力资源管理系统的结构和状态是不断变化的。结构的变化主要是指景区人力资源管理系统各个子系统之间相互作用关系的变化。状态的变化主要是指景区人力资源管理系统整体和各个子系统发展状况的变化。旅游景区的人力资源管理，从系统角度来看，结构、状态都是不平衡的。这种不平衡是景区人力资源管理系统发展和进步的根本力量。

5．目的性

旅游景区的人力资源管理系统是一个具有明确目的性的系统。系统内部的各个子系统是为实现系统的既定目标而协调于一个整体之中，并为此进行活动的。景区人力资源管理系统的目标主要体现在人力资源管理的效率目标、质量目标、人才的素质水平目标、员工工作的满意度目标等。景区人力资源管理系统活动的输出响应就是系统目的性的反映。

6．环境适应性

人力资源管理系统是旅游景区整个管理系统的一个组成部分。人力资源管理系统与旅游景区的其他管理系统之间存在着相互依存、相互作用的关系；同时，该系统的发展和变化，也受到外界因素变化的影响，与外界环境之间进行着物质、能量和信息的交换。景区人力资源管理系统要具有生机和活力，一方面必须满足旅游景区整体管理的需要，另一方面还必须适应环境的变化，根据外部环境给予的刺激及时调整和做出响应。

第三节　旅游景区人力资源规划

一、旅游景区人力资源规划的内涵

旅游景区的人力资源规划是一种战略规划，它要求在景区愿景、目标和战略的指引下，战略性地把握人力资源的需求与供给，努力平衡景区人力资源的需求与供给，着眼于为未来旅游景区的发展预先准备人力，并开发制定出与旅游景区长期效益相适应的人力资源管理政策。旅游景区人力资源规划是一项持续不断的工作，其主要目的体现在以下三方面：

1. 适应景区的发展

旅游景区的人力资源规划主要是针对景区现在及未来发展的需要，通过制定人员补充计划、人员使用计划、人员接替及提升计划、教育培训计划、评价及激励计划、劳动关系计划、退休及解聘计划，来实现景区人员的适时、适量、适岗补给，从而确保景区战略目标的达成。

2. 更有效地分配和使用人力

合理的景区人力资源规划，不仅能对景区现有的人力结构做出正确的分析，而且还能找出影响景区人力资源有效运用的症结所在，使人力资源发挥出应有的最大效能，从而促进"人尽其才""才尽其用"的真正实现，并减少不必要的人力浪费，降低用人成本。

3. 提高景区员工满意度和促进员工发展

合理的景区人力资源规划，能将景区员工个人的发展与景区的发展有效地联结在一起，让员工深刻地感受到自己是景区的一分子，自己的成长对景区是至关重要的，从而更加努力工作，并不断提高自己的各项素质。这样，旅游景区的缺勤率、离职率及事故发生率就可得以有效降低，而工作质量可得以有效提升。

二、旅游景区人力资源规划的原则

制定旅游景区的人力资源规划必须遵循以下几个原则：

1. 充分考虑内部、外部环境的变化

旅游景区人力资源规划，只有充分考虑了内外环境的变化，才能适应需要，真正做到为景区的发展目标服务。内部变化主要是指景区发展模式的变化、开发方式的变化、发展战略的变化、员工的流动变化等。外部变化是指旅游消费市场的变化、政府有关人力资源政策的变化、人才市场的变化等。为了更好地适应这些变化,在人力资源规划中应该对可能出现的情况做出预测和风险衡量,最好能有应对风险的策略。

2. 确保旅游景区的人力资源保障

旅游景区的人力资源保障问题,是景区人力资源规划中应解决的核心问题。它包括人员的流入预测、流出预测、内部流动预测、社会人力资源供给状况分析、人员流动的损益分析等。只有有效地保证对旅游景区的人力资源供给,才可能进行更深层次的人力资源管理与开发。

3. 使景区和员工都得到长期的利益

人力资源规划不仅是面向景区的规划,也是面向景区员工的规划。旅游景区的发展和员工的发展是互相依托、互相促进的关系。如果只考虑旅游景区的发展需要,而忽视了员工的发展,则会有损旅游景区战略发展目标的达成。优秀的人力资源规划,一定是能够使景区员工达到长期利益的规划,一定是能够使景区和员工共同发展的规划。

4. 由旅游景区内部相关人员共同完成

优质的旅游景区人力资源规划,必须是由旅游景区内部相关人员共同完成的,而绝非景区人力资源部门单独所能够解决的问题。因此,景区人力资源部在进行人力资源规划时,一定要注意充分吸收景区各个部门以及高层管理者的参与,只有这样,人力资源规划才能够符合景区实际并落到实处。

三、旅游景区人力资源规划的制定流程

旅游景区人力资源规划的制定流程如图 6-4 所示。

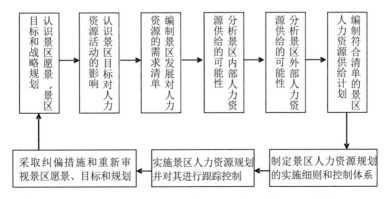

图 6-4　景区人力资源规划的制定流程

1. 认识景区愿景、景区目标和战略规划

旅游景区的人力资源战略规划主体，只有充分认识景区愿景、目标和战略规划，所制定的人力资源规划方案才能够有效地协调人力资源活动和景区活动，保证人力资源规划的实施能够促进景区实现愿景和目标。

2. 认识景区目标对人力资源活动的影响

人力资源规划主体在充分认识景区愿景、目标和战略规划的前提下，还必须认识到景区目标对人力资源活动的影响，从而有针对性地开展相应的人力资源规划活动，制定相应的人力资源规划方案，以协调和支持战略规划的实施，从而促成景区愿景和景区目标的实现。

3. 编制景区发展对人力资源的需求清单

旅游景区人力资源规划的主要任务之一，就是获取未来人力资源的需求清单。在编制未来人力资源需求清单时，应当运用统筹的方法，系统地、动态地考虑由于职位变动和景区发展而导致的人力资源需求变化。

4. 分析景区内部人力资源供给的可能性

旅游景区人力资源规划主体，在编制人力资源需求清单之后，应当分析景区内部人力资源供给的可能性，编制内部人力资源供给清单。景区人力资源规划主体在分析景区内部人力资源供给的可能性时主要有建立"技能清单数据库"、利用"职位置换图"、制定"人力持续计划"等几种有效方法。

5. 分析景区外部人力资源供给的可能性

当旅游景区内部的人力资源供给无法满足景区未来的人力资源需求时，人力资源规划主体就应当审视景区外部人力资源供给能够满足景区未来人力资源需求的可能性，编制外部人力资源供给清单，从而主动地利用景区外部的条件来支持战略计划的实施，促成景区愿景和景区目标的实现。

6. 编制符合需求清单的景区人力资源供给计划

人力资源规划主体，在充分认识景区未来人力资源需求和景区内部与外部人力资源供给可能性的基础上，应当着手编制景区人力资源供给计划，平衡景区未来人力资源的需求与供给，为景区战略规划的实施提供人力资源方面的支持。

7. 制定景区人力资源规划的实施细则和控制体系

旅游景区人力资源规划的实施，本身需要一套严格的实施细则和控制体系，这样人力资源规划的实施才能够具备相应的控制方法、控制标准和纠偏措施。

8. 实施景区人力资源规划并对其进行跟踪控制

人力资源规划的实施细则以及控制体系建立以后，可以着手进行人力资源规划的实施，在实施过程中应当进行实时跟踪控制，保证人力资源活动不会偏离战略规划的轨道。

9. 采取纠偏措施和重新审视景区愿景、目标和规划

景区人力资源规划是一个具有闭环特征的程序，在实施过程中应当对其进行跟踪，及时发现偏差，并采取相应的纠偏措施，从而保证景区人力资源规划与战略规划保持协调一致。景区人力资源规划应当持续地审视景区愿景和目标，保证人力资源规划能够有利于景区愿景和目标的实现，提高自身运作的有效性。

综上所述，景区人力资源规划要求规划主体在人力资源规划程序的所有环节中都应当站在战略的高度，充分审视景区自身的资源条件和组织外部环境，在景区愿景、目标以及战略规划的指引下，制定景区未来人力资源需求清单以及相应的人力资源供给计划，以支持战略规划的实施，促进景区愿景和目标的实现。

四、旅游景区人力资源需求预测

1. 旅游景区人力资源需求预测的内容

旅游景区人力资源需求预测，主要是从旅游景区发展的长远利益出发，对景区所需人力资源的数量和质量进行科学分析，并给出景区发展需要的结果。旅游景区人力资源需求预测，主要包括以下内容：

（1）旅游景区人力资源存量与增量的预测

这种预测主要是根据旅游景区人力资源现状，对景区未来拥有的不同层次人力资源数量的推测与判断。就存量而言，主要是指景区人力资源的自然损耗（如自然减员）和自然流动（如专业转移、变动）引起的人力资源变动；就增量而言，主要是指随着景区经营规模的扩大等带来的人力资源新需求。通过存量与增量的分析进行预测，能够根据需求补充新的不同层次的人力资源，及时满足景区发展的需要。

（2）旅游景区人力资源结构预测

当社会总的人力资源结构和经济结构发生变化时，将引起旅游景区人力资源结构的变化。进行人力资源结构预测，正是为了解决这一可能出现的问题，以保证景区在任何情况下都能有人力资源结构的最佳组合，避免出现不同层次人力资源组织不配套或者结构比例失调等情况。

（3）旅游景区特种人力资源预测

这是针对旅游景区对特种人才和资源的需求而进行的预测，具有较强的针对性。由于景区人力资源预测涉及社会经济发展的各个方面，这种预测应该与国家社会经济的发展紧密相连。通过专门特种人力资源的预测，可以使旅游景区通过一些特殊的手段和方法，加快专门人才的开发与培养。

2. 旅游景区人力资源预测技术

旅游景区人力资源预测受不确定性因素影响较大，预测的具体方法多种多样，分类也各不相同，比较常见的有以下几种：

（1）专家评判法

专家评判法又称专家经验推测法，属于定性预测。它是按照一定的理论，建立在逻辑思维和逻辑推理基础之上的预测方法。专家评判法是应用历史比较长、比较普遍的预测方法之一。这种预测方法通常是预测者在对景区人力资源状况进行深入调查的基础上，对所获得的资料进行加工整理，然后根据所掌握的情况和数据，凭借预测者的经验、知识和综合分析能力，对景区人力资源发展的前景规模、方向速度等做出比较接近和符合实际的分析与判断。这类预测的质量主要取决于预测者的业务水平、分析能力、对各类有关资料数据的掌握程度，以及当时外部情况对预测者心理的影响等，具体包括函询调查法、专家会议法、特尔菲法等方法，其中特尔菲法影响最大，是专家评判法的典型代表。

（2）趋势外推法

趋势外推法又称为时间序列法，是定量预测技术的一种，其实质是根据景区人力资源历史的和现有的资料随时间变化的趋势具有连续性的原理，运用数学工具对该序列加以引申，即从过去延伸至将来，从而达到对景区人力资源的未来发展状况进行预测的目的。趋势外推法通常仅涉及有关景区人力资源问题中能够数量化的方向或那部分内容，其预测的可靠性，与历史的和现在的景区资料时间长短以及外推时间的长短密切相关。

（3）描述法

旅游景区人力资源管理规划的制定者，通过对未来某个时间景区发展的诸因素进行假定性的描述、分析和综合，预测景区人力资源的需求量。由于这是假定性的描述，因此景区人力资源需求有多种可供选择的方案，目的是适应和应付环境及其他因素的变化。

（4）多元线性回归法

旅游景区的人力资源预测，往往是由多种主要因素共同导致未来的变化，而且这些因素基本上与景区人力资源的未来变化存在线性关系，用公式可以表示为：

$$y = a + \sum_{i=1}^{m} b_i X_i$$

解出上述方程式中的参数 a、b，并和已知的 X 值一起代入方程式，就能得到 y 的值，这种计算方法可以靠计算机来完成。

五、旅游景区人力资源供给预测

旅游景区人力资源供给预测是指为了满足景区未来对人员的需求，根据景区的内部和外部环境，选择适当的预测技术，对景区未来从内部和外部可获得的人力资源数量和质量进行预测。

1. 景区人力资源供给及其影响因素

关于景区人力资源的供给有广义的供给和侠义的供给，广义的供给是指整个旅游行业的人力资源供给，狭义的供给是指具体的景区或地区旅游行业的人力资源供给。从狭义来看，旅游景区的人力资源供给，主要取决于景区的规模、辐射范围、旅游产品的多样性以及景区位置等诸多因素。旅游景区人力资源的供给受众多因素的影响，可以分为工资因素和非工资因素两个方面。工资因素是影响旅游景区人力资源供给的最基本的因素，因为它是满足景区员工各种需要的基础。非工资因素主要是指文化因素和景区员工自身因素两个方面。

2. 景区人力资源供给的来源

景区人力资源供给的来源包括两部分，即景区外部的人力资源供给和景区内部的人力资源供给。影响外部人力资源供给的因素较为复杂，整个国家的社会经济发展状况、人口素质以及旅游行业的发展水平等都会影响旅游景区的人力资源供给。为了保障旅游景区人力资源的及时有效供给，要从政策体系和运行机制上健全景区人才市场体系，健全各种必要的法律与法规，充分发挥旅游行业劳动力市场对景区人力资源的有效配置作用。景区内部的人力资源供给来源，是指对景区现有人力资源的有效使用与开发，主要通过有效的人力资源管理来达到内部供给的目的。

3. 景区人力资源供给预测的方法

（1）人力资源盘点法，是对景区现有的人力资源数量、质量、结构进行核查，掌握目前拥有的人力资源状况，对短期内人力资源供给做出预测。具体步骤为：设计人事登记表；在日常人力资源管理中，做好记录的工作；定期核查现有的人力资源状况；预测未来内部的人力资源供给。

（2）替换图法，通过绘制替换图，预测景区未来替换空缺职位的人力资源供给情况。这种方法在企业中得到广泛运用，但由于该工作较为复杂，所以主要运用于预测重要岗位的人员供给。

第四节　旅游景区职务分析与设计

旅游景区职务分析与设计，是景区人力资源管理诸要素中最基本的要素，是开展景区人力资源管理工作的基础。景区职务分析与设计的结果就是职务描述书，包括职务说明和职务规范两个部分。景区职务分析与设计是一项十分细致的工作，常用的方法有：观察法、问卷法、访谈法、工作日记法等。做好景区职务分析与设计，可以为旅游景区设计组织结构、制定人力资源规划、人员招聘、员工培训与发展、绩效管理、薪酬管理等工作提供客观依据。

一、旅游景区职务分析的概念

1. 旅游景区职务分析的概念

职务即工作，是指同类职位或岗位的总称。旅游景区职务分析又称景区工作分析，是全面了解景区一项具体职务的管理活动，也是对该项职务的工作内容和职务规范（任职资格）的描述和研究过程，即制定职务描述书（一般包括职务说明和职务规范两个部分）的系统过程。具体地讲，旅游景区职务分析就是全面收集景区某一职务的有关信息，对该工作从 6 个方面开展调查研究，即工作内容、责任者、工作岗位、工作时间、怎样操作以及为何要这样做，然后再将该职务的任务要求进行书面描述、整理成文的过程。

2. 旅游景区职务分析的功能

职务分析在旅游景区人力资源管理五大基本功能（获取、整合、保持、评价与发展）中具有核心作用，是旅游景区人力资源管理工作的基础，只有做好了职务分析与设计工作，才能据此完成以下的工作：

（1）使整个旅游景区有明确的职责和工作范围；

（2）招聘、选拔、使用所需的景区员工；

（3）制定景区员工培训、发展规划；

（4）设计出合理的工资、奖酬、福利政策的制度；

（5）制定考核标准，正确开展绩效评估工作；

（6）设计、制定景区的组织结构；

（7）制定旅游景区人力资源规划。

二、旅游景区职务分析的基本方法

1. 访谈法

访谈法是由旅游景区职务分析专家与被分析职务的任职者就该项职务进行面对面的谈话，主要围绕以下内容进行：工作目标、工作内容、工作性质和范围、所负责任、所需知识与技能等。为求资料的一致，旅游景区应当找出多位从事相同工作的员工参与访谈，并有系统地进行。从访谈中，可以得到有关该职务的以下信息：旅游景区设置该职务的理由、对该职务给予报酬的依据、该职务的最终工作成果以及如何评价该职务的主要工作职责与任职条件等。职务分析访谈需要专门的技巧，职务分析专家一般要接受专门的训练。职务分析者在访谈时应注意尊重被访谈人，态度要真诚热情，语言恰当；要营造良好的访谈氛围，使被访谈人感到轻松愉快；要注意对被访谈人的启发、引导，但应避免发表个人的观点和看法；访谈前应预先准备好相关问题和访谈记录表。

2. 观察法

观察法是运用感觉器官或其他工具观察景区员工的工作过程、行为、内容、特点、性质、环境等，并用文字或图表形式记录下来，然后进行分析与归纳总结。观察法有其局限性：一方面，观察法只适用于一些变化少且程序性强的工作；另一方面，即使程序性强，通过观察也可能得不到关于工作的重要资料。因此，观察法宜与其他方法一起使用。在使用观察法时，要遵循如下一些原则：被观察者的工作应相对稳定，即对工作人员的要求不会发生明显的变化；观察法适用于程序性强的、在短时间内能体现工作效果的工作，不适用于工作效果周期较长的工作；在使用观察法时，要注意工作行为样本的代表性，如有些行为在观察过程中可能未表现出来；观察人员尽可能不要引起被观察者的注意，不应干扰被观察者的工作；观察前要有详细的观察提纲和行为标准。

3. 问卷调查法

当旅游景区职务分析牵涉到分布较广的大量员工时，问卷调查法是最有效率的方法。问卷调查法，是由景区人力资源部门设计或提供问卷，交由景区任职员工就有关工作内容、工作行为、工作特征和工作人员特征等方面的重要性和频次做出描述或打分，然后对结果进行统计与分析，找出共同的有代表性的回答，并据此编写职务描述，再根据相应任职员工的意见进行补充和修改的过程。职务分析问卷可以分为"人员导向型"问卷和"工作导向型"问卷，前者强调工作本身的条件和结果，后者则集中于了解员工的工作行为。下面将主要介绍人员导向型的职位分析问卷（PAQ）、工作导向型的管理职位描述问卷（MPDQ）以及综合性职务分析问卷。

（1）职位分析问卷（PAQ）

职位分析问卷（Position Analysis Questionnaire，PAQ）是一种结构严密的职务分析问卷，是目前西方国家最常用的人员导向职务分析系统。它是 1972 年由美国普渡大学（Purdue University）的研究员麦考密克（E J McComick）提出的一种适用性很强的数量化职务分析方法。PAQ 包括 194 个工作元素，共分为 6 个类别：资料投入（指员工在进行工作时获取资料的来源及方法）、用脑过程（即如何去推理、决策、计划及处理资料）、工作产出（即员工该完成哪些活动，使用哪些工具器材）、与他人关系（与本身工作有关人员的关系如何）、工作范畴（包括实体性工作与社交性工作）、其他工作特征（其他有关职务的活动、条件与特征）。在使用 PAQ 时，职务分析人员要依据 6 个计分标准对每个工作元素进行衡量并评分：使用程度、工作所需时间、对各部门及部门内各单元的适用性、对工作的重要程度、发生的可能性以及特殊计分。PAQ 问卷对工作的衡量取决于决策沟通与社交能力、执行技术性工作的能力、身体灵活度、操作技能和处理资料的能力等五个基本尺度。根据这五个基本尺度就可得出每项工作的数量性分数，可以相互比较和划分工作组。

（2）管理职位描述问卷（MPDQ）

管理职位描述问卷（Management Position Description Questionnaire，MPDQ）是一种以工作为中心的职务分析问卷法，由托尔诺（W W Tornow）和平托（P R Pinto）在 1976 年提出。它包括 197 个用来描述管理人员工组的问题，涉及管理者所关心的问题、所承担的责任、所受的限制，以及管理者工作所具备的各种特征。这 197 个问题被划分为 13 个维度，包括：产品、市场、财务与战略计划，与组织其他部门的协调，内部业务的控制，产品和服务责任，公共关系与客户关系，高层次的咨询指导，行动的自主性，财务审批权，雇员服务，监督，复杂性和压力，重要财务责任，广泛的人事责任。在使用 MPDQ 时，职务分析人员以上述的每一个维度为基础并按照 0—4 几个等级来分析和评估管理工作。MPDQ 适用于不同组织内管理层次上的职位分析，但此法受工作及工作技术的限制，灵活性较差，耗时较长。

（3）综合性职务分析问卷

在旅游景区的管理实践中，职务分析通常需要自行设计问卷。旅游景区在设计职务分析问卷时应注意：要明确获得何种信息，将信息化为可操作的项目或问题；每个问题的目的要明确，语言应简洁易懂，必要时可附加说明；调查项目可根据职务分析的目的加以调整，内容可简可繁。

三、旅游景区职务分析与设计的基本程序

旅游景区职务分析是对景区内部各个职位进行系统分析的过程，是一项复杂而细致的工作，必须遵循一系列科学的流程。在对旅游景区职务进行分析时，必须要确定最佳时机，明确职务分析的主体，遵循科学的流程，选择适当的方法。为了保证旅游景区职务分析的顺利进行，在实践中一般采取综合式的分析方法，坚持谁知情谁分析、谁合适谁承担的原则，采取专家主导、景区员工参与、部门配合、领导扶持四结合的分析方式。

规范的旅游景区职务分析一般分为职位信息收集、职务分析与职务说明书撰写三个环节，各环节的要求如图 6-5 所示，具体又可以分为六个步骤：

步骤一：各类职位信息的初步调查。浏览景区中已有的各种管理文件，并和主要管理人员进行交谈，对景区中各职务的主要任务、职责和工作流程有个大致了解。

步骤二：工作现场的初步观察。对预先确定的关键或不太熟悉的工作岗位，现场进行初步观察，目的是使分析者熟悉工作现场的环境、条件，了解工作人员的工作条件、工作内容、工作环境特点及工作岗位对任职者的要求和工作职责。

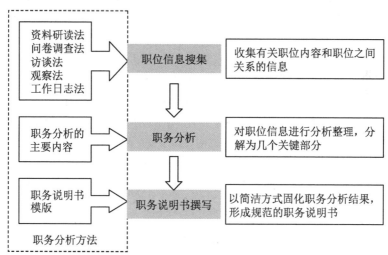

图 6-5　职务分析与设计的基本程序

步骤三：深入访谈。根据初步调查、了解和所收集职务信息的分析要求，制定较为详细的结构化访谈提纲；确定深入访谈的对象，主要是该职务的实际担任者；应选择景区员工中的典型代表作为访谈对象，如部门经理、办公室主

任、总经理等。

步骤四：工作现场的深入观察。深入观察工作现场，主要是为了澄清、明确或进一步充实前期调查和访谈获得的信息。

步骤五：职务信息的综合处理。这一阶段的工作较为复杂，需要投入大量的时间对材料进行分析和研究。这一阶段需要对得到的信息进行分类整理，得到每一职务所需要的各种信息，并逐条列出特定职务的相关内容，即初步的职务说明书。职务分析者在遇到问题时，还需要与景区的管理人员和某一岗位的工作人员进行再次沟通。

步骤六：完成职务说明书的撰写。

四、旅游景区职务设计

职务设计是旅游景区人力资源管理的一个重要课题，其设计是否得当，对激发景区员工的工作动机、增强景区员工的工作满意度以及提高工作效率都有重大影响。因此，职务设计应兼顾景区和员工个人需要。职务设计的主要内容包括工作内容、工作职能、工作关系、工作结果和结果反馈等五个部分。其中，工作内容是指确定工作一般性质的几个维度（即完成一项工作的全部过程）；工作职能是指做每项工作的基本要求与方法，包括工作责任、工作权限、信息沟通方式、工作方法以及协作配合等方面；工作关系是指景区员工个人在工作中发生的人与人之间的关系，包括在工作中与其他人相互联系及交往的范围、建立友谊的机会以及工作中的相互协作和配合等方面；工作结果是指工作的绩效与效果，前者是工作任务的完成所要达到的具体标准，后者是指工作者的工作感受与反应，如满意感、出勤率、缺勤率和离职率等；结果反馈包括两个方面，一是对工作本身的客观反馈，二是来自别人对工作结果的反馈，如同事、上级和下级对工作的评价。职务设计的好坏，对景区员工的工作绩效具有直接影响。好的职务设计可以减少单调重复性工作的不良效应，建立整体性的景区工作系统，还可以为充分发挥景区员工的主动性和创造性提供更多的机会和条件。

第五节　旅游景区员工招聘与选拔

一、旅游景区员工招聘的概念

旅游景区员工的招聘，是指通过各种信息，把具有一定技能和其他特性的应聘者吸引到景区空缺职位上的过程。它由两个相对独立的过程组成：一是招募，二是选拔聘用。招募是聘用的前提和基础，聘用是招募的目的。招募主要是以宣传来扩大影响，达到吸引人应聘的目的；聘用则是使用各种选择方法挑选合格员工的过程。就招聘者而言，其使命在于"让最合适的人在最恰当的时间位于最合适的职位，为组织做出最大的贡献"。旅游景区的有效招聘，是指旅游景区在适宜的时间范围内，采取适宜的方式实现员工、职位和景区三者的最佳匹配，以达到因事任人、人尽其才、才尽其用的共赢目标。有效招聘的效果如图 6-6 所示。

从上述定义可以看出，旅游景区员工有效的招聘包括四大要件：应聘者和职位相互匹配，应聘者和景区组织相互匹配，职位和景区组织相互匹配，招聘的时间、方式与结果相互匹配。

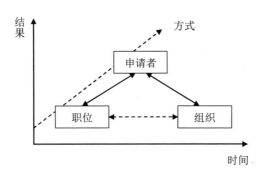

图 6-6　有效招聘的效果

二、旅游景区员工招聘的原则

在旅游景区员工招聘的过程中，无论拟招聘的员工数量是多还是少，还是招聘工作是由景区内部的人力资源部门完成或外包给专业机构完成，都必须奉行一定的原则，以确保整个招聘工作的有效性。这些原则是：

1. 公开原则

公开原则指的是把招聘单位、职位名称、数量、任职资格、测验方法、内容和时间等信息，向可能应聘的人群或社会公告周知，公开进行。这样做有利于广纳贤才和防止不正之风。

2. 竞争原则

竞争原则指的是通过履（简）历分析、结构化面试、心理和行为测验、业绩考核、资信调查等一系列方法、手段，来确定应聘者的优劣和决定人员的取舍，而不是靠个别人的直觉、印象、关系亲密程度来选人。这样做有利于增强选录的科学性。竞争原则的另一层含义是动员和吸引的应聘者越多，竞争越激烈，越容易选拔到优秀的人才。

3. 公平原则

公平原则指的是一视同仁、不人为地制造各种不平等的限制条件或优先优惠政策。旅游景区应该使所有应聘者享有平等就业的权利，不因性别、民族、宗教信仰不同而歧视任何应聘者。

4. 全面原则

全面原则指的是尽可能地采取全方位评价方法，通过对应聘者的上级、下级、平级同事及其直接或间接服务的客户进行德、能、勤、绩等方面的调查，客观地衡量应聘者的竞争优势、劣势及其与职位、景区组织间的适应性。

5. 择优原则

择优原则指的是好中取好，差中取优。旅游景区管理者越来越清醒地意识到旅游景区最根本、也最具活力的竞争源泉就是人。人若缺乏竞争力，景区的生命力也就不可能长远。

三、旅游景区员工招聘的基本流程

旅游景区员工招聘的基本流程，是指景区为某个或某些部门选拔员工时所制定的关于行动进程的一套完整过程，它具体说明了选择什么、何时选择、由谁来选择、用什么方式选择以及如何选择的问题。景区的招聘流程如图 6-7 所示。

1. 职位空缺的确定

旅游景区职位空缺的产生原因是多方面的，既有景区组织拓展的需要，如业务领域的扩大、业务量的增多等，也有旅游景区员工自身的"新陈代谢"产生的影响，如员工退（离）休、晋升、降级等。在确定职位空缺时，旅游景区必须考虑以下问题：景区目前是否有足够的员工？景区是否合理使用了现有员工？他们是否需要学习或从事一些不同的东西，以促进景区的发展？景区是否拥有足够的人手和人才来满足景区未来发展的需要？如果对上述问题的回答都是"否"或者多数是"否"，就说明旅游景区需要招募新的员工来促进景区发展。这时，职位空缺是景区真正需要填补的。

2. 招聘团队的组建

招聘工作应由旅游景区分管人力资源的高层管理者和人力资源部门协作完成。旅游景区分管人力资源的高层管理者在招聘过程中的主要作用是：担任主要面试考官；从专业角度出发，多方面、深层次地测试应聘者的资格；在参考人力资源招聘经理意见的基础上，掌控应聘者录取的权力。人力资源部经理或招聘经理的主要作用是：参加初选；参加面试；分析测验结果，合理行使建议权；协助应聘者办理人事档案；协助新员工准时到位。

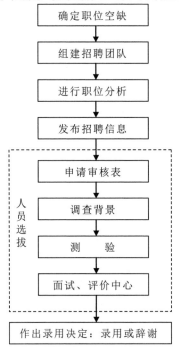

图 6-7　旅游景区通常的招聘流程

3．进行职位分析

旅游景区内有不同的部门、不同的职级、不同的工作类别及不同的工作环境。相同的职位，也会因客观条件的变化而产生不同的工作范围、不同的绩效要求和不同的产出标准。因此，职位分析在旅游景区整个招聘过程中的地位与作用是十分重要的。

4．发布招聘信息

旅游景区招聘信息的发布必须考虑覆盖面、及时性和针对性三个要素。覆盖面要求接收到招聘信息的人足够多，以保证招聘到合适的人才；及时性要求在条件许可的情况下，尽早向人们发布招聘信息，以有效缩短招聘进程、增加应聘人数；针对性要求根据旅游景区和招聘岗位的特点，向特定层次的人员发布招聘信息，以提升招聘的效率与效益。

5．应聘者的甄选

这一过程实际是由个人申请表筛选、背景调查、测验和面试四项内容组成。

值得指出的是，这一顺序并不是固定不变的。例如，有的旅游景区招聘就没有申请表审核一项，只需应聘者提交个人履历即可。又如，有的旅游景区根本不作背景调查，或将之置于测验之后。因此，招聘者应根据各自应聘旅游景区的实际情况而定。

6. 做出录用决定：录用或辞谢

整个招聘工作以录用决定的做出而宣告完结。无论是录用某位招聘者，还是对其发出辞谢通知，旅游景区都应本着"诚信"的原则来进行有关操作，并且应及时送达，否则就有可能在激烈的人才竞争中丧失机会或者有损景区形象。

四、旅游景区内部选拔的途径和方法

1. 内部选拔的途径

内部选拔的途径主要有内部提升、调动、工作轮换、返聘和员工推荐五种。

（1）内部提升

内部提升是指一种用现有员工来填补高于他（她）原级别职位空缺的政策。旅游景区应该强调内部提升，这样景区员工就有为提升而拼搏的积极性，这种政策常能提高景区员工的士气。要实现内部提升，必须要有几个前提：①景区雇用的员工必须有发展的潜力；②他们应该认同景区的价值观；③景区的职业设计相当明确并且层次明晰；④景区必须建立完善的培训体系，以提升景区所雇人员的潜力；⑤景区的提升制度必须透明化。

（2）调动

调动是指在平级的岗位中调换景区员工的工作。通过调动向景区员工提供全面了解景区不同机构、不同职位的机会，为将来的提升做准备或为不适合职位的员工寻找最恰当的位置。

（3）工作轮换

工作轮换是指暂时的工作岗位变动。它以实习或培训的方式使旅游景区管理职位的受训者广泛和深入地了解景区的工作流程和各部门的工作特点等情况，使他们在工作变换中得到全面锻炼的机会，以提升今后的管理工作质量和缓解景区员工的工作压力。

（4）返聘

返聘是指旅游景区将解雇、提前退休、已退休或下岗待业的员工再召回景区来工作。这些人大多熟悉景区工作，无须过多的培训，并且十分珍惜再次就业的机会。

（5）员工推荐

员工推荐是指当一个工作岗位出现空缺时，由景区员工向组织推荐人才，经过竞争和测试合格后录用。请员工为景区寻找人才，比刊登广告、通过人力中介公司等渠道成本更低。员工推荐的求职者，通常已从员工那里得知景区情况，并且已经准备好转换工作，景区可以尽快面试或录用，缩短时间。景区员工一般不会推荐不适合或不可靠的应聘者，因此会成为替景区筛选人才的一道过滤网。

2. 内部选拔的方法

在进行内部选拔时，一般是先列出各职位所需要的管理和技能明细表，接着在景区内部公告所出现的职位空缺，然后再由愿意填补空缺职位的内部人员通过公开竞标的方式竞争上岗。

（1）管理和技能明细表

旅游景区各职位所需的管理和技能明细表在维系景区的持续运转中被证明是极其重要的，它在从景区内部挑选合格人才和支持员工得到内部晋升等方面发挥着重要作用。管理和技能明细表的缺点在于：它通常只包含一些"硬"指标的信息，如教育程度、资格证书、所掌握的语言、所接受过的培训等，而关于人际技能、判断力、正直程度等"软"指标信息往往被排除在外。

（2）工作公告

工作公告是一种向景区员工通报现有工作空缺的方法。通常要求列出工作职称和部门工作职责、资格要求、工作日程、薪资等级、申请程序等内容，使有意向的员工对自己成功的可能性有一个初步的估计，然后知道如何去做。工作公告的优点在于可以使景区员工意识到，景区首先关心的是员工的发展与需要，能够促使员工努力提高他们的工作技能和绩效，以谋求在景区中担任更高的职位或承担更多的责任，能够促使现任主管努力改善其管理效能，以避免部属"跳槽"。

（3）工作竞标

工作竞标是一种允许那些自认为具备所需资格的景区员工申请公告中工作的自荐技术。通常景区并不是鼓励所有合格的员工都去竞标一项工作，而是在考虑景区对员工职业生涯发展规划的基础上，鼓励那些高绩效或高潜能的员工首先参与竞标，这样有利于这类员工的发展与保留。

第六节　旅游景区绩效管理与薪酬激励

绩效管理作为一种有效的管理手段，在评价和激励员工、增强旅游景区的活力和竞争力，促进旅游景区发展和提高其市场地位等各方面，都发挥着极为重要的作用，是旅游景区人力资源管理的核心。

一、旅游景区员工绩效管理的含义

绩效是一个活动组织的核心，彼得·德鲁克曾明确指出："组织活动的最终目的是获得绩效。"旅游景区员工的工作绩效是指景区员工的工作行为、工作表现和工作结果。旅游景区员工工作绩效的高低直接影响着景区的整体工作效率和效益。旅游景区的绩效管理，是指通过持续的监督和沟通过程来开发景区员工潜能，从而实现景区预期利益的整合的管理流程和方法。绩效管理侧重于在事前和事中持续了解员工的工作进展情况，并及时沟通实施过程中的问题，获取反馈信息；员工也通过绩效管理过程不断了解绩效信息，以便更好地提高工作效率。通过使员工亲自参与绩效管理的各个过程，包括制定指标、绩效沟通和信息反馈等，能最大限度地激发员工的积极性和创造性，把旅游景区的整体利益和广大员工的个人价值融成一体，建立景区的长期激励机制，促进景区整体运营效率的提高。绩效管理作为旅游景区人力资源战略的重要组成部分，能够把景区打造成一个人才成长与发展的有效平台，使员工个人价值获得最大程度的实现，促进员工工作效率与综合素质得到整体提高。

二、旅游景区员工工作绩效的特点

旅游景区员工的工作绩效具有多因性、多维性和动态性的特点。深入了解旅游景区员工工作绩效的影响因素及其具备的特点，对于设计有效的绩效考核方案，具有非常重要的意义。

1. 工作绩效的多因性特点

旅游景区员工的工作绩效不是由单一因素决定的，而是受各种主、客观因素的影响。工作绩效是员工所面临的工作环境、员工自身的能力水平和旅游景区对员工所提供的激励因素共同作用的结果。用公式来表述如下：

$$P = f(E, A, M)$$

式中，P（Performance）为绩效；

E（Environment）为环境；

A（Ability）为能力；

M（Motivation）为激励。

其中，环境是影响员工工作绩效的外部因素，对保证员工工作绩效的实现起着不可忽视的重要作用。能力主要是指员工的工作技巧和能力水平。员工所在岗位的性质不同，所要求的工作能力也有所差别。激励主要是指由旅游景区内部环境和员工本身工作态度所决定的员工的工作积极性。

2．工作绩效的多维性

工作绩效是景区员工工作结果的总称，包括岗位职责的履行情况和工作任务的完成情况等多个方面。在工作绩效的决定因素中，景区员工对所在岗位工作任务的直接完成情况构成其工作业绩的一个主要方面。同时，对景区员工工作绩效的衡量，必须要考虑员工在所在岗位上的工作效率，还要考虑员工与其他同事之间相互沟通和合作的情况。旅游景区员工的绩效考核只有沿着多种维度、多个方面去进行，才能够获得真实、有效的评价。

3．工作绩效的动态性

旅游景区员工的工作绩效是一段时间内员工工作情况的综合反映。景区员工工作绩效的动态性主要体现在两个方面：一是员工工作绩效的内容随着旅游景区的不断发展和员工工作内容的不断调整，体现出了动态性的特点；二是员工基于岗位职责的工作表现具有动态性特点。鉴于景区员工工作绩效所表现出来的动态性特征，对工作绩效的管理也应该体现动态性的特征。

三、旅游景区员工绩效管理的主要功能

1．激励发展功能

按照景区员工绩效和薪酬分配相挂钩的原则，通过科学、合理的绩效管理体系，可以激发景区员工的自我意识，增强员工参与到景区管理中的积极性和主动性。将薪酬和员工的工作状态与绩效联系在一起，可以发挥薪酬分配应有的激励作用，为景区员工工作积极性的提高提供正向激励。绩效管理的激励发展功能主要体现在两个方面：短期激励功能和长期激励功能。

（1）绩效管理的短期激励功能

根据行为科学中的激励理论，工作行为都是有所求而发的，即都是具备行为动机的。动机是以一定的需要为基础，表现为为实现需要而不断进行追求。当员工通过工作行为使自身的既定需要得到满足时，心理上会产生一定程度的满意感。通过对景区员工的工作绩效进行合理考核进而达到薪酬福利的合理分配，可以在很大程度上满足员工的需要。一种广为接受的激励理论，即马斯洛的需求层次论认为，员工的需要是多样的并且具有层次性：最低层次的需要为生理需要，其次为安全需要，进而从社会需要上升到自尊需要，最高层次的需要为自我实现需要。员工的需要从低层次向高层次发展，形成一个需要层次体系，员工需要满足的层次越高，对员工产生的激励作用就越大。通过合理的绩效管理机制，可以使员工为旅游景区发展所做出的贡献得到充分认可，并据此

来分配薪酬福利，不仅可以满足员工低层次的需要，而且还可以间接满足员工更高层次的需要。例如，为员工创造出交往的机会，赢得尊重，使他们产生强烈的满足感，并创造出优异的工作绩效。

（2）绩效管理的长期激励功能

通过对员工进行科学的绩效管理进而达到对薪酬福利的合理分配，不仅体现了景区对员工切身利益的关心和重视，而且也体现了景区对员工地位与价值的认识。只有充分认识到自身在绩效管理中的角色，并自觉自愿地参与到绩效管理中，员工才能坦然接受绩效考核和与之相对应的薪酬分配结果，进而对景区产生归属感、认同感、忠诚感和责任心。员工对旅游景区的归属感和责任心，是一种复合性的主观心理变量，它包含着任职情感和行为倾向两种成分。通过绩效管理，员工在得到合理报酬之后，能感受和认识到景区对他们的尊重，并产生一种强烈的与景区共命运并为之做出最大贡献的意愿。旅游景区员工归属感和责任心的养成，不是一种权宜之计，更非一朝一夕之功；它是员工在景区的长期工作经历中，不断得到肯定和认可而培育成的。它一旦养成，就具有一种长期的、根本性的驱动力，使工能够和景区同甘苦、共命运。

2．培训开发功能

（1）绩效管理可以确定培训需求

随着先进技术和现代化管理手段的不断引进，旅游景区在人力资源管理方面也必然会对员工的知识和技能提出新的要求。绩效管理是按照与员工岗位职责相对应的绩效标准制定的一系列管理办法，其中一个重要方面就是识别员工的不足之处并确定培训需求。旅游景区的高层领导和人力资源部门可以据此制定相应的培训计划。经过培训之后再对员工进行绩效考核，还可以检验培训计划与措施实施的实际效果。

（2）绩效管理是开发人力资源的重要手段

绩效管理可以为旅游景区的各级领导和员工提供进行沟通和交流的机会，这一机会是通过反馈考评结果来实现的。领导和员工双方可以相互讨论长期事业发展目标和发展计划，在过去的绩效考核结果的基础上，领导可以向员工提出具体建议，帮助员工寻找提高工作绩效的方法，并使之与员工的长期发展目标相结合，促进员工进一步改善自身在知识和技能方面存在的不足之处。

3．决策沟通功能

（1）绩效管理具有决策与控制功能

绩效管理作为一种控制手段，是旅游景区人力资源决策的重要依据。旅游景区通过对员工的工作绩效进行计划、沟通、诊断与考核，获得相关信息，据此便可以制定相应的人力资源决策与措施，通过奖惩、升降、淘汰等方式，达到调整控制的目的。

（2）绩效管理具有沟通与反馈功能

将绩效管理的过程不断向员工进行动态反馈，可以促进旅游景区上下级之间的沟通，促进双方了解彼此的期望。通过绩效管理进行的沟通可以有效加强和保持现有的良好绩效。而且，在改进不良绩效的众多方法中，最有效的方法往往是通过上下级之间的沟通实施的。

四、旅游景区员工绩效管理的具体环节

1. 绩效计划

旅游景区的绩效计划应该由主管和员工一起合作制定，以便让员工在下一个考核周期中履行好自己的职责。主管在员工执行绩效计划的过程中，必须为员工提供一些必要的帮助，通过各项任务的授权水平来衡量绩效，并将可能出现的障碍和相应解决方法与员工一起进行探讨，最终达成一致认识。绩效计划的主要作用是帮助景区员工积极寻找路线，认清现实和最终目标，具有前瞻性作用。在绩效管理过程中必须首先明确每一位员工的工作活动过程，将旅游景区的整体经营目标和经营策略与之相互配合。旅游景区需要准时拟定员工的绩效任务和绩效标准，并积极让每一个员工拟定好本人的工作目标，再和目标主管进行综合讨论，最终使每一位员工均能够对工作任务有强烈的使命感。

2. 绩效沟通

动态且持续的绩效沟通是绩效管理的重要环节之一。绩效沟通是指在考核周期内，由景区主管和员工之间就绩效问题进行交流、沟通的过程，主管需要对员工进行指导和建议，帮助员工实现既定目标。绩效沟通可以使管理者从绩效计划环节顺利过渡到绩效考核环节，是贯穿绩效管理全过程的灵魂。绩效沟通还能够让主管和员工在实施计划过程中保持亲密联系，全程追踪计划的发展情况，及时排除遇到的困难，再对计划进行合适的修订。因此，动态且持续的绩效沟通是绩效管理制度的重要环节之一，可以让管理者及时了解员工的实际状况和更深层次的原因，同时也让员工积极了解管理者的工作计划和工作思路，不断提高员工和管理者的信任度，最终提高整体工作效率。

3. 绩效诊断

在绩效诊断和绩效辅导过程中，景区主管要对员工完成绩效过程中的不足提出建议，并积极鼓励员工进行自我绩效诊断与评估，通过主管与员工之间的沟通交流，找到员工绩效完成过程中存在的主要问题，并加以解决。具体而言，员工绩效不高的最根本因素有以下两种：其一，个人因素，如能力不够或者努力不够等；其二，组织因素，如工作流程不够合理等。查明上述原因，需要主

管和员工加强沟通，努力排除员工绩效完成过程中出现的障碍，景区主管要担任好员工辅导员的角色，努力帮助员工提高绩效。

4.绩效考核

（1）考核内容的定义

考核内容就是工作绩效的内容。在具体的考核指标设计中，应该主要围绕以下几个环节进行：

①研究旅游景区不同工作岗位的具体特点

这一步的主要任务是对旅游景区的整个工作过程、工作环境、工作内容和工作人员的特点等各个方面进行全面调查，具体的工作程序如下：

第一，编制调查问卷和调查提纲。

第二，到工作现场进行观察，考核旅游景区主要的业务流程，记录关键事件，调查主要工作所必需的工具与设备，考察工作的物理环境和社会环境。

第三，同旅游景区各级领导以及"典型"员工进行面谈，并进行面向旅游景区全体员工的问卷调查，搜集有关工作的主要特征以及各方面的相关信息，以确定考核所应具备的主要指标。

②考核指标的制定

为了使考核制度既达到考核的各项目的，又能为被考核员工普遍接受，工作绩效考核的内容必须和员工的工作内容紧密相关，考核指标应包含工作绩效的主要方面。在对旅游景区员工进行考核的过程中，根据景区的实际情况以及各种调查所得结果，考核指标体系应该包含以下内容：

第一，客观考核指标。这类考核指标主要是通过对景区员工工作状况的客观、定量描述来制定的，是一种硬性的考核指标，主要是指员工个人工作业绩指标中的某些方面，如工作量的大小、工作的完成质量、工作中失误次数等。这些指标的考核虽然说是过硬的、客观的、定量的，但事实上员工工作绩效所受的影响因素很多，其中由于自身不可控的环境因素所带来的影响相当大。员工对自己的工作结果不能负完全责任，因此在一定程度上影响了这种考核的可信度。所以这种考核指标在整个绩效考核指标体系中，主要的作用在于对员工短期基本工作绩效的测定。

第二，主观考核指标。这类考核指标不是硬性的量化指标，而是依据一定的标准或设计好的考核内容对被考核者进行主观评价。评价的内容包含了与工作绩效相关的方方面面，如景区员工的工作能力、工作态度、知识水平等。主观考核指标在景区中的适用范围很广，对于旅游景区的各级管理者、专业技术人员和普通职工都普遍适用，并且现实可行。

第三，考核指标权重的确定。工作绩效考核指标体系权重的确定，直接关系着整个考核方案的公平性和合理性。因此，必须制定一套完整的、可操作性强的指标体系权重的确定方法。在权重制定过程中，可以采用调研统计方法进行，即通过大规模的调研资料进行统计分析来确定指标加权系数的方法。其具体程序如图6-8所示。

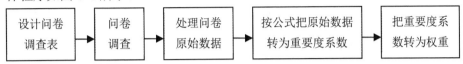

图6-8　指标权重的确定过程

（2）考核方法的选择

根据旅游景区的实际情况，为了提高考核的客观性，考核方案的制定尽量倾向于量化考核。根据考核水平的分类，旅游景区绩效考核系统应结合以下三种类型的考核方法进行。

①品质基础型考核

品质基础型考核主要用于评价景区员工的个性、个人能力、个人特征等。所选的内容主要是比较抽象的、虚而软的个人品质，诸如决策能力、对景区的忠诚度、主动性、创造性、交流绩效以及是否愿意与他人进行合作等。这类指标的考核主要通过等级评分法进行，其中的关键环节是指标含义的合理定义以及指标评价等级的准确确定。

②行为基础型考核

行为基础型考核的重点在于评价景区员工在工作中的行为表现，即工作是如何完成的。这种类型的考核所面临的主要问题是实际考核时如何开发出所有与员工行为相关的考核标注。在员工的工作过程中，那些绩效难以量化或者需要通过某种规范行为来完成的工作任务，主要是通过这种类型的考核来实现的。

③效果基础型考核

效果基础型考核着眼于"干出了什么"，而不是"干了什么"，其考核重点在于产出和贡献，而不关心行为和过程。对于景区员工工作绩效中某些客观、具体、可量化的考核指标，可以通过这种方式进行考核。

上述三种类型的考核方法适用的范围不尽相同，在绩效考核系统中发挥着各自的重要作用。为了保证考核方案的全面性和合理性，在旅游景区绩效考核方案的设计中，应该结合使用这三种方法。

（3）考核者的确定

考核者由谁来担任是设计考核方案时需要认真考虑的问题。为了得到来自不同方面的考核信息，以消除在考核过程中因单一考核者主观偏见而对员工绩效评价带来的不公正影响，在旅游景区绩效考核系统设计中，应该引入360度考核的思想，即考核者既包括被考核者的上级，也包括被考核者的同级和下级（如果有下级的话）。

①上级考核

上级考核通常是由被考核者的直接上级担任考核者。直接上级最了解被考核者工作职务的性质、工作内容以及岗位本身对绩效的要求，熟悉被考核者的工作表现，可以利用多种机会考察下属的工作能力和工作态度。因此，上级考核能够为员工的绩效评价带来比较全面和权威的信息。但是，在单纯由某一个上级担任考核者的情况下，容易导致上级以个人好恶对员工进行评价，影响评价结果的公正性和员工对评价结果的信服程度。

②同级考核

同级考核是指由被考核者的同级担任考核者。在具体的工作过程中，同级之间的接触最多，相互之间的了解也最多。因此，同级对于被考核者的工作效率、敬业精神、工作能力和知识水平等各个方面最容易做出客观准确的评价。同级考核的关键在于引导考核者克服主观偏见的影响，从客观的角度出发公正地对被考核者进行评价。

③下级考核

这种考核方式主要应用于对旅游景区各级领导干部的考核。由下级对上级进行考核，可以充分发挥下级对上级的民主监督作用，促进各级管理者工作能力和管理水平的提高。考核的内容集中在旅游景区各级领导干部在工作中的带头作用、管理作风，对下级的指导、帮助、培训、激励以及和下级的沟通等各个方面。

由不同的考核者对员工的工作绩效进行考核，可以使考核信息的来源更全面、更详细、更具体。同时，各类信息之间能够相互补充、互相验证，从而保证绩效考核结果的可靠性和有效性。

（4）考核周期的确定

考核周期必须根据旅游景区的实际情况和员工的实际工作性质来确定。有的员工身在旅游服务一线，其日常工作业绩比较容易测量，考核周期就可以定的相对短一些，比如一个月或者一个季度。而有的员工处于景区管理岗位上，比如在旅游景区财务部门或者企划部门，其日常工作业绩不太容易测量，没有长时间的观察，无从考核员工的工作绩效，考核周期就可以相对延长，比如半年或者一年。考核周期的长短以能够对员工工作绩效进行有效测量，又不致浪费过多的时间和精力，给员工造成不必要的干扰为基准。

（5）考核程序的确定

在旅游景区员工的绩效考核中，一般应该遵循如下考核程序：由人力资源部门对绩效考核进行宣传并发放考核表；旅游景区各级领导和员工按照要求填写绩效考核表，认真履行考核职责；人力资源部回收绩效考核表并对考核结果进行统计整理；旅游景区高层领导审查考核结果的公正性和有效性；如果审查合格，人力资源部门把考核结果反馈给员工本人；员工本人对考核结果进行确认，有意见的员工可以对考核中不公正的地方进行申辩；考核结束之后，景区领导有必要根据考核结果来制定薪酬福利的调整方案以及员工的岗位调整方案；各级领导可以根据不同的考核结果与不同的员工进行直接交流；人力资源部门可以根据考核结果制定相应的培训计划。

五、旅游景区薪酬设计

有效的旅游景区薪酬制度能够起到重大的激励作用，对员工的工作态度、行为和绩效可以产生正面影响。薪酬制度在设计和推行上，需要和旅游景区的经营战略与文化相互配合才能有效。

1. 报酬和薪酬

报酬是一个广泛的概念，指的是作为个人劳动的回报而得到的各种类型的酬劳。报酬分为内在报酬和外在报酬两大部分。内在报酬是针对员工由工作本身获得的满足感而言的，如参与决策、有趣的工作、挑战性的任务、多样化的劳动、个人成长机会、工作自主权等。外在报酬则是由组织或他人所给予的各种类型的报酬，包括直接薪酬、间接薪酬、非财务性报酬三大类。

薪酬是报酬的一部分，是员工作为雇佣关系中的一方所得到的各种货币收入，以及各种具体的服务和福利之和。薪酬分为直接薪酬和间接薪酬，直接薪酬包括基本薪酬和可变薪酬，间接薪酬包括福利和服务。基本薪酬多以时薪、月薪、年薪等形式出现。旅游景区可以根据员工的职务或者员工本人的能力确定其基本薪酬，一旦确定即具有一定的稳定性。基本薪酬在旅游景区的薪酬体系中常常成为基本工资、岗位工资或职务工资等。可变薪酬直接与员工的工作绩效挂钩，随实际工作绩效的变动而上下浮动。

根据奖励的侧重点和目的的不同，可变薪酬又可分为绩效工资和激励工资。绩效工资是对过去工作行为和已取得成就的认可，常常与员工的绩效考评结果挂钩。激励工资往往针对的是员工未来的业绩，通过支付工资的方式影响员工将来的行为。衡量业绩的标准有成本节约、工作数量、工作质量、投资收益、利润增加等。可变薪酬可以是短期的，也可以是长期的，可以是与员工个人绩效挂钩的，也可以与团队甚至整个旅游景区的绩效挂钩。可变薪酬在旅游景区的薪酬体系中常常称为奖金、佣金等。

2. 薪酬设计决策的制定

旅游景区的管理者在设计薪酬制度时，必须决定旅游景区的薪酬制度应该如何支持景区发展战略，如何适应景区发展整体环境中的文化约束和法规约束。旅游景区管理者必须决定薪酬制度是基于工作性质来确定（以职定酬），还是按景区员工的资历、能力或绩效等来确定（以人定酬），以及这些差别如何在薪酬上得到体现，这类决定会影响景区员工对薪酬"内部公平性"的认识。同时，旅游景区管理者必须重视外在竞争对景区薪酬制度的重要性，即相对于其他竞争对手，景区所给予的薪酬是较高、相等还是较低。薪酬水平会影响员工对景区薪酬"外部公平性"的认识。景区管理者必须决定薪酬决策和薪酬制度应在多大程度上向所有员工公开和透明化，如何结合内在报酬和外在报酬，使景区员工获得充分的满足感。

第七节　旅游景区人力资源培训与开发

旅游景区人力资源培训与开发是景区人力资源管理的一个重要内容。从景区员工个人来看，培训可以帮助员工充分发挥和利用个人潜能，更大程度地实现自身价值，提高工作满意度，增强对旅游景区的归属感和责任感。从旅游景区来看，对员工的培训和开发是景区应尽的责任，有效的培训可以提高员工的工作效率和经济效益，增强旅游景区的市场竞争能力。

一、旅游景区人力资源培训需求分析

旅游景区人力资源的培训需求分析包括景区组织分析、工作分析和个人分析三个层面。对旅游景区人力资源培训需求的分析，一般先从景区的组织环境开始，如分析景区的规章制度，景区经营目标、计划及人力资源政策等，重点考虑景区管理者所需要的专业水平、景区未来的发展趋势、人力资源的计划和安排。由于旅游景区的人力资源有限，除了判断景区培训开发的需求外，还要决定培训开发的先后次序、轻重缓急及其与景区经营目标的协调，避免时间和金钱的浪费。工作分析指的是景区员工接受什么样的培训才能达到符合要求的工作水平。培训开发的工作分析包括很多方面，如员工应该怎样完成工作、员工所需具备的知识技能和工作态度、员工预期的工作表现以及员工所需的工作技巧等，这些培训内容都能通过对员工的现实工作表现进行系统分析得到。个人分析主要是考察景区员工在工作上的具体表现，以确定培训的重点。

二、旅游景区人力资源培训的内容

1．对景区管理人员的培训

景区管理人员在景区发展中起着至关重要的作用。要重视对景区管理人员创新的培养，以保持景区发展的超前性。要重视对景区管理人员管理能力、管理方法、管理技巧的培养，使景区管理达到科学性与艺术性的统一，使景区得到快速的发展。

2．景区专业技术人员的培训

景区专业技术人员继续教育，是指接受过大学正规教育的在景区从事专业管理工作的景区人员，在大学毕业后接受的再教育。景区专业技术人员继续教育的目的，在于全面提高专业技术人员的创造素质和工作能力，培养适应新环境的景区高级专门人才，直接有效地为旅游景区发展服务。

3．景区员工的岗位培训

景区专业技能训练是员工岗位培训的重点。在实践过程中，应突出实际技能训练，重点提高景区员工的实际操作能力和应变能力。专业理论知识培训是景区员工岗位培训的基础，提高专业技能，必须建立在掌握基础理论知识的基础上。外部激励是深入持久开展景区员工资格性岗位培训的关键，通过严格管理和持证上岗制度，以及精神激励和物质激励双管齐下的政策，可有效促进旅游景区员工基本素质和专业技能的提高。

三、旅游景区员工培训计划的制定

1．确立景区员工的培训目的与目标

景区员工的培训目的与目标，为培训计划提供了明确的方向和依据，有了目的和目标，才能确定培训对象、内容、时间、培训师和方法等具体内容，并对培训效果进行评估。同时，培训目的和目标也是激励培训者和受训者的重要手段。培训目标的确立要和景区长远目标相吻合，一次的培训目标不要太多，要从学习者的角度出发，明确说明培训课程结束后，学员可以拥有哪些知识、信息及能力。

2．确定培训时间

在确定培训时间的过程中，首先要选择合适的培训时机。培训时机的选择是有讲究的，滞后于旅游行业发展、景区自身的发展和部门及其岗位工作需要的培训是被动的，但过于主动、超前开展培训也是不可取的。旅游景区需要在需要培训的时候开展这项工作，使得培训具有的"预备"作用得到充分发挥。

在确定了培训时间的基础上，还要确定影响培训时间的长短，影响培训时间的因素包括：培训内容、培训费用、员工素质、员工的工作与休闲时间分配。

3. 确定培训场所和设施

培训场所或培训地点的正确选择，对培训者和受训者而言都是十分重要的。为了能够有效进行培训，不仅需要舒适的学习环境，还需要有合适的学习场所。

4. 确定培训者

培训者有广义与狭义之分。广义的培训者包括培训部门领导人、培训管理人员以及培训师。狭义的培训者是指专职培训师。培训师的选择既可利用外部渠道，也可依靠内部渠道。利用外部渠道来选择培训师，选择范围大，可带来许多全新的理念。由内部渠道获得培训师，由于培训者对景区内部实际情况较为熟悉，使培训更具有针对性，有利于提高培训的效果，其缺陷是交流范围窄，选择范围小，且权威性不够，可能无法引起学员积极参加的兴趣。

5. 确定培训对象

培训对象就是培训目标适用的对象。由于景区的资源有限，必须有指导性地确定景区急需人才的培训计划，根据景区目标挑选被培训人员。在选择培训对象时必须考虑员工掌握培训内容的能力，以及他们在回到工作岗位以后应用所学习内容的能力。列出培训对象后，最好能立即列出该对象的相关资料，如平均年资、教育背景、共同特质、曾参加过的培训等。

6. 确定培训内容与项目

培训内容应服务于培训要达到的目的和目标，每一种知识和技能都是通过相关课程的教学来完成的。因此，旅游景区培训内容一定要科学，既要考虑培训的系统性，又要考虑适用性，并根据时间和对象的不同有所变化。

四、旅游景区人力资源培训的评价

对旅游景区人力资源培训工作的评价，是培训与开发整体工作中的重要一环。它既是对一次培训开发活动取得的效果与利弊进行评估，为培训开发成果的有效运用提供标准和依据，又是改进和完善下一次培训开发工作的重要基础。旅游景区培训开发的最终目的，是受训者回到工作岗位后能够发生某种行为上的变化。因此，在一期培训开发课程与工作表现之间，应该在四个不同层次上来评价培训开发的效果，即受训员工的反应、学习的预期效果、工作岗位上的表现以及对景区产生的影响。

人力资源的培训是旅游景区人力资源管理的重要环节，它能够有效地保证景区人力资源效用的发挥和运用，使人力资源管理部门在众多部门中展示其特殊地位，使景区员工个人和组织双方受益。它能够在一定程度上减轻景区内部员工升迁呈现饱和所造成的压力。特别是配合为员工而设计的发展计划，再予以相应的考核，将会提高景区员工的士气和对组织的归属感，更能发挥员工个人对景区的贡献。它能使景区员工很好地适应新形势发展的需要，增强景区未来的竞争能力。

五、旅游景区人力资源开发思路

旅游景区的人力资源开发要把提高认识、提高质量、完善制度、完善结构作为指导思想，努力调动地方、企业和院校的积极性，全面推学历教育和成人培训。参照国际惯例和一些部门的成功做法，建立景区教育培训专项基金，用市场化的方式筹集、使用和积累。实施高级人才培养计划，解决我国旅游业高级适用人才紧缺及后备来源不足的问题。除大力培养、吸收熟悉专业的相关人才外，还要通过在岗锻炼、国内脱产培训、在职攻读工商管理硕士、出国深造实习等方式，培养一批业务素质过硬、适应知识经济时代、熟悉国际管理惯例和有经营管理或科研业绩的景区管理人员。通过整合社会各类教育资源，努力调动各类旅游学校、办学单位培养旅游人才的积极性，形成社会化、开放式、多层次、多形式的旅游教育体系，建立能上能下、能进能出、有效激励、竞争择优、充满活力的景区用人机制，建立符合教育规律和景区用人特点的景区运行机制。旅游景区在各主管部门的领导下，自觉而有效地开发人力资源，实施领导人才建设工程、导游人才建设工程、营销人才建设工程、紧缺人才建设工程。

六、旅游景区人力资源培训体系

1. 突出重点，分层次有针对性地进行旅游教育培训

（1）加大旅游宣传力度，提高景区所在地旅游相关行业人员的旅游意识

对于那些不直接从事旅游服务工作，但与旅游行业密切相关的各行业服务人员，如出租车司机、商店售货员、餐馆服务员等，应通过积极宣传、正面引导，培养他们的旅游意识，使其自觉规范自己的言行，以维护景区旅游的整体形象。

（2）采取有效手段，重建景区人力资源管理者自身的知识体系

旅游景区的人力资源管理必须抓好景区人力资源管理者队伍的建设。首先，要通过各种形式的进修，提高他们的学历档次，丰富其专业知识，提升其专业技能；其次，要让他们从多方面深入了解旅游景区的实际情况，以顺利地完成从"行政支援人员"到"策略性筹划及设计者"的转变。

（3）加速教育培养进程，切实提高旅游从业人员的综合素质

在景区从业人员中，应严格建立岗前培训、岗位培训、资格认证考核、登记认证考核等制度。培训方式可由景区内部培训向参观学习、脱产进修等转变，以充分挖掘人力资源潜力，使整个景区从业人员结构、人力资源储备进入良性循环状态。

（4）景区导游人才队伍建设

导游员是旅游业的生力军，其素质的高低关系到旅游景区服务的质量和景区形象，因此，抓好导游队伍建设至关重要。导游人才队伍建设需要结合国家导游考试改革，完善景区导游人员资格考试的管理；坚持导游人员年审培训制度，加强导游人员的日常培训和管理。

（5）营销人才队伍建设

客源是旅游景区发展的生命线，建立一支素质精良、组团能力强的旅游营销人才队伍，是旅游景区客源充足和旅游业持续发展的重要保证。引进和培养相结合，充实完善旅游景区营销人才队伍，可在高校委托培养、定向培养旅游景区营销人才；加强对景区营销人员的业务培训和思想管理，尤其是要注重其职业道德和营销技能的培训，努力提高景区营销人员的综合素质。

2．创新景区用人机制，优化人才环境

景区人才建设要解决好培训、吸引和使用三个关键环节，这三者是相互联系、相互作用的。要大胆使用人才，更新用人观念，广开渠道，对有开拓创新精神、外语好、业务能力强的管理者，要放手使用。要加紧培训景区年轻优秀领导人才，为其成长、选拔和使用创造条件。要发展旅游人才市场，使市场在人才配置中起基础性作用，如建立"景区人才库""导游人才库"等，促进人才双向选择、有序流动、合理配置。

3．完善对景区员工的激励机制

美国哈佛大学威廉·詹姆士博士的一项研究表明，员工在受到充分激励时，其能力发挥为 80%—90%；在保住饭碗不被解雇的低水平激励状态下，仅发挥其能力的 20%—30%。在旅游景区管理过程中，对景区员工的主要激励方式包括物质激励、目标激励、尊重激励、参与激励、工作激励、培训与发展机会激励、荣誉与提升激励，以及负激励如淘汰、罚款、降职和开除等。从物质激励方面来说，必须反对平均主义。改革的办法是根据工作难度、重要性、业绩大小来决定工资和奖金的分配。目标激励主要是在工作中启发和引导景区员工对更高目标的追求，使其在实现自身奋斗目标的过程中，为景区发展做出更大的贡献。尊重激励要求景区上下建立开诚布公、互相尊重、关心、协作的工作环境，以此形成景区的高凝聚力。参与激励要求创造和提供一切机会让员工参与

管理，调动其工作积极性。工作激励主要是通过丰富景区工作内容，增加工作的挑战性和创造性，按照员工的专长与爱好调整岗位，使职工更加热爱本职工作。培训与发展机会激励主要是为了满足景区员工自我实现的需要，并使之与景区的发展目标相融合。荣誉与提升激励是对表现好和才能突出的员工进行表彰鼓励，给予荣誉称号和更高的职位，促使其有更出色的表现和贡献。负激励作为正向激励的补充手段，也是不可缺少的，关键是不能以罚代管，不能不教而诛，严格掌握惩罚的尺度。

第八节　旅游景区人力资本管理

一、旅游景区人力资本的概念

1. 人力资本的概念

人力资本是含于劳动者身上的资本，是一种不同于物质资本的资本形式。西奥多·舒尔茨曾因在这一领域的突出贡献而获得 1980 年的诺贝尔经济学奖。舒尔茨将人力资本划分为五种形式，即健康保健、由厂商进行的在职培训、正规教育、成人教育以及适应就业形式变化所引起的移民。

2. 旅游景区教育投资的成本与收益

（1）旅游景区教育成本

旅游景区的教育成本包括两方面：一是直接成本，如组织景区员工学习、培训、参加学历教育或非学历短期培训等的费用；二是间接成本，即景区员工为了提高素质，离岗参加学习或培训后使景区失去的机会收益。因为景区员工选择继续教育意味着必须放弃参加工作所带来的收入，这是一种机会成本。随着年龄的增长和学历的增加，这种机会成本会越来越高。

（2）教育收益

旅游景区教育收益包括以下几个方面：

① 教育带来的较高收入。员工经过参加景区组织的系统培训后，专业技能和管理水平都得到提高，为景区所创造的价值和个人所得均比受教育前高得多。

② 教育投资带来的生活质量的改善。随着教育程度的增加，一个人可能对健康、子女教育和闲暇享受等有更全面的知识，从而可能在这些方面比一般人都做得更好，使生活质量有所提高。

③ 教育带来的精神收入，即"以愉快、满足或一般舒适感觉来估算的收

入"，文化层次越高，精神收入也越高。

④ 教育可能会产生一些外部经济效果，如景区员工整体文化素质的提高，可以提高一个旅游景区的公众形象。

二、旅游景区员工在职培训的成本与收益

景区员工在职培训从内容上可划分为两种类型，即一般培训和专门培训。一般培训和专门培训的区别在于培训的成本与收益存在不同。

1. 景区一般培训的成本与收益

假设景区员工现有的技能得到的工资率为 W_O，经过一段时间的培训后，技能提高与新的岗位或职位相适应，得到较高的工资率 W_G，如图 6-9 所示。培训的成本包括培训中使用的物质资源和培训必须花费的培训者的人力资源。培训的收益是较高的工资。

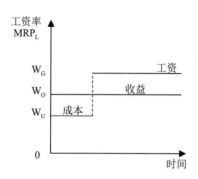

图 6-9　一般培训的成本与收益

由于一般培训所传授的知识能在所有的旅游景区中运用，所以现在所在的景区有可能只有付出而无收益，不愿负担该培训费用。在市场经济条件下，一般由景区员工自己来承担一般培训费用。在形式上，是通过接受较低的起点工资的方式来支付该成本。如图 6-10，W_u 为未受过培训的景区员工在培训期间的工资率，W_o 为原工资率，W_G 为培训后的工资率。培训成本是在 T 时期（W_o-W_u）部分，培训收益是在 T 时期之后的（W_G-W_O）部分。由于假定是完全竞争的市场环境，工资率与劳动的边际收益产品 MRP_L 相等。

2. 景区专门培训的收益与成本

专门培训所获得的技能是其他景区所不需要的，受过培训的景区员工不一定要比未受过培训的员工工资高，培训前与培训后景区员工的工资率不变。在培训前，景区支付的工资高于 MRP_L 成为培训成本的一部分，在培训后，支付

的工资率低于 MRP_L，景区用收益弥补了最初的投资。如果景区员工在接受培训后突然离开，在其他景区仍然可以获得原来的工资率，对员工个人没有损失，但原景区无法收回培训的成本。因此，可采用降低员工辞职率的办法，让个人和景区来分担成本与收益，如图 6-10 所示。

图中 Wo 是未培训时的工资率，在没有分担培训费用的情况下，它是保持不变的。这时培训前景区支付的 Wo 高于劳动的边际产品收益的部分视为景区的单独投资，在培训之后 MRP_L 高于 Wo 的部分则由景区单独获得收益。劳动的边际产品收益 MRP_L 是阶梯形的。在景区与员工分担培训的成本与收益的情况下，Wu 是培训期间的工资率，Ws 是培训后的工资率。在培训期间，员工承担的成本是 Wo 与 Wu 之差，景区承担的成本是 Wu 高于 MRP_L 的部分。培训结束后，景区收益是 MRP_L 与 Ws 之差，员工的收益是 Ws 与 Wo 之差。员工由于负担了一定的成本，也得到了更多的收益。

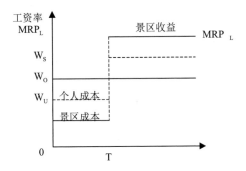

图 6-10　旅游景区和员工分担成本与收益

三、旅游景区人力资源投资分析

旅游景区人力资源投资成本分析是景区人力资源投资分析的重要内容，认真研究这一问题有利于旅游景区人力资源投资决策的科学化。景区人力资源成本是指获得或重置景区员工而发生的成本，包括历史成本和重置成本。

1. 旅游景区人力资源历史成本

旅游景区人力资源历史成本包括景区人力资源取得成本和开发成本两种。如图 6-11 所示。

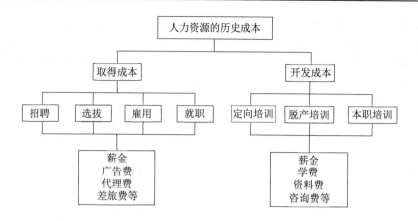

图 6-11 旅游景区人力资源历史成本模型

2. 旅游景区人力资源重置成本

景区职务重置成本是指用一位能在既定职位上提供同等服务的人来代替原来在该职务上的人所导致的牺牲，包括取得成本、开发成本和遣散成本三部分。取得成本是指取得能提供同等服务的景区员工所付出的代价；开发成本是指景区员工能在既定职位上达到预期业绩水平所付出的代价；遣散成本是指景区原任职者离开其岗位和组织所导致的成本，如图 6-12 所示。

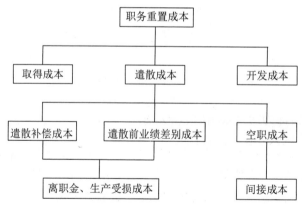

图 6-12 旅游景区职务重置成本模型

四、旅游景区人力资源效益分析

景区人力资源效益的提高，来自景区人力资源投入与产出的综合作用。任何减少投入或增加产出的结果，都能够在一定程度上提高人力资源的效益。在现实的社会经济活动中，实现旅游景区人力资源效益的具体途径如下：

1．合理调整景区的人力资源配置

随着我国旅游需求多样化发展以及旅游消费者消费品位的提高，旅游景区在人力资源配置方面必须与之相适应。景区人力资源的配置格局必须进行合理的调整，使得各类员工除具有相应的素质外，还应符合相应的比例关系，以使景区的人力资源在运作过程中基本达到平衡，并由此增加人力资源的产出。

2．抓好景区人力资源的继起性投资

人力资源投资贯穿人的一生。除了注重一次性的人力资源基础教育投资外，还必须抓好处于景区人才发展各个阶段的继起性投资。景区应加大对员工培训的投入以保证景区人力资源的长期效益。要重视对单一专业知识结构的人才的再培训，追加人力资源继起性投资使其成为景区管理的复合型人才。

3．重点解决景区人力资源的"瓶颈"

景区所有人才中最为短缺的人才，往往成为抑制其他人才发挥作用的"瓶颈"。集中力量找出抑制景区人才发挥作用的"瓶颈"人才并重点解决，就能够以较少的景区人力资本投入和较短的时间来缓和或解决景区人才短缺问题。

4．提高景区人力资源的规模效益

景区获得规模效益的前提是资源在一定程度上的集结。这种集结既能节约景区资源投入，又能创造规模条件，从而使景区利用资源的能力获得显著提高。目前我国景区人力资源效益的提高重点在于提高其规模效益。

5．平衡景区人力资源的数量和质量

如果景区劳动力质量长期处于低水平、低劳动生产率状态，数量上的优势终究会为质量上的劣势所抵消。我国不少景区存在短期行为就是这一因素造成的。因此，提高景区人力资源的质量，使之与人力资源的数量保持一定的平衡，是挖掘人力资源潜力的有效途径。

6．注重景区人才使用的替代性

注重景区人才使用的替代性，要求通过景区员工的流动，以同类人才的层次替代弥补高级人才的短缺，以不同类人才的互相替代，来调剂各类人才的余缺，平衡人力资源的供给和需求。景区人才替代还能促进人才得到来自不同岗位的全面能力锻炼和知识补充，为景区管理注入新的气氛，提高人才的市场应变能力和竞争能力。

7．建立景区人力资源的有效激励机制

对景区员工的激励包括物质和精神两方面。物质激励主要是拉开收入分配的档次，发挥景区员工的积极性，贯彻按贡献大小获得不等收入的原则。人力资源激励机制的作用在于调动景区员工的积极性、主动性和创造性，充分挖掘人力资源的巨大潜力。

思考题

1. 旅游景区现代人力资源管理的内涵是什么？

2. 旅游景区人力资源管理的基本功能主要体现在哪些方面？

3. 如何对旅游景区人力资源管理系统进行分析？旅游景区人力资源管理系统各个组成部分之间存在着怎样的相互依存和相互作用的关系？

4. 旅游景区人力资源规划的基本步骤是什么？如何进行旅游景区人力资源需求预测？

5. 如何进行旅游景区员工的职务分析与设计？

6. 旅游景区员工内部选拔的途径和方法有哪些？

7. 旅游景区员工绩效管理的具体含义是什么？如何进行旅游景区员工的绩效管理？

8. 旅游景区人力资源的开发培训体系是如何建立的？旅游景区人力资源培训的具体内容是什么？

9. 什么是旅游景区人力资本？如何进行景区人力资源投资与效益分析？

第七章　旅游景区质量管理

学习目的：

通过本章的学习，了解旅游景区质量概念、构成、等级和景区质量管理概念、方法、原则及战略，认识景区质量管理体系，掌握旅游景区质量体系认证的程序，掌握景区质量检验、调查方法、游客满意度评价方法及质量改进方法,掌握旅游景区服务质量测评及管理方法。

主要内容：

- 旅游景区质量概念与构成
- 旅游区（点）质量等级的划分与评定
- 旅游景区质量管理概念、基本原则与方法
- 旅游景区质量战略
- 旅游景区质量管理体系概念、结构与认证
- 旅游景区质量检验与调查
- 旅游景区游客满意度
- 旅游景区质量改进
- 旅游景区服务质量测评
- 旅游景区服务质量管理方法

第一节　旅游景区质量管理概述

一、旅游景区质量概念

1. 旅游景区质量定义

根据国际标准化组织（ISO）在国际标准 ISO8402-94 中对质量定义的要求，旅游景区质量可定义为旅游景区满足明确和隐含游客需要的能力的特性总和。

景区质量定义具有以下内涵：

（1）景区质量所研究的对象是景区。具体包括景区的设施设备的质量、景区为游客提供的旅游产品及旅游服务的质量等。

（2）景区质量以游客需要为导向。游客需要可分为明确需要和隐含需要，明确需要是指游客对旅游景点的显在期望，隐含需要是指那些必须加以分析、研究、识别才能够确定的游客潜在需要。

（3）景区质量具有动态性。景区质量是游客对其旅游经历和旅游需要的主观评价，游客需要会随时间和环境而变化，这就意味着要对景区质量需求进行定期评审。

（4）景区质量的影响具有综合性。优良的景区质量的受益对象并不单指旅游者，还包括景区的员工，社会投资者等。

（5）景区质量具有相对性。这主要表现在景区不同历史时期，人们对景区质量的理解和要求不同，不同的游客对景区质量的要求也不同；同时，不同景点的质量要求也会不同。

2. 旅游景区质量的概念体系

从广义角度来看，旅游景区质量是一个由多种质量概念组成的概念体系，包括景点质量、景区过程质量、景区服务质量和景区工作质量等。

对游客的需求而言，景区质量主要是由景点质量和景区服务质量来体现，由景区过程质量来保证。而景区过程主要由景区员工的工作来完成，其质量由景区工作质量来保证。因此，景区工作质量是景区一切质量问题的根源。景区质量概念之间的关系如图 7-1 所示。

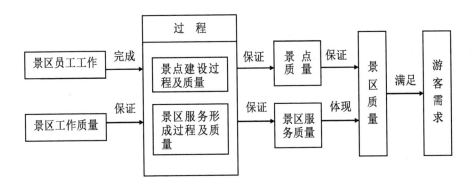

图7-1　旅游景区质量概念体系图

3. 旅游景区质量的构成

旅游景区依存于游客，其存在的主要功能便是以产品和服务满足游客的各种需要。景区所提供的旅游产品，是由有形的产品和无形的服务构成的。因此，景区产品的质量必须从有形的基础产品及其组合的质量，景区员工提供的服务的质量等方面去考查。一般来说，景区质量主要包含景区基础产品质量、产品组合质量、服务质量、产品定价等。

（1）基础产品质量

景区基础产品质量包括景观、环境、交通、饭店、餐饮、购物和娱乐等设施的质量。景区基础产品是旅游者在景区内进行旅游活动所必需借助和消费的物质方面，是旅游者从整个旅游活动中得到精神享受的必要的物质条件。景区任何一个环节的质量问题都可能引发游客对整个景区质量的不满。

（2）产品组合质量

景区产品的组合质量是指景区内各景点之间的线路设计、日程安排等是否合理。在景区内有多处景点，如何针对不同的游客设计合理的线路，也是决定景区产品质量好坏的重要方面。比如，一个适于休闲度假的景区，若只提供年轻人喜好的大强度、长距离的徒步观光项目，老龄或体弱的游客对此景区的质量评价必然不高。

（3）服务质量

景区工作人员的服务质量具有无形性的特点，游客在旅游活动各个环节上所接受的服务质量的高低就成为其评价景区产品质量高低的重要依据。景区服务质量是景区产品中最中心的环节，它不仅贯穿旅游活动的始终，而且成为评价景区产品质量的主要依据。

（4）产品定价

旅游景区的产品价格与质量是密切相关的。高价位的产品必须能供给消费者相匹配的质量，甚至更高的质量，否则将会降低消费者的满意程度。对于景区来说，产品定价要使游客感觉物有所值或物超所值。所以，景区质量往往是相对于价格而言的质量，价格也是构成景区质量的一个重要方面。

4. 旅游景区质量等级

旅游景区是我国旅游业发展的主要生产力要素，在我国旅游业的发展中发挥了主要作用。1997 年国家旅游局开始制定《旅游区（点）质量等级的划分与评定》国家标准，经过相关部门和单位的支持与合作，稳扎稳打地开展相关工作。1999 年《旅游区（点）质量等级的划分与评定》国家标准通过了最终评审，并于当年 6 月，由国家技术监督局正式颁布了《旅游区（点）质量等级的划分与评定》国家标准。之后，国家旅游局又下发了《关于切实做好旅游区（点）质量等级评定工作的通知》《关于印发〈旅游区（点）质量等级评定办法〉的通知》等文件，对旅游区（点）质量等级评定的范围、程序和具体评定办法等做了规定。为了增强标准的可操作性，国家旅游局制定了实施细则，并组织在北京等地开展试点评定工作，为全面推行该标准，加强旅游业的行业管理工作奠定了基础。

根据《旅游区（点）质量等级的划分与评定》标准，旅游景区（点）质量等级划分为四级：AAAA 级、AAA 级、AA 级、A 级。2005 年国家旅游局局长办公会议讨论通过《旅游景区质量等级评定管理办法》增加了 AAAAA 级这一级别，规定 5A 级旅游景区从 4A 级旅游景区中产生。被公告为 4A 级旅游景区一年以上的方可申报 5A 级旅游景区。5A 级旅游景区由省级旅游景区质量等级评定委员会推荐，全国旅游景区质量等级评定委员会组织评定。

旅游景区（点）质量等级的标志、标牌、证书由国家旅游行政主管部门统一规定并颁发。旅游景区（点）质量等级的具体确认是依据以下三个标准来进行的：

（1）服务质量与环境质量评价体系

旅游景区（点）服务质量与环境质量主要分旅游交通、游览、旅游安全、卫生、通信、旅游购物、综合管理、旅游资源与环境保护八个项目进行。

（2）景观质量评价体系

对旅游景区（点）质量评价主要分资源要素价值与景观市场价值两大项目，每一评价项目分为若干评价子项目，对各子项目赋以分值，各旅游景区（点）按各评价项目及子项目的相应得分数确定等级。

（3）游客意见评价体系

该体系是旅游景区（点）质量等级评定的重要参考依据，包括总体印象、可进入性、游路设置、旅游安排、观景设施、路标指示、景物介绍牌、宣传资料、讲解服务、安全保障、环境卫生、旅游厕所、邮电服务、购物、餐饮、旅游秩序、景物保护等评价项目。每一评价项目分为很满意、满意、一般、不满意四个档次，并依此计算游客意见得分数。

二、旅游景区质量管理概念

1. 旅游景区质量管理定义

旅游景区质量管理是指确定旅游景区质量方针，改进并使其实施的全部管理职能的所有活动。具体内容如下：

（1）景区质量管理是一个景区全部管理活动的重要组成部分，其管理职能是负责质量方针的制定和实施。

（2）景区质量管理是多主体活动的集合。景区质量管理战略和质量方针主要由景区管理者制定，而景区质量的改进和实施与景区工作人员和游客均相关，他们的行为会直接或间接地影响景区质量状况。

（3）景区质量管理涉及的面很广，从横向来说，它包括景区质量战略、质量检验和质量成本管理等活动；从纵向来说，景区质量管理应当包括质量方针和质量目标的制定，以及实现质量方针和目标的质量体系的建立和维持。

（4）在景区质量管理中必须考虑经济因素，即要考虑景区质量系统的经济效益。

2. 旅游景区质量管理基本原则

多年来，基于质量管理的实践经验和理论研究，在质量管理领域形成了一些有影响的质量管理的基本原则和思想。ISO／TCl76／SC2 从 1995 年开始专门成立了一个工作组（WGl5），承担征集世界上最受尊敬的一批质量管理专家的意见，总结和吸取了世界各国质量管理理论的精华，提出了质量管理原则。这些质量管理原则充分体现了现代管理科学的原理和思想，是景区质量管理原则的基础。

（1）以游客为中心

景区依存于游客，游客对景区产品和服务的满意度是衡量景区质量的重要指标。景区应将游客需求作为景区经营的目标，全面调查和研究游客需求的特点，理解不同年龄、性别、游览目的的游客当前的旅游需求和旅游预期，通过采取有效的质量管理措施满足游客要求并争取超越游客期望。

（2）景区领导作用

景区最高管理者具有决策和领导一个景区的关键作用。领导必须将本景区的宗旨、方向和内部环境统一起来，并创造使员工能够充分参与实现景区目标的环境。为了营造一个良好的环境，最高管理者应建立质量方针和质量目标，确保关注游客要求，确保建立和实施一个有效的质量管理体系，并随时将景区运行的结果与目标相比较，根据情况决定实现质量目标的措施，并决定持续改进的措施。在领导作风上还要做到透明、务实和以身作则。

（3）景区全员参与

各级人员是景区之本，只有他们的充分参与，才能使他们的才干为景区带来最大的收益。全体职工是每个景区的基础，景区的质量管理不仅需要最高管理者的正确领导，还有赖于全员的参与。所以要对职工进行质量意识、职业道德、以游客为中心的意识和敬业精神的教育，还要激发他们的积极性和责任感。

（4）系统管理原则

景区质量管理应遵循系统论思想，认识到景区质量存在的问题不是单一原因造成的，对景区质量管理和改进活动应全面考虑组成体系中相互关联的所有要素和过程。在制定、识别和确定景区质量管理目标时，充分调动景区组织部门参与其中，最大限度地满足游客需求。

（5）持续改进原则

持续改进是景区管理进入全面质量管理阶段后倡导的核心思想，也是景区的一个永恒的目标。只有实现持续改进，才能使景区在发展的每个阶段都能满足游客需求。在景区质量管理体系中持续改进包括：了解现状；建立目标；寻找、评价和实施解决办法；测量、验证和分析结果，把更改纳入文件等活动。

（6）双赢合作原则

景区经营单位向景区提供的产品和服务，对景区向游客提供满意的旅游产品有重要影响，其质量如何影响到景区能否持续稳定地提供游客满意的产品。旅游景区要和旅游景区经营单位建立互利关系，这对景区和供方都有利。

三、旅游景区质量管理战略

所谓的景区质量管理战略是景区为了设计和生产出游客所需要的质量特性、达到游客所要求的质量水平、满足其需要所做出的长远性谋划和方略。具体来说，就是旅游景区关于质量的发展方向、目标、规划和政策，是景区战略体系中处于关键地位的职能战略，对景区的生存和发展起着决定性作用。面对日益激烈的国际化市场竞争，景区质量问题不仅直接影响着景区的发展，而且也代表一个国家的形象，体现一个民族的精神，反映一个民族的素质。无论是一个国家还是一个景区，都不应该仅仅把加强质量管理作为一个权宜之计，而要把它作为一个中心任务和战略问题长期不懈地坚持下去。制定景区质量管理战略，应从以下方面着手：

1. 发挥领导作用

米兰博士认为，产品质量的80％出于领导责任，而只有20％的问题是由于员工的原因造成的，在景区，同样如此。要解决好景区质量管理的内部动力问题，关键是要解决好景区高层领导层的观念问题。在景区，各级领导要对景区质量管理予以充分的重视，并且要通过优化管理模式、改进管理手段以及积极采用先进的设备和技术，深入挖掘景区质量潜力。

2. 挖掘内部动力

人是景区的主体，实施质量战略、挖掘景区质量管理内部动力要以人为本，要充分调动景区全体员工的积极性，发挥他们的主观能动性；要积极鼓励员工开展多种多样的技术和管理创新实践，通过技术和管理的创新，消除景区中一切不合理的环节和消极因素，最大限度地发挥景区的潜能，使景区的质量管理水平持续提高。

3. 培育景区文化

在景区要营造一种以质量为核心的景区文化，引导、激励和鞭策景区全体员工将质量视为景区的第一生命，使人人感到质量的重要性，人人争做质量管理先进工作者，为保证和改进产品质量而不懈努力。因此，可以开展形式多样的"质量月"活动，实行"质量一票否决权制度"，建立质量管理（QC）小组以及设立景区质量管理奖等。这些都是为了在景区营造良好的质量管理文化，形成良好的质量管理氛围或环境。

4. 部署战略实施

质量管理战略目标的制定是重要的，然而更为重要的是为实施质量管理战略而进行的切实和精心的策划。实施质量管理战略是一项系统性的工作，要采用科学、系统的方法，建立严密有效的质量管理体系，确立切实可行的实施计划和操作步骤。

四、旅游景区质量管理方法

质量管理大致经历了三个阶段：（1）质量检验阶段：20世纪初，美国出现的以泰勒为代表的"科学管理运动"，将质量检验机构独立出来。（2）统计质量控制阶段：将数理统计方法与质量管理相结合，用于质量分析，形成了统计质量控制的理论工具。（3）全面质量管理阶段：旅游景区质量管理充分吸收质量管理理论的发展成果，形成了具有自身特色的管理方法。

1. 旅游景区质量管理方法

（1）景区质量管理的过程方法

将相关的资源和活动作为过程进行管理，可以更高效地得到期望的结果。过程方法的原则不仅适用于某些简单的过程，也适用于由许多过程构成的过程网络。在应用于质量管理体系时，2000 年版 ISO9000 族标准建立了一个过程模式，此模式把管理职责，资源管理，产品实现，测量、分析和改进作为体系的 4 大主要过程，描述其相互关系，并以游客要求为输入，提供给游客的产品为输出，通过信息反馈来测评游客的满意度，评价质量管理体系的业绩。

（2）景区质量管理的系统方法

针对设定的目标，识别、理解并管理一个由相互关联的过程所组成的体系，有助于提高景区的有效性和效率。这种建立和实施质量管理体系的方法，既可用于新建体系，也可用于现有体系的改进。此方法的实施可在三方面受益：一是提供对过程能力及旅游产品和服务可靠性的信任；二是为持续改进打好基础；三是使游客满意，最终使景区获得成功。

（3）基于景区事实的决策方法

对数据和信息的逻辑分析或直觉判断是有效决策的基础。以事实为依据做决策，可防止决策失误。在对信息和资料做科学分析时，统计技术是最重要的工具之一。统计技术可用来测量、分析和说明产品与过程的变异性，统计技术可以为持续改进的决策提供依据。

2. 旅游景区 PDCA 循环

PDCA 循环是英语 Plan-Do-Check-Act（计划—执行—检查—处理）四个单词首字母的组合。PDCA 循环就是按照四个阶段的顺序来进行质量管理工作的。PDCA 循环是由美国质量管理专家戴明博士提出的，也称戴明环，如图 7-2 所示。PDCA 循环不仅是一种质量管理方法，也是一套科学的、合乎认识论的通用工作程序。

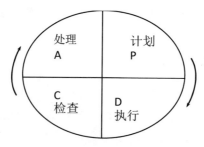

图 7-2　PDCA 工作循环示意图

PDCA 工作循环需要遵循以下四个阶段，八个步骤。

（1）计划阶段

第一步：分析景区质量现状，找出景区存在的质量问题。

第二步：分析景点质量和景区服务的影响因素。

第三步：从影响景区质量的各种因素中找出主要原因、解决主要矛盾。

第四步：针对影响质量的主要原因，拟订管理、技术和组织等方面的措施，提出景区质量改进活动的计划和预期要达到的效果。

（2）执行阶段

第五步：按照所制定景区质量改进的计划、目标和措施去具体实施。

（3）检查阶段

第六步：根据旅游景区质量管理的计划和目标，检查计划的执行情况和实施效果，及时发现和总结计划执行过程中的经验和教训。

（4）处理阶段

第七步：总结旅游景区质量管理的经验教训，修正原有的制度和标准。

第八步：将本次 PDCA 循环没有解决的问题转入下一次循环的计划阶段，为景区质量改进提供资料和依据。

旅游景区 PDCA 循环应注意以下问题：①PDCA 循环必须按顺序进行，四个阶段既不能缺少，也不能颠倒。②PDCA 循环必须在旅游景区各个部门、各个层次同时进行。旅游景区是大的 PDCA 环，各部门又存在各自的 PDCA 环，只有大环套小环，每个环都按顺序转动前进，互相促进，才能产生作用。③PDCA 循环不是简单的原地循环，每循环一次都要有更高的目标，每次循环都是对既定目标的向前推进和向上升级，循环往复，不断提高。

3. 旅游景区全面质量管理

全面质量管理的概念于 20 世纪 60 年代由美国通用电气公司的费根堡姆和质量管理专家朱兰提出，最初在生产制造领域建立起一套以产品质量为核心的科学高效的质量体系，其应用之后逐渐拓展到其他领域。旅游景区全面质量管理是指以全面提升旅游景区质量为目的，以景区全员参与为基础，运用现代管理理论、专业技术和科学方法，通过建立完整的景区质量体系，实现不断提高景区质量的管理活动。

（1）景区全面质量管理的特点

①全员参加的质量管理

景区中任何一个工作环节、任何一个成员的工作质量都会不同程度地直接或间接地影响景点质量和服务质量。为保证景区质量管理的有效性，要做到全员参与，让每一个利益相关者都积极参与景区的质量管理。

②全过程的质量管理

景区质量有一个产生、形成和实现的过程，这些过程必须在受控的状态下排除任何偏离现象，确保景区质量。全面控制景区质量形成的各个环节，尤其是游客体验环节，才能把握景区质量管理的整个过程。

③管理对象的全面性

全面景区质量管理的对象是广义的质量，不仅仅包括景点质量。管理对象全面性的另一个含义是对影响景点和景区服务质量因素的全面控制。

④管理方法的多样性

景区质量控制涉及多部门、多方面，应根据景区不同的情况，针对不同的因素、不同的对象，灵活运用各种现代化的管理方法和手段，将众多影响景区质量的因素系统地控制起来，提高质量管理水平。

⑤主体效益的均衡性

旅游景区质量管理涉及游客、管理机构及景区自身等多主体的利益，景区质量管理除保证景区能取得长远效益外，还应从游客和社会的角度，综合考虑各利益相关者的均衡效益。

（2）景区全面质量管理的核心观点

景区全面质量管理的核心观点是：游客至上、一切凭数据说话、预防为主、以质量求生存、以游客满意为目标等。

（3）实施旅游景区全面质量管理应做好的工作

①景区质量教育工作

旅游景区质量教育是推行质量管理的前提条件，它包括四个方面内容：一是景区质量意识的教育，质量意识是员工对质量的看法和认识。通过质量意识教育，使员工认识到"质量是景区经营的生命线""没有质量就没有效益"等观点。二是景区全面质量管理基本知识的普及教育，使员工掌握景区服务质量的基本内容和标准，了解景区质量管理的基本知识和方法，从而强化自我管理意识。三是景区职业道德教育，培养员工高尚的道德情操。四是景区业务技术教育，使员工掌握正确的技能和方法，提高业务技术和服务水平。只有景区全体员工了解全面质量管理，关心全面质量管理，掌握全面质量管理，才能参加全面质量管理，从而提高服务质量，增加游客对景区的满意度。

②景区质量信息工作

搞好质量管理，提高景区的产品质量，关键要对来自各方面的影响因素和有关标准执行效果有清楚的认识，质量信息是质量管理不可缺少的重要依据。旅游景区在全面质量管理中，应注意掌握景区员工的工作质量信息，通过旅游者的意见反馈和自我检验，及时调整与改进从业人员的服务，要了解国内外同类旅游产品的质量信息。

③景区质量责任制

要使景区的质量工作落到实处，必须建立责权利挂钩的质量责任制，明确景区内各部门、每个员工应达到的质量目标，健全质量激励机制、质量约束机制和质量考核机制，在客观上促进旅游景区服务质量的提高。

第二节　旅游景区质量管理体系

一、旅游景区质量管理体系概念

1. 旅游景区质量管理体系定义

在景区建立健全质量管理体系，首先要理解和掌握"体系"的概念。一般来说，体系是指若干有关事物或某些意识互相联系而构成的一个整体。在2000年版的ISO9000系列标准中，体系被定义为"相互关联或相互作用的一组要素"（ISO9000:2000—3.2.1）。

因此，旅游景区质量管理体系可定义为：为了经济地生产出符合游客要求质量的产品和服务所需要的各种制度和方法体系，是在质量方面指挥和控制景区的相互关联或相互作用的一组要素。

2. 旅游景区质量管理体系基本原则

（1）符合性。想要有效开展质量管理，必须设计、建立、实施和保持质量管理体系，组织的最高管理者对依据ISO9001国际标准设计、建立、实施和保持质量管理体系的决策负责，对建立合理的组织结构和提供适宜的资源负责；管理者代表和质量职能部门对文件的制定和实施、过程的建立和运行负直接责任。

（2）唯一性。质量管理体系的设计和建立应结合景区的质量目标、产品类别、过程特点和实践经验。景区的质量管理体系有不同于其他组织的特点，不同的景区其质量管理体系也有各自的特点。

（3）系统性。质量管理体系是相互关联和作用的组合体，包括：①组织结构，即合理的组织机构和明确的职责、权限及其协调的关系；②程序，即规定到位的形成文件的程序和作业指导书，是过程运行和进行活动的依据；③过程，即质量管理体系的有效实施，是通过其所需过程的有效运行来实现的；④资源，即必需、充分且适宜的资源包括人员、资金、设施、设备、料件、能源、技术和方法。

（4）全面有效性。质量管理体系的运行应是全面有效的，既能满足景区内部质量管理的要求，又能满足游客要求，还能满足第二方认定、第三方认证和注册的要求。

（5）预防性。质量管理体系应能采用适当的预防措施，有一定的防止重要质量问题发生的能力。

（6）动态性。最高管理者定期批准进行内部质量管理体系审核，定期进行管理评审，以改进质量管理体系；还要支持质量职能部门采用纠正措施和预防措施改进过程，从而完善体系。

二、旅游景区质量管理体系结构

一般来说，景区的质量体系结构是由景区领导责任、组织结构、质量体系、质量责任和权限、工作程序、资源和人员、质量体系文件七个方面构成。质量管理体系文件将本节第三项作详细介绍。

1. 领导责任

景区领导应对质量方针的制定与质量体系的建立和完善负责任。领导责任落实，是景区质量管理工作的关键。

2. 组织结构

景区服务质量管理是全员化、全过程、全方位和全天候的工作，涉及景区接待服务的每个环节和每个岗位。因此，必须重视景区质量管理组织机构的建设，建立与质量管理体系相适应的组织机构，从而为景区加强服务质量管理提供组织保证。

3. 质量体系

以提高服务质量为目标建立健全质量体系，是景区推进质量管理的核心内容、主要标志和理想目标。一般景区质量体系要素包括：市场调研质量控制、产品开发和服务规范设计质量控制、准备过程的质量控制、接待过程的质量控制、接待后的质量控制。这些质量体系要素往往又自成体系，形成景区质量体系的子体系。

4. 质量责任与权限

景区明确规定质量的责任与权限，有助于推进科学管理，消除工作中的混乱现象，保证接待服务活动的高质量和高效率。

5. 工作程序

程序是完成某项活动所规定的步骤和方法。通常规定某项活动的目的和范围，应做什么事，由谁来做，如何做，如何控制和记录，在什么时间，以及采用什么材料、设备和文件等，即"5W1H"（What，Who，When，Why，Where，How）。程序一般在管理标准、技术标准、工作标准或规章制度中体现。

6. 资源和人员

为了实施质量方针并达到质量目标，景区应采取切实措施，保证必须的各类资源的配备，这是质量体系的物质和技术基础。这里的资源包括人力资源、设施设备、材料、半成品、能源、检验和试验设备、计算机软件等。景区应尤其重视员工培训和人才培养。

三、旅游景区质量管理体系文件

1. 旅游景区质量管理体系文件的定义

一个景区的质量管理是通过对景区内各种过程进行管理来实现的，因而需明确对过程管理的要求、管理的人员、管理人员的职责、实施管理的方法以及实施管理所需要的资源，把这些用文件形式表述出来，就形成了该景区的质量管理体系文件。因此，旅游景区质量管理体系文件是指描述一个景区质量管理体系结构、职责和工作程序的一整套文件。

2. 旅游景区质量管理体系文件的作用

1994 年版 ISO9000 标准中讲到，"在 ISO 9000 族的内容中，编制和使用文件是具有动态的高增值的活动"。这是人们多年实施 ISO 9000 族标准的体会。文件的动态性，表现在保持文件始终有效的前提下，文件随体系运作环境的变化而变化，文件的高增值性是指人们在文件的执行过程中，在不断改善产品质量、减少损失、提高管理水平、赢得游客的信任，为景区带来经济效益。因此在新的标准中，特别强调要形成文件。具体来说，旅游景区质量管理体系文件的作用表现在以下几个方面。

（1）质量的指向标

①给出了最好的、最实际的达到质量目标的方法；

②界定了职责和权限，处理好了接口，使质量管理体系成为职责分明、协调一致的有机整体；

③"该说的一定要说到，说到的一定要做到"，文件成为组织的法规，通过认真的执行达到预期的目的。

（2）审核的依据

①证明过程已经确定；

②证明程序被认可已展开和实施；

③证明程序处于更改控制状态。

（3）质量改进的保障

①依据文件确定如何实施工作及如何评价业绩；

②增强了质量测量结果的可比性和可信度；

③当把质量改进成果纳入文件，变成标准化程序时，成果可得到有效巩固。

3．旅游景区主要的质量管理体系文件

景区主要的质量管理体系文件有《旅游景区服务规范》和《旅游景区服务提供规范》。

附件1：《旅游景区服务规范》

1．旅游景区服务规范概述

景区服务规范主要是规定了旅游景区提供服务所能达到的标准，对"提供什么样的服务"的问题给出答案。旅游景区检查服务质量也有了衡量的尺度。

2．旅游景区服务规范的基本内容

旅游景区服务规范的基本内容包括以下几个方面：

（1）景区服务规范题目

旅游景区提供服务，提供不同的服务项目用不同的题目，分别编制旅游景区服务规范。

（2）目的

规定旅游景区服务的特性和验收标准，以保证对所提供的服务进行完整而清晰的描述。

（3）适用范围

标明本服务规范适合哪一个旅游景区服务。

（4）服务特性和验收标准

附件2：《旅游景区服务提供规范》

1．旅游景区服务提供规范概述

"服务规范"确定了"提供什么服务"，"服务提供规范"则进一步给出了"如何提供该项服务"的方法和步骤，景区员工在清楚地了解了服务提供规范后，可以明白自身工作的职责、组织接口、服务过程和方法，以及对人员的要求和服务设施的配置。

2．旅游景区服务提供规范的基本内容

（1）题目

（2）目的

规定旅游景区服务的提供程序和验收标准，以保证所提供的服务达到服务规范的要求。

（3）适用范围

（4）职责（明确与景区服务提供的有关人员的职责）

（5）服务提供程序

①规定景区服务提供的流程；

②清楚地规定流程中的各项活动；

③规定各项活动的责任；

④清楚地规定各项活动的接口。

（6）文件和记录（明确记录要求和记录名称）

四、旅游景区质量管理体系认证

1. "绿色环球 21" 标准

（1）"绿色环球 21" 的产生和发展

"绿色环球 21" 标准体系是在 1992 年巴西举行的联合国环境与发展首脑会议上获得通过的《21 世纪议程》框架下建立的。"绿色环球 21" 理念是由前联合国环境规划署署长毛瑞斯·斯特朗（Mauris Strong）先生提议，于 1994 年由世界旅行旅游理事会（WTTC）正式创立的。

"绿色环球 21" 标准体系是目前全球旅行旅游业唯一公认的可持续旅游标准体系，是公认的景区可持续旅游形象标志，当今世界上唯一涵盖旅游全行业的全球性可持续发展标准体系。

从 1999 年起，"绿色环球 21" 开始独立运作，成为国际 "绿色环球 21" 基金会的一部分。到目前为止，全球已有 30 多个国家的 1000 多家旅游企业与机构开展了 "绿色环球 21" 认证。国家环保总局和国际 "绿色环球 21" 于 2002 年 10 月 15 日签订了在中国推行 "绿色环球 21" 可持续旅游标准体系的合作协议。

（2）"绿色环球 21" 认证对于景区的意义

①节省景区成本

在景区运营过程中对景区的能源和物资进行规划设计，通过减少能源和物资的消耗，配之综合系统的处理方法，提高景区资源的利用率，达到节省运营成本的目的。

②增强景区竞争力

作为当今世界上唯一公认的可持续旅游标准体系，可以向所有的利益相关团体与个人证明企业的环境实施成效。"绿色环球 21" 认证体系在未来很可能是道德投资者和理性旅游者评价一个景区质量优劣的决定性因素。加入 "绿色环球 21" 有助于改善景区的环境和社会形象，提高景区的国际竞争力，吸引新型 "绿色" 消费者。

③促进景区市场推广

在世界范围内，游客已经越来越关心环保问题和旅游景区对待环保问题的态度。景区如果能够承诺应用可持续旅游原则和实践进行经营活动，尤其是利用 "绿色环球 21" 这个唯一的旅游业世界性环境认证品牌，那么它就能在新兴市场上占据制高点，获得旅游者的信赖和认可。

④景区发展获得专业指导

通过达标评估和认证过程，可持续旅游合作研究中心专家和评审员为景区把脉，诊断景区目前面临的主要环境问题。"绿色环球 21"可以根据行业的环境实施达标标准，把评估信息反馈给景区，同时根据最初的评估报告，提出景区需要继续改进的建议。

⑤改善景区环境

所有"绿色环球 21"的实施所获得的成就都可以直接改善景区的环境，景区所获得的成就将得到正面的传播，并形成良性循环。所有的"绿色环球 21"景区都会为此而努力，量的积累会发生质的飞跃，结果会给大范围的景区带来极有意义的改变，我们的地球家园会因此受益。

⑥增强景区员工的责任感

"绿色环球 21"体系的认证使景区拥有清晰的环境政策，有助于员工了解雇主在景区可持续性方面的承诺，提高员工的参与度，并使其具有明确的工作目标，从而提高工作的积极性。

（3）"绿色环球 21"的内容构成

"绿色环球 21"质量标准的内容涵盖四大类，即旅游企业标准（针对宾馆饭店、餐馆酒吧、度假村、旅游教育或管理部门、架空索道、航空公司、飞机场、旅游交通公司、租车行、邮轮游船、会议中心、展览中心、农家乐、高尔夫球场和俱乐部、游船码头、旅游列车、旅游公司、旅游经销商、节庆活动、旅游景点、旅行车野营地、游客中心和葡萄园或酒厂）、旅游社区标准（针对旅游区、景区、市县乡镇等行政区）、设计和建设标准（针对建设中的旅游景点和设施设备）、生态旅游标准（针对生态旅游产品）。

（4）"绿色环球 21"在我国的实施情况

我国越来越多的企业认识到保护环境和实施可持续发展的重要性，"绿色环球 21"获得国内许多高素质旅游企业的关注。近年来，我国已加入"绿色环球 21"标准认证的包括国家风景名胜区、宾馆饭店、度假村、博物馆等。目前，中国的九寨沟、黄龙、三星堆博物馆、蜀南竹海景区、蟹岛生态园区、浙江世纪贸易中心大酒店、深圳圣延苑酒店等都已经通过"绿色环球 21"企业标准认证。

2. ISO 9000 系列标准

（1）ISO 9000 系列标准的产生和发展

ISO 是一个组织的英语简称，其全称是 International Organization for Standardization，翻译成中文就是"国际标准化组织"。ISO 是世界上最大的国际标准化组织，成立于 1947 年 2 月 23 日，它的前身是 1928 年成立的"国际标准化协会国际联合会"（简称 ISA）。

ISO9000 不是指一个标准，而是一族标准的统称。ISO9000 标准是质量体系认证依据的国际标准，该标准由国际标准化组织（ISO）于 1987 年首次发布，并于 1994 年进行修订，2000 年对 1994 年版的系列标准进行再次修订，2008 年又对 2000 年版的系列标准进行修订，目前国际上使用 2008 年版 ISO 9000 系列标准。

（2）旅游景区通过 ISO 9000 系列标准认证的意义

旅游景区通过 ISO 9000 质量标准的认证，可以使用认证机构的特殊标志从事广告宣传活动，提升景区形象，有效区分自己的景区与其他的景区，从而便于游客识别和选择，提高游客心理安全感，增强营销能力；ISO 9000 质量保证体系是一个负责而又严格的过程，即使通过了认证，认证机构也会进行一年一次或两次的抽检，一旦发现管理质量已不符合标准，就会撤销景区的质量认证标志，这一过程会对员工的服务理念产生深刻的影响，从而促使员工长期不懈地严格要求自己，从而为游客提供最佳的服务，且有助于景区管理的全面检查和优化。

（3）ISO 9000 系列标准的内容

2008 年版的 ISO 9000 标准的主要内容如下：

①一个中心：以顾客为关注焦点。

②两个基本点：顾客满意和持续改进。

③两个沟通：内部沟通和顾客沟通。

④三种监视和测量：体系业绩的监视和测量、过程的监视和测量、产品的监视和测量。

⑤四大质量管理过程：管理职责过程，资源管理过程，产品实现过程，测量、分析和改进过程。

⑥四种质量管理体系基本方法：管理的系统方法（系统分析、系统工程、系统管理、两个 PDCA）、过程方法（PDCA 循环方法）、基于事实的决策方法（数据统计）、质量管理体系的方法。

⑦四个策划：质量管理体系策划、产品实现策划、设计和开发策划、改进策划。

（4）ISO 9000 系列标准在我国的实施情况

深圳锦绣中华发展有限公司是我国旅游景区中第一个获得 ISO 9000 国际质量体系认证的景区。随后，峨眉山、武夷山、九寨沟等许多景区都先后通过了 ISO 9000 标准的认证。

3. ISO 14000 系列标准

（1）ISO 14000 系列标准产生的背景

1972 年，联合国在瑞典斯德哥尔摩召开了人类环境大会。大会成立了一个独立的委员会，即"世界环境与发展委员会"。该委员会承担重新评估环境与发展关系的调查任务。1985 年荷兰率先提出建立企业环境管理体系的概念，1988年试行实施，1990 年进入环境圆桌会议上专门讨论了环境审核问题。英国也在质量体系标准（BS5750）基础上，制定 BS7750 环境管理体系。英国的 BS7750 和欧盟的环境审核实施后，欧洲的许多国家纷纷开展认证活动，由第三方予以证明企业的环境绩效。这些实践活动奠定了 ISO14000 系列标准产生的基础。1992 年在巴西里约热内卢召开"联合国环境与发展"大会，183 个国家和 70 多个国际组织出席会议，通过了《21 世纪议程》等文件。这次大会的召开，标志着全球谋求可持续发展的时代开始了。为此国际标准化组织（ISO）于 1993 年6 月成立了 ISO/TC207 环境管理技术委员会，正式开展环境管理系列标准的制定工作，以规划企业和社会团体等所有组织的活动、产品和服务的环境行为，支持全球的环境保护工作。ISO 14000 环境管理系列标准是国际标准化组织继 ISO 9000 标准之后推出的又一个管理标准。该标准是由 ISO/TC207 的环境管理技术委员会制定，有 14001 到 14100 共 100 个号，统称为 ISO 14000 系列标准。目前，该标准已经成为世界上最全面和最系统的环境管理国际化标准。

（2）旅游景区通过 ISO 14000 系列标准认证的意义

景区通过 ISO14000 系列标准的认证有利于各景区提高环境质量；有利于提高景区环境管理水平，节约景区资源；有利于促进环境与经济的协调发展，提高景区可持续发展的能力。

（3）ISO 14000 系列标准的内容和基本要求

ISO 14000 标准由环境管理体系（EMS）、环境审核（EA）、环境标志（EL）、环境行为评价（EPE）、生命周期评估（LCA）、术语和定义（TQD）、产品标准中的环境因素（EAPS）7 个部分组成。

ISO 14000 标准的基本要求如下：

①要求建立文件化的管理体系。

②制定环境方针，做出环境保护的承诺。

③识别企业的环境因素，制定目标指标以改善环境状况。

④要求污染预防，持续改进，遵守法律法规。

⑤针对企业的重要环境岗位，建立作业程序加以控制。

⑥注重各方面的信息沟通。

⑦要求对紧急突发事件建立应急和响应计划。

（4）ISO 14000 系列标准在我国的实施情况

我国有关部门十分重视 ISO 14000 环境质量认证，先后出台相关政策。建设部和国家环境保护总局决定在国家重点风景名胜区开展创建 ISO 14000 国家示范区活动，制定了《创建 ISO 14000 国家示范区管理办法》，并于 2001 年 3 月 9 日联合发文《关于国家重点风景名胜区开展创建 ISO 14000 国家示范区活动的通知》（城建〔2001〕51 号）。武汉黄鹤楼公园是我国首家通过 ISO 14000 国际环境质量体系认证的旅游景区。随后，深圳的锦绣中华景区、长春市的净月潭景区、苏州的苏州乐园、杭州的杭州宋城等通过了 ISO 14000 环境质量认证。

4. 我国景区质量标准管理

在景区的标准化管理方面，在总结国内旅游景区管理经验的基础上，借鉴国际标准化组织的 ISO 9000 系列和 ISO 14000 系列的标准，创建了《旅游区（点）质量等级的划分与评定》国家标准、导游服务质量标准和游乐园安全及服务标准等。

（1）旅游区（点）质量等级的划分与评定标准

自《旅游区（点）质量等级的划分与评定》1999 年 10 月 1 日起正式实施以来，我国据此标准对景区进行等级划分，显著改变了我国旅游区（点）管理和服务长期落后的面貌。2003 年 5 月 1 日正式实施的《旅游区（点）质量等级的划分与评定》（GB/T 17775—2003）代替原有 1999 年版（CB/T 17775—1999）成为景区等级评定标准的最新版本，景区管理和服务更加人性化。

与 1999 年版景区质量等级划分和评定标准相比，2003 年版的新标准在原有的基础上做了如下修改：

①划分等级中增加了 5A 级旅游区（点），新增的 5A 级景区主要在细节方面以及景区的文化性和特色性等方面做出了更高的要求。

②对原 4A—1A 级旅游区（点）的划分条件均进行了修订，强化以人为本的服务宗旨，4A 级旅游区（点）增加细节性、文化性和特色性要求。

③细化了关于资源吸引力和市场影响力方面的划分条件。

《旅游区（点）质量等级的划分与评定》的主要内容对景区质量等级的标识和各等级景区需要具备的条件进行了详细的规定，主要内容有以下 12 点：旅游交通，包括景区可进入性、交通工具、交通设施状况、游览线路设计；游览设施和服务，包括游客服务中心设置、引导标识的设计、公众信息的发放、导游员及导游词的安排、公共信息图形的规范、公共休息设施等；旅游安全，包括符合相关安全标准和规范、安全设施的完备性、紧急事故应对措施和设施等；景区卫生，包括景区环境、相关卫生标准、公共厕所的设计、垃圾箱的设置、食品卫生标准等；邮电服务，包括有无邮政服务、通信设施的布置、通信信号强弱及便捷性；景区购物，包括购物场所的设置和管理、旅游商品销售从业人员素质、旅游商品丰富程度等；景区经营管理，包括管理体制的科学性、管理制度的完备性、管理人员的高层次、项目管理的合法性、服务管理的针对性等；景区资源与环境保护，包括空气环境、噪声环境、水环境、污物排放、景观保护、景区容量控制、设施的环保性能等；景区资源吸引力，包括观赏游憩价值、历史文化科学价值、资源的质与量、资源保存的完好程度等；景区的市场吸引力，包括景区品牌知晓度、美誉度、辐射能力、品牌特征等；景区的国内外游客的接待规模；游客满意度的抽样调查结果。

（2）游乐园（场）安全及服务质量标准

《游乐园（场）安全及服务质量标准》（GB/T 16767—1997）的制定是为保障游乐园（场）游艺机和游乐设施的安全运营，预防不安全事故的发生，为游客提供安全、舒适、高效的服务。标准的主要内容如下：

①服务设施相关标准，包括设施购置、接待设施的设置、问询服务设施、餐饮设施、购物设施、医疗急救设施、公用设施、信息指示设施等。

②安全制度与措施标准，包括园区安全制度的完善、园区设施的安全管理、成员和游客的安全管理、安全设施的配置、应急安全设施的配置等。

③安全作业标准，包括基本要求、机台服务、售票服务、门岗服务、问询服务、广播服务、行李保管服务、餐饮服务、购物服务、文化娱乐服务、医疗急救服务等。

④卫生与环境要求，包括公共区域卫生情况、环境和谐状态、游乐设施卫生情况等。

⑤服务质量保证和监督标准，包括建立服务质量和安全保证体系、建立服务监督机制、投诉处理的管理机制、园区服务质量考核指标等。

5. 旅游景区服务质量体系认证程序

国家技术监督局于 1994 年 1 月 19 日发布了《质量体系认证实施程序规则（试行）》，我国质量体系认证的程序可分为以下 4 个阶段：

（1）提出申请

旅游景区按照规定的内容和格式向体系认证机构提出书面申请，并提交质量手册和其他必要的信息。质量手册内容应能证实其质量体系满足所申请的质量保证标准（GB/T19001 或 19002 或 19003）的要求。向哪一个体系认证机构申请由旅游景区自己选择。

体系认证机构在收到认证申请之日起 60 天内做出是否受理申请的决定，并书面通知旅游景区；如果不受理申请应说明理由。

（2）体系审核

体系认证机构指派审核组对申请景区的质量体系进行文件审查和现场审核。文件审查的目的主要是审查旅游景区提交的质量手册的规定是否满足所申请的质量保证标准的要求；如果不能满足，审核组需向旅游景区提出，由景区澄清、补充或修改。只有当文件审查通过后方可进行现场审核。现场审核的主要目的是通过收集客观证据检查评定质量体系的运行与质量手册的规定是否一致，证实其符合质量保证标准要求的程度，做出审核结论，向体系认证机构提交审核报告。

审核组的正式成员应为注册审核员，其中至少应有一名注册主任审核员，必要时可聘请技术专家协助审核工作。

（3）审批发证

体系认证机构审查审核组提交的审核报告，对符合规定要求的批准认证，向申请景区颁发体系认证证书，证书有效期三年；对不符合规定要求的亦应书面通知申请景区。

体系认证机构应公布证书持有者的注册名录，其内容应包括注册的质量保证标准的编号及其年代号和所覆盖的产品范围。通过注册名录向注册单位的潜在顾客和社会有关方面提供对注册单位质量保证能力的信任，使注册单位获得更多的订单。

（4）监督管理

对获准认证后的监督管理有以下几项规定：

① 标志的使用，体系认证证书的持有景区应按体系认证机构的规定使用其专用的标志。

② 通报，证书的持有景区如要改变其认证审核时的质量体系，应及时将更改情况报体系认证机构。体系认证机构根据具体情况决定是否需要重新评定。

③ 监督审核，体系认证机构对证书持有景区的质量体系每年至少进行一次监督审核，以使其质量体系继续保持。

④ 监督后的处置，通过对证书持有景区质量体系的监督审核，如果证实其体系符合规定要求，则保持其认证资格。如果证实其体系不符合规定要求，则视其不符合的严重程度，由体系认证机构决定暂停使用认证证书和标志或撤销认证资格，收回其体系认证证书。

⑤ 换发证书，在证书有效期内，如果遇到质量体系标准变更，或者体系认证的范围变更，或者证书的持有景区变更时，证书持有景区可以申请换发证书，认证机构决定作必要的补充审核。

⑥ 注销证书，在证书有效期内，由于体系认证规则或体系标准变更以及其

他原因，证书的持有景区不愿保持其认证资格的，体系认证机构应收回其认证证书，并注销认证资格。

质量体系认证工作流程如图 7-3 所示。

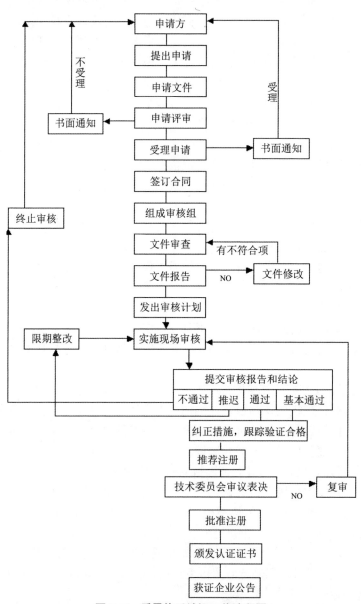

图 7-3　质量体系认证工作流程图

第三节　旅游景区质量调查与分析

一、旅游景区质量调查概念

旅游景区质量调查是旅游景区质量管理的一项重要内容，是保证旅游景区产品以及服务质量的主要手段。因此，必须强化质量调查工作，使其充分发挥监督旅游景区质量的功能。

景区质量调查是按规定的方法对景区质量有关的资料作系统性搜集、整理和分析，以便找出景区产品和服务质量所存在的问题。通过质量调查结果的综合分析，可以提供质量信息，作为景区质量改进的依据。

二、旅游景区质量调查的职能

1. 判定职能

根据调查结果，对景区质量进行全面了解，将其与质量标准进行比较，做出质量等级的判定。

2. 把关职能

根据判定，不合格的景区产品和服务等不能投入使用，不合格的景区工作环节要进行整改，这是调查工作最基本的、最重要的职能。

3. 预防职能

在景区的运营以及服务过程中，通过调查取得景区质量数据相关信息，经科学的分析找出影响质量的因素，及时采取有效措施，使已经出现的质量问题得到纠正，使质量隐患得到预防，从而达到旅游景区质量控制和质量改进的目的。

4. 报告职能

把旅游景区调查所获得的信息、数据认真进行分析与评价，向景区管委会领导和有关部门发出报告，为质量决策提供依据。

三、旅游景区质量调查方法

在景区质量调查过程中一般会采用如下几种常见的调查方法。

1. 访谈法

访谈法是调查人员就景区质量现状和问题与游客以及其他的利益相关者进

行直接交谈的信息搜集方法。这是旅游景区质量管理中常用的调查方法之一。在访谈中，调查人员以问为主，通过对被访谈者回答的分析总结，逐步明确景区的问题所在，并了解游客需求。

根据被访谈对象身份的不同分为内部访谈（访谈景区内部人员）与外部访谈（访谈景区外部人员）。一般景区质量调查以内部访谈为主，通过与景区员工，尤其是一线工作人员访谈，充分了解景区质量状况。但如果调查内容涉及旅游者、旅行社和景区合作伙伴时，也可以进行外部访谈。

访谈法的优点是能很快了解旅游景区质量状况及存在问题的线索，信息量大，能直接了解管理者的情况，调查成本相对小；缺点是旅游景区由于获得信息大多是主观性的意见和看法，缺少事实依据，故不能完全作为确定问题的依据。

2. 问卷调查

问卷调查是将所需要了解的问题设计成书面或电子问卷，要求被调查者以书面或者通过网络形式做出答复，然后对答案进行统计、分析的信息搜集方法。在旅游景区质量调查中，问卷调查的范围主要是游客。考虑到调查成本，问卷调查一般采用抽样调查。

根据问题的提问方式不同，问卷调查分为封闭式问卷和开放式问卷两种。通常情况下采用封闭式问卷，即调查问卷设定了固定数目的答案选项。开放式问卷由于会占用被调查者较多的时间，而且统计分析起来有一定难度，一般不被单独使用，而是作为封闭式问卷的辅助。问卷设计应该与旅游景区质量调查目标一致，调查内容要简明扼要，无明显歧义，方便回答，便于汇总、整理和分析。

问卷调查的优点是覆盖面广，效率高，信息量大，可以获取针对性的信息；缺点是抽样方式以及样本数量大小对调查结果有很大影响，因此应该进行科学抽样。此外，可以配合其他调查方式。

3. 现场参观

现场参观是参观旅游景区的管理、服务以及相关旅游产品的现场，这对于调查人员了解景区的经营活动以及旅游产品和服务等各种景区要素的运动、直接感受景区的质量水平、发现景区质量管理中存在的问题非常重要。但由于时间比较短，参观所见难以直接当作证明问题存在的依据，故还需要做补充调查。

4. 现场调查

现场调查比现场参观更深一步。现场调查是经过培训的调查人员深入到景区质量检验需要调查的工作环节，通过一定时间的观察、收集和测评相关数据的工作。现场调查可以客观全面地掌握景区质量的真实情况，但通常会产生较高的时间成本和经济成本。

5. 资料搜集

资料搜集是搜集景区内部和外部与景区质量有关的资料，并进行整理、加工的过程。资料内容分为数据资料和文字资料两类。资料搜集的方法主要有：

（1）利用互联网络查询搜集资料，了解游客对旅游景区质量的各种评价。

（2）查阅专业杂志和期刊，了解业内人士对旅游景区质量的各种评价。

（3）关注报纸、广播、电视等传统媒体，了解舆论对旅游景区质量的各种评价。

四、旅游景区质量调查的步骤

对旅游景区进行质量调查，一般遵循以下步骤：

1. 明确旅游景区质量要求

根据景区质量管理体系的相关标准明确相关质量要求，保证调查工作有标准可依。

2. 制定旅游景区质量调查计划

景区质量调查计划即景区质量调查工作的程序安排，通常包括：调查对象和范围；调查地点和时间；调查方式方法；调查步骤及日程安排；调查组织领导及人员分工；调查报告完成日期。

3. 进行旅游景区质量调查，搜集资料

根据调查计划的实施，运用一定的方式展开调查，搜集资料。景区质量调查资料的搜集可采用多种方式，包括媒体报道、对象访谈、调查问卷等，在搜集资料过程中要客观、真实、典型、系统、全面。

4. 形成旅游景区质量调查结果

把调查得到的数据同标准和规定的质量要求相比较。根据比较的结果，判断景区质量是否合格。

5. 提交旅游景区质量调查报告

记录所得到的数据，并把对产品和服务的判定结果形成调查报告，将其反馈给旅游景区有关部门，以便促使其改进质量。

五、旅游景区游客满意度分析

旅游景区质量调查主要通过访谈、调查等方法从景区参与人的主观意愿出发分析景区质量状况，具有较强的主观性。而游客满意度是旅游景区质量的最重要的指标之一，游客满意度对于旅游景区乃至整个旅游业的生存与发展都具有重要的意义。

1. 旅游景区游客满意度的概念

旅游景区游客满意度是指游客对旅游景区的旅游景观、基础设施、娱乐环境和接待服务等方面满足其旅游活动需求程度的综合心理评价。游客满意度是一种期望与可感知效果比较的结果，是一种游客心理反应。游客对旅游景区的综合心理评价，即游客满意程度受诸多因素影响，主要表现在三个方面：一是身体素质、文化背景、职业、消费水平、以往旅游经历、感知期望等游客因素；二是产品功能服务内容、作业流程、促销承诺等因素；三是游客在旅游景区内游乐活动过程中的动态感知因素。

游客满意度体现的一系列心理反应，主要包括景观质量感知和服务质量感知两部分，并通过与价格感知的对比形成对旅游地游览价值的感知，由此形成的实际值与期望值的差异将影响旅游者的满意程度。如果实际感知超过活动前预期，即差距为正值时，游客就会感觉到满意，差距越大游客就越满意，游客满意可提高游客忠诚度，树立旅游景区形象；反之，负向差距越大表明游客满意度越低，游客不满可能会抱怨或投诉，损害旅游景区名誉。

2. 游客满意度指标体系

游客满意度指标体系可定义为一系列相互联系的、能准确反映游客满意状态的指标所构成的有机整体。为准确测量游客满意度，从旅游景区业务流程的关键环节中筛选反映游客满意度的指标时，要遵循以下原则：指标的代表性，选取的指标应能集中体现景区的整体服务水平；指标的全面性，要能全面反应景区质量水平；指标的可测量性，力求评价指标能用精确的数值表现，便于统计；指标的有效性，设计指标时应尽可能减少各指标之间的重叠区域，将其相关性降到最低；体系的稳定性，评价指标体系一经形成，应尽量保持其基本项目指标和内容的相对稳定性。

从旅游景区产品开发，到景区运营服务流程中的每一环节、每一要素，都将不同程度地影响游客满意度。不同类型景区，满意度有不同的指标，即使同类型的景区，其游客满意度的指标权重也会有所不同。景区可以筛选出对游客满意度具有代表性的相关指标构成满意度测评体系，为景区在经营管理过程中提高游客满意度提供决策辅助工具。

表 7-1 为旅游景区游客满意度指标体系，分为 3 个级别，第一级为游客满意度；第二级为游客满意度指数评价项目层；第三级指标是由第一级指标具体展开而得到的，符合一般旅游景区的特点，为评价因子层。依此可以编制旅游景区游客满意度的调查问卷。

3. 游客满意度评价步骤及方法

（1）确定游客满意度评价指标体系

确定指标体系是进行游客满意度评价的基础和依据。指标体系构建如表

7-1 所示。

表 7-1 旅游景区游客满意度指标体系

一级指标	二级指标	权重	三级指标	权重
游客满意度（R）	游览（R1）	W1	景观特色 观赏价值 资源丰富 门票价格 游览环境	W11 W12 W13 W14 W15
	餐饮（R2）	W2	特色 价格 卫生 方便	W21 W22 W23 W24
	交通（R3）	W3	便捷性 舒适性 安全 设施容量 线路安排	W31 W32 W33 W34 W35
	住宿（R4）	W4	卫生 舒适 价位 入住时间	W41 W42 W43 W44
	娱乐（R5）	W5	项目种类 娱乐性 安全性	W51 W52 W53
	购物（R6）	W6	商品种类 购物环境 特色 市场秩序 商铺信誉	W61 W62 W63 W64 W65
	旅游景区形象（R7）	W7	景区文化 服务理念 员工形象 接待地居民的热情程度	W71 W72 W73 W74
	基础设施（R8）	W8	公共厕所 公共休息设施 引导标志物 安全设施	W81 W82 W83 W84
	管理与服务（R9）	W9	旅游投诉 咨询服务 服务方式 服务态度 服务效率	W91 W92 W93 W94 W95

（2）确定指标体系中各指标的权重

指标权重是指单个指标在整个指标体系中占据的重要程度，即比例。权重的确定方法有很多种，如德尔菲法、层次分析法、变异系数法、熵权法等，实际操作中最常用的方法是层次分析法。权重的确定对保证评价的科学性具有重要意义。

（3）收集数据

游客满意度评价方法从数据获取的途径看，主要有随机问卷调查、访谈、电话、信件调查等，其中最常用的方法是问卷调查法。

（4）选择评价方法

游客满意度的评价也是一种综合评价，其方法很多，有主成分分析与因子分析方法、聚类分析与判别分析方法、距离综合评价法、灰色关联度评价法、数据包络分析法等，对于非确定性指标，还有模糊综合评价方法、综合评价的多维标度法等。

（5）计算游客满意度

对各指标进行汇总，计算出综合评价分值。实践中，有采用百分制，也有采用满分为1的，后者更为常用。

六、旅游景区质量改进

1. 旅游景区质量改进的概念

旅游景区质量管理活动可划为两个类型，一类是维持旅游景区现有的质量，其方法是质量控制；另一类是改进旅游景区目前的质量，其方法是主动采取措施，使景区质量在原有的基础上有突破性的提高，即质量改进。景区的质量改进是在充分了解现有景区质量水平的基础上，进一步增强满足旅游者多种需求的能力。景区质量改进的概念包括以下含义：

（1）景区质量改进的对象

它包括景区产品（或服务）质量以及与它有关的工作质量，也就是通常所说的产品质量和工作质量两个方面。因此，旅游景区质量改进的对象是全面质量管理中所叙述的"广义质量"概念。

（2）景区质量改进的效果在于"突破"

景区质量改进的最终效果是按照比原计划目标更高的质量水平进行工作，得到比原来目标更高的景区质量。质量改进与质量控制效果不一样，但两者是紧密相关的，旅游景区质量控制是质量改进的前提，旅游景区质量改进是质量控制的发展方向，控制意味着维持其质量水平，改进的效果则是突破或提高。

（3）景区质量改进是一个变革的过程

景区质量改进是一个变革和突破的过程，该过程也必然遵循景区PDCA循环的规律。此外，还要深刻理解"变革"的含义，变革就是要改变现状，而改变现状就必然会遇到强大的阻力，这个阻力来自多个方面。因此，了解并消除这些阻力，是旅游景区质量改进的先决条件。

2. 旅游景区质量改进的基本途径

（1）渐进性改进，发挥旅游景区全体员工的积极性，结合职位说明书，采取一系列小步骤的改进活动，提高有效性和效率。

（2）突破性改进，指景区质量的重大改进或对现有过程进行修改。

3. 旅游景区质量改进对象

（1）景区质量不达标的项目

所谓规定标准是指景区质量管理体系中所提出的标准。景区质量指标达不到这些标准的要求，景区就难以吸引游客。

（2）景区质量调查的"问题项目"

在景区质量调查中的"问题项目"有：旅游服务提供过程中的事件记录；旅游者对旅游产品及服务的投诉；游客满意度得分较低的指标；从竞争对手、政府部门、投资方等获得的有关数据等。

（3）质量低于行业先进水平的项目

有关部门颁布的各项标准只是产品质量要求的一般水准，有竞争力的景区都执行内部控制的标准，这些内部标准的质量指标高于公开颁布标准的指标。因此，选择改进项目应在立足于与先进景区质量对比的基础上，将本景区质量项目低于行业先进水平者列入计划，订出改进措施。

（4）处于成熟期至衰退期景区的关键项目

一个景区处于成熟期后，游客量由停滞转向下滑，游客对景区已有项目逐渐失去兴趣，并不断提出新的需求。在这一阶段必须对景区进行改进。

（5）质量成本高的项目

有些质量问题的出现，大大增加了景区的质量成本，影响景区的信誉，应特别引起重视。

4. 旅游景区质量改进实施步骤

景区质量改进的实施步骤如下：

（1）明确旅游景区质量问题；

（2）掌握旅游景区质量现状；

（3）分析旅游景区质量问题产生的原因；

（4）拟订旅游景区质量改进方案；

（5）实施旅游景区质量改进方案；

（6）确认旅游景区质量改进实施效果；

（7）防止旅游景区质量问题再发生对策；

（8）旅游景区质量改进总结。

第四节　旅游景区服务质量管理

旅游景区服务质量管理是旅游景区质量管理的核心内容之一，它直接关系到旅游景区的经营效果甚至旅游景区的生存和发展，也关系到旅游消费者合法权益的维护。只有优质的服务质量，旅游景区才能赢得源源不断的客源，扩大市场的占有率，获得良好的经济效益和社会效益。如果说旅游景区的旅游资源是开启旅游市场大门的钥匙，那么，旅游景区的服务质量应该是旅游景区的生命线。因此，旅游景区必须高度重视和抓好这项重要工作。

一、旅游景区服务质量的概念

1. 旅游景区服务质量定义

国际标准化组织颁布的 ISO 9004《质量管理体系业绩改进指南》第 2 部分"服务指南"认为，"服务是为满足顾客的需要，供方与顾客接触活动和供方内部活动所产生的结果"，并将服务内容概括为：设施、能力、人员的数目和材料的数量；等待时间、提供时间和过程时间；卫生、安全性、可靠性和保密性；应答能力、方便程度、礼貌、舒适、环境美化、胜任程度、可信性、准确性、完整性、技艺水平、信用和有效的沟通联络。

根据中华人民共和国国家标准《旅游服务基础术语》的规定，旅游景区服务质量是利用设施、设备和产品所提供的服务在使用价值方面适合和满足客人需要的物质满足程度和心理满足程度，也就是客人在旅游过程中享受到服务劳动的使用价值，得到物质和心理满足的一种感受。其中包括有形产品的质量和无形产品的质量，有形产品主要表现为景区的设施、设备以及实物产品等，无形产品则表现为环境质量以及景区所提供的各种劳动。无形产品是景区服务质量的本质体现，有形产品则是无形产品创造的基础和依据，游客满意程度是景区服务质量高低的最终体现。

根据以上关于服务的两个定义，旅游景区服务可定义为：旅游景区的管理者和员工在特定的旅游资源环境下，凭借相应的旅游服务设施和旅游服务手段，帮助游客实现各种显性和隐性利益的过程。游客的显性利益和隐形利益体现在两个方面：一是景区设施、设备及实物产品，二是通过劳动所创造的使用价值。根据设施设备的完善程度、安全程度、人性化程度和实物产品的性价比、实用程度、美观程度等，以及景区全体服务人员的服务态度、服务技巧、服务内容、服务方式等来决定游客所获得利益的多少，具体体现为游客的满意程度。

2. 旅游景区服务质量的构成

景区服务质量既是服务本身的特性与特征的总和，也是旅游者感知的反应，因而景区服务质量既由服务的技术质量、功能质量和形象质量构成，也由感知质量与预期质量的差距来体现。

（1）旅游景区服务技术质量

景区技术质量是指景区提供什么给游客，主要指景区服务带给游客的价值。例如，景区为游客提供可供观赏的优美景观，可供游客使用的度假设施，餐馆为客人提供色、香、味俱佳的菜肴，酒店为客人提供干净卫生床上用品等。技术质量的高低，在很大程度上决定了服务质量的高低。

（2）旅游景区服务功能质量

景区功能质量是指如何给游客提供服务，指游客接受服务时的感觉，即游客对服务的认知程度。服务人员的服务观念、服务态度是景区功能质量的具体表现，例如饭店服务人员上菜时的动作，旅游服务人员结账时的态度等。功能质量的好坏关键取决于客人的感觉，无论服务人员如何工作，客人的感觉总是主观性居多。因此，在功能质量中，主观因素占比较大，功能质量的变数也相当大。

（3）旅游景区形象质量

景区形象质量是指景区在社会公众心目中形成的总体印象。景区形象质量是游客感知服务质量的过滤器。景区形象质量具体反映在服务项目吸引力、景观吸引力、景区环境安全与卫生、景区价值相符等。如果景区拥有良好的形象质量，些许的失误会赢得游客的谅解；如果失误频繁发生，则必然会破坏景区形象；倘若景区形象不佳，则景区任何细微的失误都会给游客造成很坏的印象。

旅游景区服务质量各构成要素之间的关系如图 7-4 所示。由图可知，管理者必须从景区服务技术质量、功能质量和形象质量三方面进行考虑，尽量缩短游客期望和实际接受到的服务之间的差距。

3. 旅游景区服务质量的特性

旅游景区服务相对于其他一般产品来说，具有自身特点，因此在讨论景区服务质量时，要考虑将一般产品质量特点与景区服务特点相结合。景区服务质量具体表现在可靠性、关怀性、时效性、关联性、技术性这五个方面。

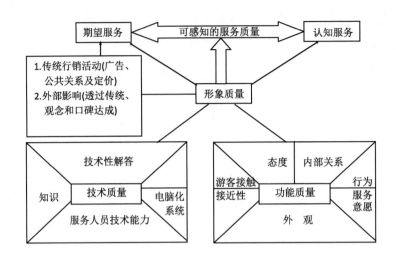

图 7-4　旅游景区服务质量构成

（1）可靠性

景区服务中的可靠性是指使游客信任而且又能准确完成所承诺的服务的能力，是景区打造品牌、树立形象的重要基础。游客希望在景区中体验到高质量、可靠的服务来获得好的体验感，这对景区服务人员的个人修养提出了很高的要求。

（2）关怀性

关怀性是指景区服务人员向游客提供服务时，要把每一位游客当作一个重要的个体来看待，要尊重游客并为其提供个性化服务。因此，景区中的服务人员要对游客的显性需求和隐性需求有良好的把控能力，要让游客在景区内体验到被关怀。

（3）时效性

时效性是指景区服务人员在服务游客时的时速标准。这一标准要求服务人员应提高服务效率，对待游客时要表现出较高的积极性和主动性。

（4）关联性

旅游景区服务的具体内容包含有形服务和无形服务，而这两个内容由各种各样的因素构成，这些因素相互联系、相互依存。例如，当景区服务人员的服务态度不好、服务方式欠妥时，游客将会对景区产生较差的印象，对设施设备的挑剔程度也会偏高。

（5）技术性

科学技术的发展促使旅游业的转型升级，其中大数据为旅游业提供了至关重要的数据，这些数据能够准确搜寻到游客需求，帮助景区分析游客对服务质量的态度与看法，从而进行有针对性的改进。

二、旅游景区服务质量管理概念

1. 旅游景区服务质量管理含义

旅游质量管理源于 20 世纪 90 年代 ISO 9000 族标准的引入。为了提高组织的质量管理水平，推动旅游企业的发展，追求社会各方的共同利益，质量管理的国际标准开始被旅游业广泛使用。

GB／T16766—1997《旅游服务基础术语》的定义是：旅游服务质量管理是指"旅游行政主管部门和旅游企业为提高旅游行业的服务质量而制定的质量目标和实现该目标所采取的各种手段"。这一定义的主体包含了旅游行政主管部门和旅游企业。根据此定义，旅游景区服务质量管理是指旅游景区为提高旅游服务质量而制定的质量目标和实现该目标所采取的各种手段。它是以提高服务质量为宗旨，综合运用现代管理手段和方法，通过建立完善的服务质量标准和服务质量管理体系，不断地提高旅游景区服务质量的管理活动。

2. 旅游景区服务质量管理作用

（1）提高游客满意度

在面对面的景区服务中，生产和消费同时进行。这一特性表明，在服务过程中游客只有而且必须参与到服务的生产过程中去才能最终享用到服务的使用价值。由于游客高度参与服务过程给景区的质量控制带来了很多难以预料的随机因素，在面对面服务的过程中，游客一旦对服务的某一方面不满，可能会导致他们对整个景区的全盘否定，这就是景区经营管理中著名的 100-1=0 效应。因此，加强旅游景区服务质量管理有利于提高游客满意度。

（2）增强游客忠诚度

服务质量与景区形象是互为相长的。一方面，加强服务过程的质量管理，可以大大提高游客感觉中的整体服务质量，帮助景区树立良好的市场形象，培养游客的忠诚度；另一方面，景区的市场形象又会对游客实际经历的服务质量产生重大影响。如果景区有良好的市场形象，游客往往会原谅服务过程中出现的次要质量问题；反之，则会出现截然相反的后果。因此，加强服务过程的质量管理有助于树立景区良好的市场形象，增强游客忠诚度。

（3）提升景区竞争力

加强旅游景区服务质量管理有利于增强景区的竞争力。在面对面服务过程中，游客不仅会关心他们所得到的服务，而且还会关心他们是"怎样获得"的这些服务，尤其是当同类型或同档次的景区提供的服务大同小异的时候，"怎样提供"服务将成为游客选择景区的重要标准。高满意度和良好的市场形象，有利于增强景区竞争力。

（4）保障游客合法权益

景区服务作为一种商品，其使用价值在于能够满足消费者的某种精神消费需要。景区服务质量包括有形产品的质量和无形产品的质量两个方面。要保障游客的合法权益，应从这两方面入手，一是要为游客提供质量好、价格与价值相符、具有特色的旅游产品和合理、完善的设施设备；二是服务人员要具备积极的服务态度和优质的服务内容等。

（5）促进景区持续发展

景区环境或旅游资源等的破坏成本往往很高，甚至是不可修复的。环境好坏间接体现了旅游景区服务质量。加强旅游景区服务质量管理有利于对景区环境、旅游资源等进行监督、改善，促进旅游景区持续发展。

（6）提升国家形象

旅游业是一个涉外性很强的行业。改革开放以来，我国旅游业迅速发展，国际入境游客不断增加，其中团队游的入境游客占有一定比例。但团队旅游者一般停留时间较短，对于目的地社会文化的了解较少，与服务人员的接触较多。从某种意义上来说，旅游过程中服务人员的服务质量以及环境质量就是国家形象的代表。旅游服务质量直接关系到我国的声誉和旅游业的前途。因此，加强旅游景区服务质量管理是提高我国国际地位的重要手段。

三、旅游景区服务质量测评

1. 旅游景区服务质量测评的标准

旅游景区服务质量的测评是景区对游客感知服务质量的调研、测算和认定。从管理角度出发，优质的景区服务必须符合以下标准：

（1）规范化和技能化

游客相信景区服务人员具备必要的知识和技能，能够规范作业，并解决游客的疑难问题。

（2）态度和行为

游客感到服务人员（一线员工）用友好的方式主动关心照顾他们，并以实际行动为游客排忧解难。

（3）可亲近性和灵活性

游客认为景区的地理位置、营业时间、职员和营运系统的设计和操作便于服务，并能灵活地根据游客要求随时加以调整。

（4）可靠性和忠诚感

游客确信，无论发生什么情况，他们能够依赖景区，依赖其员工和营运系统。景区能够遵守承诺，尽心竭力满足游客的最大利益。

（5）自我修复

游客知道，无论何时出现意外，景区将迅速有效地采取行动，控制局势，寻找新的可行的补救措施。

（6）名誉和可信性

游客相信景区经营活动可以依赖，物有所值。相信景区的优良业绩和超凡价值，可以与游客共同分享。

在六个标准中规范化和技能化与技术质量有关，名誉和可信性与形象有关，它可充当过滤器的作用。而其余四项标准，态度和行为、可接近性和灵活性、可靠性和忠诚感、自我修复，显然与过程有关，代表了功能质量。

2. 旅游景区服务质量测评的方法

旅游景区服务质量测评一般采取评分量化的方式进行，涉及游客预期服务质量和感知服务质量。预期服务质量即游客对景区所提供服务预期的满意度，感知服务质量则是游客对景区提供的服务实际感知的水平。如果游客对服务的感知水平符合或高于其预期水平，则游客获得较高的满意度，从而认为景区具有较高的服务质量；反之，则会认为景区的服务质量较低。预期服务质量是影响游客对整体服务质量感知的重要前提。如果预期质量过高，不切实际，则既使从某种客观意义上说他们所接受的服务水平是很高的，他们仍然会认为景区的服务质量较低。总而言之，景区服务质量是游客的预期服务质量同其感知服务质量的比较。旅游景区服务质量测评方法为：首先，测评游客的预期服务质量；其次，测评游客的感知服务质量；最后，确定景区服务质量。其计算公式为：

$$服务质量 = 感知服务质量 - 预期服务质量 \qquad (7.1)$$

3. 旅游景区服务质量测评步骤

景区服务质量测评的本质是一个量化分析的过程，即用数字来反映游客对景区服务质量的评价。与游客满意度测评相比，景区服务质量调查对象主要为服务质量，调查内容为游客满意度调查内容的一部分。

景区服务质量主要采取问卷调查的形式进行测评。因为和游客满意度一样，都属于综合评价，其步骤大体相同。所不同的地方在于，景区服务质量测评更加依赖于问卷调查，且注重预期与感知的双重调查。具体测评步骤如下：

（1）确定指标体系

上文所述的六个标准，为景区服务质量指标体系设计提供了方向。具体的指标选取，因景区服务项目而异。总体来说，必须遵循内容的代表性、范围的全面性、指标的可测量性、数据的效用性、体系的稳定性等原则。

（2）确定指标权重

为了准确地进行景区服务质量的测评，客观真实地反映景区服务质量水平，必须对测评指标体系中的各项指标赋予恰当的权重。确定权重是为了显示各项指标在测评指标体系中的重要程度。目前，指标赋权法主要采用德尔菲法、层次分析法、变异系数法等。

（3）设计问卷

由于旅游景区服务质量测评具有很强的主观性，其问卷设计有很高的技术性要求。

在设计方式上，一般采用利克特五点式量表。其设计方法为：针对某项服务，让被调查者在非常满意、满意、一般、不满意、很不满意这五个等级上做出与其想法一致的选择。

在问题数量上，对每个指标至少设计 2 道具体问题。这是和别的调查问卷设计最不同的地方之一。旅游景区服务质量测评既要调查感知质量，又要调查预期质量，这使得单个指标的问题要多于 2 个。

在问题回答方式上，一般采用封闭式。在市场调研中，有三种主要的问题类型：开放式问题、封闭式问题、量表应答式问题。为了便于统计分析，旅游景区服务质量测评主要采用封闭式的回答方式。

在设计问卷时还需注意以下问题：①问题紧扣指标，即问卷必须与指标体系紧密相关，在问卷设计之初要先找出与指标体系相关的要素；②问题具有逻辑性，问题与问题之间要具有逻辑性，不能出现逻辑上的谬误，预期质量与感知质量要层次分明；③问题非诱导性、否定性、敏感性，即问题要设置在中性位置，不参与提示或主观臆断，给予调查者完全的独立性与客观性；④问题便于整理、分析，这要求调查指标能够累加和便于累加，且指标的累计与相对数的计算是有意义的。

（4）发放问卷

为了确保问卷信度和效度，在正式发放之前应该做一个预调查。在问卷发放方式上，可以结合现代先进的信息技术，用网络或者电话调查。但是考虑到可靠性，应该采取传统的调查方式，在景区随机发放。

（5）问卷统计

对回收的问卷进行编号整理，并对有效问卷进行综合统计，分别测算出单指标预期质量和感知质量。具体统计工作可以借助于 excel 或者专业的统计软件，如 spss、sas 等。

（6）计算差距值

根据公式（7.2），求得单指标差距值，然后将单指标差距值加权平均，公式如下：

$$景区服务质量＝\sum 指标差距值\times 指标权重 \qquad （7.2）$$

总值越大，表明感知质量超出预期质量越多，景区服务质量越好；相反，则景区服务质量越差。

四、旅游景区服务质量差距模型

格鲁诺斯（Gronroos）于 1983 年提出认知服务模式，认为服务质量由服务期望与服务认知两者的差距而定。在此基础上，蔡特哈姆尔等（Zeithaml，Parsuruman & Berry）学者提出了服务质量模型，如图 7-5 所示，主要论点为服务质量除了服务期望与服务认知外，还应包含服务的过程，必须消除 5 项差距，才能达到令人满意的程度。

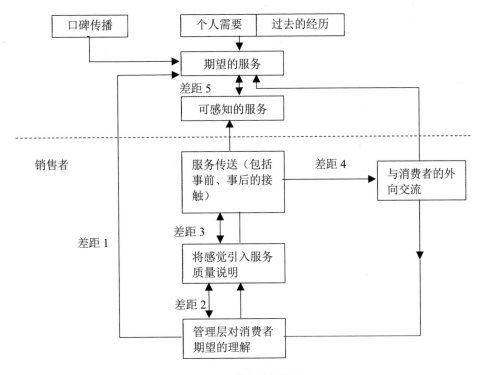

图 7-5　服务质量模型

图中显示出基本结构中不同因素间的 5 项差距，即所谓的质量差距。这些质量差距是由质量管理过程中的偏差造成的。当然最终的差距，即期望的服务与所感知的服务之间的差距（图中差距5），是服务过程中发现的其他差距共同作用的结果。这个模型表明了分析服务质量时需要考虑哪些步骤，并揭示了产生服务质量问题的可能根源。景区服务质量同样适用此模型。根据此模型，景区服务质量管理在某种程度上就是质量差距管理。因此，形成了景区服务质量差距分析方法，专门用来分析景区服务质量问题的根源。

1. 景区管理者认识的差距（差距1）

这个差距是指景区管理者对期望质量的感觉不明确。产生的原因有：第一，市场需求把握不准确，包括对市场研究和需求分析的信息不准确，对游客期望的解释信息把握不准确，或者没有需求分析。第二，需求信息传递失真，包括从景区与游客联系的层次向管理者传递的信息失真或丧失，景区臃肿的组织层次向管理者传递的信息失真或丧失。

第一个差距的大小决定计划的成功与否。但是，即使在游客期望的信息充分和正确的情况下，质量标准的实施计划也可能失败。出现这种情况的原因是景区最高管理层服务质量意识不够强，质量没有被赋予最高优先权。在激烈的市场竞争中，游客感知的景区服务质量是成功的关键因素，因此在管理清单上应把景区服务质量排在头等重要的位置。

2. 质量标准差距（差距2）

这一差距是指服务质量标准与管理者对质量期望的认识不一致。原因如下：第一，存在计划管理问题，包括景区无明确目标；计划失误或计划过程不够充分，甚至管理混乱。第二，景区服务质量的计划得不到最高管理层的支持。

这一差距对景区服务质量影响重大。实践证明，景区员工和管理者对服务质量达成共识，缩小质量标准差距，要比任何严格的目标和计划过程重要得多。

3. 服务交易差距（差距3）

这一差距是指在服务生产和交易过程中员工的行为不符合质量标准。差距原因可以分为四类：第一，标准制定不科学，包括标准太复杂或太苛刻，标准与现有的景区文化发生冲突。第二，员工对标准规则的认识和对游客需要的认识不到位，包括内部营销不充分或根本不开展内部营销，员工对标准有不同意见等。第三，缺少技术的支持，技术和系统没有按照标准为工作提供便利。第四，服务生产管理混乱。

由于可能出现的问题是多种多样的，通常引起服务交易差距的原因是错综复杂的，很少只有一个原因在单独起作用。因此，对于此类差距要进行深入调查分析，才能提出有效的应对策略。

4. 营销沟通的差距（差距4）

这一差距是指营销沟通行为所做出的承诺与实际提供的服务不一致。产生的原因可分为两类：一是外部营销沟通的计划与执行没有和服务生产统一起来，表现在营销沟通计划与服务没有统一，传统的市场营销和服务生产之间缺乏协作；二是在广告等营销沟通过程中往往存在承诺过多的倾向，营销沟通活动提出一些标准，但景区却不能按照这些标准完成工作。

在第一种情况下，应对措施是建立一种使外部营销沟通活动的计划和执行与服务生产统一起来的制度。例如，至少每个重大活动应该与服务生产行为协调起来，达到两个目标：第一，市场沟通中的承诺要更加准确和符合实际；第二，外部营销活动中做出的承诺能够做到言出必行，避免夸夸其谈所产生的副作用。

在第二种情况下，通过完善营销沟通的计划，在管理上严格监督，克服过度承诺。

5. 感知服务质量差距（差距 5）

这一差距是指感知或经历的服务与期望的服务不一样。感知服务差距产生的原因可能是上述讨论的众多原因中的一个或者是它们的组合，它会导致以下后果：消极的质量评价（劣质）和质量问题，口碑不佳，对景区形象的消极影响，丧失竞争力等。只有消除了以上 4 种差距，才有可能消除第 5 种差距。如果处理得当，第 5 个差距也有可能产生积极的结果，它可能导致相符的质量或过高的质量。

总之，差距分析指导管理者发现引发质量问题的根源，并寻找适当的消除差距的措施。差距分析是一种直接有效的工具，它可以发现景区与游客对服务观念存在的差距。明确这些差距是制定战略、战术以及保证期望质量和现实质量一致的理论基础。这会使游客给予高质量的积极评价，提高游客满意程度。

五、旅游景区服务质量管理的方法

1. 制定景区服务质量标准体系

服务质量标准化是服务质量管理的核心内容。依据 2000 年版 ISO 9000 族标准的相关要求，景区服务质量标准体系是一个需要持续改进的质量管理体系。景区服务质量标准的制定要结合实际情况，明确景区服务的主要内容，同时参照国际、国家或地方的相关标准，制定出全面、合理、系统的由旅游交通、景区设施设备、环境卫生等构成的硬件标准和由服务观念、服务态度、服务时效等构成的软件标准。

（1）制定景区服务质量标准体系应遵循的原则

①以游客为中心。游客是景区服务的对象，制定景区服务质量管理的最终目的是为了更好地为游客服务。因此，制定景区服务质量标准时要以游客为中心，分析和满足游客的需求。

②可行性原则。在制定景区服务质量标准时，要注重其是否有可行性。首先，景区是景区服务质量标准的载体，标准的制定要结合景区实际情况；其次，景区员工是景区服务的主体，是服务项目的直接执行者，所以只有为员工所理解、认可的质量标准才能得以实施；最后，质量标准的制定要符合经济性的原则，控制质量标准执行的成本消耗。只有做到以上几个方面，质量标准的实施才具有更高的可行性。

③突出重点原则。在景区服务过程中，发生的情况多样、复杂，我们可以通过制订标准来控制每一个环节，但没法预料每一个细节。此外，繁琐、刻板的质量标准会使员工陷入机械、程序性的操作误区，减弱员工的主观创造性与个性化服务功能。因此，景区服务质量标准在制定时，要根据游客需求以及服务过程中的关键和重点，结合景区特色进行制定。

④持续性原则。景区服务质量标准体系是一个持续改进的质量管理体系。景区要根据自身内外条件的变化、游客需求的变化、社会经济发展水平的变化等及时做出相应的调整和改进。

⑤灵活性原则。由于游客个体之间具有差异性，其偏好与需求会有所不同，这就要求质量标准的制定要考虑到服务的灵活性，充分发挥员工的主动性和积极性。

（2）制定服务质量标准的注意点

①确定景区基本服务空间标准。每一个景区都有其适合的容量，并且只有在这一容量范围内，景区的旅游资源、旅游设施、环境才能得到较好的保护，从游客的角度来说，适合的容量能够提高其满意度。但由于旅游业受季节影响较大，淡旺季分界明显，所以在不同的时期，对于环境容量理论的运用有所不同。例如、在旅游旺季时，可以通过环境容量理论来控制人数，从而保证游客在景区内部有一个基本的游览、活动空间，同时还可以保护旅游资源以及环境设施；在旅游淡季时，游客较少，旅游活动空间太大会影响游客对景区服务质量的满意度，这时景区可通过实行价格优惠、特色活动等吸引特殊人群以此提高游客满意度，从而提高景区在淡季的资源利用率及收益。

②提高服务标准的可操作性。在制定景区服务质量标准时，要根据景区的服务质量目标，结合景区实际情况，对具体岗位的服务内容进行分析，制定相应的服务规范与要求。通过对服务人员的工作内容实行量化测评、服务响应时间实行量化限定、基本素质实行量化标准等来对服务标准加以量化，进而提升景区服务的规范化程度。

③注意市场信息的反馈和分析。服务质量标准体系的建立是为了更好地满足市场和游客的需求。景区应加强对客源地市场的调查，设立专门的机构，对

各个渠道的信息进行系统的分析、研究。同时，把握市场对服务质量的看法，预测需求变化趋势。还要对景区进行全方面跟踪调查，对不符合市场需求以及景区实际情况的加以整改。

2. 授权管理

授权是指上级管理者赋予下级一定的权利和责任，使下属在一定的监督之下，拥有相当的自主权而行动，并为此负责。旅游景区服务具有高度的时效性，使得景区在进行制度化管理时，还要掌握服务管理的灵活性。景区管理者可通过授权提高下属的工作情绪，增强其责任心并且提高其创造性和积极性，从而提高工作效率。此外，管理者的有效授权还可以将自身从日常事务中解脱出来，留出更多时间进行战略性决策。如何进行有效授权需注意以下几点：

（1）明确授权的目的。授权者应结合景区状况和发展方向，向被授权者明确说明其所授权的事务以及职责范围，避免出现越权或渎职现象。

（2）职、权、责、利的平衡。管理者在授予下属权利时，要注意职责与职权、责任与利益的平衡。管理者要授予被授权者充分的权利并许以相应的利益，要使受权者所承担的责任大小与其利益相符，实现职、权、责、利的平衡，防止官僚主义和滥用权利现象的出现。

（3）正确选择受权者。景区从业人员之间个人素质、专业技能、管理能力等差异较大，在选定受权者时，要注意对授权对象的素质能力进行分析，应根据所要分配的任务来选择具备完成任务所需条件的受权者。

（4）加强监管控制。授权者可通过建立信息反馈机制、及时检查受权者工作进度和情况、任务开展的情况和权利的使用情况等方法来对受权者加以监督。对于工作质量欠佳或影响景区服务质量，滥用权利导致景区名誉或利益受损等现象，应对其进行及时制止并收回所授权利；对于还需改进或有疑问的，应及时给予受权者帮助和指导。在加强监管控制时要注意适度，否则授权将失去意义。

3. 旅游景区服务承诺

（1）景区服务承诺概念

景区服务承诺亦称景区服务保证，是一种以游客为尊、以游客满意为导向，在提供服务前对游客许诺若干服务项目以引起游客的好感和兴趣，招徕游客，并在服务活动中忠实履行承诺的制度和营销行为。

（2）景区服务承诺内容

景区服务承诺内容包括：服务质量的保证、服务投诉的保证、游客安全的保证、服务价格及附加值的保证、服务满意度的保证等。

例如，崆峒山景区六项服务承诺：一是确保环境整洁优美。加强环境整洁和日常维护工作，保证景区卫生环境，为游客提供整洁卫生，舒适优美的旅游环境。二是确保服务热情周到。加强培训，严格要求，提高景区员工综合素质，全体员工做到仪容整洁大方，文明端庄，态度和蔼，精神饱满，佩证上岗，主动热情礼貌待客，为游客提供优质规范服务。三是确保管理严格规范。严格遵守国家有关法律、法规，健全景区内各项管理规章制度，畅通投诉渠道，建立综合投诉站，确保24小时值班，认真及时处理游客投诉，自觉维护游客合法权益。四是确保安全措施落实。坚决落实旅游安全管理责任制，保证各类旅游设施安全运转，消除安全隐患，加强景区社会治安和安全防范工作，建立健全突发事件应急预案，完善治安措施，确保游客人身和财产安全。五是确保经营诚信守法。景区内所有餐饮、购物、娱乐、客运等经营接待服务单位，都要坚持诚信兴业，以诚待客，公平交易，严格执行物价部门审核批准的收费标准，所有商品和服务明码标价，商品计量准确，服务符合约定标准，严禁哄抬物价，不出售假冒伪劣商品，杜绝各种强迫、诱迫交易和欺客宰客行为。六是确保讲解科学文明。导游、讲解人员持证上岗，文明、热情为游客服务，讲解内容健康、文明、规范，积极传播社会主义精神文明，杜绝低级趣味。

（3）景区服务承诺方法

景区服务承诺制的实行有利于景区提高服务质量，满足游客需求并令其满意，改善景区自身的形象。服务承诺直接影响着一个景区的成功和失败，而服务保证能落到实处就会拥有游客的信任，增强景区竞争力。实行服务承诺制可以采取以下措施：

①制定无条件的承诺。可以制定一些无条件的满意度保证，无条件保证的好处是，不论时间如何变化，游客所期待的与实际得到的服务都能保持一致。

②制定有赔偿代价的承诺。不管提出什么保证，赔偿代价都要有相当的意义，才能吸引心存不满的游客主动前来抱怨，有效地挽回失望的游客，刺激景区吸取失败的教训。

③提供简洁的保证。景区的服务保证，必须言简意赅，让游客一看便知。

④简化游客申诉的程序。景区提供服务时，尽量减少申诉过程的不便，防止既流失游客，又失去从申诉中得到游客真实反馈从而对景区的不足之处进行学习改进的机会。

⑤慎重应对失诺事件。当出现失诺事件时，应充分了解游客所遭受的不幸，根据失诺的具体情况，采取适当措施；必要时，及时通知较高层次的管理人员出面解决问题。例如，美国波士顿一家餐厅的员工，在客人食物中毒之后，拿

着免费餐券要补偿对方，结果严重得罪了客人。

4. 景区流动管理

游客在景区游览过程中易受到其他不确定因素的影响，如天气、交通、人流等，其在景区内的活动具有随机性和流动性。想要提高服务质量需要加强景区的流动管理。流动管理的内涵是要求景区管理者或管理部门走入景区，特别是游客集散中心等人流量较大的地方，实行巡视管理制度，对于景区内发生的问题进行及时的处理，提高服务质量以及游客的满意度。同时，实行巡视管理制度还有利于管理者了解景区内真实情况，再结合实际与管理决策，对于管理规章制度中的漏洞、管理标准的不合理现象进行及时处理。

5. 提高景区员工满意度

景区是以经营旅游产品获利，而旅游产品的同一性决定了生产与消费的同步发生，游客购买景区旅游产品的过程也是景区服务人员生产和销售这些旅游产品的过程。因此，景区服务人员的态度决定了其服务质量。想要提高游客的满意度、增加收益，就需要提高景区员工素质，提高员工的满意度。员工的满意度是服务态度与服务质量的保证，景区可通过以下几个方面提升员工满意度：

（1）建立科学、合理的薪酬制度。员工工作的基础和目的就是工资收入，景区在制定薪酬标准时，应对员工的工作进行量化分析，建立科学、合理的薪酬制度，使员工能够感受到自身工作能力受到肯定。

（2）景区管理层应注重在企业内部培养良好的人际关系和亲和的文化氛围，使得员工以及企业中的非正式组织的个人规划与景区发展方向一致。

（3）景区要帮助员工进行职业规划管理，通过职业规划以及完善的授权制度，员工能够在多个岗位施展能力。

（4）建立完善的激励机制。对工作表现积极、游客评价高以及服务创新能力强的员工进行物质、精神的奖励。景区的持续发展与服务人员的创新能力相关，服务质量标准化能够激发旅游企业员工的服务创新能力。在标准化框架内，景区应扩展旅游者需求的主观能动性空间，鼓励员工及游客直接交流时，及时发现问题并解决问题，激发员工在关键时刻的创新意识，提高员工的工作责任感和成就感。

思考题

1. 什么是景区质量和景区质量管理？
2. 旅游景区质量管理有哪些基本原则？
3. 旅游景区质量管理方法有哪些？
4. 简述旅游景区质量战略及其制定。

5. 简述旅游景区质量管理体系及其内涵。

6. 什么是旅游景区质量管理体系文件？

7. 简述旅游景区质量调查方法。

8. 简述旅游景区游客满意度分析。

9. 简述旅游景区服务质量测评。

10. 简述旅游景区服务质量管理方法。

第八章　旅游景区环境管理

学习目的：

通过本章的学习，认识到景区环境是增强景区竞争力和吸引力的重要因素，了解不同类型景区环境保护的方法，理解可持续发展理论在景区经营和管理中的意义，掌握绿色景区创建的要求、标准和景区环境质量认证的程序和方法。

主要内容：

- 旅游景区环境质量标准
- 旅游景区环境容量的概念、特征和计算方法
- 旅游景区环境容量预测
- 旅游景区环境的保护与管理
- 旅游景区环境的可持续发展
- 旅游景区环境质量认证
- 绿色旅游景区

良好的生态环境是旅游景区最重要的核心吸引物之一，是旅游景区可持续发展的基础与保证。1995年原国家环境保护局、国家旅游局、建设部、林业部、国家文物局曾联合发出《关于加强旅游区环境保护工作的通知》，要求全国各类旅游景区的主管部门按照"谁主管、谁负责"的原则，切实加强对各类旅游区的环境管理。2018年3月国务院办公厅发布《关于促进全域旅游发展的指导意见》，该意见指出要加强环境保护，推进共建共享；强化对自然生态、田园风光、传统村落、历史文化、民族文化等资源的保护，依法保护名胜、名城、名镇、名村的真实性和完整性，严格规划建设管控，保持传统村镇原有肌理，延续传统空间格局，注重文化挖掘和传承，构筑具有地域特征、民族特色的城乡建筑风貌；倡导绿色旅游消费，实施旅游能效提升计划，降低资源消耗，推广使用节水节能产品和技术，推进节水节能型景区、酒店和旅游村镇建设。旅游景区

的环境管理包括自然生态环境管理和社会文化生态管理两个方面。旅游景区环境管理的内容包括制定景区环境质量标准、选择景区环境的评估方法，并对景区环境质量进行有效的监测与控制。

第一节　旅游景区环境质量标准

在《旅游景区质量等级的划分与评定》（GB/T 17775—2003）中制定了旅游环境包括空气质量、地表水质量、景观环境和环境氛围四个部分。旅游景区的环境质量应达到有关环境保护国家标准：在《环境空气质量标准》（GB3095—2012）中属一类区应执行一级标准，《声环境质量标准》（GB3096—2008）中属0类标准区域，《地表水环境质量标准》（GB3838—2002）中根据旅游活动的类型执行不同的质量标准。

在国家标准 GB/T17775—2003 中对各等级旅游景区应达到的环境质量标准进行了限定，如表 8-1 所示。同时，要求景区的污水排放达到 GB 20426—2006 的规定；要求自然景观和文物古迹保护手段科学，措施先进，能有效预防自然和人为破坏，保持自然景观和文物古迹的真实性与完整性；要求科学管理游客容量，环境氛围良好，绿化覆盖率高，植物与景观配置得当，景观与环境美化措施多样，效果良好；景区内各项设施设备符合国家关于环境保护的要求，不造成环境污染和其他公害，不破坏旅游资源和游览气氛。此外，还对景区的视觉景观环境做了相应的规定，如标准中明确提出景区建筑布局合理，建筑物体量、高度、色彩、造型与景观相协调；出入口主体建筑有格调，与景观环境相协调；周边建筑物与景观格调协调，应具有一定的缓冲区域或隔离带。

表 8-1　不同 A 级旅游景区的质量标准

环境质量标准			
A 级	空气质量 GB3095—2012	噪声质量 GB3096—2008	地表水环境质量 GH3838—2002
AAAA 级景区	一级	0 级	达到规定
AAA 级景区	一级	0 级	达到规定
AA 级景区	一级	0 级	达到规定
A 级景区	二级	1 类	达到规定

国家《旅游规划通则》（GB/T18971—2003）对不同类型的旅游区的环境设计做出了建议性的规定：

旅游区根据不同的产品类型及旅游容量采用不同的环境质量标准。对跨两种或两种以上产品类型的旅游区，应采用较高的环境质量标准。

人文景观型旅游区的规划设计应当以达到以下环境质量标准为目标：

（1）绿地率不少于30%。

（2）大气环境达到《环境空气质量标准》（GB3095—2012）一级标准。

（3）人体直接接触的娱乐水体达到《地表水环境质量标准》（GB3838—2002），生活饮用水水质达到《生活饮用水卫生标准》（GB5749—2006）。

（4）环境噪声达到《声环境质量标准》（GB3096—2008）。

（5）公共场所卫生达到《公共场所卫生指标及限值要求》（GB37488—2019）。

自然景观型旅游区和度假型旅游区的规划设计应当以达到以下环境质量标准为目标：

（1）除滑雪、海滨和河湖型旅游区外，其他旅游区绿地面积不少于50%。

（2）大气环境达到《环境空气质量标准》（GB3095—2012）一级标准。

（3）生活用水水质达到《生活饮用水卫生标准》（GB5749—2006），其他水体达到《地表水环境质量标准》（GB3838—2002）。

（4）环境噪声达到《声环境质量标准》（GB3096—2008）0类标准。

（5）公共场所卫生达到《公共场所卫生指标及限值要求》（GB37488—2019）。

专项旅游产品应按照专项产品环境质量保护的特殊要求进行规划设计。

案例 8-1　《环境空气质量标准》（GB3095—2012）（节选）

……

4. 环境空气质量功能分类

一类区为自然保护区、风景名胜区和其他特殊保护的城区。

二类区为城镇规划中确定的居住区、商业交通居民混合区、文化区、一般工业区和农村地区。

……

4.2 环境空气质量分级标准

环境空气质量标准分为三级。

一类区执行一级标准。

二类区执行二级标准。

……

各项污染物的浓度限值如表 8-2 所示。

表 8-2　各项污染物的浓度限值（1999 年）

污染物名称	取值时间	浓度限位			浓度单位
		一级标准	二级标准	三级标准	
二氧化硫 （SO₂）	年平均	0.02	0.06	0.10	mg / m³ （标准状态）
	日平均	0.05	0.15	0.25	
	1 小时平均	0.15	0.50	0.70	
总悬浮颗粒物 （TSP）	年平均	0.08	0.20	0.30	
	日平均	0.12	0.30	0.50	
可吸入颗粒物 （PMIO）	年平均	0.04	0.10	0.15	
	日平均	0.05	0.15	0.25	
氮氧化物 （NOₓ）	年平均	0.05	0.05	0.10	
	日平均	0.10	0.10	0.15	
	1 小时平均	0.15	0.15	0.30	
二氧化氮 （NO₂）	年平均	0.04	0.04	0.08	
	日平均	0.08	0.08	0.12	
	1 小时平均	0.12	0.12	0.24	
一氧化碳 （CO）	日平均	4.00	4.00	6.00	
	1 小时平均	10.00	10.00	20.00	
臭氧 （O₃）	1 小时平均	0.12	0.16	0.20	
铅 （Pb）	季平均	1.00			μg / m³ （标准状态）
	年平均	1.5			
苯并（a） 芘 B（a）P	日平均	0.01			
	日平均	7①			
	1 小时平均	20①			
氟化物 （F）	月平均	1.8②	3.0③		u g/dm²×d
	植物生长季平均	1.2②	2.0③		

注：①适用于城市地区；②适用于牧业区和以牧业为主的半农半牧区、桑蚕区；③适用于农业和林业区。

案例 8-2　《声环境质量标准》（GB3096—2008）（节选）

......

3. 标准值

各类声环境功能区适用规定的环境噪声等效声级限值如表 8-3 所示。

表 8-3　环境噪声限值等效声级 L_{Aeq}:dB

类别		昼间	夜间
0		50	40
1		55	45
2		60	50
3		65	55
4	4a	70	55
	4b	70	60

4.1　0 类标准适用于疗养区、高级别墅区、高级宾馆区等特别需要安静的区域。位于城郊和乡村的这一类区域分别按严于 0 类标准 5dB 执行。

4.2　1 类标准适用于以居住、文教机关为主的区域。乡村居住环境可参照执行该类标准。

……

5　夜间突发噪声

夜间突发的噪声，其最大值不准超过标准值 15dB。

……

案例 8-3　《地表水环境质量标准》（GB3838—2002）（节选）

……

1.2　本标准适用于中华人民共和国领域内江河、湖泊、运河、渠道、水库等具有使用功能的地表水水域。

……

3. 水域功能和标准分类

依据地表水水域使用目的和保护目标将其划分为五类：

I类　主要适用于源头水、国家自然保护区。

II类　主要适用于集中式生活饮用水水源地一级保护区、珍惜水生生物栖息地、鱼虾类产卵场、仔稚幼鱼的索饵场等。

III类　主要适用于集中式生活饮用水水源地二级保护区、鱼虾类越冬场、洄游通道、水产养殖区等渔业水域及游泳区。

IV类　主要适用于一般工业用水区及人体非直接接触的娱乐用水区。

V类　主要适用于农业用水区及一般景观要求水域。

同一水域兼有多类使用功能的，依最高类别功能划分。

第二节   旅游景区环境质量调查与评价

一、环境质量评价的概念

环境质量是环境系统客观存在的一种本质属性，并能用定性和定量的方法加以描述的环境系统所处的状态。环境始终处于不停的运动和变化之中，作为环境状态表示的环境质量也是处于不停的运动和变化之中。引起旅游景区环境质量变化的原因主要有两个方面：一是由自然的原因引起环境质量的变化；二是由旅游活动以及因此引发的各类生活和生产行为导致的环境质量变化。

环境质量评价，是评价环境质量的价值，而不是评价环境质量本身，是对环境质量与人类社会生存发展需要满足程度进行评定。环境质量评价的对象是环境质量与人类生存发展需要之间的关系，也可以说环境质量评价所探讨的是环境质量的社会意义。

环境质量评价可从不同的角度被分成许多种类型，例如，从时间上可以分为景区开发以前的区域环境质量评价、景区环境质量现状评价和景区环境质量预测（影响）评价；从空间上可分为单一旅游项目的环境质量评价、旅游景区环境质量评价、景区所在区域的环境质量评价等；从环境要素上可以分为景区大气环境质量评价、景区水环境质量评价、景区噪声环境质量评价、景区森林环境质量评价等；从评价内容上可以分为健康影响评价、经济影响评价、生态影响评价、风险评价、视觉景观评价等。随着环境质量评价工作的不断广泛深入开展，以及环境质量评价学理论的进一步完善、充实和提高，环境质量评价还会出现许多新的分类。

二、环境质量评价的内容

环境质量评价因对象不同、要求不同、目的不同、方法不同，评价的内容也不同。环境质量评价的主要内容包括：

1. 各种污染源的调查、监测、分析和评价。通过找出各种污染源、污染物及污染物的运动规律，确定环境污染现状。

2. 环境自净能力的调查和分析。通过这部分工作确定污染物在运动过程中状态的变化情况，以便找出污染物在自然环境中的迁移规律和自然环境对污染物的净化能力。

3. 对生态系统的调查和评价。通过对生态系统（动物、植物、人体）的调查，研究污染物、环境与生态系统的因果关系，掌握环境污染对生态系统的影响。

4. 防治污染措施的确定。在评价中，根据对环境污染物的调查分析及可能造成的污染，提出相应的控制方案和治理措施。

5. 经济和环境效益分析。调查所有污染带来的直接或间接的经济损失和各种治理措施的费用，分析改善环境和综合利用带来的经济效益与环境效益，以及损失、费用和效益之间的关系。

三、景区环境质量现状调查

1. 环境质量现状调查程序

（1）准备阶段

在准备阶段，首先要确定调查目的、范围、方法、评价的深度和广度，制定评价工作计划。组织各专业部门分工协作，充分利用各专业部门积累的资料，并对已掌握的有关资料做分析，初步确定主要污染源和主要污染因素，做好评价工作的人员和物资的准备。

（2）监测阶段

在准备工作的基础上，根据确定的主要污染因素和污染项目，开展环境质量现状监测工作。在监测工作中，定区、定点、定时间很重要，应当一年按不同季节搞几次，至少要在冬季、夏季搞两次。如果需要应重复搞几年，这样才能获得比较可靠的资料。在监测工作中，要注意监测资料的代表性、可比性和准确性。具体监测方法应按国家规定标准进行，有条件的地方，监测工作可从不同学科角度进行，除进行环境污染物的监测外，还可进行环境生物学监测和环境医学监测，由不同专业来评价环境污染状况，这样能更全面地反映环境的实际情况。

（3）评价和分析阶段

评价就是选用适当方法，根据环境监测资料、生物学监测资料和环境医学监测资料，对不同地区、不同地点、不同季节和时间的环境污染程度进行定量和定性的判断与描述，得到不同地区、不同时间的环境质量报告，并分析说明造成环境污染的原因，发生的条件，以及这种污染对人、植物、动物的影响程度。

（4）成果应用阶段

通过评价得到的结论就是重要的成果。这一成果对于环境管理部门、规划部门都是很有意义的基础资料。据此，可以制定出控制和减轻一个地区的环境污染程度的具体措施。对一些主要环境问题，可以通过调整工业布局、调整产业结构、进行污染技术治理、制定合理的国民经济发展计划等措施来加以解决。所以，评价结果是进行环境管理和决策的重要依据。

2. 景区环境质量现状调查评价的内容

（1）大气污染监测内容

大气中各种污染物的浓度值是进行大气污染监测评价的主要资料，资料获得的主要手段是大气污染监测。根据各景区大气污染例行监测资料并结合污染源评价结果，即可确定各景区的主要污染物，这些主要污染物可列为评价因子。目前通常的评价因子有：尘（总悬浮微粒、可吸入颗粒物）、有害气体（二氧化硫、氮氧化物、一氧化碳、臭氧）、有害元素（氟、铅、汞、镉、砷）和有机物（苯）等。在一个景区内进行监测评价，可以从上述因子中选择几项，项目不宜过多。

（2）水环境质量现状评价内容

水体质量现状评价是根据不同的目的和要求，按一定的原则和方法进行的。主要是针对旅游景区的河流、湖泊等水体的污染程度，划分其污染等级，确定污染类型及主要污染物。目的是能准确地指出水体的污染程度，以及将来的发展趋势，为制定水环境保护的方针政策和具体措施提供可靠科学依据。水质评价是一种非常复杂的综合性工作，因为影响水质污染的物质很多，而且这些物质的浓度和影响都不相同。水质的评价内容包括选定评价参数（包括一般评价参数、氧平衡参数、重金属参数、有机污染物参数、无机污染物参数、生物参数等）、水体监测和监测值处理、选择评价标准、确定评价方法等。水质污染状况应从污染强度、污染范围和污染历时三个方面来综合评定。

（3）噪声评价内容

噪声评价是从噪声对人的心理影响的角度来量度噪声的方法。噪声对人的心理和生理的影响是非常复杂的，也是多方面的（如烦恼、语言干扰、行为妨害等），甚至有时噪声的客观量不能正确反映人对噪声的主观感觉，而且因人而异。因而人们需要一些统计上能正确反映主观感觉的评价量，并把这些主观评价量同噪声的客观物理量建立起联系，这是噪声主观评价的任务。在噪声主观评价研究的发展史上，曾提出过许多评价量，但近年来人们趋向用A声级来评价噪声，原因是A声级较好地反映了噪声对语言的干扰和引起的烦扰，用A声级来估计噪声性听力损失也很合适，而且A声级容易测量。

四、景区开发的环境影响评价

1. 环境影响评价的概念

环境影响评价简称环评，是指对规划和建设项目实施后可能造成的环境影响进行分析、预测和评估，提出预防或者减轻不良环境影响的对策和措施，进行跟踪监测的方法与制度。简单地说，就是分析项目建成投产后可能对环境产生的影响，并提出污染防治对策和措施。环境影响评价是指对拟议中的建设项目、旅游开发计划和国家政策实施后可能对环境产生的影响（后果）进行的系统性识别、预测和评估。环境影响评价的根本目的是鼓励在规划和决策中考虑环境因素，最终达到更具环境相容性的人类活动。实际上，它是在一项人类活动未开始之前对它将来在各个不同时期所可能产生的环境影响进行的预测与评估。

2. 环境影响评价的目的和原则

旅游景区开展环境影响评价的目的是为全面规划、合理布局、防治污染和其他公害提供科学依据。应该遵循的主要原则有：目的性原则、整体性原则、相关性原则、主导性原则、动态性原则和随机性原则等。

3. 旅游建设项目对周围地区的环境影响

任何旅游项目的建设均将对景区所在区域的环境质量造成一定的负面影响，主要表现在以下几个方面：

（1）对周围地区的地质、水文、气象可能产生的影响，防范和减少这种影响的措施，最终不可避免的影响；

（2）对周围地区自然资源可能产生的影响，防范和减少这种影响的措施，最终不可避免的影响；

（3）对周围地区自然保护区等可能产生的影响，防范和减少这种影响的措施，最终不可避免的影响；

（4）各种污染物最终排放量，对周围大气、水、土壤的环境质量的影响范围和程度；

（5）噪声、振动等对周围生活居住区的影响范围和程度；

（6）绿化措施，包括防护地带的防护林和建设区域的绿化；

（7）专项环境保护措施的投资估算。

根据以上影响，针对旅游景区开发的环境影响评价应重点做好以下几个方面：

（1）进行旅游景区规划或者景区建设项目的工程分析；

（2）进行旅游景区生态现状的调查与评价；

（3）进行环境影响识别与评价因子筛选；

（4）进行旅游建设项目选址选线的环境合理性分析；

（5）确定评价等级和范围；

（6）进行旅游建设项目全过程的影响评价和动态管理；

（7）进行敏感保护目标的影响评价，研究保护措施；

（8）研究消除和减缓影响的对策措施。

环境影响评价的过程包括一系列步骤，这些步骤按顺序进行。在实际工作中，环境影响评价的工作过程可以不同，而且各步骤的顺序也可变化。一种理想的环境影响评价过程，应该能基本上适应所有可能对环境造成显著影响的项目，并能够对所有可能的显著影响做出识别和评估，对各种替代方案（包括项目不建设或地区不开发的情况）、管理技术、减缓措施进行比较；生成清楚的环境影响报告书（EIS），使专家和非专家都能了解可能影响的特征及其重要性；广泛的公众参与和严格的行政审查程序；能够得出清晰的结论，以便为决策提供信息。

第三节　旅游景区环境容量

一、旅游景区环境容量概述

一直以来，旅游业被誉为是"无烟工业"，其实不然。从 1841 年托马斯·库克（Thomas Cook）组织的第一次包价旅游至今，旅游业在世界各地取得了巨大的成功。然而经济上给人们带来的巨大收益，却掩盖了它对社会、自然环境的破坏。所以，多年来关于旅游环境方面的研究相对于旅游学其他方面的研究显得更为滞后。20 世纪 60 年代以前，学术界对此方面的研究几乎是零。直到 1967 年，由莱佩奇（Lapage）首先引入了旅游容量的概念。但真正深入的研究是 1977 年由劳森（H. Lawson）等写出了《旅游和休闲的发展：旅游资源评价手册》，其中专门探讨了旅游容量的问题。此后随着可持续思想的风靡全球，相关的论文、著作不断发表，成就瞩目。

1. 旅游景区环境容量的概念

环境容量这一概念最初来自日本，它指环境单元可容纳某种事物的量。它的含义有两方面：一方面，容量是相对于一定环境区域而言的；另一方面，环境容量是指某种事物的环境容量，这里所指的事物具有广泛的含义，如水环境容量、土壤中汞环境容量及人口环境容量等。对游客而言，旅游环境容量是指某一旅游地域单元（如旅游区、游览区、旅游点等）在不破坏生态平衡，达到风景区环境质量要求，并能满足游人的最低游览要求时，风景区所能容纳的游客量。它包含旅游地环境生态容量和游客感知容量。旅游环境容量也是指旅游景区的生态系统在保持其生产能力、适应性和再生能力等的同时还能支持一个健康发展机制的能力。容量代表的是人类活动的界限标志，如果超过此界限资源地就会退化。

　　旅游景区的环境容量是以旅游景区作为地域单元的可容纳某种事物的量，指的是旅游景区生物物理环境和社会环境两部分的容量，它表示一个景区可以容纳的旅游业资源利用及相关基础设施的最大限度。一旦超越界限，该旅游景区资源退化，游客满意度降低，对该地社会经济和文化的负面影响就无法避免。另外，不应忽视旅游环境中的社会容量和心理容量。这个容量由两部分组成，即高质量的自然环境和高质量的休闲体验，具体内容涉及生物物理因素、社会文化因素、心理因素和管理因素四个部分。

　　旅游景区环境容量因地域、季节、时间、开发利用者的行为、设施的设计、设施的类型和管理水平的不同，容量也不相同，而且环境本身还具有动态的特征。因此，在实践中不应该将旅游活动与人类其他的活动相分离。鉴于环境容量的这一动态特征，有些学者认为，计算一个旅游景区的准确容量并不是很科学，转而提出应当研究生态景区可接受的环境化范围究竟有多大。这种观点认为，只要因开展旅游而带来的负面影响在可接受的范围内的话，都是可行的。尽管如此，对旅游景区环境容量的计算仍不失为一种操作性较强的景区环境管理方法。

　　2. 旅游景区环境容量的基本构成

　　旅游景区的环境容量主要包括环境的生物物理容量，环境的社会、文化容量，环境的心理容量和环境的管理容量四个方面。

　　（1）环境的生物物理容量

　　环境的生物物理容量主要与自然资源有关。人们认为没有一个生物物理系统可经受得起毫无限制地开发利用。因此，要设定一个明确的开发使用的界限，这一界限的确立是建立在对生态系统脆弱性的评估的基础上。自然环境的容量水平取决于环境的面积和环境的复杂性，相对来说，这一容量较易测定，也在旅游管理的实践中被广泛利用。

　　（2）环境的社会、文化容量

　　旅游活动一旦超越一定界限，就会给当地居民带来社会、文化方面的负面影响。环境的社会、文化容量首先涉及的是作为接待者的当地居民。值得注意的是，当地居民和旅游者，在他们各自的内部，对带来负面影响的因素认识不同。例如，一个纯粹以旅游业为生的人对旅游业的看法完全不同于一个与旅游业无关的人。这使得难以对环境的社会、文化容量进行准确的测量和评估。于是，来自人类学家及其他专业的科学家的帮助是非常重要的。

　　（3）环境的心理容量

　　它是指一个景区能保证为游客提供高质量旅游体验的同时所接待游客的最

大量。视地区、旅游吸引物的类型、每个旅游者（从经验丰富的生态旅游者到普通游客）的具体特点不同，心理容量的范围也不相同。通常在观景点每位游客需要 20 平方米（或 1 平方米扶手护栏）的空间，在人口密集的营地，每位游客需要的空间为 10 平方米。

（4）环境的管理容量

它指的是在不影响有效管理的情况下，特定旅游景区可接待参观的最大程度。管理容量与旅游者可使用的有形设施的类型密切相关。需要考虑的因素有：员工数量、营业时间、解说、标牌服务与设施的限制、停车场空间等。

3. 景区环境容量的计算

计算环境容量要拥有资源本身和基础设施方面的信息。对具体的旅游景区而言，这一信息是具体的、明确的，因此，每一个生态旅游景区在某些方面或所有方面，它的环境容量都是明确的。环境容量的关键要素包括：旅游活动的类型、季节、每天的游览时间、被开发资源的安全状况、现有设施和游客的满意度等。在特定的时间、特定的地点，环境容量的水平在很大程度上受敏感要素的影响。环境容量通常与资源状况有关，但也可能涉及该地经济或政治情况。这些研究工作应该瞄准指标要素，无论这些指标是生物物种、水质、看得见的损坏，还是游客的满意度，把所有景区的环境容量进行简单相加并不等于整个旅游景区的环境容量。

（1）自然地理容量（Physical Carrying Capacity，PCC），指的是一个有限的空间在特定的时间段可以容纳的最大游客量，计算公式如下：

$$PCC=A \div Vla \times Rf$$

其中，A 表示利用的公共区域面积；

Vla 表示每位游客所需要占有的面积；

Rf 表示日接待人次，计算方法为营业时间÷游客的平均逗留时间（注：计算自然地理容量时，可假设每位游客所需要的自由活动空间为 1 平方米）。

（2）事实容量（Real Carrying Capacity，RCC），考虑到具体景点的特点和对自然地理容量的矫正（递减）因子，事实容量就是特定景点可允许容纳游客的最大量。矫正因子可通过生态景区的生物物理、环境、生态、社会和管理等方面的变量而获得。计算公式为：

$$RCC=PCC-Cf_1-Cf_2-\cdots-Cf_n$$

其中，Cf 代表用百分比表示矫正因子。于是，事实容量的计算公式也可表示为：$RCC=PCC-（100-Cf_1）\% \times（100-Cf_2）\% \times \cdots \times（100-Cf_N）\%$。

考虑到具体的景点，矫正因子群会有所不同，它们与具体景点的特定条件和特点密切相关。矫正因子用下列公式计算：

$$Cf = M_1 M_t \times 100$$

其中，M_1 表示变量的最大值，M_t 表示变量的总值。

（3）有效或可允许的容量（Effective or Permissible Carrying Capacity，ECC），指的是在现有的管理容量（MC）的情况下，特定景区在不影响可持续发展的前提下可接待的游客数量的最大值。有效容量就是事实容量与管理容量之比。

（4）管理容量指的是旅游景区实现管理功能和管理目标所需要的所有条件之和。但对管理容量的计算绝非易事，因为这涉及众多的变量因素，比如，政策措施、立法、基础设施与设备、员工数量与质量、资金、管理动力等。

但无论如何，这三种环境容量的值呈递减关系，有效容量肯定要小于事实容量。一般来说，管理水平总会不断地提高，有效容量也会随之提高。

国家旅游部门发布的《旅游规划通则》附录部分建议的"旅游规划指标选取指南"中提出了旅游环境容量的测算指标和测算方法。这一方法为研究旅游景区环境容量提供了参考。

案例 8-4　旅游规划指标选取指南

旅游容量分为空间容量、设施容量、生态容量和社会心理容量四类。对于一个旅游景区来说，日空间容量与日设施容量的测算是最基本的要求。

（1）日空间容量

日空间容量的测算是在给出各个空间使用密度的情况下，把游客的日周转率考虑进去，即可估算出不同空间的日空间容量。

例如，假设某游览空间面积为 X_i 平方米，在不影响游览质量的情况下，平均每位游客占用面积为 Y_i 平方米 / 人，日周转率为 Z_i，则日空间容量为：$C_i = X_i \times Z_i / Y_5$（人），旅游区日空间总容量等于各分区日空间容量之和，即 $C = ZC_i = ZX_i \times Z_i / Y_i$。

（2）日设施容量

日设施容量的计算方法与日空间容量的计算方法基本类似。

例如，假设一个影剧院的座位数为 X_i，日周转率为 Y_i，则日设施容量为：$C_i = X_i \times Y_i$，日设施总容量为：$C = ZC_i = ZX_i \times Y_i$。

其中，旅游接待设施，如宾馆、休疗养院的空间系数建议为 0.4。

（3）生态环境容量

生态环境容量的测算是一个比较复杂的问题，需要考虑如下因素：①土壤：土壤密度、土壤组成、土壤温度、土壤冲蚀与径流。②植被：植被覆盖率、植被组成、植被年龄结构、稀有植物的灭绝、植被的机械性损伤。③水：水中病原体的数目与种类、水中的养分及水生植物的生长情况。④野生动物：栖息地、种群组成、种群改变、旅游活动对种群活动的影响。⑤空气。

生态环境容量的研究，常采用以下列三种方法：①既成事实分析，在旅游活动与环境影响达到平衡的系统，选择游客量压力调查，所得数据用于测算相似地区环境容量。②模拟实验，使用人工控制的破坏强度，观察其影响程度，根据实验结果测算相似地区环境容量。③长期监测，从旅游活动开始阶段做长期调查，分析使用强度逐年增加所引起的改变，或在游客激增时，随时做短期调查，所得数据用于测算相似地区的环境容量。

（4）社会心理容量

社会心理容量的主要影响因素是拥挤度。对于它的测算也是一个比较复杂的问题，目前主要有两个模型可以利用：一是满意模型，二是拥挤认识模型。

对旅游景区来说，最基本的要求是对空间容量和设施容量进行测算，对生态环境容量和社会环境容量进行分析，有时也应对后两个环境容量进行测算。如果上述四个容量都有测算值，那么一个旅游景区的环境容量取于以下三者的最小值，即生态环境容量、社会心理容量以及空间容量与设施容量之和。

二、旅游景区环境容量及其预测

1. 旅游景区环境容量的特征

（1）静态性与动态性

静态性主要是由游客进行某一游览活动所必需停留时间决定的，在这一活动过程中，环境容量不会发生变化，即具有一个瞬时环境容量；而动态性是由停留时间的有限性和开放时间的无限性这一关系决定的。游客的各种流动现象总是表现为输入和输出，开放时间与停留时间的比例就表明了这一特性，此比例称为旅游环境的周转率。这一特性决定了旅游环境容量在一定时段内可以达到可观的数量，其值一般大于瞬时值。静态性常常受当前条件的制约，反映了现状；动态特性则反映了运动和变化。

（2）客观性与可量性

在一定时期内，某一旅游环境在构成要素、功能、传达信息等方面具有相对的稳定性，所以由此产生的旅游环境容量的大小是客观存在的，可以通过数据调查、定量分析及数学模型加以计算。

（3）易变性和可控性

在一段时期内，环境具有相对的稳定性，但由于旅游业的发展常与山区、湖泊、海岸带、草原等自然景观以及古城、古村落、历史遗迹、少数民族文化相联系，而这些地区恰恰处于经济的外围地带，环境脆弱度高，极易受到旅游活动的影响。所以从长远的角度来看，一个生态环境往往由于种种原因发生容量的变化，其原因：①可能是人类外部施加的，如人类过度砍伐，造成风景区草场沙漠化，草皮面积减少，导致环境容量变小；②可能是来自自然环境本身，如一段时期内降水增加，湖泊水面面积扩大，使水面旅游环境容量增大；③可能是人与自然双方的原因。

但是，无论何种原因导致的容量的变化，只要充分掌握了其运动的规律及系统变化的特征，即可根据自身的目标与需求，对环境进行适度改造，达到理想中的容量，如历史上所建的苏堤、白堤都产生了人为扩展水面环境的结果。所以说容量又是可控的，该特性在旅游业的发展中，常表现在对旅游资源充分有效地开发利用上。当然可控性是有限度的，应在承认规律、尊重客观的基础上进行开发。

2. 影响旅游环境容量的两个分量

影响旅游环境容量的分量包括：环境生态容量和游客感知容量。

（1）环境生态容量

环境生态容量，即物理和生态意义上的环境容量。旅游活动的强度应限制在自然环境、生态系统不遭破坏，旅游点不受污染的范围内，确定这个范围又要涉及两方面：

①自然环境承纳量。自然环境承纳量，是指旅游地环境所能容纳最大游人数。当旅游者到达某景区时，必然会产生各种废弃物，自然环境具有再生、恢复的能力，当超过自我纳污和净化的限度后，就会对环境造成了污染。因此，随着旅游者数量增多，所造成的污染就可能突破环境自我净化的限度，这个限度就是旅游地自然环境的承纳量。

②生态环境承纳量。生态环境承纳量，即旅游地生态保持平衡所能容纳的最大游人数。由于旅游者的大量涌入，可能导致旅游地植被、土壤、生物生活环境等遭到破坏，以致生态环境失调。如游人对草地等植物的直接践踏，对野生动物生存环境产生妨碍而致使物种迁移；游客对珍稀植物采集而造成的品质退化或灭绝等。所以，为确保旅游地生态平衡，这又存在一个旅游地生态环境承纳量。

综合考虑自然环境承纳量和生态环境承纳量，才能得出了旅游地环境生态容量。至于该分量的测量模式、计算方法将在后文中具体阐述。

（2）游客感知容量

游客感知容量，即旅游者旅游时在不影响感受质量，不破坏游兴的情况下所能接受的拥挤程度，也叫旅游者的心理承载力。

倘若旅游地的游人数长期饱和，主要景点总是超载，拥挤不堪，旅游者的旅游体验就会大大下降，达不到最初期待的旅游效果，使旅游者认为该旅游地名不副实，从而影响了旅游地的声誉，使旅游地的回头客大大减少。因而在测算旅游地环境容量时应充分将该因素考虑进去。但是由于不同旅游者，他们的性格、年龄、性别、学识、经历、喜好等各不相同，从而导致每个旅游者对拥挤的忍受程度也不相同，为此通常要经过较为广泛的问卷调查，来测量这个限度。

当然，有一点必须注意，并非旅游景区的旅游者数量大，旅游者的心理承载力就小，即二者并非一定成反比关系，这既要看旅游者对不同旅游地的心理需求（如在海滨浴场和娱乐场所，人多则更有可能增强旅游者的旅游感受，而在游览观光地，大多数人则喜欢安静，参见表8-4），又要看旅游者在旅游时的心情（旅游者在心情特别好时，有可能更喜欢人多）。由于旅游者心理承载力融入了旅游者的主观心情，就给我们测量旅游者心理承载力带来了困难，所以此项数据的测量具有一定难度。

表 8-4　不同类型旅游者对环境的基本要求

旅游者类型	基本要求
风景、古迹游	喜好比较安静，充分体验景观、建筑的风貌
海滨度假游	喜好小群体活动，略为热闹的气氛，不能太冷清
生态探险游	一般是单独行动，一个人独享远离城市喧闹的气氛

3. 旅游景区环境容量相关指标的计算

由于各个旅游景点的构成要素、功能各不相同，因而影响环境容量大小的限制性因素也不相同，所以在容量计算时涉及的指标、参数也不相同。在此提出两种代表性、综合性较强的计算模型，以供参考。

（1）方法一

由于旅游环境容量为旅游环境承载力的一个分量，在内涵上等同于资源的空间承载力，包括环境生态容量和游客感知容量，因此旅游环境容量的计算涉及环境生态容量和游客感知容量两项分量指标的计算。

①旅游环境生态容量的计算

正常情况下，每一个旅游地的生态环境都有再生恢复的能力，当旅游地生态环境遭到破坏后，环境都能进行自我纳污和净化，即通过一种正负抵消的方式，以维持生态平衡。但若超出允许的范围，环境则可能发生变化，这个允许的范围即环境生态容量。

环境生态容量的测量，以旅游地为基本的空间单元，旅游地对污染物的内部处理、吸收和净化的能力，对该量的测定十分重要。综合前文所提到的自然环境承纳量和生态环境承纳量，有学者将环境生态容量用以下函数式来表示：

$$环境生态容量=Min（WEC，AEC，SEC，EEC）$$

式中，WEC 为水环境容纳量（以水面为主要旅游资源，取 WEC＝水环境容量/人均废水产水量，不以水面为旅游景点或不构成主要环境要素，则取无穷大）。

AEC 为大气环境容纳量（对于不产生大气环境污染的旅游活动类型，可取无穷大；产生大气污染时，AEC＝区域大气环境容量/人均废气产生量）。

SEC 为固定废弃物产生的容纳量。可分为以下两种情况：

一是对于无须由人工处理方法处理部分旅游污染物的旅游地，其公式为：

$$SEC_1 = \sum_{i=1}^{n}(S_iT_i)/\sum P_i \tag{8.1}$$

式中，S_i 为第 i 种污染物自然环境净化量（量/时）；T_i 为第 i 种污染物的自然净化时间（一般取一天）；P_i 为每位旅游者一天内产生的第 i 种污染物产出量都超过旅游污染物种类数。

二是绝大数旅游地的污染物产出量都超过旅游地生态系统的吸收和净化能力，因而一般都需对污染物进行人工处理，从而得到一个较大的容量，其公式为：

$$SEC_2 = \sum_{i=1}^{n}(S_iT_i)/\sum P_i \tag{8.2}$$

式中，P_i 为每天人工处理掉的第 i 种污染物量；其他符号与公式（8.1）相同。

EEC 为自然植被（土壤）承纳量，取决于自身接受践踏并恢复的能力，须通过现场监测获得数据。

②游客感知容量的计算

旅游感知容量是游客所能忍受的拥挤程度。通常其测量公式为：

$$C_p = A / Q \tag{8.3}$$

$$C_r = T / T_0 \times C_p \tag{8.4}$$

式中，C_p 为时点容量；C_r 为日容量；A 为旅游地游览面积；Q 为基本空间标准；T 为每日开放时间；T_0 为人均游览时间。

同时，有的景区，如山岳型风景区沿途游览面积不便计算，所以可以将游览路线长度作为参数进行计算，其公式为：

$$C_p = T / Q \tag{8.5}$$

$$C_r = L / T_0 \times C_p \tag{8.6}$$

式中，L 为游览线路的长度；其余符号与公式（8.3）、公式（8.4）一致。

两类公式虽然运用到了不同的参数，但计算的原理及目标都一致，且公式中都涉及一个基本空间标准，即个人空间值。由于个人的性格、年龄、性别、学识、经历等各不相同，使不同旅游者对空间大小的要求也不同，即使是同一旅游者，往往也会因主观情绪的波动，对同一景区空间大小的要求会发生改变。所以空间标准常常需要通过长时间经验的积累及专项研究来获得。在实际操作中，人们常通过问卷对某一场所的拥挤与否和满意程度进行调查，再与实际游览人数及场所规模进行比较，得出基本空间标准。例如，爱尔兰对布列塔斯湾的调查即选择一个盛夏的周日，以航空摄影得到的实际密度及分布状况，同时以问卷方式调查海滩上的游客的看法。经比较，分析得出结论是：大多数海浴者接受 $10 m^2/$人的密度，而不认为海滩拥挤。此方面，如欧美、日本等国经过较长时间的研究积累，获得一些数据，如表 8-5 所示，对国内研究具有参考借鉴的价值。

表 8-5　旅游场所基本空间标准（日本）

场所	基本空间标准	备注
动物园	25 m²/人	上野动物园
植物园	300 m²/人	神代植物公园
海水浴场	20 m²/人	沙滩
钓鱼场	80 m²/人	
游园地	10 m²/人	
滑雪场	200 m²/人	

我国在使用基本空间标准时，常常借用西方类似指标，但由于国情不同，因而在计算运用中准确度不高、实用性不大。为此我国研究人员经过反复总结积累，也得出一些经验数据，如表 8-6 所示。

表 8-6　各类景区基本空间指标

景区类型		基本空间指标	备注
古典园林景区		20 m²/人	北京市园林局
山岳型风景区		8 m²/人	湖南南岳管理局
城市自然风景公园		60 m²/人	广西桂林市计委
海滨浴场	海域	10 m²/人	北戴河浴场
	沙域	10 m²/人	

表中的数据被对应地运用于不同类型景区旅游环境容量的计算中，以南岳衡山绝顶的祝融峰为例，该峰顶总面积 477 m²，一天开放 12 小时，每个游人游览时间为 15 分钟，对比表 8-6 可知基本空间标准为 8。

$$C_p = A/P = 477/8 = 60 \text{ 人次}$$

$$C_r = T/T_0 \times C_p = 12/0.25 \times 477/8 = 2862 \text{ 人次}$$

即祝融峰游客感知容量为：时点容量 60 人次，日容量 2862 人次。

环境生态容量和游客感知容量，二者的较小值即为旅游环境容量，但由于国内关于旅游地自然环境对污染物质净化恢复能力的研究尚属空白，因此环境生态容量这一参数的计算仍处于"纸上谈兵"的试验阶段。所以此法理论上虽然严谨，但在目前的实际操作中仍存在许多困难。

（2）方法二

根据不同景点的分布特征，容量计算模型如下：

①总量模型

将某一旅游区内景点看作均匀分布，有多个门可出入，游客在区内随机走动，无规则但较均匀分布，其计算公式为：

$$D_m = S/d \tag{8.7}$$

$$D_a = D_m \times (T/t) \tag{8.8}$$

式中，D_m 为某旅游区瞬时客流量（人）；D_a 为日客流容量（人）；S 为旅游区游览面积（m²）；d 为游人游览活动最佳密度（m²/人）；t 为游人每游览一次平均所需时间（小时或分钟）；T 为每天有效游览时间（小时或分钟）。

其中，

$$d = \text{Max}(d_1, d_2, d_3, \cdots, d_i) \tag{8.9}$$

式中，d_1 为植物被踩踏而能够正常恢复所允许的游人密度；d_2 为自然净化及人工清理各种污染物（如垃圾）状况下所允许的游人密度；d_3 为因噪声却不造成游客感应气氛下降的空间密度，等等。

当然，实际上各风景区由于性质、功能、组成要素不同，d_i 所指向的指标也会随之增减变化，在表 8-7 中列示了各种类型风景区旅游环境容量 d_i 可能指向的参数指标，而对公式（8.9）中 d_i 的解释则只是针对一般山岳型风景区所设。

表 8-7　各类情况下 d_i 可能指向的参数指标

从环境生态所能承受的方面考虑	从游客感知所能承受的方面考虑
1. 植物被践踏而能恢复所允许的游人密度 2. 产生的废气能被环境吸纳所允许的游人密度 3. 产生的污水能被环境吸纳所允许的游人密度 4. 产生的固定废弃物能被土壤自然净化或人工清理所允许的游人密度 5. 对物采捕而不致破坏生态圈平衡退化所允许的游人密度（此项指标主要是针对那些能够渔猎的旅游场所而言）	1.因噪声却不致降低游客感应气氛所允许的游人密度 2.因拥挤却不致降低游客感受质量所允许的游人密度

② 流量—流速模型

一个旅游区如以若干个景点为结点，以既定的游览线路为通道，连接成网络系统，游客按既定线路游览，则旅游环境容量计算公式如下：

$$D_m = L / d' \qquad\qquad (8.10)$$

$$D_a = (V \times T) / d' \qquad\qquad (8.11)$$

式中，L 为游览区内游览路线总长度（m）；d' 为游览线路上的游客的合理间距（m/人）；D_m 和 D_a 的含义同前；V 为游客的平均游览速度。

若对于一些乘坐交通工具游览的线状路线的风景区，则公式为：

$$D_m = L / d' \times N \qquad\qquad (8.12)$$

$$D_a = (V \times T) / d' \times N \qquad\qquad (8.13)$$

式中，d' 为交通工具之间的合理间隔；N 为某交通工具可载人数。

以武夷山风景区为例，计算九曲溪的旅游环境容量，有关数据经调查可知：九曲溪自九曲码头至一曲码头水路游览总长 8000m；前后两张排之间的标准距离（包括竹排长度 8m），以 50m 为合理，即：

$$D_m = L / \text{d}' \times N = 8000/50 \times 6 = 960 \text{（人次）} \tag{8.14}$$

$$D_a = (V \times T) / d' \times N = [(8000/2 \times 5 \div 50)] \times 6 = 2400 \text{（人次）} \tag{8.15}$$

因此，九曲溪瞬时旅游环境容量为 960 人次，日容量为 2400 人次。

4. 不同类型旅游景区环境容量的计算

（1）园林型风景区旅游环境容量的计算

园林型风景区常由多个平面分布的景点组成，各个景点由于功能性质、构成要素、资源品位各不相同，所以该类景区环境容量的计算常由各个类型景点的环境容量累加而成。

计算步骤和方法：

①先计算园林风景区内各景点的旅游环境容量（人次/日）：

$$D_{ai} = S_i \times T / (S_{Ki} \times t) \quad (i=1, 2, 3, \cdots, n) \tag{8.16}$$

式中，D_{ai} 为第 i 类旅游点环境容量（人次/天）；S_i 为第 i 类景点的面积（m²）；T 为景点每天开放的时间（小时）；S_{Ki} 为具有代表性的某种景点游人最低活动面积（由表 8-6 可知园林景区基本空间指标即最低活动面积为 20 m²/人）；t 为游人平均游览时间。

②再计算该园林风景区的旅游环境总容量，它由各个分散的景点的旅游环境容量构成，即：

$$D_a = \sum_{i=1}^{n} (S_i \times T_i / S_{ki} \times t) \quad (i=1, 2, 3, \cdots, n) \tag{8.17}$$

式中，D_a 为旅游景区环境容量（日容量），该量乘以景区全年开放天数，即为全年合理的环境容量。

但是，在风景区内不同景点往往存在饱和区和非饱和区，所以计算中应分别对待。饱和区容量仍按上述公式计算，而非饱区则要根据实测的数据进行计算，再相加。

③计算该风景区的瞬时环境容量：

$$d_i = \sum_{i=1}^{n} (S_i \times S_{ki}) \tag{8.18}$$

式中，各符号与上式相同。

以颐和园为例，各项数据指标如表 8-8 所示。

表 8-8　颐和园旅游环境

总面积：2966815m²			
陆面：766705 m²			水面：2200110 m²
游览区：616316.77 m²		非游览区：	
饱和区：192316.77 m²	非饱和区：424000 m²	150388.23 m²	

注：根据 1500 份抽样表计算游客的平均浏览时间为 4.1 小时，而颐和园每日开放时间为 13 小时。

资料来源：保继刚. 颐和园旅游环境容量研究[J]. 中国环境科学，1987（2）：32-36.

颐和园景区主要由建筑、园林及湖泊等景点组成，各部分之间都较具开放性，游客流动较随意，因而可大致将总的环境容量分作三个分量来计算，即饱和区、非饱和区和水面三个部分，分别计算如下（参考表 8-6 中关于园林风景区的数值，基本空间指标取 20 m^2/人）：

①饱和区环境容量

$$D_{a1} = S_1 T / (S_{k1} \times t) = (192316 \times 13) / (20 \times 4.1) = 30489（人）$$

$$d_{a1} = S_1 / SK_1 = 192316/20 = 9616（人）$$

②非饱和区环境容量

根据实测，非饱和区的人均活动面积大于 200 m^2/人，取 200 m^2/人为当前值。

$$D_{a2} = S_2 T / (SK_2 \times t) = (424000 \times 13) / (200 \times 4.1) = 6722（人）$$

$$d_{a2} = S_2 / SK_2 = 424000/200 = 2120（人）$$

③水面环境容量

假设园林的管理措施得当，游人的行为未对水面造成污染，按水面目前所有船只能容纳的旅客来计算，以旺季而言，同一时期内最高载人量为 2438 人，周转系数为 2，全天载人量为 4876 人，即 D_{a3}=4876 人，d_{a3}=2438 人，所以，颐和园旅游环境容量为：

$$D_a = D_1 + D_2 + D_3 = 42087 人$$

$$d_a = d_1 + d_2 + d_3 = 14174 人$$

即该园全天可容游人量 42087 人，同一时刻可容游人量 14174 人。

此外，若颐和园的非饱和区也能达到最大值 D_{a2} 和 d_{a2}，则全园的日容量瞬时容量将分别增至 102585 人和 33254 人。这也是扩大该园接待能力，该园进行有效开发规划提升之处。

（2）山岳型风景区旅游环境容量的计算

在山岳型景区中，各旅游景点通常都是依次沿线呈带状分布，形成旅游路线，所以在对该类景区旅游环境容量的计算中，除了运用前文所提的总量模式的公式对其中各主要景点的环境容量进行计算外，还有流量—流速模型的公式对沿途路线的承纳量进行计算，防止线路中人数过多而阻塞，再取二者的最小值，才为该类景区的旅游环境容量。

（3）海滩型景区旅游环境容量的计算

海滩型的景区在景点构成要素上比较单一，一般由沙滩和海水构成，二者呈带状平行分布，所以游客可流动的空间极为广阔，一般不受什么限制，在此可将游客视为均质分布。同时，一般海滩景区不似普通风景区以观光游览为主，而是以游乐度假为主，所以类似游乐场等娱乐设施是其不可少的一部分，该区域的休闲娱乐游也就成为多数游客海滩游览活动的必然选择。在此特别将娱乐场所考虑其中，所以在该类景区旅游环境容量的计算时，可分别根据海域、沙域和娱乐场所的各自面积及基本空间标准计算环境容量，再进行相加。

（4）溶洞景区旅游环境容量的计算

在溶洞型的景区游览中，游人一般都是呈线型，沿洞的路线分布。因此该类景区环境容量的计算是一种典型的运用流量——流速模型的计算。

第四节　旅游景区环境的保护与管理

一、旅游景区环境管理中存在的问题

随着我国改革开放的不断深入，经济建设的迅猛发展，人民生活水平的日益提高，在国家政府的大力倡导下，我国的旅游事业不断发展，为经济发展做出了巨大的贡献，成为许多地方的支柱性产业，显示出蓬勃的发展势头。然而各地游客的成倍增长，给地方旅游景点的环境带来了巨大的压力。游人的过度集中会引发许多环境、经济问题及社会矛盾，例如：（1）在生态环境方面：植物、土壤、大气、水、生物等遭到破坏，导致生态失调；（2）在社会环境方面：拥挤度上升，生活环境恶化；（3）在经济方面：物价上涨。这些对于合理开发利用旅游资源，保持优美的旅游环境，科学规划管理旅游景区，确保资源开发使用的有效性和永续性都是十分不利的。景区环境管理中主要存在以下的问题：

1. 资源过度开发或不适当的开发而造成的资源破坏。
2. 景区内的环境污染。
3. 人为开发景区不协调的建筑造成的游客视觉污染。
4. 景区建设中的城市化趋向。
5. 景区旅游活动的商业化趋向。
6. 缺乏有效的管理。
7. 经济上追求急功近利。

二、旅游景区环境的保护原则

景区环境保护是景区旅游可持续发展的保障，景区开发必须坚持环境保护原则。

1. 严格遵守国家有关政策和法规

严格贯彻执行《风景名胜区条例》（2016 年修订）和《风景名胜区建设管理规定》（建设部 1993 年 12 月 20 日发布）及国家环境保护部、国家文旅部、国家文物局、建设部、自然资源部、宗教局等有关部门及各种地方性的法规和规章。

2. 坚持"保护中开发，开发中保护"的原则

树立"保护中开发，开发中保护"的意识。在景区开发中，旅游项目、活动内容、旅游设施的风格、体量等应与自然环境相协调。禁止滥伐树木、开山采石、破坏溶洞、污染水面等破坏性建设行为，防止环境污染，维护生态平衡。

3. 坚持"修旧如旧""新建如旧"的文物古迹修复原则

对文物古迹，名人遗迹要明确保护等级，拟定保护环境。对文物古迹要遵循"修旧如旧"的原则，防止随意更改、占用、毁坏文物古迹的破坏性修复行为。

4. 坚持"四个兼顾，四个第一"原则

在旅游开发中要做到保护与开发建设兼顾，保护第一；生态效益和经济效益兼顾，生态效益第一；长远利益与当前利益兼顾，长远利益第一；全局利益与局部利益兼顾，全局利益第一。

三、旅游景区环境管理措施

1. 加强旅游景区的规划管理

加强景区的规划管理工作，做好旅游景区的总体规划、控制性详细规划、

修建性详细规划，并严格执行通过的各种规划，在旅游景区开发建设中，认真履行旅游项目审批制度，坚决执行国务院《建设项目环境保护管理条例》（2017年修订），凡新建、扩建旅游项目在项目审批前必须先取得环境保护行政主管部门的审批同意，执行污染防治设施与主体工程同时设计、同时施工、同时投入使用的"三同时"制度。

2. 科学确定旅游景区合理的环境容量

根据旅游景区的性质、类型、规模，科学合理地确定景区的旅游环境容量。

3. 加强废弃物、污染物的管理

要避免垃圾对环境产生破坏的方法就是防止垃圾的生产。防止污染意味着改变旅游活动的方式，要杜绝垃圾，不是不容许使用某些材料，而是得改变原先的使用方式，如采用可以多次使用的饮料瓶等。

对垃圾的防治工作促使人们思考如何降低物质消耗的问题，如多次使用的方法、回收再用的方法以及最好的避免使用会产生垃圾的材料等。若非要使用某些材料不可，该材料应该可以被就地多次使用为佳。

4. 加强生态伦理建设，提高全民生态伦理道德水平

采取多种方式进行全民环保意识宣传，加强生态伦理建设，提高全民生态伦理道德水平，使旅游者能将环境保护的社会要求内化为个人生态伦理要求，而成为一种自觉。自觉保护环境，自觉妥善处理生活垃圾，特别是防止和清除"白色污染"。

5. 确立管理区域

根据保护区内自然资源和文化资源的价值，特别是它们的脆弱性和容量来划分管理区域。一般来说，保护区可分为：

（1）严格保护的区域，不允许游人进入。

（2）严格限制使用的区域，可允许游人的进入，但只能是步行入内。

（3）中度开发利用的区域，建有配套的、数量有限的且负面影响小的服务设施。

（4）旅游开放区域，设施齐备。

（5）应该分别计算出每一个区域的环境容量。

（6）加强旅游景区规划的管理工作。

（7）旅游景区的目标永远是保护环境，提高当地居民的生活水平和生活质量，改善旅游产品和旅游服务。

6. 保护文化资源

不同地区在不同的地域环境和发展历史下，形成了各自的传统和文化，从外界吸收养分，发明了各自的礼仪，不断地进行着自我的重塑。旅游活动在这

一自我重塑的过程中起着主要作用。有些文化形态在旅游业的影响下丢掉了自己的文化之根。所以旅游景区的发展要注意文化资源的保护，可以采取的保护措施有：

（1）加强对古建筑的维护和保养。

（2）在文化遗址上杜绝进行任何建筑、探测和挖掘等工程。

（3）开展、举办展览和演示活动，对游人、当地居民和职员进行教育和培训。

（4）防止文化景区过分商业化、都市化。

（5）严禁收购文物、采集标本和对它们的倒卖行为。

（6）鼓励经常举行当地传统文化、礼仪、风俗风情等文化活动，培养民族文化自豪感，以保持文化的繁荣和持续发展。

（7）在文化敏感区域内，限制接待游客的数量。

（8）尽力改善当地居民的生活水平，宣传当地传统文化，提高其政治和经济地位。

7. 实施可持续发展的战略

可持续发展的 3R 原则是：减量化（Reduce）、可利用（Reuse）、可循环（Recycle）。

可持续发展的 3R 原则可应用于旅游景区的各个方面，如景区能源的利用、景区的交通方式、景区生活等。

（1）能源最小化

主要有三个原则可以减少能源的消耗量及其给环境带来的负面影响，选择能源与技术的最佳组合；将设备的运营时间最小化；将设备的使用效率最大化，即用电量最小化。

（2）废弃物最小化

在旅游景区要遵循废弃物最小化的原则，要促进物质的再利用，如为同一目的的再次使用（容器、杯子和厨房用具的再使用）；为不同目的的再次使用（如脏水可用来浇灌花园）；物质的再回收，例如玻璃和铝制品、塑料制品、报纸和杂志等。目前，一些景区同时设立三个垃圾箱，标明"可回收""可利用"和"有毒有害"的明显标志，一方面有利于垃圾的回收利用，另一方面提醒游客丢弃垃圾时注意垃圾的分类。

第五节　旅游景区的可持续发展研究

一、可持续发展的内涵和研究的意义

1. 可持续发展的内涵

到了 20 世纪 80 年代，人们逐渐认识到世界只有走可持续发展的道路，才能有光明的前景。所谓可持续发展，世界公认的定义可以归纳为：满足当代的发展需求，应以不损害、不掠夺后代的发展需求作为前提。它意味着我们在空间上应遵守互利互补的原则，不能以邻为壑；在时间上应遵守理性分配的原则，不能在"赤字"状况下发展；在伦理上应遵守"只有一个地球""人与自然平衡""平等发展权利""互惠互济""共建共享"等原则，承认世界各地"发展的多样性"，以体现高效和谐、循环再生、协调有序、运行平稳的良性状态。因此，可持续发展被明确地认为是为一种正向的、有益的过程，并且可望在不同的空间尺度和不同的时间尺度，作为一种标准去诊断、去核查、去监测、去仲裁"自然—社会—经济"复杂关系系统的"健康程度"。

可持续发展要求改变传统的以"高投入、高消耗、高污染"为特征的生产模式，实施清洁生产和文明消费。可持续发展要求遵循公平性原则、持续性原则、共同性原则。贯彻可持续发展理论将改变人类文明模式。可持续发展观与工业文明的传统发展观念的区别在于：从以单纯的经济增长为目标转向经济、社会、生态的综合发展；从以物为本位发展转向以人为本位的发展，从注重眼前利益和局部利益的发展转向长期利益和整体利益的发展，从物质资源推动型的发展转向非物质资源或信息资源推动型的发展，是社会由工业文明向生态文明的变革。可持续发展的生态文明将会成为 21 世纪人类社会发展的主旋律。可持续发展就是要建立起可持续发展的管理体系、可持续发展的法制体系、可持续发展的科技系统、可持续发展的教育体系和公众参与体系。

2. 旅游景区可持续发展研究的意义

在全球化的可持续发展研究背景之下，可持续旅游的研究也开始出现，国外旅游景区的可持续发展的研究主要集中在自然环境的保护及维持生态平衡；保持旅游地原居民的传统文化形态；开展以当地居民参与的旅游活动，实现旅游景区的社会、经济的可持续发展；将国际通用的社会、经济及环境的可持续发展评价指标应用于风景区（地）的可持续发展研究等。研究方法主要以理论分析和个案研究为主，并主要集中在国家公园方面，如美国已形成国家公园系统，对于其概念、管理、立法等方面的研究较多。

目前，我国对旅游景区的研究只停留在单学科某方面的研究，可持续发展的研究基本上是处于起始阶段，提出可持续发展的思想和概念者较多，实际的研究较少，对旅游景区研究较多的学科主要是建筑设计、风景园林、地理学、生态学等学科，研究的内容主要是开发保护等方面，在经营管理方面主要讨论景区资源上市还是公司上市等，对旅游景区进行学科系统化的研究较少，从管理科学及多学科的角度来研究风景名胜区可持续发展的更是空白。

随着我国旅游业的快速发展，我国旅游景区存在的问题日益凸现，旅游景区的开发与保护问题、管理与经营问题、旅游景区与地方的矛盾问题及经济效益社会效益和环境效益、眼前利益和长远利益、全局利益和部局利益、地方利益与部门利益之间的矛盾日益突出，管理上政出多门，经营上急功近利，城市化、商业化、人工化严重影响了我国旅游景区的可持续发展。

旅游景区的可持续发展研究有助于制定我国旅游景区管理政策，构建我国旅游景区可续发展的理论模式，并通过可持续发展应用模式的选择，推动我国旅游景区的社会、生态与经济效益的协调发展，实现我国旅游景区的可持续发展。因此，旅游景区的可持续发展研究具有重大的理论意义和很高的实用价值。

二、旅游景区可持续发展研究的具体内容

1. 旅游景区可持续发展理论模式研究

包括：旅游景区可持续发展理体系研究、旅游景区可持续发展指标体系研究。

2. 旅游景区可持续发展的动力机制与运行模式研究

包括：基础支持系统——景区资源的承载能力研究、供给支持系统——景区区域生产能力研究、容量支持系统——景区环境的缓冲能力研究、过程支持系统——景区进程的稳定能力研究、景区智力支持系统——景区管理的调节能力研究。

3. 旅游景区可持续发展管理模式研究

包括：中外管理模式的比较研究，行政管理体系、经营管理体系、规划管理体系、财务管理体系、投资管理体系、人力资源管理体系、旅游服务体系研究等。

4. 旅游景区可持续发展的政策与法规研究

包括：旅游产业政策、旅游环境政策与法规、旅游景区投资政策、旅游景区管理政策。

5. 旅游景区可持发展的创新系统研究

包括：旅游景区可持续发展的理念创新系统研究、制度创新系统研究、管理创新系统研究、产品创新系统研究。

6. 旅游景区旅游管理信息系统和决策支持系统研究

包括：旅游景区可持续发展的旅游管理信息系统研究、旅游景区可持续发展的决策支持系统。

7. 旅游景区生态化管理研究

包括：环境资源管理、生态意识的建设及生态伦理的研究、旅游环境管理及生态经济研究。

第六节　绿色旅游景区的创建和旅游景区环境资质认证

一、绿色旅游景区的创建

1. 绿色景区的标准

任何一个旅游景区都应符合下列 9 个标准：

（1）促进积极的环境道德，强化参与者们受欢迎的行为模式和行为规范；

（2）不让资源退化，即不使用使自然环境受到侵蚀破坏的消费模式；

（3）所有的设施和服务都是为了提供方便之用，决不能喧宾夺主，使自己成为旅游吸引物；

（4）以环境，而不是以人为中心，即承认并接受环境的现状，不能为了人们的方便而去改变或改造它；

（5）必须有益于野生动植物和自然环境，这种好处涵盖社会效益、经济效益、科学效益、管理效益和政治效益，至少，自然环境必须要获得净收益，有利于可持续发展和生态系统的有机统一；

（6）提供和自然环境的直接接触；

（7）积极鼓励当地社区参与旅游活动并使其受益，从而有利于对环境价值更好的认识；

（8）根据提供的教育功能和满意度来对绿色景区进行等级评定，而不是看它的刺激程度或令人兴奋的程度；

（9）绿色景区对管理者和参与者都有较高的知识要求和知识储备。

绿色景区可划分为核心区、缓冲区、旅游服务区和保护区边缘村寨接待区等几个部分。对核心区要严格管理和控制，不允许任何形式的开发利用；在缓冲区可适当进行开发和利用，开展一些对环境影响较小的旅游活动；在旅游服务区设有较多的能为游客提供各种服务的设施和娱乐场所；而景区周边的村寨是游客住宿和餐饮的主要地方。绿色景区还可根据游客可欣赏利用的重要资源类型分为内景区和外景区两部分，在内景区，旅游开发利用要适度，可允许建造一些必不可少的基础设施，如道路、天然小径、简朴的营地，也可允许一些参与人数较少的小规模娱乐活动；在外景区，可设置一些基础设施，提供较全面的旅游服务，例如停车设施、铺设良好的道路、游客中心、商店、较正式的宿营地和过夜住宿设施等。

2. 绿色景区的基本构成

绿色景区的组成部分一般有：

（1）景区景点：花卉园、果园、花展区、四季花香区、珍稀植物和树种展示区、药草园、植物栽培区、蝴蝶园、鸟园、鹿园、动物园、天然喷泉和瀑布园、登山和远足活动区、地下水考察观赏区等。

（2）景区设施：观景塔、小亭子、气象观测台、天然小径、生态小径、宿营地、绿色走廊等。

（3）景区服务区：大门、售票处、入口标识区、工艺品店、游客中心、绿色景区教育服务区、停车场等；

（4）边缘村寨区：圆形露天剧场、部落村寨和部落建筑、礼仪祭祀场所、部落宅院中的接待设施、工艺品加工店等。

3. 使用绿色技术

绿色景区的创建首先要使用绿色技术，包括：

（1）使用同时发热发电系统：在发电的过程中把产生的热量收集起来加以利用。

（2）使用太阳能热水系统：太阳能热水系统是对太阳光能的有效利用。

（3）使用光生电系统：光生电系统就是直接将光能转化为电能的系统，其核心部件是太阳能电池，也叫光电池，作用就是将太阳光能转换为电能。

（4）利用风能：风能是一种自然产生的能量流，由太阳辐射的热能引起。

（5）使用沼气技术：特别是面积较大的景区，景区内有居民居住，为了解决农民的燃料问题，避免农民砍伐树木、破坏植被，可以在景区内推广沼气使用技术。

（6）美化绿化旅游景区：对景区进行绿化美化，提高绿地覆盖率。

4. 开展景区绿色营销

旅游景区开展绿色营销就是要树立一种可持续发展的思想，培养景区的社会责任感和环境生态道德观念，关注社会、关注生态、关注地球。在景区的服务理念上，要树立面向游客服务的理念，为游客提供实现其获得良好旅游经历的各项帮助并体现公平性，如景区的无障碍环境设计等。在旅游产品创新上：①要充分利用野生资源和乡土资源，如喝矿泉水、吃野菜、尝农家饭、住农家屋等，这既是一种资源的深化利用，提高其附加值，又可以普及公众的环保意识。②开展生态教育活动；③绿色景区绿色产品，如环保夏令营、果树认养、菜田认养等，并将生态教育寓于景区的各种活动和景观的建设中；④提供绿色交通方式，如电瓶车、租借自行车、畜力等；⑤提供绿色住宿设施，如乡土风情旅馆、森林小木屋等。

二、旅游景区环境质量体系认证

1. ISO14000 标准概述

ISO14000 是国际标准化组织继 ISO9000 之后颁布的第二个管理体系系列标准，目前已为 120 多个国家采用。随着环境问题的日益突出，由各国制定的环境法规及标准由于存有经济、技术、地理文化等差异性，在商品出口中导致越来越多的贸易摩擦，形成"绿色壁垒"。国内许多出口企业近年来屡遭"绿色壁垒"的挑战。获取 ISO14000 认证，是企业突破"绿色壁垒"的有力武器。

ISO14000 标准是一项旨在规范各类组织和行业的环境行为，促进保护资源、节约能源，提高防灾抗灾能力，减少和预防污染，提高环境管理水平，改善环境质量，促进经济持续健康发展的系列综合管理型国际标准。

2. 我国旅游景区 ISO14000 认证概况

我国旅游景区也开始重视环境质量认证工作，武汉黄鹤楼公园是我国首家通过 ISO14000 国际环境质量体系认证的旅游景区，目前已有部分旅游景区如深圳的锦绣中华景区、长春市的净月潭景区、苏州的苏州乐园、杭州的杭州宋城等通过了 ISO14000 环境质量认证。

改革开放四十多年来，我国风景名胜区事业蓬勃发展，但不少风景名胜区在环境、资源保护方面存在许多亟待解决问题。国家有关部门也十分重视 ISO14000 环境质量认证。为切实提高全国风景名胜区资源与环境保护工作，贯彻"严格保护、统一管理、合理开发、永续利用"的方针，根据部分已经通过 ISO14000 认证的风景名胜区的经验，建设部和原国家环境保护总局决定在国家重点风景名胜区开展创建 ISO14000 国家示范区活动。

思考题

1. 旅游景区环境的内涵是什么？

2. 旅游景区有哪些环境质量标准？

3.《旅游区（点）质量等级的划分与评定》中对不同级别的旅游景区有哪些环境标准的规定？

4. 什么是环境容量？如何测算？

5. 简述不同类型景区的环境保护措施。

6. 旅游景区可持续发展的含义是什么？

7. 绿色景区创建有哪些标准？

8. 游客容量控制手段有哪些？

9. 如何理解"保护中开发和开发中保护"的环境原则？

10. 简述我国旅游景区环境质量认证现状。

第九章　旅游景区安全管理

学习目的:

通过本章的学习，掌握旅游景区安全和景区安全管理的定义，认识景区安全管理的重要性，熟悉旅游景区安全的分类及旅游景区安全的表现形态；旅游景区安全管理现状和存在问题，影响景区安全的因素；旅游景区安全事故处理的方法；旅游景区安全管理进展和发展趋势；景区安全管理的对策，了解不同景区可能出现的多种安全问题及其防治措施，熟练掌握景区安全管理的有关规定。

主要内容:

- 旅游景区安全的分类、旅游景区安全的表现形态
- 旅游景区安全管理的现状和存在问题
- 旅游景区安全的主要影响因素
- 我国旅游景区安全事故的处理
- 我国旅游景区安全管理发展进展
- 我国景区安全管理发展趋势
- 我国旅游景区安全管理对策措施

第一节　旅游景区安全概述

旅游景区是重要的旅游吸引物和旅游者进行旅游活动的重要场所，是旅游产业链中的核心环节，旅游景的安全与否与整个旅游活动的顺利开展息息相关，从而影响整个旅游产业的安全。从旅游业运行的环节和旅游活动特点看，旅游安全贯穿于旅游活动的六大环节，可相应分为饮食安全、住宿安全、交通

安全、游览安全、购物安全、娱乐安全六大类。本书所讨论的旅游景区安全主要是指游客在旅游景区整个活动中的安全问题。近些年来，随着旅游活动的升温，特别是我国实行双休日、"十一"黄金周、"五一"、端午节、中秋节、元旦等假期以来，旅游安全问题更加突出。旅游安全不仅给旅游者带来伤害，还给旅游地、旅游企业带来损失，破坏旅游地（旅游景区）的形象，从而给旅游业造成致命的打击。1994 年 3 月浙江"千岛湖事件"曾经严重损害了我国的旅游形象，300 多个预定到杭州或千岛湖的旅游团队因"千岛湖事件"而取消、减员或改道，一度造成浙江旅游业的衰退。而 2003 年的"非典"、2008 年震惊中外的汶川大地震、2014 年"12·31"上海外滩踩踏事件、2017 年 8 月 8 日九寨沟地震，以及 2020 年初的新冠肺炎疫情给我国旅游业造成了极大的打击。

一、旅游景区安全类型和表现形态

1. 旅游景区安全类型

旅游景区安全类型按照不同的分类标准可以分为不同的类型，不同的旅游安全事件的类型有其不同的形成原因、预警和防范方式及其处理流程和方法。

（1）按照旅游活动要素分类，按旅游活动"食、住、行、游、购、娱"六要素，旅游安全事件可以分为饮食安全、住宿安全、交通安全、购物安全和娱乐安全等。

（2）按照旅游资源分类，可以分为地文景观类、水域景观类、生物景观类、天象与气候景观类、建筑与设施类和主题公园类旅游安全等。

（3）按照安全性质分类，可以分为自然灾害、事故灾难、公共卫生事件和社会安全事件等。

（4）按照旅游景区安全表现形态分类，可以分为犯罪、火灾与爆炸、游乐设施安全、旅游活动安全、疾病(或中毒)及其他意外类（自然灾害等）等。

2. 旅游景区安全表现形态

按照景区安全的表现形态，可以将旅游景区安全表现形态分为以下几种类型。

（1）犯罪。由于给旅游者带来创伤的严重性和影响的社会性，犯罪成为最为引人注目的旅游安全表现形态之一，在旅游景区中大量存在，具有特定的规律和特点，可分为侵犯公私财产类犯罪，危害人身安全犯罪，性犯罪及与毒品、赌博、淫秽有关的犯罪三大类。

（2）火灾与爆炸，往往造成严重的后果，如基础设施破坏、财产损失等，甚至造成整个旅游景区设施系统的紊乱。

（3）游乐设施安全，如机械游乐设施安全事故、航空热气球事故、水难事故、景区交通事故（缆车等）等。

（4）旅游活动安全，如攀岩、探险、走失等。

（5）疾病（或中毒），由于异地性、旅途劳累和食品卫生等问题而诱发的各种疾病等。

（6）其他意外安全事故，如地质灾害等。

3. 旅游景区突发事件及其类型

突发事件，是指突然发生，造成或者可能造成严重社会危害，需要采取应急处置措施予以应对的自然灾害、事故灾难、公共卫生事件和社会安全事件。

根据《国家突发公共事件总体应急预案》对突发公共事件的分类，本章将景区旅游突发事件分为以下四类：自然灾害、事故灾难、公共卫生事件和社会安全事件。

据 2019 年旅游景区安全事件的统计分析，从旅游景区安全突发事件的类型分布上看，在 2019 年发生的景区突发事件中，事件灾难类最多，共 169 起，占景区安全事件总数的 90.86%；自然灾害类 10 起，占景区安全事件总数的 5.38%；社会安全事件 6 起，占景区安全事件总数的 3.23%；公共卫生事件 1 起，占景区安全事件总数的 0.54%。从事件性质上看，旅游游览安全事件发生最多，共 136 起，大多是迷路、跌倒、落水导致的旅游安全事件；其次是旅游娱乐安全，共 47 起，主要是旅游设施不完善导致，以及游客自身安全措施不到位；此外，还有旅游交通安全事件和旅游餐饮安全事件。

二、旅游景区安全的主要影响因素

不同类型的景区安全隐患类型不同，系统分析不同类型的景区安全事件发生的原因，对于做好不同类型景区安全管理工作十分重要。旅游景区发生的旅游安全事件产生的原因主要是以下几个方面：

1. 自然灾害是主要的隐患因素

在近几年旅游景区安全事故统计中，自然灾害事件造成的后果是最为严重的，如山体滑坡、石头坠落、冰柱掉落、海上风浪、突发山洪等带来的安全状况。如 2019 年 10 月 2 日下午，湖北省恩施大峡谷风景区内"一炷香"平台处山体突发落石，造成 3 人经抢救无效死亡、1 人轻伤。旅游景区要加强地文景观类型景区和水域风光类型景区的安全防范措施，增加安全警示标识，强化安全游览教育。

2. 游客自我安全保护意识还不够

游客在旅游过程中，缺乏自我安全保护意识也是产生安全事件的一个主要原因。如 2019 年 10 月 30 日陕西华山景区，游客背对悬崖、仰身取景自拍时突然踩空后跌，从山顶跌落悬崖。2019 年 5 月 2 日，游客进入西双版纳国家级自然保护区野象活动区域后停车并下车活动，导致在树林内遭野象攻击受伤。2019年 3 月 15 日，游客三人同行，独自穿越 1500 多公里的羌塘无人区，一人失联50 多天后独自返回。

3. 景区设施设备维护有待加强

随着景区的发展，景区内的游乐设施越来越多，依托设施设备开展的旅游活动不断增加，尤其是主题公园类景区的旅游活动主要是以旅游项目体验为主，而旅游项目体验多需要依靠设备辅助达到娱乐性的目的，但是游乐设备维修检测不及时就会造成设备故障，形成安全事故，如 2019 年 6 月 1 日，江西省九江市甘棠公园的过山车项目，突然发生故障，过山车连人带车一起被卡在了半空中。

4. 景区旅游活动全要素监管不当

政府监管部门缺乏日常对景区旅游活动的全要素和全过程的监管，例如景区食品安全的监管，景区内人流集中，食品卫生安全问题十分重要，尤其是食物中毒，极易造成公共卫生事件，给游客带来生命安全威胁，如 2019 年 2 月 4日（除夕）开始，住在哈尔滨某度假村的游客在用餐后陆续出现腹泻、腹痛、呕吐、发烧等食物中毒症状。

三、旅游景区安全管理现状与问题

1. 我国旅游景区安全现状

尽管旅游安全地位重要，然而由于影响的巨大性与负面性致使旅游景区不愿主动公开甚至极力掩盖；涉及范围的广泛性和复杂性，致使管理部门的统计与管理存在"真空地段"和漏洞；造成的伤害易被受害旅游者片面夸大；普遍存在的"报喜不报忧"现象和新闻媒体报道的不及时使社会公众对安全问题没有全面客观深入的了解，因此，旅游安全问题极易"失真"，表现出重要但又易被掩盖的尴尬现状。

旅游安全已经引起国家和各级政府的重视与社会的关注，但是，我国旅游景区安全管理尚存在诸多问题，旅游安全现状不容乐观，安全问题时有发生。据不完全统计，2019 年旅游景区共发生安全突发事件 186 起，分布在 28 个省（自治区、直辖市），死亡人数为 127 人。涵盖的景区类型有地文景观类、水域景观类、生物景观类、天象与气候景观类、建筑与设施类、主题公园类。其中，地文景观类景区的旅游安全事件突发频率最高，共 88 起，占景区安全事件总数的 47.3%；发生在水域景观类景区的安全事件共 55 起，占景区安全事件总数的29.6%；发生在生物景观类景区的安全事件共 9 起，占景区安全事件总数的

4.8%；发生在天象与气候景观类景区的安全事件共 1 起，占景区安全事件总数的 0.5%；发生在建筑与设施类景区的安全事件共 18 起，占景区安全事件总数的 9.7%；发生在主题公园类景区的安全事件共 15 起，占景区安全事件总数的 8.1%。从事件的时空特征来看，旅游景区的突发安全事件大致覆盖全年各月，尤其以 7—8 月最多，这与旅游的节假日特征是一致的，同时与省市旅游景区发展水平和旅游热度有关。从事件后果来看，景区安全事件造成了景区的破坏、游客与景区的财产损失和人员伤亡。

2. 旅游景区安全管理存在的问题

（1）旅游安全管理法规已逐步建立，但体系有待完善

目前，我国颁布的安全管理方面的法规主要集中在生产和人民的生活领域，包括安全生产、食品安全、消防安全等方面，专门的旅游安全方面的法规是 1990 年 2 月 20 日原国家旅游局发布第 1 号令《旅游安全管理暂行办法》，从 1990 年 3 月 1 日起施行。1994 年 1 月 22 日原国家旅游局颁布《旅游安全管理暂行办法实施细则》，从 1994 年 3 月 1 日起施行。此外，很多省市地方政府结合原国家旅游局颁发的《旅游安全管理暂行办法》和《旅游安全管理暂行办法实施细则》制定了相应的实施细则。1997 年原国家技术监督局颁布国家标准《游乐园（场）安全和服务质量》（GB/T 16767－1997）是我国首部旅游安全方面的国家标准，对规范游乐园（场）安全及旅游安全起到了很大的作用。全国人民代表大会常务委员会于 2013 年 4 月 25 日发布的《中华人民共和国旅游法》是中国旅游发展的里程碑，是首部旅游法，该法分别于 2016 年和 2018 年两次修订。《中华人民共和国旅游法》对于保障旅游者和旅游经营者的合法权益，规范旅游市场秩序，保护和合理利用旅游资源，促进旅游业持续健康发展起到了重要作用。该法在"第六章 旅游安全"（第 76 条至第 82 条）对旅游安全进行了专门的规定。但由于旅游景区的活动项目多，旅游景区的安全问题涉及面广，还需要对旅游安全制定系统的法规。原国家旅游局颁布该局第 41 号令《旅游安全管理办法》自 2016 年 12 月 1 日起施行。旅游安全管理法规已逐步建立，但还存在一些旅游景区内新兴的、颇受旅游者欢迎又对安全需求较高的特殊旅游项目，如蹦极、空中滑翔、热气球观光等景区旅游娱乐项目监管法规滞后的情况。因此未来的旅游安全管理法规要根据旅游景区发展趋势不断完善。

（2）旅游安全管理机构已逐步建立，但尚待健全

由于旅游活动包括食、住、行、游、购、娱等多个方面，涉及多个行业和行业主管部门，根据国家有关政策和法规，除国家文化和旅游部外，旅游业正常运作尚有其他相关主管机构。例如，饭店的主管机构有国家文化和旅游主管部门外，还涉及市场监管、公安、消防、食品卫生、防疫、物价等部门；旅游

景区的主管机构有：文化和旅游、自然资源、住建、林草、环保及水利等部门。这些部门形成了旅游安全管理的监管体系,从专业化角度对旅游安全加以管控,能比较有效地抑制安全问题的发生。但由于主管机构多造成职能重叠或缺少衔接,往往造成政府监管部门对景区旅游安全监管存在"越位"和"缺位"两种现象。因此,未来要健全旅游景区安全管理机构,对旅游景区的旅游活动做到安全管理机构的全要素和全过程的覆盖。

（3）新开发特殊旅游项目尚未纳入安全管理范畴

由于旅游景区安全的制约因素比较复杂,因此存在旅游政策、法规相对于经营实践的滞后性的现象。例如,旅游业发展使得一些颇受旅游者欢迎又对安全需求较高的参与型、体验型、探险型的特殊旅游项目,如蹦极、漂流、空中滑翔、热气球观光等迅速兴起。由于管理法规、措施相对于经营实践的滞后性,这些新兴项目尚未及时纳入安全管理范畴。

（4）内部管理不完善、旅游设施设备老化使安全隐患客观存在

旅游是较早与国际接轨的行业之一,能够较及时地引进或利用高新技术所创造的成果。例如,旅游设施设备尤其是游览车等大型设施老化问题较为严重,加之部分设施设备难以确认安全使用年限,使得安全性难以保障。

四、旅游安全认知现状与问题

安全认知是影响旅游安全的重要因素。旅游管理部门、旅游者、社会公众对旅游安全的认知都存在不同程度的缺陷或偏颇。旅游安全已引起旅游管理部门的重视,但主观认识仍然不足。

1. 关注旅游旺季、重大节日、重大旅游活动等特殊时期的安全保障问题

近些年来,各地政府都十分关注和重视旅游安全工作,尤其是关注和重视旅游旺季,如"十一"黄金周、"五一"、端午节、中秋节等节日,以及重大旅游节庆活动等特殊时期的安全保障问题。2017 年湖北开展了"春季行动""暑期整顿""秋冬会战"三大旅游市场秩序专项整治行动,治理扰乱旅游市场秩序的顽症。2018 年春节,原国家旅游局面向全国旅游系统发布了《假日旅游工作导则》,对旅游安全应急预案、检查及培训、信息提示、突发事件应急处置、流量管理等工作提出了要求。原国家旅游局相关负责人带队检查了部分旅游企业,对与游客紧密相关的食品安全、消防、应急预案等情况进行了检查,还联合中国气象局重点针对游客发布了假日天气情况。假日期间,国家旅游局通过多个渠道对全国旅游安全工作保持监控状态,其间针对我国台湾花莲地震、马尔代夫安全风险等情况第一时间向广大游客发出了安全警示。

2. 关注可能影响旅游者安全的环境因素

　　旅游行政主管部门逐渐重视可能影响旅游者安全的环境因素，对旅游人员密集的景区场所开展检查监管。2020年10月2日，广西钦州市消防救援支队成立检查组对全市旅游景点、文博馆、游乐场所开展消防检查，全面消除火灾隐患，营造良好的消防安全环境。检查组分别深入钦州那雾山森林公园、钦州园博园、八寨沟景区、三娘湾旅游景区、冯子材故居、刘永福故居和灵山大芦村、灵山六峰山等文旅单位实地开展消防安全检查。检查人员对各单位库房、重要场所、重点部位、人员密集地的消防设施和器材进行全面细致的检查，同时对相关餐饮、住宿、游乐设施等直接关系到旅游安全的场所、设施进行全面仔细的排查。

　　旅游主管部门还会对一些旅游环节中存在的安全隐患进行排查。例如，对旅游活动环节的食品卫生进行安全隐患重点排查，以旅游景区及其周边餐饮服务单位、"农家乐"，超市、便利店为重点，辐射车站、高速公路服务区、游客中心等旅游集散地及旅游沿线餐饮服务单位、超市、小食杂店等进行重点排查。

　　3. 加强对旅游设施设备的安全管理和检查

　　近些年来，随着科学技术的发展，旅游景区各类设施设备及游乐设备和设施的引进，旅游景区游乐项目增加，这些活动项目受到越来越多年轻人的青睐，也会给景区带来了一些安全隐患。因此，各级政府和旅游景区开始重视景区设施设备的安全，景区加强对景区内游乐设施设备的科学检测，政府相关部门也强化对景区游乐设施和设备的常态化监测和监管。

　　尽管如此，还是有一些地方旅游管理部门对旅游安全仍存在主观认知不够甚至认识错误的问题，这种认识上的主观错误行为对掌握安全动态、及时妥善处理和消除安全事故带来的不良影响、完善旅游安全环境造成极大的障碍。

　　4. 旅游者自身安全认知不够

　　旅游本质决定了旅游者追求精神愉悦与放松的特征与目的，因此，旅游者容易流连于山水之间而放松安全防范，导致安全问题增加。尤其是一些年轻人自身安全意识不足，相关的安全救援知识缺乏，盲目进入一些无人区进行探险旅游活动而发生人身安全事故，近些年的媒体对这类现象有很多报道。

五、旅游景区安全管理的主要进展

　　随着国家对旅游安全的重视，近些年来我国的旅游景区安全管理状况得到了有效的改善，除国家颁布一系列法律法规和各种旅游安全管理制度外，旅游景区安全培训、门票预约和流量管控、智慧旅游技术应用等方面也得到了重视，景区安全管理方面取得了显著的成效。

1. 景区安全管理法律法规逐步完善和落实

景区安全管理法律法规逐步完善和落实。文化和旅游部与国家相关部委等为景区安全出台了一系列行业标准和规范性文件，加强对景区的安全监管。现有旅游安全法规主要有：《中华人民共和国旅游法》（2018 年修订）、《旅游安全管理办法》（原国家旅游局，2016 年）；颁布了国家标准、行业标准或有关旅游景区安全的规范性文件，如《旅游民宿基本要求与评价》（LB/T 065—2019）、《游戏游艺设备管理办法》（文旅市场发〔2019〕129 号）（文化和旅游部）、《文化和旅游部办公厅关于加强 A 级旅游景区玻璃栈道项目管理的通知》（办资源密发〔2019〕5 号）、《自驾车旅居车营地质量等级划分》（LB/T 078-2019）、国标 GB/T16767—1997《游乐园（场）安全和服务质量》（国家技术监督局，1997）、《关于印发农家乐（民宿）建筑防火导则（试行）的通知》（住房和城乡建设部、公安部、旅游局，2017 年）、《导游管理办法》（原国家旅游局，2017 年）、《景区游客高峰时段应对规范》（原国家旅游局，2017 年）、《道路交通事故处理程序规定》（公安部，2018 年）等。各地方旅游局在贯彻执行的同时，也根据本地情况，建立了一些规章制度。这些安全法规几乎涉及旅游业运行的各个方面，大体形成了相对完整的旅游安全管理法规体系。

2019 年，文化和旅游部与国家体育总局等为景区安全出台了一系列行业标准和规范性文件，加强对景区的安全监管。

2019 年，特别值得关注的是文化和旅游部办公厅下发《关于加强 A 级旅游景区玻璃栈道项目管理的通知》（办资源密发〔2019〕5 号），随后，黑龙江、湖北、湖南、江西、广东、福建等地文旅厅均展开行动，许多不规范的玻璃栈道项目被责令停业。一度成为各地景区"网红"项目的玻璃栈道在经历了"野蛮生长"后，得到了有效遏制。

2. 门票预约制度得到实施和推广

为了控制景区游客流量，部分热点景区采取了门票预约制度，2019 年 8 月国务院办公厅印发《关于进一步激发文化和旅游消费潜力的意见》中提出推广景区门票预约制度，合理确定并严格执行最高日接待游客人数规模，到 2022 年，5A 级国有景区全面实行门票预约制度。截至 2019 年末，国内已有数十家 5A 级旅游景区实施门票预约制度，如敦煌莫高窟实行预约和单日人数限定 6000 人次的参观模式；故宫博物院试行每天限流 8 万人次及实名制购票等措施；八达岭长城实施网络预约售票制度，游客可提前 7 天在网上预约购票。门票预约制度的实施有效控制了景区的流量，减少景区安全风险。

3. 景区安全培训得到了管理部门的普遍重视

安全教育和安全知识培训十分重要，每个人都应该重视安全问题，安全是一切的根本。我国各地旅游主管部门积极开展安全教育培训班、研讨座谈会、实景演习等，为景区旅游安全保驾护航。例如 2019 年 6 月 27 日，华山景区举办旅游安全综合应急救援演练，分别模拟防暴恐、防地质灾害及索道救援演练，锻炼处理应急突发事件的能力。

4. 智慧旅游技术在景区安全监管中得到更多的应用

国务院提出"强化智慧景区建设，实现实时监测、科学引导、智慧服务"。各地积极创建国家全域旅游示范区和国家 A 级景区的工作也促使一些景区的智慧旅游技术不断完善。5G 通讯、物联网、云计算、大数据、人工智能等技术广泛应用于景区安全智慧监测和安全管理系统中。例如，张家界景区防控能力"智能化"，率先建设景区游客集散地和旅游环保车治安视频监控系统，依托村级综治中心建立"995+户联防+视频监控+N"信息系统，自动全天候监测火险、危险地段、人车流量和治安状况。

第二节　旅游景区安全事故处理

旅游安全管理对策是针对旅游安全管理现状提出的一些宏观对策，客观上只起到防患未然的作用。当旅游安全事故、旅游安全问题不幸发生时，应该根据旅游安全的表现形态及其基本规律，妥善处理。

一、旅游景区安全事故处理原则

1. "谁主管、谁负责"原则

旅游景区、旅游企业实行安全工作总经理负责制，对安全工作和经营服务统筹安排，把安全管理工作的优劣与领导及职工的经济利益挂钩。对违反安全法规造成旅游者伤亡事故的，由旅游行政管理部门会同有关部门分别给予直接责任和责任单位警告、罚款、限期整改、停业整顿、吊销营业执照等处罚。

2. "三不放过"原则

即事故原因不清不放过，事故责任者和群众没有受到教育不放过，没有防范措施不放过。

3. 教育与处罚相结合的原则

对事故情节轻微、损失与影响较小，或难以预料的突发事故和一般事故，可采取批评教育的方法，辅以经济或行政处罚，起到教育和接受教训的目的。

4. 依法办事原则

旅游安全事故皆应以事实为根据、以国家相关安全法律为准绳处理。

二、旅游景区常见安全事故的处理流程

旅游景区安全事故的科学处理，对于维护景区形象、促进景区安全管理工作的改进，教育相关人员加强景区安全意识等方面有着重要的作用。下文简述旅游景区常见的安全事故的处理流程。

1. 旅游景区盗窃事故处理

（1）查明发现经过，了解情况，采取切实有效措施保护现场。

（2）向警方报案，划定勘查范围，确定勘查顺序。盗窃案现场勘验重点是：第一，现场进出口的勘查，因现场进出口是犯罪分子必经之地。第二，被盗财物场所勘查，被盗财物场所是犯罪分子活动中心部位，往往会留下犯罪痕迹。第三，现场周围的勘查，主要是为了发现犯罪分子去现场的路线和作案前后停留的场所有无痕迹，有无遗留物及交通运输工具痕迹等。

（3）分析判断案情，确定嫌疑人。经过勘查分析判断案情，如果不是外部来人作案，即可在划定范围内，通过调查访问，发现嫌疑人。

2. 旅游景区人身安全事故处理

用爆炸、暗杀、凶杀、抢劫、绑架等暴力造成人身伤害的案件发生后，安全人员应急速赶赴现场，组织人员对伤员进行抢救护理；保护现场，注意收集整理遗留物和可疑物品，保管好受害者财物；组织力量协助警方破案。应注意：

（1）案发后，应立即抓捕尚未逃走的犯罪分子。

（2）行动迅速，不失时机，不给犯罪分子以喘息的机会。

（3）对带有凶器或枪支爆炸物品的逃犯进行追缉堵截时，要警惕罪犯拒捕。

3. 旅游景区火灾事故处理

（1）组织灭火。具体包括：第一，火灾发生所在部位（门）的干部职工应立即向总机报警，讲清失火的准确部位及火势大小。随后总机应立即报告总经理或负责人，按命令呼叫消防队，发出报警信号，播放录音，告知防火楼梯方向，督促客人离开房间，告诫客人不要乘坐电梯。第二，接到总机报警后，总经理等主要负责人应立即赶赴火灾现场组织救火。第三，应迅速查明起火的准确部位。第四，指派医务人员和相关人员积极抢救伤病员。

（2）保护火灾现场。第一，应注意发现和保护起火点。第二，火灾扑灭后，立即划出警戒区域，设置警卫，在公安部门同意后清理火灾现场。第三，勘查人员进入现场时，不要随便走动。

（3）调查火灾原因。发生火灾的原因很多，大体可分为 3 类：一是人为思

想麻痹，违反安全操作规程等造成起火；二是自然现象造成的起火，如自燃、雷击等；三是纵火。调查火灾原因包括调查访问、现场勘查和技术鉴定等方法。

4. 旅游景区食物中毒事故处理

（1）搜集有关食品、餐具、用具及呕吐物；

（2）了解现场情况，访问事主或群众；

（3）发现各种痕迹，如中毒者已被送往医院，要向医务人员了解中毒者的症状和抢救过程；

（4）抢救的同时，要取得医生配合，调查发生中毒的原因；

（5）食物中毒处理过程中，应成立临时指挥部，负责整个抢救工作。

5. 旅游景区游客伤亡事故处理

发生游客伤亡，应注意处理好三个环节：

（1）旅游者病危时，当发现客人突然得急病，要立即报告并安排医务人员抢救。

（2）旅游者死亡时，对在华死亡的外国人应严格按照《中华人民共和国外交部关于外国人在华死亡后的处理程序》处理。第一，应确定是否死亡和死亡的原因。第二，通知外国使领馆及死者家属。第三，出具证明。正常死亡由县级或县级以上医院出具"死亡证明书"，非正常死亡则由公安机关或司法机关法医出具"死亡鉴定书"。第四，清点和处理死者遗物。应请使领馆人员到场或请公证处人员到场。遗物须清点造册，列出清单，并由清点人签字。第五，处理尸体。

（3）其他注意事项，包括：在做好领队和死者亲属工作的基础上，请领队向全团宣布对死者的抢救过程；在处理死亡过程中，要随时注意死者亲属以及其他有关人员的思想情绪，及时反映并汇报；死者抢救、医疗、火化（尸体运送）、交通等费用，一律由死者亲属或旅行团队自理；死者善后事宜处理结束后，聘用或接待单位应写出《死亡善后处理情况报告》，送主管领导单位、外办、公安局、外交部等单位，报告内容包括死亡原因、抢救措施、诊断结果、善后处理情况及外方反应等。

第三节　旅游景区安全管理发展趋势和管理对策

一、旅游安全管理发展趋势

1. 国家对旅游景区安全更加重视

2020 年是全面建成小康社会和"十三五"规划收官之年,文化和旅游系统将以高质量发展为目标,戴斌(2020)认为"景区是生活的温暖,更是向上的力量",景区安全是旅游高质量发展和"体现温暖生活"的保障,尤其是 2020 年新冠肺炎疫情,全国景区关闭,给我国经济和人民生活带来很大的影响。因此,2020 年国家和全社会将更加重视旅游安全和景区安全。

2. 景区安全管理多部门协作性

景区安全管理涉及景区及政府各个职能部门,需要相关政府部门,如文旅、安监、食品卫生、医疗、自然资源、应急、消防、交通、海事等部门通力合作。目前我国景区管理中还存在着政府部门之间的重复监管和管理缺位问题,此外,随着国家加大对国土空间规划的管制和政府治理体系的改革,景区安全管理的政府多部门协作性将得到明显增强。

3. 景区安全管理监测的多技术融合性

景区安全管理涉及景区监测、预警和响应处置等多个环节,是一个复杂的管理系统工程,景区安全管理将更加依赖各种技术。随着 5G 通信技术、地理信息系统(GIS)与全球定位系统(GPS)、遥感系统(RS)的应用、物联网技术、人工智能(AI)、数字化技术、存储技术、环境预测与模拟技术及可视化技术的进步,这些技术将以多技术融合的方式应用于景区安全服务、安全管理和安全监控中。例如,云南省 2019 年推出"一部手机游云南"平台就整合了物联网、云计算、大数据、人工智能、区块链、人脸识别、小程序、微信支付等多项技术;2019 年 10 月 23 日,上海也发布了一部手机游上海 APP。

4. 景区安全管理的社交性

在信息透明及自媒体和大数据时代,游客出行前对景区安全信息获取的渠道和方式更多更便捷,游客将更多地通过景区的社交平台了解景区的各种资讯,包括景的安全资讯和游客的安全体验等都将过通过景区社交平台获得。景区和游客互动平台的建立,增加景区和游客互动,促进景区和游客的沟通,展示景区的安全管理文化,因此,景区安全管理平台具有社交化的趋向。

二、旅游景区安全管理对策

1. 景区安全演练的常态化

景区安全演练常态化可以增强景区面临突发事件的应急应变能力，提高景区员工的安全应急处理水平，确保景区安全稳定。景区安全演练科目要考虑到景区最有可能遭遇的所有突发事件，应结合景区可能遇到的突发安全事件，有针对性地开展安全项目演练，将游客大规模流入、交通事故、餐饮事故、灭火疏散、游乐设备故障、山体滑坡、游客落水救援、电梯应急救援和反恐处置等应急处置综合起来。加强景区各部门之间的协调合作能力，做好旅游景区安全事件应急管理工作，同时加强景区人员的工作责任意识，促进旅游景区安全发展。

2. 景区安全预案的实操化

景区要面对各种复杂的情况，按照实战性的要求，制定景区安全防控应急预案。针对景区可能出现的所有类型的安全事故和可能的突发事件，按科目做好安全应急预案，并按照实操化的要求进行景区全员培训和演练。

3. 景区安全管理精细化

景区安全无小事，细节决定成败，景区安全管理将逐渐向精细化管理方向发展。景区对内细化安全管理，对游客细化安全服务，在景区的各个环节都要注重管理细节。同时，随着景区散客比例不断增加，景区要为游客提供更多更优质的安全服务和更精细化的服务。例如，景区细化安全解说系统，增强知识性、趣味性的安全警示标志，将现代技术融入景区安全管理中，促进景区安全管理的精细化。运用互联网、微信小程序和 OA 系统实现景区安全协同管理，提升景区安全问题响应速度。增强景区 APP 和微信公众号的社交功能，加强游客和景区互动，强化景区安全的游客和社会监督。

4. 景区安全技术融合化

景区将适应大数据和移动互联时代需求，建设便利性的移动 APP、微信公众号，针对游客开启移动旅游新时代。整合物联网、云计算、大数据、人工智能（AI）、区块链、人脸识别、可视化、微信小程序及移动支付等多项技术应用于智慧景区建设，利用物联网技术对景区内的可能形成安全隐患的山体、护坡、水体、桥梁等进行安全监测；综合协调调度和指挥景区安全防控工作，监测景区的人流、车流和景区安全隐患地段。景区智慧管理平台与政府相关部门建立信息共享机制，建设数字景区，实施景区安全范围覆盖监控。

5. 景区安全监管综合化

景区安全监管涉及政府相关部门比较多，需要各部门协调与配合，实现景区安全监管的综合化管理。例如，目前玻璃栈道和玻璃观景平台类项目并没有明确的建设标准、安全审批部门和监管部门。因此，要尽快构建类似项目的管理机制，确定主管部门，加快出台建设、验收和运营的统一标准。还有诸如景区的一些小木屋和临建项目、新型的团建类拓展项目等也存在类似情况。此外，近些年文旅部门鼓励的民宿项目存在消防办证难的问题等也应尽快解决。

6. 景区安全救援的社会化

政府作为传统的管理部门对景区的安全管理是防灾、减灾和救灾，维护广大人民群众的生命财产安全。新兴的第三方救援团体逐步完善，如以蓝天救援队为代表的第三方救援团体不断壮大，在景区减灾防灾培训及法定节假日对景区的旅游安全提供保障服务；安全救援的第三方服务提供商"远盟康健科技有限公司"可以实现院前急救到院中急诊和院内治疗及事后理赔全方位无缝隙对接；以阳光人寿保险股份有限公司为代表的保险公司积极与景区合作，针对游客的旅游安全事故进行理赔。安全救援的社会化将不断推进旅游景区安全保障工作的科学化和人性化，保障旅游景区的持续健康发展。

思考题

1. 旅游景区安全的表现形态有哪些？

2. 简述我国旅游景区安全管理的现状与问题。

3. 旅游景区安全管理应遵循哪些法规？

4. 旅游景区常见的安全事故有哪些？

5. 如何进行旅游安全宣传与教育？

6. 旅游景区安全事故处理原则有哪些？

7. 旅游景区的火灾事故如何处理？

8. 简述旅游景区安全管理的发展趋势。

9. 针对我国旅游景区安全管理目前存在的问题，提出提升我国旅游景区安全管理水平的对策。

10. 简述旅游景区安全监管的综合化趋势。

11. 简述旅游景区安全救援的社会化趋势。

第十章　旅游景区解说系统管理

学习目的：

通过本章的学习，了解旅游解说的概念、类型、基本方法和在旅游景区经营中的重要性，认识旅游解说系统的构成要素、展示方式和旅游解说的内容要求，掌握景区旅游解说系统规划设计的要求、流程与方法。

主要内容：

- 旅游解说的概念、目的、意义、原则和类型
- 旅游解说的基本方法
- 旅游解说系统的构成要素
- 旅游解说的内容构成及要求
- 旅游信息的传播过程和传播媒介
- 旅游景区解说系统的展示方式
- 旅游解说系统规划设计的目标、任务和成果
- 旅游解说系统规划组织与管理

第一节　旅游解说概述

一、旅游解说

1. 旅游解说的概念

（1）解说

解说是一种信息服务，目的在于借助各种实物、模型、景观以及影像资料等传播媒体将客体信息准确、全面地告知公众，并尽可能科学地解释事物运动的内在规律性，增进公众对所描述事物的了解。

（2）旅游解说

旅游解说是指为了实现旅游者、旅游景区以及旅游经营者、旅游管理者等各种媒介之间的有效沟通而进行的信息传播行为。

旅游解说通常需要利用多种媒介传达旅游景区的各种自然或文化信息，增进旅游者和广大公众对自然的认识和文化体验。对游客而言，通过对旅游景区的自然与历史文化的理解与欣赏，达到走进自然、融入自然与享受自然的目的，了解不同的文化，认识社会变迁，感受多姿多彩极具特色的地方文化。对旅游景区而言，通过解说引导游客享受休闲生活，为游客提供一种愉快而有意义的体验，从而影响公众的态度与行为，不仅让人们尊重地方的自然性、历史性与文化性，同时寻求旅游者和社会公众对旅游景区的各项管理工作与管理政策的理解与支持。尤其是对于前往自然保护区、风景名胜区、文物保护单位等具有稀缺性资源的旅游景区的游客，解说工作更加重要。

2. 旅游解说的原则

（1）科学性与通俗性相结合

解说主要作用是帮助人们理解、了解和认知新的地点、新的事物和新的环境等，解说的内容设计应该具有科学性，尊重客观事实，但解说的形式或语言表达应该尽可能通俗化，用人们容易理解的方式和语言表述习惯来解说，避免使用生硬的学术用语和专业性太强的词汇。

（2）专业性与趣味性相结合

为实现解说的引导和教育功能，解说的内容应突出专业特色，应有一定的专业深度，做到深入浅出，而不能仅仅停留在向导式解说的层面。如对于博物馆、自然保护区等专业性十分强的旅游景区的解说，首要考虑的就是解说内容的专业性，博物馆的解说应从历史、考古、文化等方面在专业研究的基础上进行；自然保护区则应充分吸收自然资源、自然环境、生态教育等方面的研究成果，才能达到解说的教育作用。就解说的语言表达和展示方式而言，为了给人们创造一个享乐性休闲空间，应突出解说的趣味性，以激起人们的好奇心和求知欲望。

（3）规范化与人性化相结合

旅游解说工作从内容设计、形式安排、展示环境、人员服务等各个环节均应该有一个统一的规范。任何一项解说工作均应经过科学的系统规划与设计，从形式到内容遵循解说的规范与标准，并按照人性化的原则进行设计，体现人本主义思想。如各种展示设施的布局应体现人们参观游览的最佳活动方案，设施的设计与制造应从视觉的角度满足不同人们的审美心理需求。

（4）实用性与高效性相结合

旅游解说是一种面向受众的服务，是受众进行各种活动的辅助性工作，应坚持实用性原则，无论是内容设计还是展示方式的选择、展示设施的安排等均应做到实用、美观、大方，切忌空洞、大话、套话以及不切主题的语言。提高解说的效率，使人们能够在最短的时间内获取足够多的信息。

3. 旅游解说的基本方法

关于解说的方式、基本方法和技术要求因受众、主体、信息的不同而不同。不同的场地、不同的内容需要用不同的解说方式和方法，而受众的不同则更需要采用不同的解说技巧。

总之，解说是要求很高的专业工作，解说员应该接受良好的专业素质训练和解说方法、解说技巧的培训。同时，解说应经过科学的规划，才能增加游客对解说服务的认同，并提高解说服务的效率与质量。在制定解说规划时，应尽可能科学合理地安排参观路线和布局解说设施，让观光路线经过解说服务中心；在解说服务中心、入口处和受众集中的场所增加服务咨询处、纪念品销售点、书店、咖啡厅等；在参观沿线设置足够的休憩及解说服务设施，对专业性较强的解说内容辅以专题展览设施和展示空间，并提供专业化的解说服务。

二、旅游解说系统及其构成要素

1. 旅游解说系统

旅游解说是一个由多要素构成的具有特定功能和结构的系统。该系统由解说员、受众、解说信息和解说设施四个基本要素构成。旅游解说服务由多种解说设施和人员服务等要素构成，解说活动存在于旅游的各个环节之中。解说功能的实现需要借助不同的传播媒体进行多种方式的展示，从而将旅游景区的自然、人文历史、民俗风情、景观资源、服务设施和道路交通等相关信息传播给受众，使广大受众在充分了解景区信息的基础上做出各种旅游决策。近年来，随着旅游景区的迅速发展，旅游解说系统的重要性越来越突出，成为促进旅游景区发展的重要因素。

2. 旅游解说系统的构成要素

解说既是一种服务，更是一种管理沟通，是旅游景区实施游客管理的重要手段。一个旅游景区的解说系统是否完善，可以从解说员、受众、解说信息和解说设施四个方面来衡量，这四个方面也就是旅游解说系统的构成要素。

（1）解说员

解说服务的提供是通过人员解说或非人员解说两种途径来实现的，人员解说借助于解说员来完成，非人员解说借助于各类解说设施来完成。在一般情况下,旅游景区的解说工作往往需要人员解说和非人员解说两种方式的共同使用,对于团体游客而言,人员解说尤为重要。因此对解说员进行严格培训,帮助他获得良好的专业训练、掌握丰富的专业知识以及解说技巧十分重要。对于旅游景区而言,建立一支训练有素、知识结构完善、解说经验丰富的解说员队伍是提升景区旅游服务品质的重要使命。

（2）受众

旅游解说的受益对象是广大的受众,这些获得足够的旅游信息的受众都是旅游景区的潜在旅游者。受众对于解说系统的内容要求、理解能力和接受能力是与其年龄、文化程度、性别、收入状况、兴趣爱好等密切相关的,受众的这些人文特征也决定了其旅游消费的动机、行为特征,决定了他们从同样的旅游环境和旅游吸引物所能获得的旅游体验的差异性。尤其是应该考虑特殊人群的需要,如儿童、老人、国际游客等,这些人群与一般公众对旅游解说的要求各不相同。因此,旅游景区应针对不同的游客或潜在游客（网络解说）选择合适的解说内容、解说方式和解说技巧,或者对解说内容进行不同程度的处理,以便受众能通过旅游解说获得更全面、更准确的旅游信息。

（3）解说信息

解说信息是公众认知旅游景区、了解旅游景区,并产生旅游动机和欲望的重要影响因素,游客旅游活动的实现将通过解说信息服务来实现。解说信息包含的内容十分广泛,既可以是对旅游资源本体的科学内容的说明,可以是对旅游景区的自然环境和社会环境的解释,也可以是对旅游景区管理政策、旅游活动过程中的注意事项或旅游设施使用等方面的说明。如游客进入植物园旅游时,就需要管理者提供科学的植物解说,帮助人们认识植物及其生存环境,并接受植物专题教育和环境教育;游客进入主题游乐园时,就需要将各类高科技设备使用的限制条款、使用方法及注意事项等做出详细解释,以便帮助游客做出正确的选择。解说信息是旅游解说构成的核心部分,没有丰富的解说信息,就没有完善的旅游解说服务。

（4）解说设施

解说设施是将各种旅游信息展示给游客的物质载体,是解说员开展旅游解说的辅助工具,是旅游信息的载体。解说设施的存在形式多种多样,如解说牌、触摸屏、电子显示屏以及印刷物、影音制品等都是游客较为喜爱和容易接受的解说设施。不同的解说内容适宜采用不同的解说设施,针对不同的游客也应该采用不同的解说设施。解说设施是影响旅游景区解说质量和效果的重要因素,高质量的解说服务依赖于完善的解说设施。

上述四种解说的要素——解说员、受众、解说信息和解说设施,是解说服务重要的影响因素，从事解说服务者（解说员）应该充分掌握解说信息，全面了解解说受众对象，并合理有效地使用解说设施，才能保证旅游解说的质量和功效，通过解说员来激发游客潜在的旅游需求，引发游客的二次旅游消费，提升游客的旅游体验。

第二节　旅游解说的内容构成及要求

一、旅游解说的内容构成

对旅游景区进行科学完善的旅游解说，应该从区域环境解说、旅游吸引物解说、旅游设施解说和旅游管理解说四个方面进行，这四个方面共同构成一个完整的解说内容体系。该体系内各要素之间相互依存、相互作用形成特定的旅游解说系统结构，并表现出特定的功能。解说系统开发的重点在于优化系统结构，以实现系统功能最优。旅游解说的内容构成如图 10-1 所示。

1. 区域环境解说

区域环境解说主要向旅游者介绍旅游景区所在区域的自然、社会、文化和经济环境。不同类型的景区环境解说重点不同，如自然类景区环境解说的重点在于旅游景区的自然环境，如地质、地貌、水文、气象气候、土壤、森林植被、野生动物等，介绍景区人—地生态系统的特征、作用以及与人类发展的关系。通过对旅游景区环境的解说和人—地生态系统的科学价值的挖掘，使人们充分认识对景观资源的生产价值、环境价值和旅游价值，通过环境解说实现旅游的环境教育功能。

2. 旅游吸引物解说

旅游吸引物解说实际上是对旅游景区内各景点的解说，主要向旅游者展示景区的各类旅游景观以及已开发的景点景物，包括自然旅游景观、社会文化景观和节事活动景观等，如对景区内珍稀动植物种类、分布、生长习性、生产价值、环境价值、观赏游乐价值等的系统全面的科学介绍，这是旅游解说系统中最重要的部分，是引导游客直接了解旅游景区的旅游活动、观赏丰富的自然和文化景观、感受森林景观美、寻求各种旅游体验的最直观的信息载体。

3. 旅游设施解说

旅游活动的实现必须借助于一系列基础设施和旅游配套服务才能完成。旅游者从产生旅游动机、购买决策、旅行的发生、旅游景区的游览、休闲、购物和娱乐等一切活动,直至完成愉快的旅行并返回出发地的全过程都需要旅游设施和信息的服务。一个完善的解说系统既能起到激发旅游者产生旅游动机并做出购买决策,又能帮助旅游者顺利地完成其旅游过程并得到高质量的旅游体验。

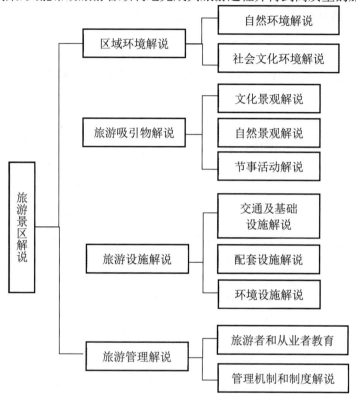

图 10-1 旅游景区解说的内容构成

4. 旅游管理解说

旅游景区在为人们提供户外游憩空间和场所、满足人们快速增长的旅游需求的同时,也承担着保护自然资源或文化遗产的任务,如何在旅游开发和自然景观资源保护、人类文化遗产保护之间寻求平衡点将是影响旅游景区可持续发展的重要问题。旅游景区在开展旅游活动的过程中存在生态安全、文化冲击、环境污染以及游客活动安全等一系列经营和管理风险,需要旅游景区管理者和旅游者共同面对并合理避免。为此,对旅游景区的管理体制、管理制度、管理规范以及对游客活动的管理措施等方面进行科学系统的解说,将为旅游景区的所有相关利益群体提供一个共同参与管理的信息平台。

二、旅游解说的内容要求

1. 环境解说

环境解说主要向旅游者介绍景区所在区域的自然、社会、文化和经济环境，包括景区所在的行政归属和地理位置，以及该区域的社会经济概况、地质地貌、气候、水文、生物、文物、历史文化、民俗风情、土特产等，让旅游者了解身在何处，如何更好地融入所处的环境。根据景区类型的不同，解说内容的侧重点和要求不同。

环境解说的内容要求通俗易懂，对景区所在区域的概况只做简要介绍，重点解说能对旅游者产生吸引力的环境要素和对旅游者开展旅游活动产生重要影响的环境要素，如当地特有的文化遗产、自然现象、物产等，以及当地需要遵守的民风民俗、礼仪规范。解说语言应生动有趣，考虑旅游者的实际需求，努力确保不同类型旅游者都能获得准确、有效的信息。

《旅游区（点）质量等级的划分与评定》（GB/T 17775-2003）把旅游景区概括为风景区、文博院馆、寺庙观堂、旅游度假区、自然保护区、主题公园、森林公园、地质公园、游乐园、动物园、植物园及工业、农业、经贸、科教、军事、体育、文化艺术等类型。以下针对不同类型景区环境解说的内容和要求进行说明。

（1）以自然环境解说为重点的景区

包括自然保护区、森林公园、地质公园、动物园、植物园、风景名胜区、旅游度假区等。

此类旅游景区主要以自然风光、动物、植物、地质、气象景观和良好的自然环境吸引旅游者，其环境解说内容应以该区域的自然环境为重点，突出能对旅游者产生吸引力的环境要素以及其他旅游吸引物赖以生存的环境条件。如景区的动物、植物的分布情况和地质、地貌景观的形成都受到所在区域纬度、海拔高度、气候条件、水文条件等环境要素的影响，解释说明为什么景区会形成优美的自然风光，为什么景区会有珍稀动植物栖息、分布，为什么会有地质景观形成，为什么景区的环境质量优越，这些都和景区所在区域的自然环境息息相关。

（2）以文化环境解说为重点的景区

包括文博院馆、寺庙观堂、文化艺术类景区（点）。

此类景区吸引旅游者的主要是文化遗产，景区的历史、文化、宗教、民风民俗是物质和非物质文化遗产得以形成和发扬的土壤，景区所在区域的文化环境本身就是一种旅游吸引物，是一种非物质文化遗产。环境解说内容的重点是景区所在区域的历史沿革、民族的形成与演化、文化特质、宗教、习俗等，以帮助旅游者理解景区的文化遗产是如何形成、如何传承、如何保留、如何发扬的，使旅游者在欣赏景区的文化景观之前对所在区域的文化环境特征有较全面、深入的认识。文化环境的解说还应阐明各种文化环境要素之间的联系，如民族与宗教、文化的相互影响。

（3）以社会、经济环境解说为重点的景区

包括主题公园、游乐场和工业、农业、经贸、科教、军事、体育类景区（点）。

主题公园、游乐场等景区的主要吸引物是游憩设施和游憩活动，大多依托于城市开发，本地和邻近城市居民是其最主要的客源。对于外地旅游者来说，到访景区之前需要对景区所在城市的社会、经济环境有足够的了解，才能更好地计划、组织在目的地的旅游活动。城市为景区提供环境、设施等全方位的保障，其节事活动、商业、餐饮业、娱乐业等对旅游者也产生巨大的吸引力，与主题公园、游乐场等景区相辅相成。对于景区所在城市社会、经济环境的解说将有助于旅游者深入认识该城市的特色，参与除景区游览以外的具有城市特色的休闲活动，推动城市相关产业的发展。因此，上述类型景区（点）的环境解说应以所在区域的社会、经济环境为主要内容。

2. 吸引物解说

旅游吸引物解说实际上是对景区内各景点、景观的解说，主要向旅游者展示各类旅游景观以及已开发的景点景物，包括自然旅游景观、社会文化景观和节事活动景观等。吸引物解说是旅游系统中最重要的部分，是引导游客直接了解景区的旅游活动，观赏丰富的自然和文化景观，感受景观美，寻求各种旅游体验的最直观的信息载体。

吸引物解说的内容要能够表达景区、景点、景观的旅游价值，让游客理解吸引物的内涵，欣赏吸引物的吸引人之处，获得美的享受。成功的吸引物解说案例应该是对景区吸引力的提升，使游客通过旅游解说系统觉得物有所值甚至物超所值。吸引物解说的内容要对吸引物的性质、形态、结构、组成成分的外在表现和内在因素，以及生成过程、演化历史等进行详细、深入的介绍。

吸引物解说的语言力求融科普性与趣味性于一体，让旅游者能通过解说系统增进对旅游吸引物的理解，增强旅游体验，在旅游活动中增长见识，获得美的享受。解说内容力求科学、准确、精简，表述应通俗易懂，雅俗共赏。游览景区的旅游者千差万别，对于旅游解说尤其是吸引物解说的需求也各不相同，解说内容应尽可能丰富，考虑不同层次旅游者的需求，做到雅俗共赏。景区吸引物往往种类繁多，其解说内容涉及地理、历史、生物、文化等多学科的知识，对于解说内容中出现的科学定义，应避免使用过于专业、晦涩难懂的语言，可用通俗的语言对其进行简要的解释说明，使不同受教育程度的游客都能领会。旅游也是一种在放松身心的同时获取知识的方式，解说内容和表达方式都应具有趣味性。吸引物解说可以加入一些能激发游客好奇心，增强互动性的内容，可以运用对比法、类比法、比喻法、举例法等表达方法，以增加解说内容的通俗性和趣味性。

根据内容层次的不同，景区吸引物解说可分为景点介绍和景观解说。不同类型景区、不同景观的吸引物解说内容重点和要求不同。

（1）景区解说

景区介绍是对景点概况、景观特征、主要活动项目、景观点的简要解说，其解说对象往往是一个面积较大的区域，解说内容相对宏观，重点应概述景区最具特色、占主导地位的吸引物，突出景区特征。游客通过阅读景区介绍，在进入之前就能对景点有大致的了解，清楚景点内有什么可看，有什么可玩。成功的景区吸引物解说就是对景区的一种极佳宣传，能够激起旅游者前往该景区游览的动机。

景区解说的内容般包括：位置、面积、景观特征、环境特征、景观的价值、吸引物、主要旅游活动等。不同类型景区吸引物解说的重点和要求不同。

①自然遗产类景区

自然遗产类景区主要包括自然保护区、森林公园、地质公园、动物园、植物园、风景名胜区等。

自然遗产类景区主要以优美的自然景观和良好的自然环境吸引旅游者，该类景区解说重点应突出生态特征。对其吸引物的解说主要包括珍稀动植物的种类、习性、分布情况和科学价值，主要景点有哪些，景观的特征如何等方面的内容。通过解说，使游客认识到景区的生态特色、环境价值和美学价值。

②文化遗产类景区

文化遗产类景区包括文博院馆、寺庙观堂、文化艺术等类型的景区（点）。

旅游者通过旅游解说系统感受到文化的厚重，获得精神的熏陶是文化遗产类景区解说区别于其他类型景区解说的独到之处。旅游解说保持文化的真实性非常重要，解说系统应该提高对文化遗产的欣赏能力与理解水平，尽可能以相应的方式展示遗产的文化价值。因此，对该类景区吸引物的解说应着重展示、挖掘遗产的文化价值，向旅游者介绍遗产如何形成，如何传承，如何发扬，遗留下哪些遗址、遗迹，该如何欣赏。通过解说内容引导旅游者欣赏文化遗产景观，提高旅游者的保护意识。如文博院馆应重点解说馆内有哪些藏品展出，历史文化价值如何；寺庙观堂应重点解说宗教文化在景区有哪些体现，有哪些宗教建筑、宗教活动、历史典故、传说故事等。

③其他类型景区

其他类型景区包括旅游度假区、主题公园、游乐场和工业、农业、经贸、科教、军事、体育类景区（点）等。

该类景区以旅游设施和活动为主要吸引物，应说明景区内提供哪些游憩设施，有哪些游憩活动可以参与，适合哪种类型的游客参与，各种设施的开放时间等内容。

旅游主题公园本身就是一种游乐方式，通过主题构想、拟态环境塑造、特殊旅游活动策划等，让旅游者参与其中，享受欢乐和美好，得到感染与熏陶。对主题公园的吸引物解说除介绍景区内有哪些景观可以看，有哪些活动可以开展以外，重点在于解说主题公园的"主题"究竟是什么，要突出其"景观环境"的特点，换句话说，就是要阐明其文化特色、文化氛围。需要说明的是，旅游主题公园本身就是一种围绕主题而塑造出来的人为的拟态环境，"景观环境"和前述景区"环境解说"所指的环境含义不同。

（2）单体景观解说

景观解说是对单一景观的全面、具体的解说，相对于景区（点）解说，其解说对象更为具体，应深入挖掘景观的价值，向游客展现景观美。景观解说的内容不仅要描绘游客看得到的外观特征，更要介绍游客无法或者难以直接看到的景观内在特性。根据吸引物类型的不同，解说内容和要求不同。《旅游资源分类、调查与评价》（GB/T 18972-2017）把旅游资源划分为 8 个主类，31 个亚类，155 个基本类型。下面分别对 8 个主类的单体景观解说内容和要求进行说明。

①地文景观

地文景观包括山丘、冰川侵蚀遗迹、断层、褶曲、奇特与象形山石、岩礁、火山与熔岩、谷地等多种基本类型。解说内容应包括地文景观的形态与结构特点、组成成分、形成原因与过程及其在地质、地貌学上的价值与意义。外在形态与结构特点的解说应说明景观的高度、深度、宽度、直径等；组成成分解说可与形成原因及过程结合在一起，从科学的角度说明景观的内在性质，解释形成景观的条件和所发生的物理、化学作用；景观的价值与意义可以介绍该景观对地球运动和人类活动的作用，该景观和其他类似景观相比所具有的优势。

②水域风光景观

水域风光景观包括河段、天然湖泊与池沼、瀑布、泉、河口与海面、冰雪地等类型。解说内容应包括水域风光的形态与结构特点、美学特征、形成原因与过程等内容。

③生物景观

生物景观包括动物景观和植物景观。动物景观解说应说明其外貌特征、生活习性、稀有程度、在景区内的分布状况和种群情况、生态价值及意义等内容。

对动物景观的解说内容不应只限于动物本身，可结合景区内某种动物栖息地的环境特征，把对动物的解说和对景区自然环境的解说有机结合起来，使游客通过对景区内动物景观的了解认识到景区的价值。植物景观的解说内容应包括：一是介绍植物的科属、学名（拉丁文名），是否为稀有和受保护树种，受保护的级别；二是介绍该植物在景区内的分布情况、集中分布地和数量；三是介绍该植物的一般高度、茎干直径、树皮和树叶以及花的颜色、形状、在不同季节呈现的景象等外观特征，以及生长周期、花期、果实、适合生长的环境等习性特征；四是介绍该植物的生态价值和意义；五是简要说明其实用功能和作用。对于珍贵稀有植物，应重点说明其稀有程度和价值；对于观赏性较强的植物，应重点介绍其外观特征，可结合人们赞美它的诗词歌赋等，提高该景观的欣赏价值。植物景观的解说内容应以科普性解说为主，可适当融入和该植物相关的历史事件、传说故事、文艺作品等解说内容，赋予景观以人文内涵。

动物、植物景观的解说一定要规范、准确，尤其是对其学名、习性的解说应以生物学专业工具书或权威著作的内容为依据。

④天象与气候景观

天象与气候景观包括光环现象、海市蜃楼现象、云雾现象、物候景观、极端与特殊气候等基本类型。天象与气候景观本身是一种自然现象，解说重点应从科学的角度揭示成因，揭示现象与本质之间的联系。对于景观的外在表现形式，可以描述其美学特征，包括颜色、结构、形状、构造细节等；对于景观的内在性质，应结合成因说明其组成成分、构成方式等。对于佛光、海市蜃楼等景观可以赋予一定的寓意，如结合描绘、赞美该景观的诗词歌赋和历史传说对景观进行升华，给旅游者以熏陶。

⑤遗址遗迹景观

遗址遗迹景观包括人类活动遗址、文物、原始聚落、历史事件发生地等主要基本类型。对于遗址遗迹景观的解说应阐明其承载的文化内涵和厚重的历史积淀，解说内容应侧重景观的美学特征、文化特征和其在文化、艺术等方面的成就以及重大意义。

⑥建筑与设施景观

建筑与设施景观包括水利工程、交通建筑、居住地与社区、活动场馆、景观建筑等类型。解说内容包括该建筑与设施的规模与体量、外观特征、内在功能、使用情况、技术特点等。重点在于体现建筑与设施的美学特征和其具有的技术特点。

⑦旅游商品

旅游商品包括菜品饮食、农林畜产品、水产品、中草药及制品、手工艺品等基本类型。对于旅游商品的解说重点在于介绍其功用，可结合对历史文化内涵的挖掘赋予其一定寓意。解说内容可结合景区所在区域的环境特征，说明为什么景区能出产这种旅游商品，为什么景区出产的这种商品比其他地方的更有优势，可以把该商品和其他区域的类似商品进行对比，突出比较优势。

⑧人文活动

人文活动包括地方风俗与民间礼仪、民间节庆、宗教活动、文化节、体育节等基本类型。对人文活动的解说重点在于揭示活动的文化内涵，告诉游客有哪些活动可以观赏，有哪些活动可以参与，各种活动的意义。解说内容包括人文活动举行的时间、地点、来历、目的、活动项目等。

3. 旅游设施解说

旅游设施解说的内容主要包括交通及基础设施解说、配套设施解说。旅游设施解说贯穿于整个旅游活动的过程。交通及基础设施主要包括交通设施、供水设施、供电设施、环境设施等，配套设施主要包括酒店、餐馆、酒吧、商场、娱乐场所、邮政设施、通信设施、金融设施、消防救生设施、医疗设施等，设施解说的内容主要包括各种设施的位置、运行时间、价格、容量等。旅游服务和旅游设施密不可分，旅游设施解说的内容不仅仅是对设施本身的说明，也包括依托该设施能为游客提供哪些旅游服务。

（1）交通及基础设施解说

交通及基础设施解说包含旅游者到达景区途中交通设施解说和景区内部设施解说两个部分，重点是对交通设施的解说。旅游者到达景区途中交通设施解说内容包括游客乘坐何种交通工具、走哪条线路、花费多长时间和金钱能到达景区，应对各种交通工具如飞机、火车、汽车、轮船的运行时间、行驶线路、票价、乘坐地点（机场、火车站、码头、汽车站的位置）及其优缺点进行说明，不仅要介绍从旅游者居住地到目的地的交通设施，也要详细说明从景区所在地主要交通港口前往景区的交通设施。景区内部交通设施解说的内容主要包括景区向游客提供的交通方式和线路。

供水设施解说应说明目的地和景区是否具备提供洁净饮用水的能力，生活供水能达到什么标准。如我国游客有用开水泡茶的习惯，而大多数欧美国家由于自来水可以直接饮用，所以酒店并不提供开水，这应向游客说明。不少游客习惯自带电热水壶烧水，这在一些地方的酒店不被允许，应说明当地饮用水的提供情况，提醒游客可否使用饮水设施。供电设施的解说应说明目的地的额定电压是多少伏，哪些电器适合使用，如何进行电压转换，在哪里能够找到转接设备以及景区能否提供电力能源供游客使用电器设备。环境设施的解说应说明景区采取了哪些措施对环境进行整治，如介绍污水处理厂的处理能力、垃圾收集站的位置等，使游客能更好地配合景区的环境保护工作。

（2）配套设施解说

景区配套设施的解说应具体、细致，使游客能够根据解说内容快速、便捷、准确地获得所需要的设施，享受优质的旅游服务。旅游管理者可以根据对景区及其所在区域配套设施的评估，向旅游者推荐值得信赖的酒店、餐馆、商场等设施，供游客选择。还可以结合交通设施解说的内容，详细说明应如何抵达这些配套设施所在的位置，并对使用这些设施给予必要的建议，如购物提示、消费提醒等。

4. 旅游管理解说

旅游管理解说的内容包括对旅游者和从业者的教育以及景区的管理制度解说。旅游景区不仅为旅游者提供游憩空间和场所，满足人们快速增长的旅游需求，同时也承担着保护资源与环境，促进区域经济、社会发展的任务。对于旅游者来说，旅游管理解说的内容将提供景区管理政策信息，指导游客适宜的行为，鼓励游客行为对环境负面影响最小化并使积极影响最大化，建立游客对管理机构、员工、政策与管理的积极态度；对于旅游从业者来说，旅游管理解说的内容将帮助景区利益相关者了解其权利和义务，帮助景区管理机构建立积极的公共关系。

旅游管理解说的内容主要分为友情提示、景区政策解说和警示警告三大类。友情提示包括对旅游者提出的出游建议和在景区内的游览建议，目的是帮助游客做好出游前的准备工作，保证旅游活动的顺利进行。景区政策解说的内容主要是对景区保护政策、管理制度、管理机制的宣传及在此基础上对游客的提示，增进旅游者对景区管理的了解，提高旅游者的保护意识和合作意愿。警示警告主要是对游客和从业人员可能在景区遇到的危险做出真实的说明和明确的警示，并对游客和从业人员的行为进行规范，告知哪些行为可能造成不良后果，如何规避这类风险，内容包括游客行为守则、安全警示、防火警示等。旅游管理解说可以用"游客须知"的方式在游客进入景区之前进行展示。

第三节　旅游信息传播与景区解说系统的展示

一、旅游信息传播

1. 信息传播的基本原理

（1）传播的定义

传播是人类交流信息的一种社会性的行为，是人与人之间，人与他们所属的群体、组织和社会之间，通过有意义的符号所进行的信息传递、接受与反馈行为的总称。简言之，传播就是人与人之间信息的传递与分享，是一种共享信息的过程。

（2）一般信息传播过程

信息传播过程是一个多要素互动的过程，它包括传播者、讯息、传播媒介、受众（信息接收者）、传播效果、反馈等基本要素。它们之间的基本关系，如图10-2所示。

图 10-2　信息传播的一般过程

2. 旅游信息的概念

关于旅游信息的定义，尚无定论，但由于旅游信息的特殊性，在理解其概念时，应明确以下认识：旅游信息是对旅游活动状况的最新描述；旅游信息是对旅游活动运动、变化、发展的客观描述；旅游信息是对旅游活动的本质与规律的真实反映。

旅游信息是对旅游活动本质与规律的反映，是旅游者、旅游经营者和旅游景区之间沟通的桥梁。

3. 旅游信息的传播过程

（1）影响旅游信息传播的因素

①旅游者和潜在旅游者

旅游者作为信息接收者，同时也是旅游信息的使用者，其个人素质、生活经历、对信息的理解程度和运用能力都对旅游信息的传播有着重要的影响。在旅游活动过程中，旅游者可以接收到大量的信息资源，如历史文化信息、自然风光信息，还有旅游景区所在区域的政治、经济、自然、文化等整体氛围。因此，旅游者在旅游过程中，不仅陶冶性情，而且对接收的丰富信息进行整理和加工，并为下一步的信息反馈打下基础。旅游者也不是单纯的信息接收者，同时也是信息的传播者，旅游者也会将自身所承载的旅游客源地的文化、风俗、价值观念等信息传播到旅游景区。

旅游者的旅游动机能够最终转变为旅游行为，除时间、资金、身体状况等自身条件外，旅游前所接收的旅游信息起着非常重要的作用。因此，潜在旅游者是旅游信息最初的接受者。在现代，潜在旅游者从各种渠道接收到的信息都有助于旅游购买决策，广告、集会、电视、电影、报纸、杂志、网络、亲友介绍等多种渠道都可以使其获得旅游景区信息，并促使其最终转变为旅游者。

②旅游经营者和管理者

旅游经营者要想扩大旅游资源的影响力，利用现代化的传播媒介，无疑是最佳的营销途径，因此旅游经营者是各种旅游促销活动的主要从事者，旅游广告、影视剧赞助商、旅游杂志、旅游报纸、旅游交易会以及各种网络广告更是数不胜数。旅游管理者为提高其管理效率，需要向社会或游客传播旅游资源和旅游管理的相关信息，促使旅游者、旅游管理者、旅游经营者共同努力对旅游资源进行管理和维护。因此，在旅游传播过程中，旅游经营者和旅游管理者很大程度上充当着信息传播者的角色，在旅游信息传播过程中起着重要的作用。

③旅游媒介

旅游媒介是指旅游主体顺利圆满完成旅游活动的中介组织，包括向旅游主体提供各种服务的旅游部门和企业，它是旅游文化传播的渠道。

旅游经营者或旅游管理者希望将旅游信息传向社会，促使旅游者接受更多信息加强旅游活动或使潜在旅游者实施旅游活动，而作为旅游者或潜在旅游者也希望接受旅游信息以便对旅游景区进行更多的了解或更好的选择，而且只有使信息传播者和信息受众者实现信息畅通，旅游业才能健康地发展。但是如何能使二者实现信息顺畅交流，这就必不可少地需要一个信息载体即传播媒介来充当传播者和受众者的桥梁。因此，旅游媒介的种类、覆盖面、效率、数量对旅游信息的传播有着重要的影响。

（2）旅游信息的传播过程

对于旅游信息的传播过程，这里主要从旅游者的角度进行描述。人们往往会从书籍、杂志、网络、电视、旅游广告、旅游交流活动、专业咨询机构或亲朋好友的介绍等多种传播媒介接收关于旅游景区、旅游资源、旅游交通、旅游餐饮、旅游住宿等有关旅游业各方面的信息。此时，如果时间、资金、身体状况等自身条件具备，而且众多旅游信息中的某条或某一部分激起了个人的兴趣，便会促使人们产生旅游动机，成为潜在旅游者，潜在旅游者会进一步并有针对性地从大量的旅游信息中搜寻想要的信息，包括交通、住宿、饮食、景区概况等信息，一旦得到较为准确和满意的信息，即条件具备时，旅游活动便会成行。在旅游过程中，旅游者得到精神愉悦的同时会接收大量的关于旅游景区的信息，如风俗民情、语言、服装、饮食、思想观念等，与此同时，旅游者也会将自身的一些习俗、服装、语言、价值观等传到到访的旅游景区，从而实现旅游信息的传播。旅行结束后，旅游者会以旅游感想或心得的方式讲述旅游经历，甚至在将来重游故地等，从而实现旅游信息的循环传播。

4. 旅游信息的传播途径

旅游信息的传播途径是多样的，具体可分为以下几类：

（1）传统的文本信息传播

传统的文本信息传播主要借助旅游报刊或综合类报纸的旅游版块、旅游杂志、旅游书籍和其他印刷物来完成的。近些年来，随着我国旅游业的发展，各种大型旅游丛书频频出现，还衍生了《中国自助游》之类的自助游工具书。与此同时，旅游杂志也呈现了高速发展。而旅游类专业报纸和综合类报纸的旅游版的发展势头也很好，国家旅游局主办的《中国旅游报》是能覆盖全国的权威旅游行业大报，近年来总版数大幅增加。

（2）专业交流活动

常见的专业交流活动方式有旅游交易会、旅游产品销售会等各种节事活动。随着旅游业的发展，各种专业性的节事活动或交流盛会越来越多，如由中国文化和旅游部、有关地方政府、中国民用航空局联合举办的中国国际旅游交易会，已成为亚洲地区最大的专业旅游展，各地区也在举行旅游交易会，如华中旅游博览会、上海旅游交易会、北京国际旅游博览会等。

（3）电影、电视影像传播途径

随着影像文化的普及，旅游信息的传播途径及效果得到了拓展和加强。旅游传播重视观赏效果，其信息本身就具有很强的图像性，这也促进了大众传播的视觉化走向。近些年来，随着我国影视业的发展，影视基地旅游已逐渐成为旅游业的新时尚。另外，电视传媒也逐渐成为旅游信息传播的重要途径。电视最大的魅力在于可视，即时传递画面、声音、动作与色彩。对于旅游经营商而言，同时拥有声像的电视是比其他大众传媒都更接近消费者的销售方式，他们需要电视这种覆盖范围广、权威性强的媒体平台，传播更多更新的旅游信息。很多游客也都寄希望于声、像、覆盖面俱佳的电视媒体，希望能通过电视媒体获得更多旅游信息。电视媒体已经发现并逐渐拓宽了旅游传播领域，许多电视台纷纷开办了旅游节目。

（4）新兴的计算机网络传播

随着互联网的普及，信息传播得到了彻底改观。因文化差异、语言差异、地域差异、消费者和经营者的身份差异等所造成的信息失衡在网络时代将得到极大的缓解，信息经过智能处理，成为更加适用于使用者的"知识"，任何文化水平的用户都能方便利用，市场将变得逐渐透明。旅游业是信息依托型产业，互联网作为未来的主流媒体。在音频、视频、信息量、传播速度、覆盖面、无线接入等方面的出众能力，将使之成为旅游企业宣传促销的最佳选择。旅游宣传媒介平台、旅游电子商务平台和旅游实地管理、服务平台将实现完美融合。

（5）其他

除以上几种信息传播方式外，还有最为原始的，但在现今信息传播中仍占有重要地位的口头传播方式。消费者做出消费决定往往是在听到亲人、朋友、同事等的建议或推荐之后，在互联网普及后，短视频等又进一步充实了口头传播的力量。

二、景区解说系统的展示

1. 游客中心

（1）实体游客中心

游客中心起源于美国的国家公园，主要为游人提供住宿、餐饮、导游、娱乐等综合性服务。游客中心的主要服务对象为已入园散客、社会团队游客、旅行社团队游客及旅行社人员、其他旅游中间商等。景区游客中心的职能包括：散客接待、团队接待、导游服务、旅游咨询、旅游商品销售、失物招领、物品寄存，以及医疗服务、邮政服务、残疾人设施提供等。

《旅游区（点）质量等级的划分与评定》（GB/T 17775-2003）对不同等级景区的游客中心做了明确规定。以 5A 级景区为例：游客中心应位置合理，规模适度，设施齐全，功能体现充分，咨询服务人员配备齐全，业务熟练，服务热情。

游客中心应具备非常强的解说功能，以吸引游客走进游客中心，引导游客观看各类解说展览，帮助游客理解景区的价值与意义，协助景区管理。要实现上述功能，游客中心的规划和建设应包括以下几个主要的功能区：

①旅游信息咨询区

这是一个提供综合信息的服务区，起到咨询和解答的作用，主要是为游客提供旅游景区内的相关信息，包括旅游景观介绍、当地历史文化与风土民情、景区游览路线、服务区点分布、提供旅游景区手册、景区内交通工具的乘坐与使用、求救电话等。

②景区风光展示区

此服务区主要是向游客展示景区的优美风光，引导游客对景区进行游览。主要是展示风光图片、播放风光片等，值得说明的是，此功能区起着很好的广告宣传和教育游客的作用，不仅可以展示景区风光，还可教育游客保护景区资源。

③售票区

主要是出售景区内的各种票据，如景区门票、景区内交通工具的车票，以及一些游乐设施的票据等。

④旅游商品销售区

主要向游客介绍并出售本地的一些土特产、旅游纪念品等旅游商品，还出售旅游过程中的一些必备用品。

⑤餐饮住宿区

主要向游客提供餐饮、住宿等服务，为增加游客在景区的逗留时间，更好地游览景区提供了便利条件。

⑥导游服务区

主要提供导游服务，游客在此雇佣、租赁或免费获得各种导游服务，如导游员、便携解说器等。

⑦其他服务区

包括失物招领、物品寄存、医疗服务、邮政服务、残疾人设施提供等。

各个景区的游客中心往往根据自身情况或需求进行划分，以突出特色，但大体一致，个别区域会有不同。

（2）虚拟游客中心

虚拟游客中心在互联网上为潜在游客提供旅游预体验、旅游资讯与出游咨询等服务，除具备展示宣传、咨询等传统游客中心的作用外，虚拟游客中心的主要特色首先是向游客提供虚拟旅游，以移步换景的方式使游客进入预体验，使游客更深刻地了解和体验景区美景，并可利用虚拟旅程的自主互动定制系统让旅游者制订符合自身要求的出行计划，虚拟旅程与自行制订计划更有利于促使旅游者最终出行。其次，虚拟游客中心与网络相结合，可利用互联网丰富的信息，使旅游者在出行前获得更多的旅游信息以及更加便捷的服务。

虚拟游客中心通过形象展示系统、咨询服务系统、体验及定制系统、互动系统实现各项功能。

①景区形象展播窗——形象展示系统

激发游客的购买欲望，促使其由潜在旅游者转为旅游者是极为重要的，鲜明良好的景区形象对于吸引旅游者有着巨大的作用。景区通过虚拟游客中心建立优异的形象，并且利用网络优势快速有效地将信息传播给浏览者，吸引浏览者注意力，引发其出行。

②电子宣传手册——咨询服务系统

利用网络优势，提供全面、准确的景区咨询服务，减少旅游者出行前的顾虑，进一步促使其旅游行动的实现，在全面了解景区情况后，更有利于旅游者获得最佳的旅游体验。

③虚拟旅游——体验及定制系统

以移步换景的方式，使浏览者进行预体验，可使浏览者更加有效地决策该景区是否满足自身需求及满足程度，还可利用虚拟游程的自主定制系统，让游览者制订个性化的出行计划。此功能可进一步促使旅游者的实际出行。

④互动咨询服务系统

旅游者在出行前不仅会搜集大量资料，还会咨询专家与亲友，考虑他们的意见和建议，虚拟游客中心可利用网络优势，让旅游者能够与当地旅游专家联系咨询，得到更为丰富信息，同时还可以在旅游归来后再次交流或发表旅游感想。

2. 旅游景区网站

旅游景区网站具有展示、服务、互动等多重功能。景区网站可以说是一个有关景区的"百科全书"，游客可以从中找到有关景区的信息和获取信息的途径。旅游经营者可以进行网上业务，如网上售票、网上预订等。景区网站也是旅游者、旅游经营者、旅游管理者沟通的平台。景区网站主要内容应包括：

（1）景区新闻

作为景区网站，应该快速及时地将景区的动态、政策、通知、注意事项等景区新闻展示给旅游者，以便于旅游者了解景区动态。另外，还附加了旅游行业的一些重要新闻、动态、消息，如新出台的行业法规等。

（2）景区风景文化展示

旅游景区网站最重要的一个职能就是展示功能，作为景区网站必须具有景区的景观图片、观光片等，以便向旅游者展示景区优美风光，吸引旅游者前来观光。另外，还要备有景区的文字或声音介绍，以及景区所在区域的历史文化、风土人情、政治经济等介绍，以便于旅游者更好地了解和领略旅游资源。

（3）旅游线路设计

旅游者在未进行游览之前，对旅游景区、旅游资源的具体情况并不十分清楚，游览中往往会忽略或错过一些美景，为游客设计精品线路，可以使游客在此次旅行中最大限度地饱览景区美景。

（4）服务项目

主要包括预订旅游景区客房（主要指各类旅游酒店预订、为景区酒店提供销售代理服务等）、订餐服务（提供餐厅餐位预订、提供针对旅行社或团体旅游消费的优惠价格、提供景区餐厅适宜菜单等）、门票出售（主要指景区门票预订、景区门票、观光车票、娱乐项目门票等在线支付），如果景区有度假疗养功能，还要为游客提供汽车等交通工具的租用或使用办法，为游客量身定做游览路线和个性化旅游指南等。

（5）帮助中心

主要指景区的呼救电话、救援措施、遇难自救等措施。另外，还有网站的详细介绍和用户帮助。

（6）论坛

主要是旅游信息交流、热门话题讨论、用户问题在线问答，也是发表旅游感想、游记照片、结识新朋友的场所。

3. 标识牌

标识牌是一种载有图案、标记符号、文字说明等内容的能够解说、标记、指引、装饰的功能牌。标识牌具有解说、广告、教育、服务等功能。旅游标识牌主要传达旅游景区的相关信息，将标识牌树立于游览区，可随时获取相关信息。旅游标识牌也是一个面向游客的信息传递服务系统，为游客提供指引服务，保证旅游活动的顺利进行也是其一个重要的功能。

标识牌强调视觉效果，标注在标识牌上的内容主要是指文字内容、图形（包括方向指示图等）和符号。旅游景区标识牌主要有景区介绍牌、景点名牌及介绍牌、景观名牌、旅游交通设施解说牌、配套设施解说牌等。

4. 音像解说

（1）影像展示

影像展示可以通过画面来讲述一个故事，或者就景区的某专题进行深入的讲解，如历史、自然、建筑、科技等，并且不受时间的限制。影像展示可以调动游客的主动性和积极性，引导游客对旅游景观和旅游资源进行欣赏和评价。

（2）声音展示

声音是有效的传播媒介，它能刺激游客的听觉器官，让游客集中注意力，增强游览效果和兴趣。

旅游景区的声音展示方式有背景音乐、朗诵、景区提示等。旅游景区可设置影像放映厅、户外大屏幕电视、广播及背景音乐系统等设施，实现影像和声音的展示。

5. 印刷物解说

景区印刷物一般有以下几类：

（1）旅游地图

旅游地图主要向游客展示的是景区的地理位置，景区的景点分布图、游览线路图等，但同时它也附有文字性的介绍，如景区概况、景区经典景点的简介等。旅游地图不仅可以让游客明白自己在游览途中所在的位置，而且还可以指导游客进行其他的旅游活动。

（2）旅游指南

旅游指南应该包括多种语言文字，以满足不同国家游客的需要。旅游指南上所反映的信息一般都有：景区简介、游客须知、旅游服务设施（住宿、饮食、购物、交通等）、景点介绍、景区全景图、景点游线图、旅游咨询等。

（3）旅游风光画册

旅游风光画册就是将有关景区的、风光照片、一些景点景观的特写、不常见的景象以及具有纪念意义、现实意义的图片，制作成精美的画册。旅游风光画册不仅可以向游客展示各种景观与景象，而且对于游客来说，它还具有珍藏和纪念意义。

（4）旅游宣传彩页

旅游宣传彩页既可以由旅游景区管理人员向来观光的游客发放，以宣传旅游形象，展示旅游产品，提供旅游向导服务，也可以通过旅行社等旅游机构，向潜在旅游者宣传，以激发他们前来景区旅游的旅游动机。旅游宣传彩页不同于旅游风光画册和旅游指南，其内容包括景区简介、景区导游图、景点享有的名誉介绍，具有代表性和反映景区主题的图片，与图片相关的简单文字介绍，旅游游乐项目图片和介绍，景区联系电话、传真等。

（5）书籍

旅游景区出版的书籍，一般都是以旅游景区和当地旅游文化作为背景，出版描述景区及当地的历史沿革、民俗文化、政治经济环境、生态环境等，同时也出版有关景区的园林知识、建筑知识、文物知识、生物知识等。旅游景区根据不同层次的旅游者编写不同类型的书籍，对于层次较低的游客，注重趣味性，体现生动性；对于层次较高的游客，则注重专业性，体现知识性。

（6）报纸

旅游景区可以通过报纸宣传景区的旅游形象，主要内容包括：对景区做总体的介绍，介绍景区的独特景观和特殊旅游活动项目等。景区除了通过报纸宣传旅游景区提升旅游形象外，还可以编辑内部报纸发放给游客，加强对景区的宣传和解说。

6. 导游员解说

"导游"一词来自英语 Tour Guide。在我国，管理部门对导游人员有明确的定义。导游人员是指通过了国家导游资格和等级考试，受到旅行社的委派，按照接团计划，运用专业知识和技能为游客提供向导、讲解和其他相关服务的人员。讲解员也称景区、景点导游人员，是指在旅游景区、景点为游客提供导游讲解服务的工作人员。

全程陪同导游员、地方陪同导游员和景区（景点）讲解员共同完成景区的导游员解说工作，其中景区（景点）讲解员或地方陪同导游员承担主要的景区解说任务，全程陪同导游员主要对景区解说起协助作用。

第四节   旅游解说系统规划与设计

一、规划与设计要求

1. 规划目标

（1）总体目标

旅游解说系统规划的目标是：通过解说系统的规划、设计与开发，激励游客产生旅游购买欲望，引导游客完成旅游活动，为旅游景区营造人与自然和谐共生的游览与休闲环境，提升旅游形象，增进旅游者的体验，加强旅游者与经营者、管理者及社区居民之间的沟通，提高旅游者的生态意识，强化旅游景区管理与资源环境保护，促进旅游景区的可持续发展。

（2）不同等级景区解说系统规划的目标

不同类型、不同等级的旅游景区解说系统规划的目标和要求不同，各景区的解说目标应根据景区所在区域的旅游发展规划和景区旅游总体规划提出的发展目标，结合景区旅游开发现状，依照国家标准《旅游区（点）质量等级的划分与评定》（GB/T 17775-2003）等相关规定的要求制定。《旅游区（点）质量等级的划分与评定》对景区旅游解说系统主要从游客中心、标识牌、公众信息资料、导游、公共信息图形符号等五个方面提出了具体的目标和要求。

2. 规划任务

景区旅游解说系统规划的基本任务是：

（1）构建旅游解说系统体系

根据景区类型、功能和特色的不同，对景区环境解说、吸引物解说、设施解说和管理解说四个子系统应实现的功能，要反映的内容，需达到的要求进行确定。

（2）确定旅游解说系统的展示方式及其开发要求

以规划目标为依据，提出适合该景区使用的解说系统展示方式及开发要求。比较各种开发方式之间的优缺点，结合景区旅游解说系统现状，提出应重点开发和优先开发的项目。

（3）提出景区旅游解说的具体内容

根据构建的景区解说系统体系，对每个子系统所涉及的主要解说内容进行编写。内容应具体、全面，并有一定深度，包含该景区环境解说、吸引物解说、设施解说和管理解说四个子系统要反映的主要信息，突出重点。解说内容要求语言科学、准确、生动，有一定的文学色彩，反映的信息应是最新、最准的。解说的深度应达到相关专业水平，但解说的方式应考虑游客的理解能力。

（4）估算旅游解说系统投资

估算景区将要开发的各种旅游解说系统展示方式的投资额，估算近期建设项目（优先开发项目）、中远期建设项目的投资额。

此外，编制单位还可根据与委托方确定的规划要求和景区的实际需要，对景区某解说系统展示方式（如标识牌、导游手册等）的内容、形式进行设计。

3. 成果形式

旅游解说系统规划的成果应包括规划文本、规划图纸和附件。

（1）规划文本的基本内容及要求

①景区基本情况

包括景区地理位置、自然条件、社会经济概况、交通状况、历史沿革、游资源特色、旅游发展现状。

景区地理位置应说明景区所属的行政区，与主要客源市场的空间距离，景区范围（用经纬度表示）和面积；自然条件应说明景区所处的气候带、主要地质地貌景观特征、珍稀动植物品种和其他主要自然资源；社会经济概况应说明景区所属行政区（区、县或市）的人口数量、民族结构、国民生产总值、产业结构、旅游业在区域经济中的地位；交通状况应说明景区的可进入性和景区内部的交通状况，包括景区到其主要客源地和交通枢纽的航空、铁路、公路、水路交通条件以及景区内部主要道路交通状况；历史沿革应说明景区及其所在区城的历史文化背景、人文景观；旅游资源特色应从自然和人文两方面说明景区旅游资源的特点，突出其资源优势；旅游发展现状包括景点基础设施和配套设施的开发建设情况，景区的游客接待量和旅游收入，旅游管理机构和体制现状，旅游市场营销措施等。

②规划说明

包括对规划范围、规划期限、规划目标、规划原则、指导思想和规划依据的说明。

其中规划目标应根据景区定位和发展目标，制定符合所在区域旅游发展规划和景区总体规划的要求，与其他相关规划相协调，可结合规划期限制定近、中、远期的分期目标，近期规划期限一般为 3 年至 5 年，中期般为 5 年至 10 年，远期般为 10 年至 20 年，规划原则和指导思想应体现可持续发展和构建和谐社会的要求，体现地方特色，体现前瞻性和适度超前性。

③景区旅游解说系统现状及存在的问题

对景区旅游解说系统现状进行统计、分析、评估，指出存在的问题，分析原因。

景区解说系统现状统计包括对景区游客中心的位置、建筑风格、容量、现有设施、人员等的调查统计，对景区标识牌的数量、材质、分布、内容的调查统计，对景区各类印刷品和音像出版物的类型、数量、内容的统计和对其他解说展示方式及内容的调查统计。在此基础上对景区解说系统是否形成体系，各种解说展示方式的合理性和有效性，各类解说内容的信息量、准确性、科学性进行分析和评价，结合游客满意度，客观评估现有旅游解说系统对景区旅游发展的积极和消极作用，指出系统构成的缺陷和各种展示方式、内容的不足，并分析造成这些问题的原因。

④景区旅游解说系统构建

构建景区旅游解说系统，明确各子系统的构成要素，列出适合景区的展示方式。根据景区类型构建适合景区的旅游解说系统，提出各子系统构成的要素和解说的重点，对各种解说展示方式的优缺点进行对比分析，根据旅游景区的实际情况推荐适合该景区的展示方式和景区应优先开发的展示方式。

⑤景区旅游解说系统的内容、要求及范例

对景区环境解说、吸引物解说、设施解说、管理解说等子系统的内容要求、语言表达要求进行说明，给出解说范例。

⑥景区旅游解说系统的展示方式及开发要求

针对各子系统的解说内容，对每一种展示方式的开发要求进行详细说明，重点说明优先开发的重点展示方式。

⑦景区旅游解说系统投资估算

对景区旅游解说系统投资额的估算需列出各种展示方式、各规划阶段的投资额。其中近期投资估算还应突出重点开发项目的投资额，远期估算可具有一定弹性。

⑧规划实施意见

重点对近期开发的项目提出切实可行的建议，如规划实施过程中可能遇到的问题和解决方案，需要哪些方面的支持和保障等。

（2）规划图纸的主要内容及要求

规划图纸主要包括景区区位图、景区综合现状图、解说系统现状分布图、解说系统规划总图、主要解说设施概念图、近期建设规划图等类型。图纸比例要求根据规划区的大小和图纸功能确定，一般范围较大的景区可使用比例相对较小的图纸，范围较小的景区则要求图纸的比例相对较大。各类型图纸的主要内容及要求如下：

①景区区位图

景区区位图应标明景区所在的位置，景区与主要客源市场的空间位置关系以及景区与邻近主要景区的空间位置关系，体现景区的区位优势。对于一个以景区所在城市居民或周边城市居民为主要客源市场的景区，其景区区位图可以用该城市地形图和包括周边主要城市区域的地形图为底图，标明景区在所属城市及城市内的位置；对于一个以国内市场为主要目标市场的景区，应以中国地图为底图，标明景区在中国的位置，并注明景区距主要客源市场的距离；对于一个国际化的旅游景区，除使用所在城市地形图、中国地图作为底图外，还应以世界地图作为底图标明景区所处的地理位置。图纸的比例要根据景区和底图范围的大小来确定。

②景区综合现状图

景区综合现状图应标明景区已开发的景点、景区的功能分区、已开发建设的主要配套设施、景区游览线路等信息。图纸应界定景区的范围，各功能区以不同的色块区分，注明各景点和主要景观的位置，标明游客中心、停车场、餐厅、商店、厕所等设施的位置，以不同线条表示主、次游览道路的走向，标明游线节点和距离。

景区综合现状图应使用景区地形图制作，图纸比例一般为 1：5000 至 1：50000。如使用比例为 1：10000 的地形图能比较清楚地反映面积约为 30 平方公里的景区的现状信息。比例尺较大的图能更清楚地反映景区现状，便于标注设施的位置。

③解说系统现状分布图

解说系统现状分布图主要反映景区游客中心、标识牌和各种户外多媒体展示设备的位置。

④解说系统规划总图

解说系统规划总图主要表示景区游客中心、标识牌等的分布情况。图纸应反映游客中心的选址,体现其与景区主要交通节点和其他配套设施的空间位置。应对图纸上各标识牌的符号进行编号并与规划文本内容一一对应。

⑤主要解说设施概念图

主要包括游客中心和标识牌的设计效果图。游客中心效果图重点反映景观效果,体现与周围环境的和谐程度,还可以展示各种类标识牌的样式、风格、色彩、材质等及其与周围环境形成的景观效果,可设计多种方案备选。

（3）附件

规划基础资料,如景区解说系统现状调查报告,游客满意度调查报告,景区管理者和社区访谈报告,各种调查表、调查数据,规划工作组织程序等可作为规划的附件。

二、规划组织与管理

旅游解说系统规划编制的程序主要可分为五个阶段:规划准备阶段、规划编制阶段、规划评审阶段、规划实施阶段和规划实施后的反馈调整阶段。表10-1 和显示出旅游解说系统规划编制阶段及工作流程。

表10-1   旅游解说系统规划编制阶段及工作流程

阶段	工作流程
规划准备阶段	委托方编制旅游解说系统规划任务书 选择规划编制单位并签订合同 规划编制单位的前期准备
规划编制阶段	现状调查与分析 编制规划文本 征求意见并修改 提交规划成果
规划评审阶段	规划委托方提出申请 组建规划评审小组 召开评审会议 规划成果修改 报批实施
规划实施阶段	软件开发和硬件施工 验收实施成果

阶　段	工作流程
规划实施后的反馈调整阶段	实施成果评估 信息反馈 规划调整与完善 调整后的规划论证与实施

1. 规划准备阶段

（1）委托方编制旅游解说系统规划任务书

委托方（一般是景区管理者）做出制定旅游解说系统规划的决策后应编制景区旅游解说系统规划任务书，明确规划目的和编制单位资质、编制时间、经费、成果等各项要求。

（2）选择规划编制单位并签订合同

委托方通过公开招标、邀请招标、直接委托等形式确定规划编制单位，并与规划编制单位签订旅游规划编制合同。合同内容应包括规划的编制内容和要求，规划成果评审及其最终成果提交期限、地点，工作经费，双方责任和义务等内容。

（3）规划编制单位的前期准备

规划编制单位的前期准备工作从规划合同签订之日起正式开始，直至编制组进入现场工作，包括资料、人员、设备仪器等各项准备工作，规划编制单位在准备阶段的主要任务是资料研究、确定规划目标，组建规划工作组和制订工作计划。准备阶段的工作主要在室内完成。前期准备工作的流程如下：

①资料准备

委托方应根据合同向规划编制方提供景区基本资料、景区所在区域的旅游发展规划、景区旅游总体规划、景区现有的出版物（包括图文和多媒体）解说等资料。编制方应对景区资料进行深入研究，对景区的自然、人文概况、旅游发展现状和旅游解说系统开发现状，以及景区在所在区域旅游发展中所占的地位、景区的发展目标等有深入的认识，为确定规划目标提供依据，为规划文本的编制准备素材。规划编制单位应根据规划需要，结合以往的规划编制经验，搜集、准备相关法规、标准、国内外景区旅游解说系统的成功案例和编制规划需要的其他资料。

②组建规划工作组

根据规划目标和项目的具体要求，委托方和编制方共同组建规划工作组，工作组中应有规划涉及领域的专家和熟悉当地情况的专业人员。工作组成员主要包括：景区所在区域旅游管理部门管理人员，景区管理人员，旅游规划专家，市场营销专家，社会学、人类学专家，生态学专家或环境规划专家，景观设计师，建筑设计师和广告设计人员等。同时，根据景区类型的不同，工作组还可邀请野生动植物保护、考古、历史、地质等方面的专家参与工作，人员结构及规模由规划的具体需要决定。

③资料研究

规划工作组组建完成后，应确定成员的工作职责，各成员根据分工开展资料研究准备工作。工作的主要内容是研究委托方提供的景区基础资料，研究旅游解说系统的相关法规、标准，借鉴国内外景区旅游解说系统的成功经验。

④确定规划目标

编制方在对景区情况有深入了解后可与委托方协商，结合景区现状和景区旅游总体规划、景区所在区域旅游发展规划确定景区旅游解说系统规划的目标。规划目标应适应旅游业发展的长远需要，具有适度超前性。

⑤制定工作计划

由规划编制组组长根据已经确定的规划目标负责制定规划工作计划，内容主要包括规划编制阶段的时间安排、目标任务、人员分工等。

⑥野外考察工作准备

编制景区旅游解说系统现状调查、景区管理者访谈、游客访谈、当地社区访谈等工作的安排。重点是现状调查工作计划，包括时间安排、人员分工等，工作计划的制定应与委托方协商确定，委托方也应派出熟悉当地情况的人员参与调查工作。

2. 规划编制阶段

规划编制阶段的主要工作内容是：经过对景区旅游解说系统现状的调查和综合分析，指出存在的问题，分析原因，提出建议，编制规划文本，制作规划图件，经广泛、反复征求意见后修改完善形成最终成果。编制阶段的工作包括室内准备、野外工作和室内编制。

（1）现状调查与分析

①野外调查

通过调查组的实地踏勘和景区经营者访谈、游客访谈、社区访谈等，了解景区已经开发了哪些解说方式，各种展示方式的类型、数量、内容特点等。

②现状统计

分类整理野外调查的结果，统计景区已经开发了哪些解说展示方式，分类统计各种展示方式的数量和内容特点，列表说明。

③综合分析

野外调查和现状统计结束后，评价景区已开发的解说系统对景区产生了哪些积极作用，存在哪些缺陷，还有哪些可以借鉴的地方。重点分析解说系统现状的不足之处，分析造成这种现象的原因。应在野外调查和统计分析的基础上完成现状综合分析报告，该报告可作为规划文本附件。

④提出建议

在对存在的问题进行深入分析的基础上，提出初步解决方案和有针对性的建议。

（2）编制规划文本

规划应遵循系统化、生态化、规范化、人性化、地方化的原则并保证经济上可行，且具有一定弹性。针对景区旅游解说系统的现状，提出改进措施；从景区实际出发，以生态环境保护为前提，适度开发，实现景区的可持续发展；景区解说系统的内容和形式符合相关法规以及旅游、交通等国家标准和行业标准。旅游解说内容具有科学性，语言、文字规范，符号使用准确；解说系统的内容、展示方式等能够满足不同旅游者的需求，解说内容通俗易懂，解说语言温馨亲切，解说图示清楚明了。使旅游者能借助旅游解说系统安全顺利地完成旅游活动，并感受到景区管理者提供的人文关怀；深入挖掘景区独特的地方文化，使解说系统的内容体现地方特征。

（3）征求意见并修改

征求意见应本着广泛、公开的原则，可由委托方召开专家咨询会，邀请旅游管理者和相关专家参与，听取专家意见。对规划成果（征求意见稿）进行公示，广泛听取各方意见，让公众参与规划，体现民众意见。编制单位应与委托方、景区所在区域的政府部门、景区管理部门沟通，征求意见，对规划成果进行反复论证并修改完善。

（4）提交规划成果

提交的最终规划成果应达到国家相关规定的要求和规划合同的要求，在征求意见稿的基础上有所完善，体现征求的合理意见和建议。规划文本应列出基础调查结果分析、结论和建议，建议应通俗易懂，具体支持数据和分析可列在附录中。

3. 规划评审阶段

（1）规划委托方提出申请

规划文本、图件及附件的草案完成后，由规划委托方向上级旅游行政主管部门提出组织评审的申请。由上一级旅游行政主管部门组织评审。

（2）组建规划评审小组

评审人员由委托单位上级旅游行政主管部门确定。旅游规划评审组由 7 人以上组成。其中，行政管理部门代表不超过 1/3，本地专家不少于 1/3。规划评审小组设组长 1 人，根据需要可设副组长 1—2 人。组长、副组长人选由委托方与规划评审小组协商产生，部门代表原则上不应担任专家组组长。评审专家的确定，应注重省内外专家结合、中青年专家结合、旅游与相关专业结合、旅游与相关部门结合。

旅游规划评审人员应由经济分析专家、市场开发专家、旅游资源专家、环境保护专家、城市规划专家、工程建筑专家、旅游规划管理人员、相关部门管理人员等组成。

（3）召开评审会议

评审采用会议审查方式。规划评审前，上级旅游行政管理部门要对规划质量进行审查，确实没有重大质量问题后，方可组织评审会议。规划成果应在会议召开 5 日前送达评审人员审阅。

评审应围绕规划的目标、定位、内容、结构和深度等方面进行重点审议，主要包括：规划目标体系的科学性、前瞻性和可行性；解说系统的完整性和合理性；解说内容的科学性、准确性；创新性；游客中心、标识牌等布局的科学合理性；项目投资的经济合理性；项目对环境影响评价的客观可靠性；各项技术指标的合理性；规划文本、附件和图件的规范性；规划实施的操作性和充分性。

规划的评审，需经全体评审人员讨论、表决，并有 3/4 以上评审人员同意，方为通过。评审意见应形成文字性结论，并经评审小组全体成员签字，评定意见方为有效。

（4）规划成果修改

规划通过后，编制单位应根据评审意见对规划成果进行修改完善，形成最终成果。规划若未能通过评审，则应认真分析原因，重新组织编制。

（5）报批实施

旅游规划文本、图件及附件，经规划评审会议讨论通过并根据评审意见修改后，由委托方按有关规定程序报批实施。

4. 规划实施阶段

（1）软件开发和硬件施工

根据规划成果，对于达到施工要求，具备施工条件的项目进行建设，如景区标识牌，可以根据规划设计的图纸和内容进行制作，并根据分布图实施安装。对于达不到建设要求的项目，应进行更深层次的开发，如游客中心的控制性和修建性详细规划的编制、旅游解说网站的研发、景区导游手册等的设计和内容编写，影像资料的拍摄，解说内容的深化、翻译等。深层次的规划和设计完成后，游客中心的建设和导游手册的制作等可投入施工、制作。规划编制单位在这一过程中可为委托方提供必要的咨询服务并监控项目的建设，委托方也可把更深层次的规划和设计任务委托给该编制单位完成。

（2）验收实施成果

委托方可自行组织对标识牌等建设项目的验收，对于印刷物、音像制品的设计等可邀请相关专家进行评审验收，规划设计单位应尽可能参与指导。

5. 规划实施后的反馈调整

（1）实施成果评估

规划实施后可邀请有关方面的专家对其经济和社会效益进行评估，也可进行游客访谈和问卷调查，通过游客满意度的调查评估规划成效。评估工作由规划委托方组织，对于游客满意度的调查应长期进行。

（2）信息反馈

委托方应积极与编制单位保持沟通，把专家评估意见、游客建议和解说系统运行过程中的其他问题等信息反馈给编制单位，以便于编制单位及时提出解决问题的方案，对规划进行调整与完善。

（3）规划调整与完善

编制单位应根据反馈的信息和游客需求、景区实际情况等方面的变化对规划做进一步的修订与完善。委托方和编制单位还应根据景区相关信息的变化修改解说内容，保证解说内容能反映最新信息。

（4）调整后的规划论证与实施

调整后的内容需由委托方根据调整的幅度和实际需要组织论证，并投入实施。

思考题

1. 什么是旅游解说？

2. 旅游解说的意义何在？

3. 旅游解说的有哪些基本方法？

4. 旅游解说系统的构成要素有哪些？

5. 旅游解说的内容主要包括哪几个方面？

6. 旅游解说系统主要有哪几种展示方式？

7. 简述旅游解说系统规划的主要内容和要求。

8. 简述旅游景区解说系统规划的组织过程。

9. 不同类型景区的解说系统规划与设计侧重点有何不同？

10.景区旅游解说系统的未来发展趋势是什么？

第十一章 旅游景区智慧化升级与管理

学习目的：

通过本章的学习，了解智慧旅游的发展背景、概念体系和总体框架，掌握智慧景区的定义、总体框架，掌握旅游景区智慧化升级的核心内容，熟悉旅游景区智慧化升级的技术支持与标准体系，掌握旅游景区智慧化管理体系。

主要内容：

- 智慧旅游的概念
- 智慧旅游的总体框架
- 智慧景区的定义
- 智慧景区总体框架
- 旅游景区智慧化升级的核心内容
- 旅游景区智慧化升级的技术支持
- 旅游景区智慧化升级的标准体系
- 旅游景区智慧化管理中的集成化控制
- 旅游景区智慧化管理中的智能化运营
- 旅游景区智慧化管理中的个性化服务

第一节 智慧旅游概述

一、发展背景

1. 旅游信息化

众所周知，信息技术是旅游业的命脉。在互联网被商业化之前，信息技术对旅游和旅游业的重要性已经被普遍认可。然而，信息技术从未像今天这样与旅游体验如此紧密地交织在一起，尤其是随着搜索引擎的迅速增长、在线分销渠道的扩展、虚拟社区的建立以及越来越多社交媒体平台的出现，信息技术渗透到旅游业各个层面并且全面扩展了旅游业的技术水平。实际上，移动信息技术的普及，尤其是智能手机与信息搜索、通信、娱乐、社交以及与移动相关功能的整合，使信息能够及时传递给正在途中的游客，由此带来旅游体验的进一步提升，而虚拟现实、增强现实、人工智能等技术在旅游场景的应用更加促使旅游体验达到了"高峰体验"水平。随着云计算以及物联网的发展，如今的信息技术环境已经日渐泛在化、智能化以及情境感知化，而且也有很多论据表明，我们已经进入了以个性化、泛在化、便捷化的旅游信息服务为主要特征的智慧旅游时代。

2. 智慧地球

IBM（International Business Machine，以下简称 IBM）公司前董事会主席兼首席执行官彭明盛（Samuel Palmisano）先生于 2008 年 11 月 6 日在纽约外交事务委员会上提出"智慧地球"（Smarter Planet）概念。他认为智能技术正应用到生活的各个方面，这会使地球变得越来越智能化，指出智慧地球的核心是通过新一代信息技术来改变政府、公司和人们交互的方式，提高交互的明确性、效率、灵活性和响应速度，辅助政府、企业和市民做出更明智的决策。智慧地球内涵覆盖三个维度：第一，能够更透彻地感应和度量世界的本质和变化；第二，促进世界更全面地互联互通；第三，在上述基础上，所有事物、流程、运行方式都将实现更深入的智能化。

IBM 公司同时提出 21 个支撑智慧地球概念的主题，涉及能源、交通、食品、基础设施、零售、卫生保健、城市、水、公共安全、建筑、工作、智力、刺激、银行、电信、石油、轨道交通、产品、教育、政府和云计算。这 21 个主题覆盖了现代社会生产生活的主要方面，一旦全面实现智慧互联互通、信息及时共享与优化利用，我们生活的地球就具备了智慧地球的特征。

3. 智慧城市

智慧城市是智慧地球战略的重要组成部分。IBM 公司认为，21 世纪的智慧城市能够充分运用信息和通信技术手段感测、分析、整合城市运行核心系统的各项关键信息，从而对于包括民生、环保、公共安全、城市服务、工商业活动在内的各种需求做出智能的响应，为人类创造更美好的城市生活。在智慧地球战略提出后，美国政府积极回应并写进创新发展战略，爱荷华州迪比克市与IBM 共同宣布建设美国第一个智慧地球城市。

所谓智慧城市，是指充分借助物联网、传感网，涉及智能楼宇、智能家居、路网监控、智能医院、城市生命线管理、食品药品管理、票证管理、家庭护理、个人健康与数字生活等诸多领域，把握新一轮科技创新革命与信息产业浪潮的重大机遇，充分发挥信息通信产业发达、射频识别（RFID）相关技术领先、电信业务及信息化基础设施建设优良等优势，通过建设界面控制文件（ICT）基础设施、认证、安全等平台和示范工程，加快产业关键技术攻关，构建城市发展的智慧环境，形成基于海量信息和职能过滤处理的新的生活、产业发展、社会管理等模式，面向未来构建全新的城市形态。目前，英国、法国、德国、澳大利亚、日本、韩国、新加坡等众多国家都已围绕智慧城市展开战略布局。

2013 年 11 月我国发布的《中国智慧城市标准体系》对"智慧城市"的定义、体系、功能特征等进行了详细阐述。标准体系框架包含智慧城市建设所涉及的基础设施、建设与宜居、管理与服务、产业与经济、安全与运行 5 大类别标准，涵盖了 17 个技术领域。为了促进我国智慧城市建设健康有序地发展，科技部和国家标准委开展了全国"智慧城市"技术和标准的试点，共选择了深圳、武汉、南京、大连等 20 个城市进行试点建设。

二、智慧旅游概念

1. 起源

在国外，虽然有信息技术应用和旅游业的研究与实践的案例，但并无"智慧旅游"这一专业术语，这一概念完全出自中国。智慧旅游在智慧城市的基础上发展而来，是智慧城市在旅游城市和城市旅游两大领域的推广型应用，将服务对象由城市居民向外来游客进行内涵式延伸。

智慧旅游依赖智慧城市的信息基础设施。这些基础建设投资巨大，并且需要协调各方面关系，如果只依靠智慧旅游很难实现。智慧城市一般是地方政府推动，并在基础设施建设上有完善的解决方案和对应的资金预算。智慧旅游需要充分利用智慧城市的建设成果，避免发生重复性建设。智慧旅游是智慧城市建设的重要组成部分，智慧旅游的某些功能可以依靠智慧城市已有的成果来实现。从政府部门职能角度来看，智慧旅游应该从属于智慧城市，是智慧城市建设不可或缺的一个方面。

2. 提出

2010 年江苏省镇江市在全国率先创造性地提出"智慧旅游"概念，并开展相关项目建设。同年，在第六届海峡旅游博览会上，福建省也提出建设了"智能旅游"，并在网上建立"海峡智能旅游参建单位管理系统"，从此拉开了全国智慧旅游发展序幕。2011 年国家旅游局提出用十年时间在我国实现基于信息技术的智慧旅游。2012 年 5 月，为积极引导和推动全国智慧旅游发展，在自愿申报和综合评价的基础上，国家旅游局确定北京市等 18 个城市为"国家智慧旅游试点城市"。2013 年 1 月，第二批（15 个）试点城市名单公布，智慧旅游在全国各地如火如荼地开展。围绕"2014 中国智慧旅游年"主题，国家旅游局部署全国加快推动旅游在线服务、网络营销、网上预订、网上支付等智慧旅游服务，运用市场化机制，推动建立全国统一的在线旅游服务平台和景区门票预订系统，制定智慧旅游景区标准，以 5A 级景区为重点，推进智慧旅游景区试点，继续推进智慧旅游企业、智慧旅游城市建设。由此，智慧旅游实践基于政府推动与企业助力，在全国各地迅速发展。

　　3. 定义

　　相较于地方实践的火热开展，智慧旅游理论研究稍显滞后，目前学界对智慧旅游的阐述总体上不及智慧城市深入与完整，专家、学者分别从不同角度对智慧旅游概念及内涵进行探讨（如表 11-1 所示），但尚未达成统一的、标准的定义。

表 11-1　"智慧旅游"定义的代表性观点

年份	学者	定义
2011	叶铁伟	智慧旅游是利用云计算、物联网等新技术，通过互联网或移动互联网，借助便携的终端上网设备，主要感知旅游资源、旅游经济、旅游活动和旅游者等方面的信息并及时发布，让人们能够及时了解这些信息，合理安排和调整工作与旅游计划，从而达到对各类旅游信息的智能感知、方便利用的效果，通过便利的手段实现更加优质的服务
2011	金卫东	智慧旅游是以物联网、云计算等高科技为支撑，通过智能手机、电脑、触摸屏等多种服务终端，为广大民众和旅游企业、旅游管理部门提供各类旅游公共服务的综合应用平台
2011	马勇	智慧旅游是物联网、云计算、下一代通信网络、高性能信息处理、智能数据挖掘等新技术在旅游中的应用
2012	吴涛	智慧旅游是以云计算为基础、以移动终端应用为核心、以感知互动等高效信息服务为特征的旅游信息化发展新模式，核心是"以游客为本"的高效旅游信息化服务
2012	张凌云 黎巎 刘敏	智慧旅游是基于新一代信息技术（也称信息通信技术，ICT），为满足游客个性化需求，提供高品质、高满意度服务，实现旅游资源及社会资源的共享与有效利用的系统化、集约化的管理变革

年份	学者	定义
2013	黄羊山 刘文娜 李修福	智慧旅游是一个全新命题，它是一种物联网、云计算、下一代通信网络、高性能信息处理、智能数据挖掘等技术在产业发展、行政管理、旅游体验等方面的应用，是旅游物理资源和信息资源得到高度系统化整合并深度开发激活，以服务于各方面旅游需求的全新旅游形态
2013	任瀚	智慧旅游是以物联网、云计算、移动通信技术、人工智能及其集成为基础的综合性应用平台，以实现人的逻辑思维能力为目标的，可以充分满足旅游者个性化需求、提高旅游企业经济效益和提升旅游行政监管水平，带来新的服务模式、商务模式和政务模式的智能集成系统，是旅游产业重要的技术、服务和监管革命
2013	付业勤 郑向敏	智慧旅游是一种融合最新科技成果，以旅游者自主体验为核心，以全方位、一体化的旅游行业信息管理服务活动为基础，服务于旅游者、旅游企业、目的地政府的全新旅游发展理念与运营方式
2014	赵明丽 张长亮 孙素平	智慧旅游，亦即利用云计算、物联网等技术，通过互联网、通信网、移动互联网等借助便携的智能终端等上网设备，主动感知旅游资源、旅游经济、旅游活动、旅游者等方面的信息，并及时发布，让人们能够及时了解这些信息，及时安排和调整工作与旅游计划，从而达到对各类旅游信息的智能感知、方便利用的效果
2015	邓辉	智慧旅游是一种特殊的创意旅游，是一种以智慧为基础、以创意为主导、以技术为支撑、以智慧创造物为核心吸引物、以体验创意性成果和启发人的智慧创意为主要特征的旅游活动

表 11-1 列举了智慧旅游定义的代表性观点，可以看出专家学者们达成一致共识：智慧旅游是对物联网、云计算等新一代信息技术的运用，只是各自的视角不同，但以上概念仍存在技术体系框架不清晰、核心技术解读不准确、受益主体不全面、建设与运营主体不明确等不足之处。本书采纳以下观点：

智慧旅游是指充分运用物联网、云计算、移动通信、人工智能等新一代信息技术手段，创新旅游服务、营销和管理理念，充分配置和整合人、旅游物理资源、信息和资金等旅游产业资源，服务于公众、企业和政府，形成高效、可持续发展的旅游生态系统。

从内涵来看主要包括五点：第一，智慧旅游是物联网、云计算、移动通信、人工智能等信息通信技术在旅游业中的应用。第二，智慧旅游必须创新旅游服务、营销和管理理念。第三，智慧旅游必须充分配置和整合人、旅游物理资源、信息和资金等旅游产业资源，实现资源的有效共享和有效利用。第四，智慧旅游服务于公众、企业和政府部门。第五，智慧旅游是一种高效、可持续发展的旅游生态系统，使旅游业良性、健康地发展。

4. 概念辨析

目前与智慧旅游相关的概念主要包括数字旅游、虚拟旅游、智能旅游、智慧旅游，它们的特征内涵、核心技术、主要应用和实现方式有所不同，如表 11-2 所示。

表 11-2　智慧旅游相关概念辨析

名　称	特征内涵	核心技术	主要应用	实现方式
数字旅游	旅游业的数字化和网络化，现代数字信息科技在旅游业中的应用	"3S"（RS、GIS、GPS）分布式计算、三维可视化、云计算技术、数据库技术	综合管理，电子商务	资源、数据、项目、用户、安全、管理、旅游信息数据库
虚拟旅游	虚拟的三维立体旅游环境	虚拟现实技术（VR）、3D 技术	虚拟景区	阅读和互动体验
		增强现实技术（AR）	虚拟景观合成、叠加	
智能旅游	数据整合处理，资源高度整合	物联网、云计算、移动通信技术等	智能数据平台，智能数据系统	智能设备的使用
智慧旅游	数据综合处理，资源高度整合，智能应用体系	物联网、云计算、移动通信技术等	智慧景区、智慧酒店、智慧餐饮、智慧城市、智慧旅行社、智慧旅游目的地等	智能感知、泛在网络、便捷实用

数据来源：宋瑞. 2013-2014 年中国旅游发展分析与预测[M]. 北京：社会科学文献出版社，2013.

三、智慧旅游总体框架

智慧旅游建设体现了纵向能贯穿、横向能融合、外围能扩展、整体可对接的特性。纵向能贯穿指的是能充分挖掘旅游信息资源，全面覆盖游客、旅游经营者、旅游管理者三类主体需求，提供完整的旅游应用服务。横向能融合指的是对三类主体提供的服务，功能上相互配合和补充，数据层面最大限度共享，执行上协同联动。外围能扩展指的是扩展和融合来自相关行业（如交通、商贸、卫生等）的信息，并与其他智慧系统进行数据交换和共享。整体可对接指的是智慧旅游能够无缝对接到层次更高的智慧化体系，如智慧城市。

智慧旅游总体框架如图 11-1 所示。架构的外围分为最顶层的服务对象和最底层的外围自然环境。服务对象具体包括社会公众、企业用户和政府管理决策用户。不同的访问渠道将以服务对象为中心统一在一起，实现多渠道统一接入。自然环境是整个架构的数据采集源。智慧旅游整体架构的核心部分，从城市旅游信息化整体建设角度，提出了所需要具备的 4 个层次要素和 4 个支撑体系，横向层次要素的上层对下层具有依赖关系；纵向支撑体系对于 4 个横向层次要素具有约束关系。

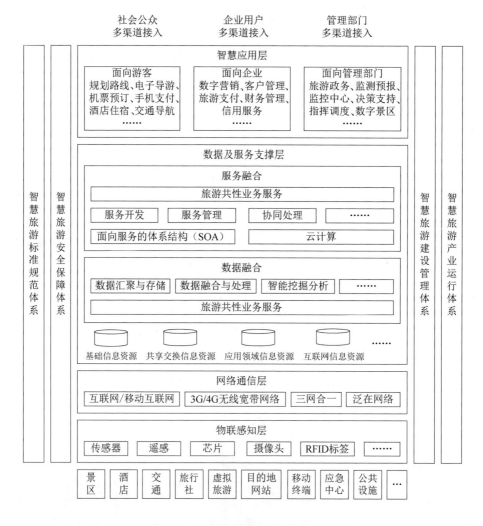

图 11-1　智慧旅游总体框架

智慧旅游是通过采用新一代信息技术整合旅游产业链，实现智慧的旅游服务、智慧的旅游管理和智慧的旅游营销三大功能，从而提高旅游业务的综合管理和运营能力，创建优质的旅游生态环境，提升旅游的服务品质，进而推动地区旅游相关产业的快速、健康发展。其内容主要涵盖物联感知层、网络通信层、数据及服务支撑层、智慧应用层，涉及智慧旅游标准规范、安全保障、建设管理及产业运行体系等。

四、智慧景区的提出

1. 智慧旅游的组成部分

图 11-1 总体框架中的智慧应用层展示了智慧旅游借助无处不在的感知网络，以统一的数据及服务支撑为基础，向游客、旅游企业、政府管理部门提供各种智慧服务，其中的具体应用系统如图 11-2 所示。

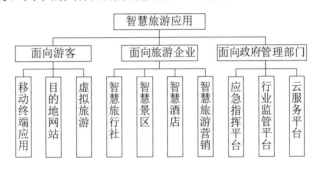

图 11-2　智慧旅游应用系统架构

由图 11-2 可知，智慧景区是智慧旅游面向旅游企业提供智慧服务的重要组成部分，借助云计算平台，聚合 IT 资源与存储、计算能力，形成区域范围的虚拟资源地，实现旅游企业信息化的集约建设、按需服务，最终构建一个能对环境、社会、经济三大方面进行最透彻地感知、更广泛地互联互通和更科学地可视化管理的创新型景区管理系统。

2. 景区升级的必然要求

旅游景区构成了旅游活动的基本要素之一，是旅游产品的主体成分，是旅游产业链的中心环节，是旅游消费的吸引中心。很长时间以来，旅游景区都面临一系列挑战，智慧旅游系统可全面加强对景区的资源保护，推进实现可持续发展。

（1）热点景区面临游客超载。游客超载不仅容易对生态环境造成破坏，而且容易造成景区交通拥堵，诱发安全事故，降低游客游览质量。热点景区需要有效管理游客，加强生态环境监测，通过旅游高峰期游客时空分流导航管理均衡游客分布，以减轻环境压力，提高游客满意度。

（2）景区需要加快低碳旅游发展。为缓解全球气候变暖趋势，应对能源危机，以"低能耗、低污染、低排放和高效能、高效率、高效益"为特征的低碳经济正日益受到重视，低碳旅游将成为景区可持续发展新的战略制高点。我国景区需要应用各种节能、减排、碳中和技术提高管理效率和管理水平，降低旅游发展对环境的影响，增强可持续发展能力。

（3）景区危机管理水平需要提高。当今，各种危机频繁出现，如"5·12"汶川地震、全球金融危机、甲型 H1N1 流感以及 2020 年初新冠肺炎疫情等危机事件对旅游业造成了巨大冲击。景区需要提升危机管理能力，以避免或减轻危机事件所造成的损失，保持健康有序的发展。

3. 数字景区的飞跃发展

21 世纪初诞生的"数字景区"，是"数字地球"理念在风景区的具体体现，是指风景名胜区的全面信息化，包括建设风景区的信息基础设施、数据基础设施以及在此基础上建设的风景区信息管理平台与综合决策支持平台等。

"智慧景区"是在"数字景区"基础上的一次飞跃发展。虽然"数字景区"建设的一般模式和技术方法仍处于探索与完善阶段，但"智慧景区"概念的提出为景区信息化建设又增加了新的内涵，代表了景区信息化建设发展的最新方向。

"智慧景区"是在"数字地球"向"智慧地球"转型这一重大背景的基础上，结合景区特性，运用人类最新文明成果，构建智慧网络，实现景区智能化发展，将最新管理理念与最新技术成果高度集成，全面应用于景区管理，从而更有效地保护旅游资源，为游客提供更优质的服务，实现景区环境、社会和经济的全面、协调、可持续发展。

第二节　智慧景区内涵体系

一、智慧景区定义

旅游景区智慧化升级的内涵：根据景区特点，综合集成最新的信息技术，构建旅游资源、游客、景区管理者之间更便捷、广泛的互联互通网络，实现包括政府、景区管理者，旅游"吃、住、行、游、购、娱"六大要素提供者、游人等在内的多个旅游相关主题对景区资源、游客分布及行为更透彻的感知，进而在互联互通和充分感知的基础上，景区管理者高效率挖掘和利用景区数据，运用创新的景区管理方法，智能化辅助管理，以精准平衡旅游发展和景区保护的压力，为游客提供更优质的旅游服务，实现景区经济、环境、社会和文化全面可持续的发展。基于此思路，学者们提出智慧景区定义，本书采用以下观点：

智慧景区是指借助物联网、云计算等现代信息技术，通过智能网络对景区地理事物、自然灾害、旅游者行为、景区工作人员实现可视化管理，实现景区的智能化运营管理、精细化旅游营销、个性化游客体验，实现景区环境、社会和经济全面、协调、低碳的可持续发展。

二、总体框架

根据信息技术及信息社会发展的趋势和景区资源保护与利用的发展需求，可以拟定如图 11-3 所示的智慧景区建设总体框架。在智慧景区发展背景的基础上，可以从 5 个方面开展旅游景区智慧化的规划与建设，包括：信息基础设施（构建网络传输与通信系统，包括传感网+物联网+互联网）、数据基础设施（构建数据仓库与云数据中心，涵盖空间数据与属性数据）、共享服务平台（实现信息共享与应用服务）、应用服务平台（构建众多业务应用系统）以及决策支持平台（开展综合分析与辅助决策）。同时，需要注重相关的政策保障（政策、机制、资金等）、技术保障（技术、标准、人才）及安全保障，最终实现风景名胜区规划、管理、保护、发展、服务的全面信息化。

如图 11-3 所示，智慧景区建设的总体框架可以概括为"3 个平台、5 大系统、7 项保障"。3 个平台包括信息基础设施、数据基础设施、共享服务设施；5 大系统分别是资源保护系统、业务管理系统、旅游经营系统、公众服务系统、决策支持系统；7 项保障包括管理政策、运行机制、资金投入、信息技术、规范标准、人才队伍和安全保障。

1. 3 个平台

3 个平台是指信息感知与传输平台、数据管理与服务平台、信息共享与服务平台。其中，信息感知与传输平台包括信息自动获取与高效传输 2 个方面；数据管理与服务平台包括数据集成管理与计算服务；信息共享与服务平台则是借助于信息基础设施和数据基础设施，面向 5 大应用系统提供信息服务与流程服务。

（1）信息感知与传输平台（信息基础设施）

信息自动获取设施主要是指位于智慧景区信息化体系前端的信息采集设施与技术，如遥感技术（RS）、射频识别技术（RFID）、GPS 终端、传感器（Sensor）以及摄像头视频采集终端、地感线圈或微波交通流量监测等信息采集技术与设备。信息高效传输设施是指有线及无线网络传输设施，主要包括通信光纤网络、3G 无线通信网络、重点区域的 WLAN 网络等，以及相关服务器、网络终端设备等。

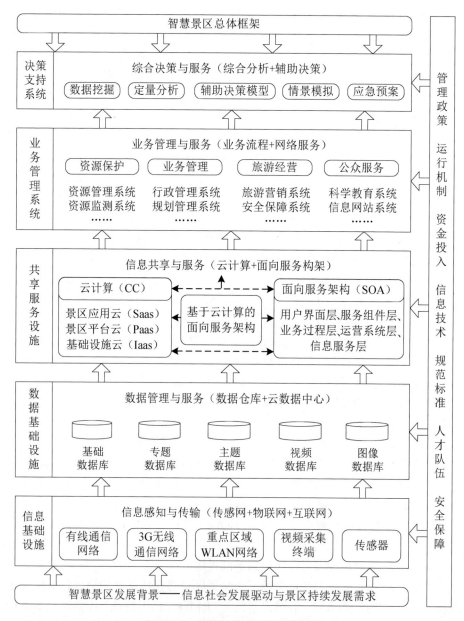

图 11-3　智慧景区建设的总体框架

（2）数据管理与服务平台（数据基础设施）

数据集成管理主要是借助于数据仓库技术，分类管理组成"智慧景区"的数据库系统，涉及空间数据与属性数据库、栅格数据与矢量数据库、资源数据与业务数据库以及面向应用的主题数据库；在数据集成管理的基础上，借助云计算技术，通过共享服务平台为5大应用系统提供数据信息与计算服务。

（3）信息共享与服务平台（共享服务设施）

信息共享与服务平台是基于 SOA 和云计算的共享服务中心，平台集成遥感技术（RS）、地理信息系统（GIS）、全球定位系统（GPS）、虚拟现实技术（VR），面向"智慧景区"的5大应用系统提供技术及信息服务，可实现整个智慧景区的信息管理、应用请求响应、应用服务提供等任务，保障整个景区信息共享与服务。

2.5 大系统

5 大系统是基于风景名胜区资源特点及应用系统功能、系统服务对象、系统使用部门等因素考虑而划分的，包括资源保护系统、业务管理系统、旅游经营系统、公众服务系统、决策支持系统，共同构成"智慧景区"的应用服务系统。

（1）资源保护系统

资源保护系统主要实现对景区资源全面保护与监测的信息化，所涉及的主要应用系统可以进一步划分为：自然资源保护与监测系统、人文资源保护与监测系统、自然环境保护与监测系统、人文环境保护与监测系统。

（2）业务管理系统

业务管理系统主要实现对景区业务管理工作的信息化，所涉及的应用系统按照业务类型可以划分为：电子政务系统、规划管理系统、园林绿化管理系统、人力资源管理系统、资产管理系统、财务管理系统、视频会议系统等。

（3）旅游经营系统

旅游经营系统主要实现对景区旅游管理与游客服务的信息化，根据景区旅游经营体系所涉及的应用系统主要分3种类别，即侧重于内部应用的旅游管理系统、侧重于外部服务的网络营销系统以及游客安全与应急调度系统。

（4）公众服务系统

公众服务系统主要实现景区面向广大民众服务职能的信息化，所涉及的应用系统类型主要包括2个方面，一是面向景区以外广大民众的外部服务类系统和面向景区游客的内部服务类系统，两者相辅相成，共同完成景区的社会服务。

（5）决策支持系统

决策支持系统主要是在上述4大应用系统的基础上，结合专家知识系统、综合数据分析、数据挖掘与知识发现，通过虚拟现实、情景模拟等手段对景区的重大事件决策、应急预案演练等多系统综合应用，提供技术支撑和信息支持。

3.7 项保障

为保障"智慧景区"建设的有序开展，应当在政策、机制、资金、技术、标准、人才、安全 7 个方面予以保障，建立与健全"智慧景区"建设的保障体系，为智慧景区的建设、管理、运行、维护与发展进行全方位保驾护航。

（1）管理政策

风景名胜区管理处必须制定关于"智慧景区"建设的专项政策，包括对信息中心职能的定位、信息化项目的管理政策、信息基础设施、数据基础设施、共享服务基础设施的建设与管理政策等，保障信息化建设的顺利开展。

（2）运行机制

在政策保障的前提下，风景名胜区信息中心需要进一步建立信息化项目规划立项、招标采购、设计开发、调试运行、项目验收、业务操作、日常运行、管理维护、文档管理、安全管理、信息服务的流程规范与管理制度。

（3）资金投入

"智慧景区"建设需要大量资金，需要积极拓宽融资渠道，加大资金支持力度，在充分利用自有资金的同时，积极争取财政资金、科研立项、银行贷款、企业投资、社会融资等多方面资金支持，为智慧景区建设提供可靠稳定的资金保障。

（4）信息技术

"智慧景区"建设是多种信息技术的集成，必须始终把握技术发展方向，应用先进技术解决 3 个平台与 5 大系统建设中的问题。然而，信息技术的发展日新月异，风景名胜区管理业务也在不断变化，这就要求"智慧景区"的建设必须是一个动态的过程，而不是静态的规划设计可以满足需要的。

（5）规范标准

"智慧景区"建设必须遵循国家住房和城乡建设部、国家文物局、国家测绘地理信息局、工业和信息化部等制定的有关技术规范，做到标准规范统一和信息服务共享；同时，需要根据"智慧景区"的建设特点，研制智慧景区行业规范与标准。

（6）人才保障

专业技术人才的引进与培养，是"智慧景区"建设的重要组成部分。一方面，要根据管理业务的需求，有计划地引进高层次的专业人才；另一方面，需要加大对现有技术人员的培训力度，开展信息化建设有关政策法规、技术规范、专业知识的培训与辅导，提高他们的专业技术水平，适应智慧景区建设的需要。

（7）安全保障

"智慧景区"的安全问题是至关重要的，涉及信息安全、系统安全、设施安全等各个层面，需要通过安全制度、安全策略、安全技术等不同途径，确保 3 个平台及 5 大系统的安全运行，保障智慧景区的管理与服务。

第三节　旅游景区智慧化升级

游客需求愈个性化、多样化，旅游景区智慧化升级就成为必然趋势，信息技术的引入作为关键手段贯穿升级过程，以信息带管理、以信息促保护、以信息增效益，全面促进景区环境、社会、经济的可持续发展。

一、核心内容

旅游景区智慧化升级不仅仅在于软硬件配套设施的引进、景区日常管理活动自动化，更核心的是从业务流程这一基础层面对旅游景区传统经营管理方式进行根本性变革，增强对市场变化的适应能力和应变能力。业务流程再造是旅游景区智慧化升级的核心内容，我们将结合相关理论进行探讨。

业务流程再造（Business Process Reengineering，BPR）最早由美国麻省理工学院教授迈克尔·海默（Michael Hammer）和 CSC Index 公司首席执行官詹姆斯·钱皮（James Champy）提出，将其定义为：对企业业务流程做根本性的（Fundamental）再思考和彻底性的（Radical）再设计，目的是在成本、质量、服务和速度等方面取得显著改善，使得企业能最大限度地适应以顾客（Customer）、竞争（Competition）、变化（Change）为特征的现代企业经营环境。

1. 基本原则

（1）以游客需求为导向

旅游景区开展智慧化升级的最终诉求是为旅游者提供更加高效、快捷、科学、安全的游览服务，因此业务流程优化应当以游客需求为导向，考虑"入园前—入园时—景区内—游览后"的服务流程，围绕对服务流程的改进来规划对客前台与管理后台的智慧化。

（2）以资源保护为根本

旅游景区智慧系统一方面通过旅游吸引物的动态监测来维护资源价值，另一方面通过景区游览环境的实时更新为旅游者发布舒适度指数，保障旅游体验价值的同时缓解景区生态、人流、交通等压力，因此智慧景区流程再造需将资源保护作为根本，寻求健康与可持续发展。

（3）以业务流程为中心

智慧化升级遵循业务流程再造规律，那么传统景区将转变为以流程为中心的新型景区，排除对流程运行不利的障碍，重组传统管理体系下被割裂的业务流程，督促景区管理者围绕各项流程开展工作部署，据此设计组织架构、部门职能，并认真实施流程管理。

（4）以信息技术为手段

信息技术是旅游景区智慧化升级的重要手段，其业务流程再造必须重视各项技术手段的巨大潜力，建立实时共享的信息系统，准确、完整获取各类信息，使景区通过信息交互助推原本分散的各项工作流程得到整合，串行连接的工作流程转变为并行传输，通过动态更新的数据中心对流程活动进行监控。

（5）以团队打造为依托

在智慧景区流程再造后的新型组织架构中，基本单位变为流程团队，团队合作的新型工作方式替代原本纵向部门割裂工作方式，旅游景区传统组织架构向扁平化的现代企业组织结构转变，基于任务灵活组建团队，团队成员为跨部门且有不同的专业背景，实现跨越职能边界的信息共享与合作。

2. 主要内容

（1）观念再造

在通过业务流程再造开展旅游景区智慧化升级的过程中，首先要做的是，让组织自上而下、从领导到员工都从观念上认识到景区升级、流程再造的必要性和重要价值，将原本关注景区经济效益的思想转变为以满足游客需求和实现资源保护为各项工作的出发点和落脚点，深刻认识智慧化升级并不是简单地将信息技术机械应用到现有业务，准备好迎接工作内容、方式、要求的变革，用积极的心态配合景区业务流程再造，坚信智慧化升级能够提升服务质量、增强综合效益，为景区创造更美好的未来。

（2）工作流程再造

通过对景区现有工作流程的梳理和分析，明确流程再造目标、任务、拟解决的问题，循着旅游者出入景区的行程线索，找到与游客需求和资源保护相匹配的业务关键点，围绕智能化运营、可视化管理、个性化服务三大板块开展工作流程再造，如智能化运营涵盖票务智能化、导览智能化、资源管理智能化、安防监控智能化、内部管理智能化，以此细化的流程结构为依据，确认景区流程智慧化改造的推进顺序、时间计划表，分阶段组建任务导向的多个团队，逐步开展工作流程再造，循序渐进完成旅游景区智慧化升级。

（3）流程型组织建设

旅游景区通过智慧化业务流程再造，打破原本金字塔的纵向组织架构，以业务流程为中心，实现上下层级、不同部门间的有效沟通、信息共享，部门设置以业务流程为基础，由此完善和重建组织的各项机能，使景区更好地服务于游客需求与资源保护。流程型组织属于扁平化的现代企业组织结构，重点考察跨部门合作的业务流程执行情况和实际效果，根据业务内容灵活组建团队，打破职能部门、上下级间的隔阂，促成信息流、技术流、资金流、物流在水平与垂直方向的顺畅流动，有效提高组织运行效率。

3. 再造步骤

旅游景区智慧化升级过程中的业务流程再造是一个庞大而复杂的系统工程，需要分步骤明确问题、设计新流程、业务实施、评价反馈、持续改进，具体可划分为以下 6 个阶段。

（1）构思设想

构思设想是旅游景区智慧化升级的前期准备阶段，包括获取业务流程再造批准（景区领导的支持、管理部门的审批通过），取得景区全体人员的理解和支持，确定核心业务流程以及是否再造，广泛咨询解决方案。

（2）项目启动

业务流程再造工程的正式启动，举办启动仪式，通报相关工作部署，动员景区全员积极参与，组建业务流程再造项目组，下设多个执行团队，制定项目计划书，确定流程再造目标和项目评估标准。

（3）分析诊断

对旅游景区现有业务流程、经营管理情况进行描述分析，分两阶段开展，第一阶段是循着游客行程线路记录现有业务流程，分版块逐级细化业务内容；第二阶段是分析现有流程，对所记录流程的资源分配、管理机制、信息流动等开展检测，找到存在的问题并分析原因，为下一步业务流程再造提供依据。

（4）流程设计

基于原有流程问题分析与再造机会识别，围绕项目目标和使命，研究制定有助于旅游景区智慧化升级的新业务流程设计方案，以及配套的组织结构、人事制度、管理机制、信息系统，清除新流程实施的障碍因素。

（5）流程重建

这是新业务流程的实施阶段，为保障新旧流程顺利切换，应当首先对新流程进行小范围试运行，试运行过程注意与员工沟通，寻找新流程的执行问题并相应调整，如确定没有重大问题，就进入推广阶段，引入全新信息系统、重建组织结构、打造流程团队，对员工开展系统培训，制定业务操作规范，随时处理流程重建过程中的各种问题。

（6）监测评估

各阶段业务流程再造完成后，应对实施效果的好坏进行评估，并以此为依据对业务流程进行持续改进。旅游景区智慧化升级是一个系统工程，业务流程再造不可能一步到位，需分阶段、分版块逐步开展，同时流程再造这一根本性的变革在初期很可能面临质疑甚至抵触，要尽量减少员工对新流程的焦虑与不适，具体问题具体分析，逐步消除障碍，克服困难。

二、技术支持

1. 物联网技术

20世纪90年代由美国施乐（Xerox）公司开发的网络可乐售贩机拉开了人类使用物联网的序幕。人们在通过网络操控利用传感技术的过程中，逐渐发掘物联网的真正价值所在。智慧旅游中的物联网集合了互联网与泛在网的优点。首先，物联网技术突破互联网应用的"在线"局限，能够很好地适应旅游者的移动、非在线特征。同时，基于物联网的旅游线上、线下融合体现了泛在网"无所不在"的本质特征，很好地适应旅游者的动态、移动特征。

物联网是指利用RFID技术、传感器、全球定位系统、激光扫描等信息传感设备，按照约定的协议，实现物与物、物与人在任何时间、任何地点的泛在连接，从而进行信息交换和通信，以实现对物品和过程的智能化识别、定位、跟踪、监控和管理的庞大网络系统。

物联网具有全面感知、可靠传输、智能处理三大特征：（1）全面感知，物联网要将大量物体接入网络并进行通信，对物体的全面感知非常重要，即随时随地获取物体的信息，RFID、传感器、二维码等技术帮助实现随时随地采集物体的动态信息。（2）可靠传输，对整个物联网的高效、正确、可靠运行起到了很重要的作用，可靠传输通过物联网对无线网络和互联网的融合，将物体的信息实时、准确地传递给用户。（3）智能处理，是指利用计算机技术，及时地对海量的数据进行信息控制，真正达到人与物、物与物的沟通。将收集起来的数据进行处理运算，然后做出相应的决策，指导系统进行相应改变，它是物联网应用实施的核心。

物联网核心技术包括：（1）电子产品编码技术（Electronic Product Code，EPC），为每一个物体建立全球的、开放的编码标准。EPC统一了世界范围内商品标识编码的规则，并通过应用于RFID系统中，联合网络技术组成EPC系统。（2）射频识别技术（Radio Frequency Identification，RFID），利用射频信号，实现对目标对象自动识别并获取相关数据，是一种非接触式自动识别技术。它是物联网进行物品识别最有效的方式，具有读取方便快捷、识别速度快、数据容量大、使用寿命长、应用范围广、标签数据可动态更改、更高的安全性、动态实时通信等非常明显的优点。(3)传感器技术，它是一种检测装置，能感受到被测量的信息，并将检测的信息按一定规律变成电信号或其他所需形式的信息输出，以满足信息的传输、处理、存储、显示、记录和控制等要求。它是实现自动检测和自动控制的首要环节，传感器正朝着小型化和智能化方向发展，其中最具代表性的是微机电系统（Micro-Electro-Mechanical System，MEMS）传感器。(4)无线传感器网络技术（Wireless Sensor Networks，WSN），由大量传感器节点通过无线通信方式形成的一种多跳的自组织网络系统，其目的是协作地感知、采集和处理网络覆盖区域中感知对象的信息，实现数据采集、梳理融合和传输应用。(5)机器对机器技术（Machine-to-Machine/Man，M2M），一种以机器终端智能交互为核心的网络化的应用与服务，通过在机器内部嵌入无线通信模块，以无线通信等未接入手段，为客户提供综合的信息化解决方案，以满足客户对监控、指挥调度、数据采集和测量等方面的信息化需求。

2. 移动网络与通信技术

移动通信是物与物通信模式的一种，主要是指移动设备之间以及移动设备与固定设备之间的无线通信，以实现设备的实时数据在系统之间、远程设备之间的无线连接。因此，移动通信可理解为物联网的一种连接方式，是支撑智慧旅游物联网的核心基础设施。智慧景区的移动通信技术应用将极大改善游客的旅游体验与游憩质量，提升景区管理水平与服务质量，满足游客个性化需求，提供高品质、高满意度的智慧服务。

3. 云计算技术

云计算（Cloud Computing）是分布式计算（Distributed Computing）、并行计算（Parallel Computing）、效用计算（Utility Computing）、网络存储（Network Storage Technologies）、虚拟化（Virtualization）、负载均衡（Load Balance）、热备份冗余（High Available）等传统计算机和网络技术发展融合的产物。

关于其定义，现阶段广为接受的是美国国家标准与技术研究院（NIST，National Institute of Standards and Technology）所发布的：云计算是一种能够通过网络以便利的、按需付费的方式获取计算资源（包括网络、服务器、存储、应用和服务等）并提高其可用性的模式，这些资源来自一个共享的、可配置的资源池，并能够以最省力和无人干预的方式获取和释放。

NIST还指出，云计算具有5个关键特征：按需自服务、广泛的网络接入、资源池、快速可弹性、按量计费；3类典型服务模式：IaaS（Infrastructure as a Service，基础架构及服务）、PaaS（Platformas a Service，平台即服务）、SaaS

（Software as a Service，软件即服务）；4 种部署模式：公有云（PublicCloud）、私有云（PrivateCloud）、社区云（CommunityCloud）、混合云（HybridCloud）。

4. 人工智能技术

人工智能（Artificial Intelligence，AI）是研究如何应用计算机的软硬件来模拟人类某些智能行为的基本理论、方法和技术，涉及知识表示、自动推理和搜索方法、机器学习和知识获取、知识处理系统、自然语言理解、计算机视觉、智能机器人、自动程序设计等。它是智慧旅游用来有效处理与使用数据、信息与知识，利用计算机推理基数进行决策支持并解决问题的关键技术。

三、标准体系

我国目前尚未出台专门针对智慧旅游建设的规范，虽然原国家旅游局颁布的《旅游景区质量等级的划分与评定》（修订）（GB/T17775-2003）对旅游景区有一套标准化的质量等级评定体系，但是涉及景区信息化、智慧化方面的指标内容不多，对智慧景区建设的指导意义不大。

2017 年福建省出台了智慧旅游景区等级划分与评定的地方标准《智慧景区等级划分与评定》（DB35/T 1716-2017），该标准按照基本要求、基础设施与平台、管理系统、营销平台、服务功能、创新应用等 6 各方面进行评价，等级划分为由低级到高级的 1 钻、2 钻、3 钻、4 钻、5 钻五个等级。为指导全省旅游景区的建设起到了很大的指导作用。各省市地区以及行业内专家则已经在积极编制相关的标准体系，2014 年 6 月为推动中国从旅游大国向旅游强国发展的进程，引导中国的旅游业向智慧旅游方向发展，提升"宜游"水平，中国智慧工程研究会在国务院发展研究中心、工信部中国电子工业研究院、上海社会科学院等 20 余家有关单位及专家的大力支持下，联合 100 余位各领域专家，历时一年多时间，编制出全球第一套《中国智慧旅游城市（镇）建设指标体系》。该指标体系分为四级，一级指标 5 项：平安、诚信、服务、智能和宜游；二级指标 19 项，三级指标 42 项；四级指标 237 项。该指标体系的研发紧紧围绕"以人为本"，基础是"平安和诚信"，核心是"服务"，依托"智能化"，最终评价目标为"宜游"，所以又称为"宜游指标体系"。

该指标体系是中国旅游业发展的一次革命性创新研究成果，是系统构建的完整的智慧旅游城市建设的评价指标体系，填补了这个领域的理论研究空白。采用了简明、科学、实用的评价体系，理性、前瞻地评判和引导中国的旅游业发展，为我国的旅游业健康、高效、可持续发展提供了一套全面的参考评价指标。该体系以"绿皮书"的方式发布，发布后免费提供给社会各界使用，这不仅在推动我国旅游业向标准化、规范化和价值化、可持续化建设发展奠定里程碑的基础，而且对真正构建我国现代旅游城市新格局，引导旅游产业的理性科学发展、最大限度地提升中国的旅游业整体素质和国际竞争力，加快中国实现世界旅游强国之梦起到关键性促进作用。

第四节　旅游景区智慧化管理

一、集成化控制

1. 智能控制

指挥控制中心是在各类智慧设施配备基础上，实现对旅游景区集成化管理的关键，整合景区所有信息数据，统筹实现对每个业务流程、各部门的协调管理。中心配备工作指挥台、多功能会议桌，包含智能控制系统、大屏幕显示系统、图文显示系统以及其他辅助系统，对景区视频监控、客流统计、物联网数据、报警监测和通信系统等进行数据集成，实现与业务流程相匹配的各个子系统智能协同，精准把控景区的实时动态情况，为管理决策提供科学依据，达到智慧管理和综合指挥的目的。

2. 可视化分析

可视化分析满足指挥控制中心对景区各项数据集成后在大屏幕形象展示的需求，凭借先进的人机交互方式，按照时间和空间两个维度同步呈现数据，实现景区资源、基础设施、交通运转、客流分布、安防监控的可视化，在三维空间立体展示视频监控资源、物联网感知信息，景区运营数据图表可视化，应急指挥调度可视化，支持多屏交互控制，甚至将多个子系统的数据联动展示，实现多类型数据、多领域数据的全面互联互通，有效提升指挥决策效率。

3. 数据库管理

数据中心是智慧景区所有数据汇总的地方，支撑指挥控制中心对于任何数据的调取、处理，因此对数据库的存储量、安全性、稳定性要求很高。传统数据库与云计算技术的结合带来了云数据库创新，能够提供数据库资源的虚拟化，具有按需使用、动态扩容、高实用性等优点，同时云服务分担耗时的数据库基础任务，让需求方抽身于繁琐的数据库运行维护，而更专注于自身业务，是智慧景区不错的数据库管理选择。云数据库帮助整合、管理、调配智慧景区所配备的各项子系统信息，且随着智慧化升级进度的深入，实现动态扩展容量，极大地增强了数据库的存储能力，消除了人员、硬件、软件的重复配置。

二、智能化运营

1. 票务智能化

游客抵达旅游景区的第一步就是凭票入园，票务智能化是给旅游者留下智慧服务第一印象的重要环节。电子票务系统为游客提供线上、线下多种快捷的购票、验票选择，能够缓解高峰期景区售票压力，有效避免长时间排队买票，同时显著降低人工售票、检票成本，增加收益。

以 RFID 电子标签为代表的物联网技术使电子门票能够迅速普及，电子票务系统提供售票管理、检票管理、库存管理、数据统计、报表展示、直销与分销管理等功能模块，支持窗口、自助终端、移动门户、官网门户、小程序、旅行社、OTA 等购票渠道，实现对散客门票、团体门票、套票、赠票、年卡、预售票、兑换卡等不同类型门票的一体化管理，提供闸机检票、二维码检票、IC卡检票、身份证检票、数字串码检票、指纹验票甚至人脸识别等多种方式，通过云端实时共享来自线上、线下、直销、分销、现金、移动支付多种形式的门票信息，有效实现园区人流管理与控制。

2. 导览智能化

导览智能化要求结合景点分布情况，通过电子导览系统将景区资源、历史文物等内容以图文并茂、视听兼备的方式展现给游客，依托物联网技术实现自动对游客所处位置的景点、文物、珍稀植物等进行导游讲解，信息形式更加丰富、生动，节约传统纸质导览图，低碳环保。

电子导览系统可提供以下服务：依据当前人流信息，规划最佳游览线路，推荐最省时、省力的游览方式；精准的景区电子旅游地图，提供实时游览位置信息，不仅实现游客在园区自助导航，还方便查看旅游线路、景点分布；发布官方、权威、全面的讲解，提供多语种、多风格选择，满足游客个性化需求；人工讲解预约服务，提供景区付费或免费讲解服务预约，构建讲解服务质量评价体系，科学分等，清晰展示讲解员风采，在系统中为服务打分、评价，还可与讲解员互动；导览服务求助，在游览过程中遇到任何困难，都可在系统中实现一键求助，将有工作人员迅速响应，确认需求，解决问题。具体导览方式包括扫码导览、GPS 导览、VR 导览、AR 导览、自助导览。

3. 资源管理智能化

（1）资源统计

旅游资源是景区赖以生存和发展的吸引物，《旅游资源分类、调查与评价》为景区资源统计提供规范化依据，但地文景观、水域风光、生物景观等资源并非一成不变，反而易受自然生态变化或人为活动干预的影响，资源价值受损。

因此，动态监测区域旅游资源成为旅游景区智慧化管理的重要内容。运用系统建模技术规划监测网络，依托视频监控系统、航拍设备等掌握资源概况，在监测点对旅游资源设置智能感知设备，定期借助智能设备采集信息，对旅游资源展开统计。

（2）虚拟周界

通过软件操作或设置，利用景区融合物联网，形成虚拟周界，并具有两个方面的功能：若有游客过分接近危险位置、受保护的文物或珍稀植物，则发出声光报警，并通过广播系统发布警告信息，安保人员及时到场进行劝告，同时监控中心出现文本信息和声音报警。若有受保护的文物或珍稀植物未经授权被带离原位置，工作人员将及时出现予以保护，同时监控中心出现文本信息和声音报警。

（3）生态监测

旅游景区，尤其是自然风景区的生态环境监测必不可少，不仅保障游客处在良好的旅游环境之中，同时也是资源可持续发展的基础。生态环境监测范围包括森林、空气、水质、气象，因此需要在景区按需投放森林防火传感器、空气质量监测仪、水质检测仪、扬尘监测仪、自动气象站，实时获取生态环境指数，设置环境预警，对监测数据进行分类、统计、展示。

4. 安防监控智能化

（1）客流监控

在景区入口及各景点设置射频感应器，实时检测区域内的电子标签信息，完成人流分布统计及实时在线展示，以电子地图形式在线监测景区内游客流量分布情况，设定各区域人流最大承载容量，开启分流报警功能，及时通过景区电子显示屏、手机 APP 等发出预警，避免拥堵情况的发生。一旦出现拥堵现象，监控中心获取拥堵区域的视频，并向最近的观光车、服务设施等发出采取疏散措施的工作指示。

（2）视频监控

旅游景区视频监控需求包括景观监控、重要建筑监控、旅游集散中心监控、交通危险路段监控、进出口要道监控、门禁监控，相关区域大量布设监控摄像头，但监控图像数量巨大，仅靠人工管理难度很大，因此需要智慧化升级。通过智能系统对数字视频进行远程监控管理，遇问题发生可实时警示，工作人员根据系统警示进行针对性的监控调取、工作部署，系统要求具有实用性、可管理性、灵活性、兼容性、安全性、可靠性、可扩展性、模块化等特征。

（3）网络广播

公共广播系统能为人们提供方便快捷、人性化的服务，构成旅游景区智慧化升级的基础内容，首先，网络广播终端可实现分区域配置背景音乐，营造轻松舒适的氛围，全范围覆盖的寻人、通知、求助应答；其次，还可链接安防系统实现广播联动报警，在此，基于 IP 网络的各个广播终端单独传送，实现不同景点的讲解介绍放送，也即"云广播"电子导游。

（4）智慧调度

智慧调度系统整合旅游景区视频监控系统、网络广播系统、GIS 定位信息、报警设置，实现全方位监管与调度。利用部署在安保人员、工作人员、观光车、服务设施等上的智能感知器，实时掌握工作状态和位置分布，给出智慧调度策略，为游客提供迅速、及时的服务需求响应。

（5）救援报警

游客在景区遇到困难，可以通过手机程序进入景区游客平台进行一键报警，或使用所在区域配置的报警器，监控中心收到信息后通过离游客所在地最近的摄像机获得视频，结合指挥调度系统安排距离最近的景区工作人员前往，提供帮助，解决问题。

5. 内部管理智能化

（1）员工管理

智慧景区员工管理应采用办公自动化（Office Automation，OA），是将现代化办公和计算机技术结合起来的一种新型的办公方式。OA 系统基于业务流程而组建，使景区内部人员方便快捷地共享信息，高效协同工作，改变过去复杂低效的手工办公方式，实现迅速、全方位的信息采集和处理，有效提升景区管理决策效率和水平，增强内部交流和资源共享，优化业务流程和节省劳动力，降低员工管理成本同时提高整体素质。OA 系统可实现流程管理、文档管理、资产管理、咨询管理、邮件管理，并执行工作任务的发布、接收、反馈与管理。

（2）运维管理

在智慧景区的基础设施建设完成之后，整个网络处于运行状态，IT 部门采用相关的管理方法，对运行环境（包括物理网络、软硬件环境等）、业务系统等进行维护管理，这种 IT 管理的工作简称为 IT 运维管理，能够帮助景区建立快速响应并适应业务环境及业务发展，实现基于 ITIL 的流程框架、运维自动化。运维管理系统有效实现对智慧景区的设备管理、数据管理、业务管理、内容管理、资源资产管理、信息安全管理、日常工作管理。

（3）事件管理

事件管理是服务管理中的一个核心流程，可以提高服务质量，践行以服务为导向的 ITIL 理念，通过切实有效的 IT 服务管理为企业创造价值。旅游景区智慧化升级过程中难免出现包含技术故障在内的各种系统突发事件，事件管理便通过智能系统快速响应，更快、更好地解决问题。事件管理系统是以业务流程为基本单位，执行全渠道接入的跟踪服务台，能够为智慧景区提供一站式事件管理，接到系统预警后智能分派给最合适的部门人员，辅助更快定位和解决问题，具体负责时间的记录、归类、分派处理，同时监督整个处理过程，在对游客体验影响最低的情况下，使整个智能系统恢复到正常运转。工作人员可利用手机程序对巡查区域的设备运转情况等进行管控，也可在完成有关事件任务后，通过手机上报处置情况。

三、个性化服务

1. 全媒体服务平台

全媒体服务平台是智慧景区做好旅游营销工作的关键，整合景区的门户网站、在线商城、微信公众号、小程序、短信平台、传统营销等所有媒体进行统一集中管理，通过一个平台方便快捷地将景区营销信息发布到所有媒介，同时覆盖手机、平板、电脑、电视等多屏、多情景，构建全网营销体系、综合改善旅游服务、打通景区—游客信息链、全面提升景区知名度和形象，帮助景区拓展客流、提质增效，实现精准营销。

2. 产业链整合

旅游服务由吃、住、行、游、购、娱 6 要素构成，旅游景区不可能独立于其他服务供应商之外，因此智慧景区要满足个性化旅游需求，还应当与酒店、饭店、旅行社、航空公司，以及科研院校等利益相关者建立战略联盟，整合产业链，由此可以构成更大范围的智慧旅游网络。依托信息技术手段，通过智慧旅游系统的联动，实现旅游服务供应主体之间信息共享、资讯互通，让游客感受来自目的地旅游服务的无缝对接、相互配合，更加综合提升旅游满意度，塑造非凡旅游体验价值，打造高水平的智慧旅游目的地。

3. O2O 对接

O2O（Online to Offline，线上到线下），是指将线下的商务机会与互联网结合，让互联网成为线下交易的平台。伴随社交媒体兴起、移动支付普及、网络消费兴盛，在线旅游市场不断壮大，线上的信息搜寻、服务购买、游历分享已成为广大旅游者普遍接受的旅游消费行为方式，智慧景区想要针对游客提供个性化服务，就必须顺应互联网时代发展，借助线上引流，助推线下接待。旅游景区智慧化升级使得线上线下得以实现游览全程的完全融合，结合全媒体服务平台开拓景区营销的线上旅游定制、线下智能管理、整合营销方案、游客社交互动等，显著提升服务满意和经济效益。

4. 其他服务

（1）无线 Wi-Fi 认证

通过高速稳定的无线覆盖和智能精准的营销平台，一方面，帮助游客随时随地使用 Wi-Fi，在购票、入园、游览和园内消费等多个环节打造理想游览体验；另一方面，帮助景区进行数字化管理，轻松实现广告发布，从而降低运营成本，助力景区智慧化升级。

（2）信息展示

结合气象、水质、空气质量监测情况实时发布舒适度指数，掌握景区当前的游客流量分布，为游客科学规划避开拥堵的最佳游览路线，实时定位旅游者所在位置、显示危险警告、指引最近的服务设施（如游客服务中心、观光车、商店、厕所、停车场等）

智慧景区案例——"智慧九寨"建设实证

九寨沟景区在探索中起步，在变革中创新，始终坚持可持续发展战略，长期致力于发展低碳旅游，以标准化建设优化业务流程，以学习型组织创建提升团队素质，以战略联盟整合各方资源，以先进技术推动科学管理，从"数字九寨"到"智慧九寨"，一直走在中国旅游景区发展前沿。

1. 低碳旅游发展

九寨沟管理局长期致力于发展低碳旅游，科学编制低碳旅游发展规划，精心打造低碳产品，全面完善低碳设施和不断优化低碳服务，努力塑造低碳品牌。早在 1999 年，九寨沟就开始禁止外来车辆进入景区，统一采用绿色环保观光车，有效控制了汽车尾气排放。2001 年，九寨沟管理局关闭了景区内所有宾馆，实行"沟内游、沟外住"，减轻了游客食宿等对九寨沟生态环境造成的影响。同年 7 月 1 日起，九寨沟开始实施游客限量政策，较大程度缓解了脆弱的生态环境与大量游客活动之间的矛盾。2006 年，九寨沟管理局开始实行办公自动化，减少了纸张使用。此外，各部门还签订了节能减排协议并纳入年度绩效考核。2009 年，九寨沟管理局成立了"绿色小组"，开展环境教育活动，督察节能减排活动。2010 年，九寨沟管理局与四川大学、华盛顿大学一起成功申报国家自然基金跨国合作重大项目"面向西部旅游经济与生态环境可持续发展的低碳景区集成管理模式研究"，探索旅游和环境和谐发展的低碳景区集成管理模式。同年 5 月，九寨沟管理局又邀请四川大学任佩瑜教授就"九寨沟如何发展低碳旅游"做了专题讲座。2011 年 1 月，九寨沟以"移动性管理与低碳旅游"为主题举办第二届"智慧景区"国际论坛。2012 年，九寨沟景区荣获首批"全国低碳旅游示范区"称号。九寨沟管理局还着力打造扎如沟生态游、曲那俄沟科考游、栈道徒步游等，这些低碳旅游产品已受到美国发现（Discovery）等著名媒体的关注。九寨沟管理局还重视能源结构的优化，景区居民已停止使用薪柴，改用电能、太阳能作为生活能源。九寨沟广场路灯和景区内厕所照明、环境监测仪器除使用水电外，还以太阳能和风能作为辅助能源。除此之外，还较好地实施了景区监测保护工作，有效防止森林火灾和森林病虫害；加强了植树造林，以森林生态环境的改善来固化二氧化碳，最大程度地抵消旅游活动产生的碳排放。

2. 信息化建设

九寨沟以科学技术引领景区可持续发展，不断依托国家重大科研项目推进信息化建设。2002 年，九寨沟管理局开始实施国家"十五"重大科技攻关示范项目"数字九寨沟综合示范工程"，先后建成旅游电子商务系统、门禁票务系统、OA 办公自动化、GPS 车辆调度、多媒体展示系统、景区智能化监控系统、景区监管信息系统和 LED 信息发布等八个系统，创新性地构建了"资源保护数字化、运营管理智能化、旅游服务人性化、产业整合信息化"的集成应用体系。到 2005 年，初步实现景区资源的科学、高效配置，使景区整体管理效率提高38.03%。2009 年，九寨沟管理局与四川大学、四川九洲电器集团有限责任公司等一起开始实施国家"863"重大专项"基于时空分流导航管理模式的 RFID 技术在自然生态保护区和地震遗址博物馆的应用"课题，将 RFID 技术引入景区管理，自动采集和监控游客信息与景区旅游资源信息，使预测、决策、计划、调度和控制更加准确和科学，促进九寨沟景区的各项管理更加精细、全面，对景区保护更加科学和高效，为游客提供的服务更加人性化和个性化。2011 年，九寨沟管理局与导航战略联盟单位一起启动国家科技支撑计划"智能导航搜救终端及其区域应用示范"项目，将北斗导航与位置服务等现代智能服务技术引入景区智能化管理，通过安装伪卫星和设置 CORS 基站实现景区导航卫星信号全覆盖和提高定位精度；通过集成综合服务、应急处理、救援救助等功能，开发智能管理、搜救、环境监测等系列用户终端，不但能够为景区游客提供不同定位精度的智能位置服务，还支持动态监视、求助信号发送、搜救位置双向确认和搜救调度。此外，九寨沟还同武汉大学一起研发了基于可量测实景影像的九寨沟景区智能化管理与服务平台，正在建设环境监测视频监控系统、景区车辆门禁管理系统、景区管理实时电子巡更系统、景区无线 WIFI 网络系统、地质灾害预警系统、景区森林防火智能监测系统、数字旅游服务系统等。

3. 学习型组织创建

近年来，九寨沟管理局通过不同类型、不同规模和不同内容的培训活动等创建学习型组织，注重能力建设，全面提高员工素质。一是利用淡季时间，对景区员工进行集中培训，员工培训覆盖率达 100%。二是邀请清华大学、北京大学、香港理工大学及美国华盛顿大学、澳大利亚昆士兰大学等国内外专家学者为局内员工和社区居民开展专题讲座。三是先后派出 22 人到美国优胜美地国家公园、黄石国家公园以及克罗地亚、新西兰、澳大利亚等国外的著名自然保护区和高校进行交流学习。四是高度重视引智工作，全力聘请高新技术领域领路人。2010 年 10 月 29 日，"智慧九寨"院士专家顾问委员会成立，两院院士李德仁教授、中科院院士陈俊勇教授和中国工程院院士宁津生教授受聘成为专家顾问。五是分别以"探索景区发展新趋势、探讨景区管理新模式、展望旅游发展新未来""低碳旅游与移动性管理"和"空间信息化技术与景区智能化管理"为主题成功举办三届智慧景区国际论坛，邀请知名院士、专家学者、企业精英、景区管理者等围绕"智慧景区建设""远程目的地对现代游客移动性的响应""低碳旅游发展""空间信息化技术在景区管理中的应用"等议题展开深入研讨。

4. 业务流程优化

九寨沟以环境保护和游客利益为出发点，运用科学技术和现代管理理论，将原来分散在各个功能部门、被分割成许多工序的流程整合成单一流程，删除不能增值的过程和活动，将交叉、重叠、断裂的流程改为并行的流程，从而畅通信息渠道，提高服务质量和管理效率。2010 年，九寨沟管理局成功申报并入选"首批全国旅游标准化试点单位"和"四川省旅游标准化示范试点单位"。2010年下半年，九寨沟管理局成立标准化办公室，联合四川大学和武汉大学对各处室的业务流程进行梳理和优化，修订完善了 2009 版《九寨沟景区管理标准体系》，采用功能归口型结构，从纵向分为服务标准、管理标准、工作标准三大类，从横向分为保护管理、营销管理、建设维护、保障管理、运营管理、辅助管理六大板块，并将标准化建设纳入绩效考核，通过监督检查、评估奖励等制度有效提高了各部门的工作效率，强化了品牌价值和竞争力，能够为游客提供更规范、更安全、更贴心、更优质的服务。2010 年 4 月，九寨沟管理局与武汉大学深圳研发中心开始合作研发景区网格化管理与服务平台。该平台是在景区全面数字化基础之上，建立可视化的智能管理和运营，包括建设景区的信息、数据基础设施以及在此基础上建立网格化的景区信息管理平台与综合决策支撑平台。根据管理需要，将景区进行网格划分，使管理时效更加高效、精细化和智能化，走向实时、准实时；对基础设施和管理单元进行分类和编码，实现精细化管理；根据管理流程分类，把景区管理分为保护管理、开发管理、运营管理、营销管理、保障管理和辅助管理等类型；针对每类具体的处理类型，进行标准流程定制；建立九寨沟唯一的数据中心，实现存储数据集中统一管理；技术手段进一步可视化，从电子地图走向可量测实景影像；以旅客满意度为目标的服务，功能从管理走向服务。

5. 战略联盟

近年来，九寨沟管理局已与科研院校、研究机构、酒店、旅游运营商、航空公司、IT 公司、培训机构、NGO 组织等团体建立了资源共享、优势互补、风险共担的战略合作伙伴关系，从一定程度上整合了"智慧九寨"建设所需的资金、技术和人才资源。如 2006 年，九寨沟管理局联合四川大学、美国华盛顿大学、美国加州大学戴维斯分校、优胜美地国家公园成立"九寨沟生态环境与可持续发展国际联合实验室"。2009 年，成功设立九寨沟风景名胜区管理局博士后科研工作站。2011 年，上海师范大学在九寨沟设立研究生实习基地。2012 年 1 月，九寨沟管理局先后与北京大学数字中国研究院、中科院成都信息技术有限公司、南京大学、联合国教科文组织国际自然与文化遗产空间技术中心签订战略合作协议。2012 年，科技部批准九寨沟生态保护国际联合研究中心成立。

6. 危机管理

九寨沟管理局在行政办公室下设应急管理办公室，在科研处下设防灾减灾办公室和国家级森林病虫害监测站，在保护处下设护林防火办公室，制定汛期、护林防火、维稳 24 小时值班制度，编制地质灾害、火灾、森林病虫害、群体性事件等危机事件的应急预案，并多次组织地质灾害、火灾救灾演练，开展地质灾害、火灾、森林病虫害、食品安全等监测、检查与治理，通过举办培训、张贴宣传画等多种方式提高游客、景区居民和工作人员的防灾减灾意识和应急避灾能力，有效保护了景区生态环境和人民群众的生命财产安全。

7. 结论

"智慧景区"建设是中国旅游景区抓住新的机遇和迎接新的挑战的重要战略举措，是实现中国旅游景区可持续发展的必由之路。"智慧景区"不是"智能景区"，信息化建设是"智慧景区"建设的核心内容，但不是唯一内容，还包括低碳旅游发展、学习型组织建设、业务流程优化、战略联盟和危机管理。九寨沟景区在"智慧景区"建设方面做出了有益的尝试，并取得了一定成效，但建设"智慧景区"不是一蹴而就之事，需要长期不懈努力，需要集结众人智慧，需要整合各方资源。

资料来源：章小平，吴必虎. 智慧景区管理与九寨沟案例研究[M]. 北京：清华大学出版社，2013.

思考题

1. 什么是智慧旅游？

2. 什么是智慧旅游景区？

3. 发展智慧旅游和建设智慧旅游景区有哪些意义？

4. 简述智慧旅游的总体框架。

5. 简述智慧景区的内涵体系。

6. 简述智慧景区的三个平台。

7. 简述智慧景区的总体框架。

8. 简述旅游景区智慧化升级的核心内容。

9. 旅游景区智慧化升级的支持技术有哪些？

10. 旅游景区智慧化管理的内容主要有哪些？

参考文献

[1] 王淑华. 旅游景区经营与管理[M]. 郑州：郑州大学出版社，2008.

[2] 姜若愚. 旅游景区服务与管理：第二版[M]. 大连：东北财经大学出版社，2008.

[3] 董观志. 现代景区经营管理[M]. 大连：东北财经大学出版社，2008.

[4] 李波. 旅游景区管理：第2版[M]. 北京：机械工业出版社，2009.

[5] 李娌，王丽萍. 旅游景区服务与管理[M]. 北京：经济科学出版社，2008.

[6] 陈才，龙江智. 旅游景区管理[M]. 北京：中国旅游出版社，2008.

[7] 王绍喜. 旅游景区服务与管理[M]. 北京：高等教育出版社，2008.

[8] 马勇，李玺. 旅游景区规划与项目设计[M]. 北京：中国旅游出版社，2008.

[9] 王昆欣. 旅游景区服务与管理案例[M]. 北京：旅游教育出版社，2008.

[10] 章平，李晓光. 旅游景区管理[M]. 北京：科学出版社，2008.

[11] 高峻. 旅游景区开发与管理[M]. 大连：东北财经大学出版社，2007.

[12] 周国忠. 旅游景区服务与管理实务[M]. 南京：东南大学出版社，2007.

[13] 王力峰. 森林生态旅游经营管理[M]. 北京：中国林业出版社，2006.

[14] 董观志，傅轶. 景区经营管理[M]. 广州：中山大学出版社，2007.

[15] 王衍用，宋子千. 旅游景区羡慕策划[M]. 北京：中国旅游出版社，2007.

[16] 斯沃布鲁克. 旅游景区开发与管理：第二版[M]. 龙江智，李淼，译. 北京：旅游教育出版社，2006.

[17] 邹统钎. 中国旅游景区管理模式研究[M]. 天津：南开大学出版社，2006.

[18] 宋玉蓉，姜锐. 景区管理与实务[M]. 北京：中国人民大学出版社，2006.

[19] 张帆. 旅游景区管理[M]. 福州：福建人民出版社，2006.

[20] 周玲强. 旅游景区经营管理[M]. 杭州：浙江大学出版社，2006.

[21] 马勇，李玺. 旅游景区管理[M]. 北京：中国旅游出版社，2006.

[22] 王庆国. 旅游景区经营与管理[M]. 郑州：郑州大学出版社，2006.

[23] 杨桂华. 旅游景区管理[M]. 北京：科学出版社，2006.

[24] 郭亚军. 旅游景区管理[M]. 北京：高等教育出版社，2006.

[25] 冯淑华. 景区运营管理[M]. 广州：华南理工大学出版社，2006.

[26] 魏卫. 旅游企业管理[M]. 北京：清华大学出版社，2006.

[27] 李丰生. 生态旅游景区管理[M]. 北京：中国林业出版社，2005.

[28] 张立明，胡道华. 旅游景区解说系统规划与设计[M]. 北京：中国旅游出版社，2006.

[29] 禹贡，胡丽芳. 旅游景区景点营销[M]. 北京：旅游教育出版社，2005.

[30] 钟永德. 旅游景区管理[M]. 长沙：湖南大学出版社，2005.

[31] 王昆欣. 旅游景区服务与管理[M]. 北京：旅游教育出版社，2004.

[32] 邹统钎. 旅游景区开发与管理[M]. 北京：清华大学出版社，2004.

[33] 张凌云. 旅游景区景点管理：第 2 版[M]. 北京：旅游教育出版，2004.

[34] 邹统钎. 旅游景区开发与经营经典案例[M]. 北京：旅游教育出版社，2003.

[35] 赵黎明. 现代企业管理学[M]. 天津：天津大学出版社，2011.

[36] 中国注册会计师协会. 财务成本管理[M]. 北京：经济科学出版社，2008.

[37] 荆新，王化成，刘俊彦. 财务管理学[M]. 北京：中国人民大学出版社，2018.

[38] 霍恩巴克. 保护区公众使用指南[M]. 李文军，译. 北京：科学出版社，2000.

[39] 邹统钎. 中国旅游景区管理模式研究[M]. 天津：南开大学出版社，2006.

[40] 刘锋，董四化. 旅游景区营销[M]. 北京：中国旅游出版社，2006.

[41] 李红，郝振文. 旅游景区市场营销[M]. 北京：旅游教育出版社，2006.

[42] 周帆. 旅游营销方案与公文实战范本[M]. 长沙：湖南科技出版社，2006.

[43] 舒伯阳. 实用旅游营销学教程[M]. 武汉：华中科技大学出版社，2008.

[44] 张俐俐. 旅游市场营销[M]. 北京：清华大学出版社，2005.

[45] 黄晶，刘太萍，金英梅. 旅游市场营销学[M]. 北京：首都经济贸易大学出版社，2008.

[46] 刘德光，陈凯，许杭军. 旅游业营销[M]. 北京：清华大学出版社，2005.

[47] 李宏. 旅游目的地新媒体营销：策略、方法与案例[M]. 北京：旅游教育出版社，2014.

[48] 李伟，魏翔. 互联网+旅游："在线旅游"新观察[M]. 北京：中国经济出版社，2015.

[49] 王欣，杨文华，胡莹，等. 世界旅游目的地营销案例[M]. 北京：经济管理出版社，2015.

[50] 邹统钎. 城市与区域旅游目的地营销经典案例[M]. 北京：经济管理出版社，2016.

[51] 菲利普·科特勒，约翰·T. 鲍文，詹姆斯·C. 麦肯斯. 旅游市场营销：第 6 版[M]. 谢彦君，李淼，郭英，等译. 北京：清华大学出版社，2017.

[52] 郑向敏. 旅游安全学[M]. 北京：中国旅游出版社，2008.

[53] 吴贵明，王瑜. 旅游景区安全案例分析[M]. 上海：上海财经大学出版社，2008.

[54] 王健民. 聚焦旅游安全[M]. 北京：旅游教育出版社，2007.

[55] 戴斌. 论北京旅游产业安全与成长要素[M]. 北京：旅游教育出版社，2006.

[56] 卡麦隆. SAS 个人安全手册[M]. 李小七，译. 天津：天津教育出版社，2006.

[57] 向征，李云鹏，Daniel R Fesenmaier. 搜寻未来：智慧旅游的出现[J]. 旅游学刊，2015，30（12）：8-12.

[58] Xiang Z, Wang D, O'Leary J T, et al. Adapting to the Internet: Trends in Travelers' Use of the Web for Trip Planning[J]. Journal of Travel Research, 2015, 54(4): 511-527.

[59] Benkendorff P, Sheldon P, Fesenmaier D R. Tourism Information Technology: the 2nd Edition[M]. London: CABI, 2014.

[60] Tussyadiah I P, Zach F J. The role of geo-based technology in place experiences[J]. Annals of Tourism Research, 2012, 39(2): 780-800.

[61] Dan Wang, Zheng Xiang. The New Landscape of Travel: A comprehensive Analysis of Smartphone Apps[M] // Information and Communication Technologies in Tourism 2012. Springer Vienna, 2012.

[62] 李云鹏，胡中州，黄超，等. 旅游信息服务视阈下的智慧旅游概念探讨[J]. 旅游学刊，2014，29(5)：106-115.

[63] Atzori L, Iera A, Morabito G. The internet of things: A survey[J]. Computer Networks, 2010, 54(15): 2787-2805.

[64] Gretzel U, Sigala M, Xiang Z, et al. Smart tourism: foundations and developments[J]. Electronic Markets: The International Journal on Networked Business, 2015, 25(3): 179-188.

[65] 叶铁伟. 智慧旅游：旅游业的第二次革命：上[N]. 中国旅游报，2011-

05-25(011).

[66] 金卫东. 智慧旅游与旅游公共服务体系建设[J]. 旅游学刊，2012，27(2)：5-6.

[67] 马勇. 智慧旅游应用前景巨大[N]. 中国旅游报，2011-08-24(013).

[68] 吴涛. 扬州：首批智慧旅游试点城市[N]. 扬州日报，2012-05-24(B03).

[69] 张凌云，黎巎，刘敏. 智慧旅游的基本概念与理论体系[J]. 旅游学刊，2012，27(5)：66-73.

[70] 黄羊山，刘文娜，李修福. 智慧旅游——面向游客的应用[M]. 南京：东南大学出版社，2013.

[71] 任瀚. 智慧旅游定位论析[J]. 生态经济，2013(4)：142-145.

[72] 付业勤，郑向敏. 我国智慧旅游的发展现状及对策研究[J]. 开发研究，2013(4)：62-65.

[73] 赵明丽，张长亮，孙素平. 智慧旅游框架建设研究[J]. 经济研究导刊，2014(2)：79-81.

[74] 邓辉."智慧旅游"认知重构[J]. 中南民族大学学报（人文社会科学版），2015，35(4)：33-38.

[75] 党安荣，杨锐，刘晓冬. 数字风景名胜区总体框架研究[J]. 中国园林，2005(5)：31-34.

[76] 章小平. "智慧景区"建设浅探[J]. 中国旅游报，2010-01-18(007).

[77] 党安荣，张丹明，陈杨. 智慧景区的内涵与总体框架研究[J]. 中国园林，2011，27(9)：15-21.

[78] 梅绍祖，James TC Teng. 流程再造——理论、方法和技术[M]. 北京：清华大学出版社，2004.

[79] 邵振峰，章小平，马军，邓贵平. 基于物联网的九寨沟智慧景区管理[J]. 地理信息世界，2010，8(05)：12-16+28.

[80] 周洪波. 物联网：技术、应用、标准和商业模式：第2版[M]. 北京：电子工业出版社，2011.

[81] 周洪波. 云计算：技术、应用、标准和商业模式[M]. 北京：电子工业出版社，2011.

[82] 章小平，吴必虎. 智慧景区管理与九寨沟案例研究[M]. 北京：清华大学出版社，2013.

[83] 吴必虎，俞曦. 旅游规划原理[M]. 北京：中国旅游出版社，2010.

[84] 李蕾蕾. 旅游目的地形象策划：理论与实务[M]. 广州：广东旅游出版社，2008.